Peter Hennicke
Michael Müller

Weltmacht Energie

Herausforderung
für Demokratie
und Wohlstand

Peter Hennicke, Michael Müller

Weltmacht Energie

Herausforderung für Demokratie und Wohlstand

Unter Mitarbeit von:
Wolf-Dieter Glatzel
Nikolaus Supersberger
Manfred Fischedick

Redaktionelle Bearbeitung:
Thomas Menzel

2. Auflage

S. Hirzel Verlag Stuttgart

Die Deutsche Bibliothek – CIP-Einheitsaufnahme

Hennicke, Peter:
Weltmacht Energie : Herausforderung für Demokratie und Wohlstand /
Peter Hennicke ; Michael Müller. – Stuttgart : Hirzel, 2005
ISBN 3-7776-1319-3

2. Auflage 2006
1. Auflage 2005

Birkenwaldstraße 44, 70191 Stuttgart
Printed in Germany
Druck: Hofmann, Schorndorf
Umschlag, Gestaltung und Grafik: Hans Kretschmer
Satz: Dorothea Frinker

Inhalt

Teil 4: Energie für eine nachhaltige Zukunft

Vorwort von Klaus Töpfer

Immer unmissverständlicher sind die Zeichen an der Wand: Das Weltklima verändert sich. Dies ist keine Prognose für eine ferne Zukunft, sondern es ist Realität – im Abschmelzen der Gletscher in den Anden und im Himalaja sowie an den Polen. Der Klimawandel ist traurige Wirklichkeit in den drastisch ansteigenden anomalen Wettersituationen und Naturkatastrophen. Die Schadensbilanzen der Versicherungswirtschaft sprechen da eine eindeutige Sprache. Klimawandel ist eine besondere Ausprägung dessen, was ich als „ökologische Aggression" bezeichnet habe: Die auf die Umwelt abgewälzten Kosten der Energiestrukturen, besonders des Mobilitätsverhaltens in den hoch entwickelten Nationen erschweren massiv die Entwicklungsmöglichkeiten und -notwendigkeiten sowie die Armutsbewältigung in den so genannten Entwicklungsländern.

Die wissenschaftlichen Nachweise, die besonders eindrücklich in der globalisierten, fast einmaligen wissenschaftlichen Zusammenarbeit des Intergovernmental Panel on Climate Change (IPCC) zum Ausdruck kommen, lassen keinen Zweifel mehr: Dieser Klimawandel ist von Menschen gemacht. Die Kohlendioxid-Konzentration schwankte hunderttausende von Jahren zwischen 270 und 280 ppm (parts per million) und ist in den letzten Jahrzehnten der rapiden Industrialisierung mit wachsender Zuwachsrate auf über 380 ppm gestiegen. Es gilt hervorzuheben, dass die jährliche Zuwachsrate inzwischen bei etwa 2 ppm liegt!

Damit ist mit größerer Klarheit als bei vielen anderen globalen Veränderungen der Zusammenhang zwischen Ursache und Wirkung sichtbar. Die massenhafte Nutzung fossiler, kohlenstoffhaltiger Energieträger zur Befriedigung der globalen, massiv ansteigenden Energienachfrage ist als Verursacher dingfest gemacht.

Strukturell steigende Preise für fossile Energieträger durch Versorgungssicherheitsargumente und massive Nachfragesteigerungen gerade aus den schnell wachsenden Schwellenländern heraus machen zudem über die ökologische Komponente hinweg die Neuorientierung der Entwicklungsversorgung und Energienachfrage zwingend notwendig.

So stellt sich gebieterisch die Frage, warum die erforderliche, geradezu revolutionäre Veränderung der Energiestruktur nur sehr zögerlich in Angriff genommen und noch schleppender realisiert wird.

Was sind die treibenden Kräfte, wie stellt sich die Weltmacht Energie in der Realität globaler Märkte dar? Welche Rückwirkungen auf eine friedliche Gestaltung unserer Welt und auf demokratische Entscheidungsprozesse sind an die Energie gekoppelt? Werden Frieden und Demokratie gar von den mit der Energieversorgung verbundenen Interessen determiniert?

Viele Überlegungen sind diesen Fragen bereits gewidmet worden. Vieles ist im Prinzip akzeptiert, ist mehr oder weniger unstrittig. Und dennoch: Die Umsetzungen sind wesentlich weniger allgemein akzeptiert und realisiert. Die Herausforderung für uns ist weniger darin zu sehen, weitere, noch so schlüssige Analysen zu erstellen – die Herausforderungen liegen in den politischen Gestaltungsprozessen, liegen im Handeln.

Es ist deshalb zu hoffen, dass dieser Beitrag konkretes Handeln voranbringt, dass er energiepolitische Neuorientierungen beflügelt und damit dazu beiträgt, verantwortlichen Wohlstand für alle Menschen zu ermöglichen, ohne die Stabilität der Welt zu gefährden.

Prof. Dr. Klaus Töpfer
Exekutivdirektor des Umweltprogramms
der Vereinten Nationen (UNEP)

Vorwort: Die Menschheit am Scheideweg

Dieses Buch ist ein Manifest, in dem wir die Dramatik der Entscheidungssituation in der Energiepolitik deutlich machen wollen – national, europäisch, weltweit. Nach 25 Jahren wissenschaftlicher und politischer Beschäftigung mit dem Thema Energie treten wir damit zu einem Zeitpunkt an die Öffentlichkeit, an dem sich die Welt an einem Scheideweg befindet. In dem beginnenden 21. Jahrhundert zeichnen sich zwei sich wechselseitig ausschließende Zukunftsperspektiven in der Energiepolitik ab. Die Weltgemeinschaft kann, wenn sie ihr Schicksal jetzt entschlossen in die Hand nimmt, die Weichen noch immer in Richtung auf eine nachhaltige Entwicklung unserer Zivilisation stellen. Tut sie das nicht und bleibt sie bei einem „Weiter so", kann sie aber auch in eine Zukunft treiben, die in einer unfriedlichen, letztlich zerstörerischen Entwicklung enden wird. Wir haben nur noch wenig Zeit, die Weichen neu zu stellen. Wir müssen uns zwischen dem zerstörerischen Weg und dem nachhaltigen Weg entscheiden.

Was macht die Dramatik der Situation aus? Ohne eine Energiewende wird der zunehmende Energiehunger der Industrienationen sowie der rasant wachsende Energiebedarf der großen, bevölkerungsreichen Staaten im Übergang, die jetzt mit Nachdruck ihre Industrialisierung forcieren, zerstörerische Folgen für unsere Welt haben. Und diese Folgen werden wir nicht in einer fernen Zukunft, sondern bereits in den nächsten Jahrzehnten zu spüren bekommen. Dies bezieht sich keineswegs nur auf die Veränderungen im Weltklima und die absehbare Knappheit wichtiger Ressourcen. Der Weg des Beharrens wird auch immer mehr zum Problem für Frieden und Demokratie.

In den Buchteilen „Energie und Umwelt am Scheideweg", „Energie und Frieden am Scheideweg" und „Energie und Demokratie am Scheideweg" werden wir diese Gefahren darstellen. Dabei wird deutlich werden, welch große politische, wirtschaftliche und auch militärische Macht weltweit hinter Energieinteressen steht. Unser Buch heißt nicht ohne Grund *Weltmacht Energie*.

Doch wir wissen auch: Mit Schwarzmalerei werden keine Probleme gelöst. Vielmehr verstehen wir uns als „besorgte Optimisten", die zwar den negativen Trend sehen, aber noch immer an die Möglichkeit einer demokratischen und friedlichen Zukunft glauben. Wie diese Zukunft aussehen kann, haben wir im abschließenden Teil „Energie und eine nachhaltige Zukunft" skizziert. Aufstieg oder Niedergang, der „harte" oder der „sanfte Pfad" – diese beiden Zukunftsperspektiven sind das Leitmotiv, das sich durch dieses Buch zieht.

Dieses Buch, insbesondere unser Entwurf einer positiven Energiezukunft, beruht auf gesicherten empirischen Erkenntnissen und wissenschaftlich erarbeiteten Ergebnissen, die wir dem Leser verständlich darzustellen versuchen. Wir wollen über technische Möglichkeiten, ökologische Chancen und gesellschaftspolitische Voraussetzungen einer Energiewende aufklären und denkbare Zukunftsentwürfe anbieten, die mehr Klarheit für bestehende Entscheidungsspielräume und zukünftige Entwicklungspfade schaffen sollen. Dieses Buch soll wie eine road map verstanden werden, die die Straßen in die Zukunftsfähigkeit unserer Gesellschaft aufzeigt und Wege in den Abgrund mit Warnzeichen markiert.

Es handelt sich hierbei um Systemfragen auf globaler als auch nationaler Ebene. Die notwendige Auseinandersetzung über die Zukunft des Energiesystems darf nicht auf eine technokratische und ökonomistische Expertendiskussion reduziert werden. Zwar wird sie seit langer Zeit auf der politischen Ebene diskutiert, aber sehr stark aus dem Blickwinkel von Kostendruck und Gewinnmargen. Die Debatte ist von Fragen und Unsicherheiten, die aus der Globalisierung und von explodierenden Rohstoffpreisen herrühren, überlagert. Sie wird derzeit überwiegend von Konzeptionslosigkeit und Teillösungen dominiert. Doch die wichtigsten Fragen nach den Zielen der Energieversorgung, der Wahl der Energietechnik und der Ordnung der Energiesysteme verlangen zuallererst politische Entscheidungen und demokratische Legitimation. Wir sind daher davon überzeugt, dass eine Frage von so übergeordneter Bedeutung wie die unserer Energieversorgung öffentlicher Diskussion sowie parlamentarischer Kontrolle stärker zugänglich gemacht werden muss. Energie, Frieden, Arbeit, eine stabile Wirtschaft und eine intakte Umwelt sind Lebensgrundlagen für alle auf dieser Einen Welt. Die Weichen für eine nachhaltige Energienutzung zu stellen, das erfordert auch mehr Demokratie. Deshalb wollen wir mit unserem Buch einen Gegenpol gegen das Totschlagargument setzen, das Sachthema Energie dürfe nicht politisiert werden, damit es kein Spielball für Ideologen werde.

Es ist darüber hinaus ein Anliegen unseres Buches, die weitreichenden Dimensionen der Energiefrage deutlich zu machen. Wir glauben, dass vielen Menschen ihre herausragende Bedeutung nicht bewusst ist, denn im Alltag dominieren zeitnahe und existenzielle Probleme der sozialen Sicherung im Alter, bei Krankheit und Arbeitslosigkeit.

Aus den genannten Gründen ist der Zusammenhang zwischen Energie und Demokratie ein Schwerpunkt dieses Buches. Politik und Zivilgesellschaft müssen in einer so zentralen Frage wie der Energieversorgung mehr Handlungsfähigkeit und Gestaltungskraft gewinnen. Ansonsten bleiben viele Reformvorschläge folgenlos.

Die gemeinsame Arbeit in der Enquete-Kommission Schutz der Erdatmosphäre des Deutschen Bundestages war der Ausgangspunkt unserer wissenschaftlichen und politischen Kooperation. In dieser Zeit ist unser gemeinsames Verständnis der Zusammenhänge von Ökologie, Ökonomie und Gesellschaft entstanden. Es bildet das Fundament dieses Buches.

Ohne die wissenschaftlichen Beiträge von Manfred Fischedick und vielen Mitarbeitern und Mitarbeiterinnen der Forschungsgruppe Zukünftige Energie- und Mobilitätsstrukturen des Wuppertal Instituts wäre das Buch nicht zustande gekommen. Der Sachverstand von Wolf-Dieter Glatzel, ehemaliger Mitarbeiter des Umweltbundesamtes und jetzt im Büro von Michael Müller, hat diese Beiträge in idealer Weise ergänzt. Nikolaus Supersberger, Doktorand und wissenschaftlicher Mitarbeiter am Wuppertal Institut, hat durch umfassende Materialrecherchen, durch Analysen des Öl- und Gasmarktes und durch eine Vielzahl von Textentwürfen zur wissenschaftlichen Fundierung des Buches beigetragen. Von Mohssen Massarrat (Universität Osnabrück) stammt der Exkurs „Ölpreisentwicklung und Demokratie“ in Kapitel 4. Auch Ralf Sitte, wissenschaftlicher Mitarbeiter im Büro von Michael Müller, Wolfgang Irrek (Wuppertal Institut) und Wolfgang Neumann (Institut für ökologische Forschung und Bildung, Hannover) haben uns mit Recherchen und Textentwürfen geholfen. Ihnen allen danken wir für ihr Engagement bei der Entstehung des Buches. Für den vorliegenden Text und die inhaltliche Zuspitzung übernehmen jedoch wir die Verantwortung.

Nicht zuletzt danken wir Wolfram Huncke, dem ehemaligen Leiter der Öffentlichkeitsarbeit des Wuppertal Instituts. Er hat uns wertvolle Hinweise gegeben, ein Sachbuch nicht nur für Energieexperten, sondern für eine große Gruppe von Lesern zu schreiben. Für die Umsetzung unseres wissenschaftlichen und politischen Gedankenguts in einen lesbaren Text danken wir dem Lektor und Wissenschaftsjournalisten Thomas Menzel, der die Redaktion des Buches übernommen hat.

Peter Hennicke, Michael Müller
Wuppertal, Berlin, Februar 2005

Einführung: Zukunftsperspektiven

Der Zugriff auf stets in ausreichender Menge verfügbare Energie ist heute scheinbar eine Selbstverständlichkeit. Benzin kommt aus der Zapfsäule, Strom aus der Steckdose – das weiß jedes Kind, zumindest bei uns. Und mehr, so ist zu ergänzen, wollen viele Menschen auch gar nicht wissen. Dabei betrifft Energie uns alle, im Guten wie im Schlechten. Ohne Energie stehen Autos, Maschinen und Computer still, Küchen bleiben kalt, ungeheizte Häuser im Dunkeln. Menschen sterben, weil medizinische Geräte abgeschaltet werden, und Fernseher wie Computer sind nur Elektronikschrott. Ob Privathaushalt oder Industrieunternehmen, Verkehr oder Landwirtschaft – eine zuverlässige Energieversorgung ist lebensnotwendig, damit unsere Gesellschaft funktioniert.

Doch der unaufhaltsam wachsende Energieverbrauch fordert andererseits einen hohen Preis. Zu viel und zu riskant gewonnene Energie bedeutet versauerte Böden und Wälder durch die Emission von Schwefeldioxid und Stickstoff-Sauerstoff-Verbindungen, einen sich abzeichnenden Klimawandel mit katastrophalen Folgen, weltweit Hunderttausende von Menschen, die an Atemwegserkrankungen sterben, und mindestens 50 000 Tote als Folge des Reaktorunfalls von Tschernobyl. Ungezügelter Energiehunger führt zu Umweltzerstörung und Klimawandel weltweit. Knapper werdende Ressourcen verursachen Verteilungskämpfe, vergrößern die Unterschiede zwischen Nord und Süd und können Unfrieden und Gewalt auslösen. Die Energiefrage hat letztlich einen erheblichen Einfluss auf die Qualität und Ausgestaltung der Demokratie.

Diese zwei Seiten der Energie zeigen die Janusköpfigkeit der Moderne. Lebenswichtiger Brennstoff einerseits und natürliche und soziale Lebensgrundlagen bedrohender Schadstoff andererseits – Energie und Energieversorgung sind eine zentrale Frage der Zivilisation. Mehr noch: Die Energiesysteme steh an einem Scheideweg, der zwei grundsätzlich verschiedene und sich gegenseitig ausschließende Entwicklungsszenarien zulässt. Zu Beginn des 21. Jahrhunderts wird sich entscheiden, welchen dieser beiden Wege die Menschheit gehen wird. Noch sind sie beide möglich, aber das Zeitfenster für eine Entscheidung beginnt sich zu schließen.

Wir nennen diese beiden Alternativen den „harten" und den „sanften" oder nachhaltigen Pfad in die Zukunft. „Hart" und „sanft" verstehen wir als Metaphern für die typischen Systemeigenschaften der jeweiligen Pfade. Weder ist mit „hart" eine moralische Qualifizierung noch mit „sanft" eine romantische Idealisierung gemeint. Die Basis für beide Pfade bilden harte Fakten und präzise beschreibbare technische Konzepte. Den „sanften" Pfad assoziieren wir mit der Energiewende zur Effizienz- und Solarenergiewirtschaft. Der „harte“ Pfad entspricht dagegen der konsequenten Fortschreibung („Weiter so“) der heute dominanten Trends in der Energiewirtschaft. Seine technische Grundlage bilden vor allem nukleare und fossile Großtechniken.

In Szenarien lassen sich beide Zukunftsperspektiven analytisch genau erfassen. Allerdings muss zwischen Szenarien und Prognosen methodisch unterschieden werden: Prognosen versuchen, die Zukunft vorherzusagen. Sie setzen bestimmte Annahmen voraus und berechnen auf dieser Basis, was passieren kann und wahrscheinlich auch passieren wird. Die Geschichte der Energieprognosen zeigt jedoch, dass die scheinbar nahe liegende Vermutung, die Zukunft könne als Fortschreibung der Vergangenheit aufgefasst werden, häufig in die Irre geführt hat. Denn die prognostizierte Zukunft wurde immer wieder durch überraschende Ereignisse unterbrochen. So lagen in den siebziger Jahren nahezu alle Energieexperten mit ihren Prognosen für den zukünftigen Energieentwurf weit neben der tatsächlichen Entwicklung: Energiezuwächse wurden in der Regel zu hoch und Verkehrszuwächse zu gering eingeschätzt. Auch heute abgegebene Prognosen für die Entwicklung des Energieverbrauchs schreiben den Status quo in die Zukunft fort.

Da uns aber zwei grundsätzlich unterschiedliche Zukunftsentwicklungen interessieren, basieren unsere Vorstellungen und Vorschläge auf dem wissenschaftlichen Instrument der Szenarientechnik. Dies bedeutet: Wir beschreiben Zukunftsbilder unter Wenn-dann-Annahmen. Wenn zum Beispiel Klimaschutz mit quantifizierten Kohlendioxid-Reduktionszielen für ein bestimmtes Zukunftsbild vorausgesetzt wird, dann ist klar, dass dieses Ziel nur unter bestimmten politischen, technischen und strukturellen Bedingungen erreichbar ist. Solche Analysen setzen also einen Rahmen, welche Wege Zivilgesellschaft, Politik und Wirtschaft im Energiesektor gehen können und welche Konsequenzen ein einmal eingeschlagener Weg mit sich brächte. Im Ergebnis zeigen die Szenarien, was unter plausiblen Bedingungen technisch und gesellschaftlich möglich ist und was zur Gefahrenabwehr vermieden werden sollte. Die wissenschaftliche Grundlage hierfür sind komplexe Rechenmodelle und die Verknüpfung von Daten.

Szenarien machen keine Aussage darüber, welche Entwicklung wahrscheinlich ist, sie machen politische und gesellschaftliche Handlungsspielräume deutlich. Die Abschätzung von Wahrscheinlichkeiten ist eine Frage der Bewertung und Einschätzung, auch eine Frage der Reformfähigkeit von Politik und Zivilgesellschaft. In einer Verzweigungssituation wie der gegenwärtigen sind Szenarien jedoch das geeignete Instrument, um Gefahren aufzuzeigen und mögliche Wege zu veranschaulichen. Wir bedienen uns deshalb nachfolgend zweier kontrastierender Entwicklungsperspektiven. Obschon sich die Realität selten in klar unterscheidbaren Entwicklungslinien bewegt, dient die pointierte Gegenüberstellung von Zukunftsperspektiven der gedanklichen Klarheit und liefert wichtige Erklärungs- und Entscheidungshilfen:

Das Szenario des „harten" Pfads: Welcher Weg würde sich ergeben, wenn die bisherige Entwicklung von Großtechniken und Energiepolitik konsequent weiter verfolgt würde?
Das Szenario des „sanften" Pfads: Welche alternativen Wege sind möglich, wenn in einem demokratischen Konsens eine Verständigung auf neue gesellschaftliche, technische und ökonomische Ziele erfolgen würde?

Der „harte" Pfad

In Politik, Wirtschaft, Wissenschaft und Publizistik halten viele den „harten" Pfad für den einzig gangbaren Weg. Seine Verfechter bestreiten die beschriebene Verzweigungssituation. Denn dieser Weg des „Weiter so" ergibt sich aus der bisherigen Form der Energieversorgung: Zur Lösung der Ernährungs- und Entwicklungsprobleme einer wachsenden Weltbevölkerung wird verstärkt auf die großtechnische Nutzung von Öl, Kohle, Erdgas und Atomenergie gesetzt. In dieser traditionell einseitig auf die Angebotsseite verengten Energiepolitik ist die weltweite Verfügbarkeit von fossiler und nuklearer Energie die wichtigste Bedingung für Wachstum und Entwicklung. Den Sockel der Versorgung bilden Großkraftwerks- und Verbundsysteme, Netze und Pipelines werden weiter ausgebaut, auch wenn Energie in Zukunft effizienter als bisher umgewandelt und ein gewisser Anteil des benötigten Bedarfs mit Hilfe der erneuerbaren Energien abgedeckt werden wird.

Die Folgen: Die Veränderungen des Weltklimas werden sich dramatisch beschleunigen und verstärken – mit unvorhersehbaren Auswirkungen auf die Zukunft des Planeten. Die Globalisierung der ökologischen Krisen könnte in wirtschaftliche und soziale Krisen umschlagen. Die Zahl der Öko-Flüchtlinge könnte wachsen, wenn Dürren, Überschwemmungen und Krankheiten im Süden der Erde zunehmen, und Wetterextreme könnten künftig in größerem Ausmaß als bisher auch den industrialisierten Norden heimsuchen. Zudem wird die Importabhängigkeit der Industrieländer von den Energieproduzenten ansteigen. Die Gefahr geostrategischer Verteilungskämpfe um knapper werdende Öl- und Gasressourcen zeichnet sich wie ein Menetekel an der Wand ab. Durchaus möglich, dass in einer zusammenwachsenden und ungleichen Welt, deren Ressourcen endlich, aber ungleich verteilt sind, explosive Zuspitzungen nur noch mit Waffengewalt gelöst werden können.

Steigende Energiepreise in einem sich verschärfenden Wettbewerb werden Entwicklung und Wohlstand des armen Südens langfristig zurückwerfen. Während im Jahr 1960 das Einkommen des reichsten Fünftels der Weltbevölkerung das Dreißigfache des ärmsten Fünftels der Menschheit betrug, lag im Jahr 1998 das Verhältnis schon bei 74 zu 1 – und beim „harten" Pfad wird sich die Schere weiter öffnen. Im alten Denken soll auch die Kernenergie einen neuen Aufschwung erleben und als Alternative zu den fossilen Brennstoffen zum Einsatz kommen. Ein massiver Zubau von neuen Atomkraftwerken könnte, so wird behauptet, den ungebremst wachsenden Energieverbrauch in den Industriestaaten und den Ländern im Übergang befriedigen und den Ausstoß von Kohlendioxid begrenzen. Er würde aber auch die Risiken des Nuklearkreislaufs, der Proliferation und terroristische Gefahren vermehren. Dennoch nehmen die Hinweise zu, dass eine solche Renuklearisierung in Osteuropa und Ostasien, aber auch in den USA Wirklichkeit werden könnte.

Noch heute erscheint das „Weiter so" in der Energieversorgung vielen Menschen „sicherer", weil es auf vertraute Technologie- und Investitionsmuster setzt, weil die zur Verfügung stehenden Großtechniken durch ihren langen Einsatz ausgereift sind und weil eine überschaubare Anzahl von „Machern" aus Konzernzentralen und Politik scheinbar alles sicher im Griff hat. Kurz: Die vorherrschende Energieversorgung basiert auf traditionellen technischen und ökonomischen Weltbildern, dem tradierten Verständnis von zentralisierter Machbarkeit, etablierten Planungsgewohnheiten und eingeübten Verhaltensweisen.

Doch wenn man genauer hinschaut, ist das Vertraute nicht nur mit Blick auf Weltklima und Verteilungskämpfe fragwürdig. Eigentlich ist unfassbar, dass Entscheidungen, die weltumspannend das Schicksal ganzer Völker bestimmen, im Energiesektor letztlich wenigen Experten, ökonomischen Strategen, Managern und Unternehmen überlassen werden. Ein nach postliberaler Weltsicht geforderter entfesselter und sich selbst überlassener Markt wird die Probleme und Fehlentwicklungen weiter zuspitzen. Global agierende Energiekonzerne werfen die Fesseln nationaler Politik ab und gestalten die Energiesysteme der Welt nach ihren Zielen und den Gewinn- und Wettbewerbsregeln des kapitalen Weltmarkts. Dort erscheinen schnelle und hohe Gewinne derzeit noch wichtiger als der Schutz der Umwelt, als ökonomische Vernunft und eine friedliche Welt. Die Unternehmensgröße wird unter diesen Rahmenbedingungen zur Voraussetzung von Durchsetzungsfähigkeit und beschleunigt den Konzentrationsprozess in der Energiebranche, aber auch den Verdrängungsprozess gegenüber alternativen Anbietern.

Die Produktverantwortung der Energieanbieter endet in dieser verkürzten Sichtweise in der Bereitstellung eines ausreichenden Angebots. Die Folgen hingegen werden der Allgemeinheit angelastet. So kommt es zur Bereitstellung von immer mehr und immer aufwändiger explorierten, transportierten und erzeugten Kilowattstunden. Die Energiewirtschaft wird zu einem Negativbeispiel für die Privatisierung wichtiger Infrastrukturen in der Welt, das Gemeinwohl bleibt auf der Strecke.

Wer diese Tendenz des privaten Ausverkaufs von existenziellen Teilen der Daseinsvorsorge für übertrieben hält, möge sich die weltweiten Privatisierungs- und Deregulierungsprozesse von Infrastrukturen vor Augen führen, die in vielen Ländern aus Gründen von Kapitalknappheit und öffentlicher Armut bereits in vollem Gang sind. Der Trend zur Privatisierung der Energieversorgung dient multinationalen Versorgungsunternehmen und internationalen Finanzorganisationen längst als Vorbild für den Ankauf anderer öffentlicher Infrastrukturen wie Wasserversorgung, Abwasser- und Abfallentsorgung oder öffentlicher Transportsysteme – auch in Deutschland.

Wenn die Jagd nach billiger, wenn auch riskanter Energie den Wettbewerb immer mehr anheizt und die vorhandenen Ressourcen in der beschriebenen Weise immer rücksichtsloser ausgebeutet werden, könnte es uns eines Tages wie dereinst der Mannschaft der *Titanic* gehen: Viele sehen den Eisberg kommen, aber keiner wirft das Ruder herum. Sollte es bei Strom, Wärme und Mobilität nicht zu mehr Effizienz, Umweltverträglichkeit und Verteilungsgerechtigkeit kommen, werden sich die Risiken des heutigen Systems verstärken. Sie lassen sich zusammenfassend mit den Stichworten Klimakatastrophe, Reaktorunfälle, Kriege um Öl und andere Ressourcen, Spaltung der Welt in Nord und Süd, Arm und Reich und wachsende Ohnmacht der Politik beschreiben – ein wahrhaft „harter" Pfad in die Zukunft.

Der „harte" Pfad

- Traditionelles Wirtschaftswachstum und die großtechnische Nutzung von Kohle, Kernenergie und Erdgas bleiben Leitziel.
- Mit dem Zubau von Kernkraftwerken wird versucht, einen höheren Anteil des wachsenden Energieverbrauchs bereitzustellen.
- Dies dämpft den Anstieg von Klimagasen nur unzureichend, verschärft aber die Risiken des Nuklearkreislaufs, der Proliferation und des terroristischen Missbrauchs.
- Dennoch steigt der Naturverbrauch weiter an und die mögliche absolute Entkoppelung von Wirtschaftswachstum und Ressourcen findet nicht statt.

Der „sanfte“ Pfad

Welcher alternative Weg ist möglich, wenn in einem demokratischen Konsens eine Verständigung auf neue gesellschaftliche Ziele erfolgt? Die Alternative besteht aus der Neuordnung der Energieversorgung in Richtung auf eine nachhaltige Zukunft, auf Effizienz, Verteilungsgerechtigkeit und Solarwirtschaft.

Um die mit dem Einsatz von Ressourcen verbundenen Risiken zu minimieren, ist es erforderlich, den Umgang mit Energie grundsätzlich zu ändern und die Weichen in Richtung auf Effizienzrevolution und erneuerbare Energien zu stellen. Unsere gesamte Energieversorgung, Innovationen in Industrie und Gewerbe, Dienstleistungen, Wohnungsbau, Verkehr und Landwirtschaft müssen mit dem mittel- bis längerfristigen Ziel einer vollständigen Nutzung erneuerbarer Energien konzipiert werden. Die Minimierung des nicht erneuerbaren Ressourcen- und Naturverbrauchs muss zur Richtschnur aller Grundsatzentscheidungen werden. Insbesondere die reichen Industrieländer müssen lernen, mit weniger Energie auszukommen. Die rationelle Energieumwandlung und -nutzung, also die Vermeidung unnötiger Energieverbräuche, muss weltweit Priorität vor der Energieerzeugung bekommen. Konkret: Der Norden der Erde muss seinen Pro-Kopf-Energieverbrauch langfristig um zwei Drittel senken, also in allen Sektoren, Produktionsprozessen und Gebäuden sowie bei allen Fahrzeugen energetisch abrüsten. Nur wenn beide Prozesse, der Umstieg auf erneuerbare Energien und Energieeinsparungen, eingeleitet und miteinander verbunden werden, ist eine friedlichere Zukunft möglich. Technik muss dienstleistungsorientiert sein und demokratisch kontrolliert werden. Das Ziel heißt, Wirtschaft so zu gestalten, dass Wohlstand für alle und mehr Lebens- und Wirtschaftsqualität keine leeren Versprechen bleiben.

Die Risiken des „harten“ Pfads würden durch die Kursänderung begrenzt und langfristig verschwinden. Die begonnene Veränderung des Weltklimas würde nicht weiter verstärkt, der Menschheit blieben die schlimmsten Auswirkungen der Klimaveränderung erspart. Die gefährliche Tendenz, dass ein verschärfter Verteilungskampf um knapper werdende fossile Rohstoffe zu politischen Krisen oder bewaffneten Auseinandersetzungen führt, würde abgeschwächt. Stattdessen blieben die vorhandenen Reserven fossiler Rohstoffe auch kommenden Generationen erhalten, und die strahlende Erblast der Nukleartechnik würde zumindest nicht weiter vergrößert.

Um jedes Missverständnis zu vermeiden: „Sanft“ heißt nach unserem Verständnis, dass dieser Pfad so weit wie möglich natur- und sozialverträglich ausgerichtet ist. Das bedeutet aber nicht, dass dieser Weg konfliktfrei sein wird – im Gegenteil, er wird mit Auseinandersetzungen und mit großen gesellschaftlichen Anstrenungen verbunden sein, weil er sich gegen starke Kräfte in der Wirtschaft behaupten und eingeschliffene Verhaltensweisen umkrempeln muss. Beispiel Energiepreise und Ökosteuer: Von Strom, Wärme und Kraftstoffen sind alle, Häuslebauer, Autofahrer, reiche und arme Haushalte, Groß- und Kleinbetriebe, abhängig. In Meinungsumfragen wird die Ökosteuer von rund zwei Dritteln der Bevölkerung als sinnvoll angesehen, aber über 80 Prozent lehnen höhere Energiepreise ab, auch wenn die Energiebereitstellung insgesamt durch niedrigere Verbräuche sogar preiswerter wird. Höhere Energiepreise bedeuten allenfalls kurzfristig einen Konkurrenznachteil, langfristig bewirken sie einen Innovationsanreiz für eine energieeffiziente Wirtschaft und für die Entwicklung von Zukunftstechnologien. Die Energiewende hängt davon ab, dass die Wirtschaft zu Innovationen fähig und bereit ist. Sie ist keine Bedrohung für den Wirtschaftsstandort, sondern eine Voraussetzung für langfristige Prosperität. Allerdings ist es eine Frage der Rahmenbedingungen, wie attraktiv die Effizienzrevolution erscheint. Gibt es lohnende Anreize für mehr Effizienz, werden die Energie- und Technologiemärkte revolutioniert und flächendeckend einen bewussteren Umgang mit Energie einleiten.

Natürlich gibt es auch bei der Verfolgung des „sanften" Pfades ungelöste Probleme. Sie bestehen in technisch noch nicht ausgereiften Anlagen (etwa Brennstoffzellen), in vorübergehend höheren Energiekosten (so bei der Fotovoltaik) und in einer durch die Vielfalt neuer Akteure größeren Unüberschaubarkeit. So erscheint dieser Weg vielen denn auch als der schwierigere, weil er durch Neuland führt. Der Bruch mit vorherrschenden Denkweisen, Traditionen, Techniken und Institutionen ist radikal – das ist nicht abzustreiten. Die Energiewende erfordert mutige Innovationen, politische Kühnheit und die Vision einer sozial- und umweltverträglichen Weltgesellschaft.

Doch der „Friede mit der Natur" (Udo Simonis), die Weichenstellung für eine friedliche Welt werden sich für alle, auch für Wirtschaft und Beschäftigung auszahlen. Und diese Vision vermag zu begeistern. Noch nie haben so viele Menschen aus unserem Land so viel Erfahrungen in Entwicklungsländern mit Techniken dezentraler, angepasster Energieversorgung gesammelt und Motivation für eine nachhaltige Entwicklung gewinnen können. Und noch nie haben so viele Austauschstudenten und Wissenschaftler aus Entwicklungsländern am Know-how-Transfer aus Forschungsinstitutionen der OECD-Länder in ihre Heimatländer mitgewirkt.

Dieser globalisierte Aus- und Weiterbildungsprozess wird seine Wirkung nicht verfehlen, die Diskussion über eine nachhaltige Energieversorgung weltweit vorantreiben und das Umdenken beschleunigen. Nicht zufällig wird seit einigen Jahren verstärkt eine globale Verantwortungsethik gefordert. Sie verlangt, dass eine auf zehn bis zwölf Milliarden Menschen anwachsende Weltbevölkerung so rasch wie möglich mit neuen Energien versorgt wird, damit für alle Menschen ein auskömmlicher Lebensstandard gesichert werden kann. So gesehen, sind die weltweiten Voraussetzungen für eine Energiewende günstig.

Modernste Techniken der rationellen Energienutzung und erneuerbaren Energieversorgung werden es auch der großen Bevölkerungsmehrheit im Süden der Erde erlauben, ihren Lebensstandard zu steigern, ohne die die Natur zerstörende und historisch überholte Industrialisierung und Entwicklung des Nordens nachahmen zu müssen. Das Szenario des „sanften" Pfads ermöglicht Wohlstand für alle Weltbürger und nicht nur für die reichen Industrieländer. Wenn wir heute mit dem Umbau beginnen, könnten innerhalb von zwei bis drei Jahrzehnten die wichtigsten Weichenstellungen vollzogen und bis zur Mitte des Jahrhunderts die Voraussetzungen für ein nachhaltiges Energiesystem gegeben sein.

Der „sanfte" Pfad

- Eine auf 10–12 Mrd. Menschen anwachsende Weltbevölkerung kann langfristig mit erneuerbaren Energien versorgt und ein auskömmlicher Lebensstandard für alle Menschen gesichert werden.
- Entscheidende Voraussetzung ist, dass der rationellen Energieumwandlung und -nutzung weltweit Priorität vor der Energieerzeugung eingeräumt wird.
- Durch Einsparung und Streckung fossiler Energien bleibt das Klima stabil; die fossilen Rohstoffe für die Petrochemie werden für kommende Generationen erhalten.
- Kriege um Öl und Erdgas werden unwahrscheinlich, die riskante Erblast der nuklearen Stromerzeugung kann begrenzt werden.
- Zwar sind gewaltige Anstrengungen notwendig, aber die Techniken, die Politiken und die Verhaltensmuster in einem nachhaltigen Energiesystem sind bereits im Prinzip bekannt.

Der Energiedienstleister der Zukunft übernimmt Produktverantwortung in dem Sinn, dass externe Schäden wie Klimaänderungen oder Nuklearunfälle ausgeschlossen werden, weil sie vorsorgend in der Geschäftspolitik berücksichtigt werden. Das erfordert neue Rahmenbedingungen, damit Energiedienstleister an der Vermeidung von unnötigem Energieeinsatz und externen Kosten auch mitverdienen können. Eine soziale und umweltverträgliche Lösung der Energiefrage ist nicht nur eine Aufgabe für Technik und Wirtschaft, sondern erfordert eine grundsätzliche Richtungsänderung der Politik, insbesondere der

Energiepolitik, der Wirtschaftspolitik, der Industriepolitik, der Bildungspolitik, der Verkehrspolitik und der Forschungspolitik.

In einer Demokratie muss es die Gesellschaft sein, die Ziele und Rahmenbedingungen setzt. Mit anderen Worten: Die Energiefrage erfordert den gestaltenden Staat, eine engagierte Zivilgesellschaft, eine unabhängige Wissenschaft und verantwortungsbewusste Energiemanager. Ein gestaltender Staat kann Infrastrukturentscheidungen nicht allein dem freien Spiel des Marktes überlassen, sondern muss lenkend eingreifen.

Eine solche Umgestaltung kann nicht in eine ferne Zukunft verschoben, sondern muss jetzt in Angriff genommen werden, denn der stetig wachsenden Weltbevölkerung bleibt nur noch wenig Zeit für die Energiewende. Der Prozess des Umsteuerns braucht Jahrzehnte, und mit jedem vertanen Jahr wird eine Richtungsänderung schwieriger. Würde ein Kurswechsel erst in ferner Zukunft eingeleitet, stiegen die Risiken für die Demokratie. Vielleicht könnten künftig die notwendigen Einschnitte nur noch von einem autoritären Regime durchgesetzt werden. Doch noch sind für Politik, Unternehmen und soziale Bewegungen Richtungsentscheidungen möglich. Es besteht kein Grund zur Resignation.

Grundsätzlich sind sowohl der „harte" als auch der „sanfte" Pfad für die Menschheit technisch und ökonomisch realisierbar. Doch welcher Entwicklungspfad des weltweiten Energiesystems auch immer Realität werden wird, er wird der gesamten Welt seinen Stempel aufdrücken. Denn die möglichen krisenhaften Folgen des „harten" Pfades werden vor den Haustüren der reichen Industrienationen des Nordens nicht Halt machen. Aber ebenso würden die Menschen im Norden wie im Süden an der Prosperität einer nachhaltigen Entwicklung teilhaben. Die Gestaltung der Energieversorgung wird so zu einer zentralen Weichenstellung für den ganzen Planeten.

Ist die Menschheit noch fähig, die Weichen für einen nachhaltigen Weg zu stellen, oder wird sie die Gefahren des „Weiter so" in Kauf nehmen? Der wahrscheinliche Trend liegt derzeit noch in der bedrohlichen Zuspitzung ökologischer, ökonomischer und politisch-sozialer Risiken. Die entscheidende Frage ist also, ob die Zivilgesellschaft und insbesondere Energiepolitik und Energiewirtschaft Kraft und Motivation für rasches Handeln finden und konsequent auf eine innovative, effiziente und umweltverträgliche Energieversorgung hinarbeiten. Es ist das Anliegen dieses Buches, mit Informationen und Handlungsvorschlägen zur Erreichung dieses Ziels beizutragen.

Teil 1
Energie und Umwelt am Scheideweg

Es ist eine Binsenweisheit: Der Mensch braucht die Natur, denn ohne die natürlichen Lebensgrundlagen gibt es kein Leben. Auch unsere Kinder und Kindeskinder werden nicht ohne sie auskommen. Doch in vielen Teilen der Welt bleibt diese Einsicht ohne Folgen. In Ballungsgebieten ist die Luftverschmutzung durch die Verbrennung fossiler Energieträger Ursache für deutlich erhöhte Krankheits- und Sterblichkeitsziffern. Austretendes Öl macht die ohnehin knappe Ressource Wasser ungenießbar. Wertvolle Kulturgüter können in wenigen Jahrzehnten durch sauren Regen und andere Niederschläge unwiederbringlich zerstört werden. Überdimensionale Wasserkraftwerke verändern gewachsene Kulturlandschaften, Klima und Wasserhaushalt in weiten Regionen. Die Ausbeutung natürlicher Energieträger hinterlässt immer mehr und größere Narben auf der Oberfläche unseres Planeten.[1]

In Deutschland haben wir inzwischen über mehr als 30 Jahre hinweg die konventionellen Umweltbelastungen aus der Energieversorgung gesenkt. Entschwefelung, Entstaubung und Entstickung von Kohlekraftwerken sowie deren Ausrüstung mit Kühltürmen, zahlreiche Verbesserungen in der Reaktorsicherheitstechnik, die Entschwefelung von Heizöl und Treibstoffen sowie die Begrenzung des Schwefelgehaltes in Briketts, die Einführung von Katalysatoren für Ottomotoren, Niedertemperatur- und Brennwertkessel, Thermostatventile für Heizungsanlagen und viele andere energetische Innovationen haben erfolgreich gewirkt – die Situation der Umwelt in unserem Land ist besser geworden. Freilich darf dies nicht darüber hinwegtäuschen, dass auch hierzulande zu viel Energie verbraucht wird, die überdies größtenteils aus fossilen und nuklearen Energieträgern erzeugt wird. „Würde nicht nur jeder Deutsche und jeder Amerikaner ein Auto fahren, sondern auch jeder Chinese, würde dies die Natur endgültig aus dem Gleichgewicht bringen – und auf dem Wege dorthin sind wir", so analysiert das Worldwatch Institute zutreffend.[2]

Aber diese Probleme scheinen für die meisten Bewohner der Industrieländer weit weg zu sein. Viele Menschen haben heute andere und scheinbar wichtigere Sorgen als den Schutz der Umwelt – auch in Deutschland. Angesichts von Massenarbeitslosigkeit und leeren Kassen verschiebt sich die Priorität von Umweltproblemen. Doch die Debatte über die natürlichen Lebensgrundlagen ist kein Luxus der Überflussgesellschaft, auf den man schnell verzichten kann, wenn Lohn oder Wirtschaftsleistung nicht wie gewohnt „wachsen".

Diese gleichgültige Haltung kann für unsere Zukunft fatal sein. In zwei Bereichen wird dies besonders deutlich – bei der Veränderung des globalen Klimas durch die Verbrennung fossiler Energieträger und den Risiken der Atomkraft. Wir stehen an einem Scheideweg auch in ökologischer Hinsicht. Denn die Folgen des „harten" Pfads sind nicht mehr zu übersehen.

Kapitel 1:

Klimawandel – sichtbar, fühlbar, messbar

Der Sommer 2002 war von Anfang an besonders nass. Nach schweren Regenfällen verzeichnete Niedersachsen im Hochsommermonat Juli ein in dieser Jahreszeit ungewöhnliches Hochwasser, doch Petrus hatte kein Erbarmen: Es regnete weiter. Am 8. August – die Hundstage hatten inzwischen begonnen – meldeten die Zeitungen „Jahrhundertregen" in Österreich. Auch drei Tage später, am 11. August, warnten die Meteorologen unverändert vor sintflutartigen Regenfällen. Aus diesem Albtraum wurde eine Katastrophe, als in Niederösterreich die Dämme brachen.

Doch auch am 12. August war die Wetterlage unverändert: Regen, Regen ohne Ende. Und dann ging es Schlag auf Schlag. Eine Jahrhundertflut rollte auf Passau zu, Tschechien meldete Land unter, in Prag wurden ganze Stadtviertel evakuiert, Dresden versank mitsamt Zwinger und Semperoper in den Elbfluten. Am 13. August wurde der deutsche Regenrekord gebrochen. In Zinnwald prasselten binnen 24 Stunden 312 Liter auf den Quadratmeter, Mitteleuropa war eine Seenlandschaft. Es sollte eine Flutkatastrophe werden, wie es sie in diesen Breitengraden noch nie gegeben hatte – wie ein Katastrophenfilm, dessen Drehbuch die Natur geschrieben hatte.

Ein Jahr später war alles anders: Im Sommer 2003 glühte die Sonne über Europa, als wollte sie nachholen, was sie im Jahr zuvor verpasst hatte. Und wieder wurden Rekorde gebrochen. Das Alpenland Schweiz erlebte im Juni 2003 den heißesten Monat seit 250 Jahren, Spanier und Italiener schwitzten beinahe ein Vierteljahr lang bei Temperaturen von knapp 40 °C, und auch in Deutschland erlebten die Menschen einen Sommer, der in großen Teilen des Landes an den Maghreb erinnerte. Am 8. August wurden im saarländischen Perl-Nenning 40,3 °C gemessen – ein neuer Rekord. Doch das war noch nicht alles: Eine ungewöhnliche Dürre, im Juni, Juli und August gab es kaum Niederschlag, ließ den Rhein zum Rinnsal werden, und in den Höhenlagen der Alpen taute das ewige Eis der Gletscher. Die Folge: Am Schweizer Grindelwaldgletscher stürzten riesige Eisklumpen in die Tiefe, am Matterhorn brach in 3 400 Metern Höhe der Fels in solchen Mengen ab, dass 70 Bergsteiger mit Hubschraubern evakuiert werden mussten.

Statistisch gesehen, sollte ein dermaßen heißer Sommer nur alle 46 000 Jahre einmal vorkommen. Doch wer genau beobachtet, kann mitverfolgen, wie sich nicht nur Extreme häufen, sondern sich auch unser Alltagswetter wandelt. Wenn aus jedem Sommergewitter ein Unwetter mit großen Versicherungsschäden zu werden droht, wenn der Wetterfrosch im Fernsehen Tornadowarnungen nicht für die USA, sondern für Hessen oder Sachsen ausgibt, hat sich, das spürt auch der Laie, etwas verändert.

Der Mensch verändert das Klima

Ist unser Wetter verrückt geworden? Oder sind Klimawandel und Wetterkatastrophen nur eine neue Marotte der Medien, die sich gut verkauft, ist der Treibhauseffekt ein Aktionsfeld für hysterische Umweltaktivisten oder, schlimmer noch, eine perfide Propagandakampagne der Atomlobby?

Nichts dergleichen – Grund der weltweiten Erwärmung ist die Einleitung so genannter „klimarelevanter Gase“ oder Treibhausgase in die Atmosphäre, allen voran der Ausstoß von Kohlendioxid (CO_2), die deren Strahlungsbilanz mit ihrer zentralen Rolle für die Lebensbedingungen auf der Erde verändern: Das kurzwellige Licht der Sonne strahlt durch die Atmosphäre hindurch auf die Erdoberfläche. Hier wird es langwellig reflektiert. Doch ein Großteil dieser Rückstrahlung wird durch die Treibhausgase absorbiert. Dieser so genannte Treibhauseffekt heizt die Atmosphäre auf. Er ist ein prinzipiell natürliches Phänomen, und ohne ihn hätte die Erdoberfläche eine Temperatur von –18 °C. Allerdings wird er durch die Konzentrationserhöhung der Treibhausgase in der Atmosphäre verstärkt.

Die mittlere Konzentration des wichtigsten Treibhausgases Kohlendioxid in der globalen Atmosphäre stieg seit Beginn der Industrialisierung, also in den letzten 200 Jahren, um 30 Prozent. Sowohl das inzwischen erreichte Niveau des Kohlendioxidgehaltes der Atmosphäre von 380 ppm (parts per million) im Jahr 2003 gegenüber ungefähr 280 ppm in der vorindustriellen Zeit als auch die aktuelle Anstiegsrate von etwa 2 ppm pro Jahr sind seit 20 000 Jahren einzigartig.[3] Selbst wenn man weit zurückliegende Zeiträume berücksichtigt, findet man in den letzten 420 000 Jahren keine vergleichbare Konzentration.[4] Dies gilt auch für Methan (CH_4), dessen Gehalt in der Atmosphäre sich mehr als verdoppelt hat. Die Konzentration von Distickstoffoxid (N_2O, Lachgas) erhöhte sich um 17 Prozent und steigt weiterhin an.

Methan hat eine dreiundzwanzigmal höhere Treibhauswirkung als Kohlendioxid. Erdgas, Grubengas und Erdölgas bestehen im Wesentlichen aus Methan. Ungenutztes, „kalt abgefackeltes“ oder durch technische Defekte entwichenes

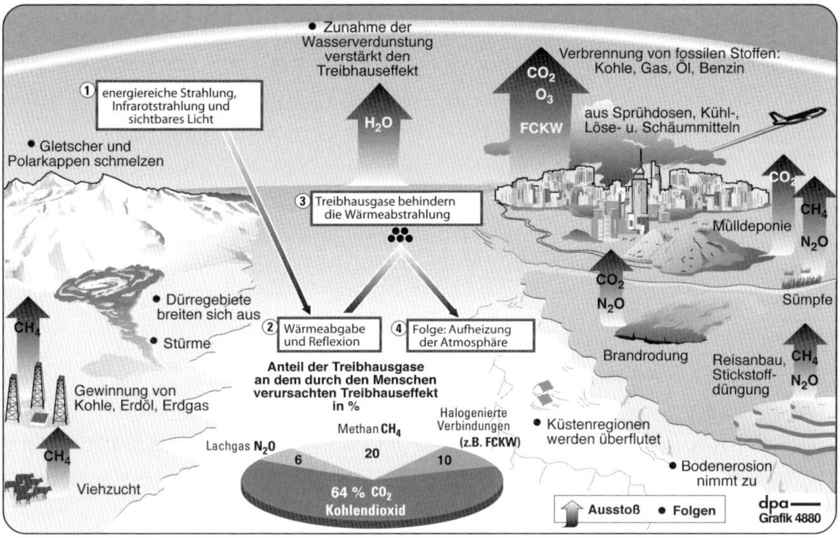

Abb. 1: Prinzipielle Funktionsweise des Treibhauseffekts. Quelle: dpa / Globus 2004.

Methan hat daher eine doppelte Schadwirkung: Es trägt erheblich zum Treibhauseffekt bei und wird dazu noch ungenutzt verschwendet.

Natürliche Ursachen für Klimaänderungen, etwa Änderungen in der Intensität der Sonnenstrahlung oder Vulkanausbrüche, hatten während des letzten Jahrhunderts, insbesondere aber in den letzten 30 Jahren nur einen minimalen Einfluss auf den beschleunigten Konzentrationsanstieg der Treibhausgase. Die Sonnenaktivität, die seit 1940 zweieinhalbmal so hoch wie im langfristigen Mittel ist, ist nicht für die globale Erwärmung verantwortlich. Zwar weist der zeitliche Verlauf zunehmender oder abnehmender Aktivität der Sonne

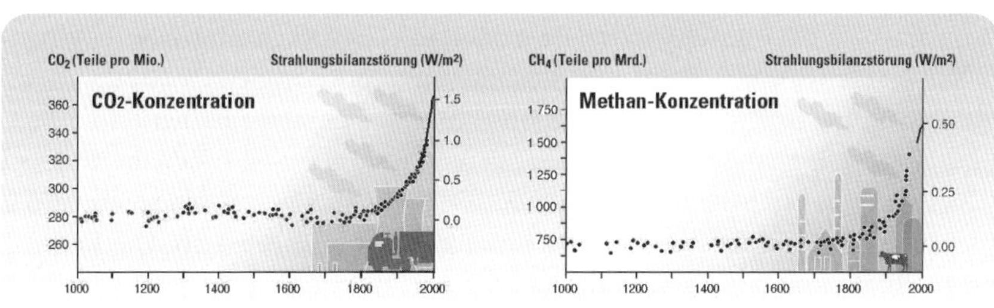

Abb. 2: Anstieg der Treibhausgaskonzentrationen in der Atmosphäre. Gezeigt sind Kohlendioxid (CO_2) und Methan (CH_4) im Zeitverlauf. Quelle: IPCC 2001.

eine Ähnlichkeit mit der mittleren Temperatur auf der Erde auf, doch haben Studien des Max-Planck-Instituts für Sonnensystemforschung gezeigt, dass die Sonne höchstens für einen kleinen Teil der Erwärmung in den letzten 20 bis 30 Jahren verantwortlich sein kann.[5]

Fazit: Die Wissenschaft gibt sich – inzwischen weitgehend einmütig – nüchtern, aber sicher. Das globale Klima verändert sich, die Ursachen dafür sind vom Menschen gemacht und zum überwiegenden Teil auf den Verbrauch fossiler Energien zurückzuführen.[6]

Mehr Treibhausgase durch mehr Energieverbrauch

Die Erwärmung des Erdklimas hat sich in den letzten Jahrzehnten zur bislang größten Herausforderung für den Glauben an den menschlichen Fortschritt entwickelt. Es gibt unterschiedliche Strategien, um auf den diagnostizierten Klimawandel zu reagieren. Die mit Abstand wichtigste ist die Emissionsminderungsstrategie, die künftige Emissionen klimarelevanter Gase weltweit reduzieren will. Entsprechend definiert die Klimaschutzverpflichtung des Kyoto-Protokolls für jedes Land prozentuale Emissionsreduktionsziele für die Treibhausgase, bezogen auf das Jahr 1990. Als Zeithorizont der Verpflichtungen wurde der Zeitraum 2008–2012 festgelegt.

Die bisherige Bilanz ist eher durchwachsen. Zwar macht die Ratifizierung des Kyoto-Protokolls durch Russland im November 2004 Hoffnung auf Fortschritte in der internationalen Klimapolitik. Denn damit trat die Kyoto-Vereinbarung am 16. Februar 2005 in Kraft. 128 Länder haben inzwischen dieses Protokoll ratifiziert und sich verpflichtet, ihren Ausstoß an Treibhausgasen bis 2012 um mindestens 5 Prozent gegenüber 1990 zu senken. Andererseits haben wichtige Industrieländer wie die USA das Kyoto-Protokoll nicht ratifiziert, so dass diese Verpflichtung lediglich knapp zwei Drittel der Treibhausgasemissionen der Industrieländer betrifft. Zudem legt der bisherige Verlauf der Emissionsdaten die Vermutung nahe, dass die Kyoto-Verpflichtungen nicht eingehalten werden können. So waren 2002 die Emissionen in den OECD-Ländern, die Ende 1997 in Kyoto eine Emissionsreduktion zugesagt hatten, um 8 Prozent gestiegen. Auch in der EU gibt es keinen Anlass zur Zufriedenheit: Angesichts des in vielen Mitgliedsstaaten sehr weiten Abstands von den vereinbarten Zielen sind erhebliche Zweifel an der Zielerreichung angebracht. Die Kohlendioxid-Emissionen in der erweiterten EU der 25 Mitgliedsstaaten haben sich im Jahr 2003 im Vergleich zum Vorjahr sogar um 2,2 Prozent erhöht.

Deutschland mag mit seiner Reduktion von 14,6 Prozent im Jahr 2003 für die energiebedingten Kohlendioxid-Emissionen als Musterknabe erscheinen,

	Basisjahr 1990	**2000**	**2002**	**1990–2002**	**Reduktionsziele bis 2008/2012**
Treibhausgasemissionen in Mill. t CO_2-Äquivalenten				Veränderungen in %	
EU-15	4 246,5	4 092,8	4 121,8	–2,9	–8,0
Deutschland	1 252,0		1 015,0	–18,9	–21,0
Australien	430,5	512,9	526,0	22,2	8,0
Island	2,8	2,9	2,7	–4,1	10,0
Japan	1 237,0	1 336,7	1 330,8	7,6	–6,0
Kanada	608,7	725,0	731,2	20,1	–6,0
Neuseeland	61,6	70,4	75,0	21,6	0,0
Norwegen	52,1	55,4	55,3	6,1	1,0
Schweiz	53,1	52,3	52,3	–1,7	–8,0
USA	6 129,1	7 038,3	6 934,6	13,1	–7,0
Summe Annex II-Länder	**12 821,7**	**13 886,9**	**13 829,7**	**7,9**	**–6,6**

Tab. 1: Treibhausgasemissionen in Ländern mit quantifizierten Emissionsbegrenzungs- oder Reduktionsverpflichtungen nach dem Kyoto-Protokoll sowie Deutschland. Quelle: nach Ziesing 2004.

doch ist inzwischen unstreitig, dass das bei seiner Formulierung 1990 weltweit wegweisende Ziel, die Kohlendioxid-Emissionen Deutschlands bis zum Jahr 2005 um 25 Prozent zu reduzieren, deutlich verfehlt werden wird.

Noch ernüchternder ist die weltweite Bilanz: Seit 1990 haben die energiebedingten Kohlendioxid-Emissionen nicht abgenommen, sondern jährlich im Mittel um 1,4 Prozent zugelegt. Die größten „Sünder" sind die USA und China. In den Vereinigten Staaten haben die Emissionen zwischen 1990 und 2003 um 840 Millionen Tonnen oder 17 Prozent zugenommen, und die Volksrepublik China steigerte ihren Kohlendioxid-Ausstoß um 1 400 Millionen Tonnen oder 62,5 Prozent. Zum Vergleich: Deutschland emittierte 2003 845 Millionen Tonnen energiebedingtes Kohlendioxid.

Emissionsmindernd wirkten in dem angesprochenen Zeitraum die steigende Energieproduktivität sowie die Veränderung der Energieträgerstruktur hin zu emissionsärmeren Brennstoffen.[7] Der Großteil der Zunahmen erklärt sich aus dem gewachsenen Bruttoinlandsprodukt je Einwohner und deren steigender Zahl.

Die Temperaturen steigen, das Eis schmilzt

Während in den neunziger Jahren der Klimawandel noch eine Befürchtung war, die die Wissenschaft auf der Grundlage wahrscheinlicher Entwicklungen in die Öffentlichkeit brachte, werden inzwischen immer mehr messbare Folgen der Klimaveränderungen aus den natürlichen Schwankungen des Wetters sichtbar:

Die globale Mitteltemperatur der Erde liegt heute um 0,6 bis 0,8 °C über dem Wert von 1860. Die neun global wärmsten Jahre des 20. Jahrhunderts lagen in der letzten Dekade, und die zehn wärmsten seit Beginn der Messungen nach 1983. Die Jahre 1998, 2002 und 2003 waren die bisher wärmsten überhaupt. Das Intergovernmental Panel on Climate Change (IPCC) rechnet mit einem globalen Temperaturanstieg von 1,4 bis 5,8 °C bis zum Jahr 2100 – je nach Emissionsentwicklung bei den Treibhausgasen. Die Temperaturänderungen erfolgen zudem mit zunehmender Geschwindigkeit, aktuell liegen sie fast bei 0,2 °C pro Dekade. In Europa ist die Temperatur mit fast 1 °C seit 1900 stärker angestiegen als im Weltmittel, wobei die Temperaturerhöhungen im Nordwesten Russlands und auf der Iberischen Halbinsel am höchsten waren. Die Europäische Umweltagentur erwartet in diesem Jahrhundert für Europa einen Temperaturanstieg von 2,0 bis 6,3 °C. Die als Nachhaltigkeitslimit festgesetzte Temperaturerhöhung von 2 °C gegenüber dem vorindustriellen Wert dürfte in Europa bereits Mitte dieses Jahrhunderts erreicht werden – sofern nicht Gegenmaßnahmen ergriffen werden.[8]

Von 1850 bis zur Jahrtausendwende hat die Masse der Gletscher in den Alpen um etwa 60 Prozent abgenommen. Nannte Louis Trenker die ihm vertraute Gletscherwelt noch das „ewige Eis", dürfte bereits die kommende Generation gletscherfreie Alpen erleben. Im Himalaja schmilzt das Eis sogar noch schneller als in Europa, und auch der knapp 6 000 Meter hohe Kilimandscharo verliert seine weltberühmte Eiskappe – vielleicht schon in 15 Jahren.

Abb. 3: Der Pasterzen-Gletscher am Großglockner in den Jahren 1900 und 2000.
Quelle: Gletscherarchiv 2004.

Seit 1978 nimmt die arktische Eisfläche mit einer durchschnittlichen Geschwindigkeit von 2,7 Prozent pro Dekade ab, insgesamt ist sie um fast 1 Million Quadratkilometer zurückgegangen; dies entspricht der Fläche von Spanien und Frankreich. Nach Berechnungen des Nansen-Instituts in Norwegen könnte der Nordpol in 30 Jahren im Sommer eisfrei sein. Die Auswirkungen auf die Antarktis sind ebenso alarmierend, obwohl dort mit deutlich geringeren Temperaturerhöhungen gerechnet wird als in der Arktis. Die durchschnittlichen Temperaturen liegen schon heute fast 3 °C höher als zu Beginn der Wetteraufzeichnungen im Jahr 1940. Konsequenz: Der Meeresspiegel ist in den letzten 100 Jahren um 10 bis 20 Zentimeter gestiegen. Je nach der erreichten Verminderung der Treibhausgas-Emission erwarten die Wissenschaftler einen weiteren Anstieg in diesem Jahrhundert zwischen 10 und 90 Zentimetern. Kein Wunder, dass sich die Niederlande mit einem 1,3 Milliarden Euro teuren Deichbauprogramm auf die sich abzeichnende Entwicklung vorbereiten. Einschlägige Berufsorganisationen preisen denn auch den Beruf eines Küsteningenieurs als berufliche Alternative mit Zukunft an: „Die nächste Sturmflut kommt bestimmt – und sie kommt immer öfter."

Das Wetter spielt verrückt

Die beschriebene Erwärmung der Erde betrifft natürlich auch das Meerwasser. So stieg die Oberflächentemperatur der tropischen Ozeane in den letzten 40 Jahren um mehr als 0,5 °C. Und auch das hat Folgen: Die durch die Erwärmung um 16 Prozent erhöhte Verdunstungsrate hat zu verstärkten Niederschlägen in den Tropen und Subtropen geführt. Im Pazifischen Ozean werden seit 1970 häufigere, länger andauernde und intensivere Temperaturanomalien (so genannte El-Niño-Effekte) mit erheblicher Schadenswirkung beobachtet. In allen geografischen Breitenlagen ist in den letzten 20 Jahren eine Zunahme der mittleren Windgeschwindigkeit zu verzeichnen. Die relative Sturmhäufigkeit über dem Nordpazifik hat sich in den letzten 20 Jahren nahezu verdoppelt, und die Anzahl von Extremtiefs in den Wintermonaten hat im letzen Jahrzehnt dramatisch zugenommen. Im Jahr 2000 brauten sich über dem Atlantik 15 Wirbelstürme zusammen, das sind 50 Prozent mehr als im Durchschnitt.

Übrigens: Die Frage, ob unser Wetter verrückt geworden ist, konnte inzwischen wissenschaftlich geklärt werden. Die Flutkatastrophe des Sommers 2002 dürfte zumindest teilweise auf die Folgen des Klimawandels zurückzuführen sein.[9] Und mit ausgefeilten Modellrechnungen konnten Wissenschaftler des Hadley Centre for Climate Prediction and Research nachweisen, dass die Extremsommer der letzten Jahre mit hoher Wahrscheinlichkeit auf den vom

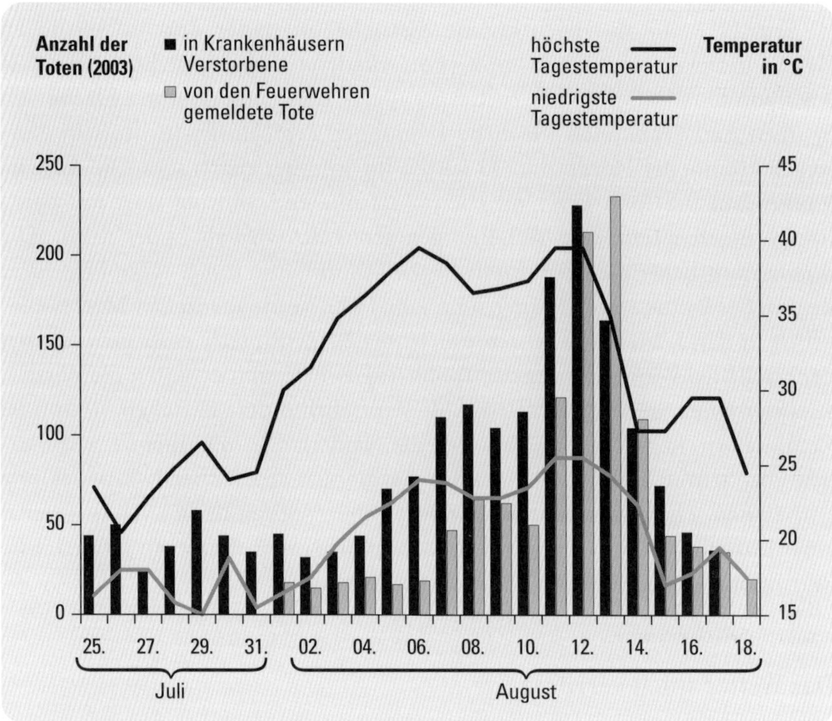

Abb. 4: Anzahl der zusätzlichen Toten während der Hitzewelle 2003 in Paris.
Quelle: EEA 2004.

Menschen verursachten Klimawandel zurückgehen.[10] Es war das erste Mal, dass extreme Einzelereignisse wissenschaftlich eindeutig auf menschliche Einflüsse zurückgeführt werden konnten. Auch in Europa fordern solche „Wetterkapriolen" Todesopfer: Die Hitze des Sommers 2003 war vor allem für ältere Menschen Ursache für einen vorzeitigen Tod. Am 12. August meldeten die Pariser Krankenhäuser 220 Hitzetote, weitere 230 registrierte die Feuerwehr bei ihren Einsätzen. Mehr als 20 000 Menschen, so vermuten Experten, starben in West- und Südeuropa im Glutsommer 2003 an den gesundheitlichen Folgen der monatelangen Hitzewelle.[11]

Klaus Töpfer, Direktor des Umweltprogramms der Vereinten Nationen (UNEP), fasste zur Klimakonferenz in Delhi im Oktober 2002 den Stand der Kenntnis treffend zusammen: „Die Welt erlebt eine Zunahme extremer Wetterereignisse, die jede Facette unseres Lebens beeinflussen wird, Landwirtschaft, Gesundheit, Wasserversorgung und die Natur. Die ärmeren Länder der Welt,

Wetter	Anzahl
Flut	172 540
Dürre	33 465
Hagel	16 985
Erdrutsche	16 015
Kälte	11 010
Sturm	200
Feuer	180
Schlamm	125
Schnee	100
Gewittersturm	45
Insgesamt	**250 665**

Tab. 2: Menschen, die allein in Bolivien im Jahr 2003 durch extreme Wetterereignisse obdachlos wurden. Quelle: Cornford 2003.

die ärmeren Menschen, werden am meisten darunter zu leiden haben, weil sie weder die finanziellen noch andere Möglichkeiten haben, damit fertig zu werden.“ Angesichts der befürchteten Folgen des Klimawandels ist dies noch zurückhaltend formuliert. Neben der beschriebenen Gefahr steigender Meeresspiegel ist von zunehmenden Trockenzonen auszugehen, die Vegetation im Mittelmeerraum könnte vertrocknen und das Trinkwasser vielerorts knapp werden. Ganze Landstriche würden unbewohnbar. Der renommierte Meteorologe Mojib Latif gibt sich denn auch überzeugt: „Der Klimawandel löst eine Völkerwanderung aus“,[12] und der Klimaforscher Carlo C. Jaeger vom Potsdamer Institut für Klimafolgenforschung schließt sogar Kriege nicht aus.[13] Da die Auswirkungen extremer Wetterereignisse die Entwicklungsländer am härtesten treffen werden, erscheinen selbst diese Extremfolgen nicht mehr undenkbar.[14]

Im Hinblick auf solche Perspektiven überrascht es nicht, dass der globale Klimawandel zunehmend nicht mehr nur als Umwelt-, sondern als Sicherheitsthema gesehen wird. Im 20. Jahrhundert war Umweltzerstörung als Fluchtgrund noch sekundär. Heute weisen viele Autoren darauf hin, dass Umweltflüchtlinge eine neue Herausforderung darstellen.[15] Im Völkerrecht ist der Begriff „Umweltflüchtling“ noch nicht definiert, so dass auch keine statistischen Angaben über die Zahl solcher Flüchtlinge vorliegen, Schätzungen für 1995 gehen jedoch von 25 Millionen Umweltflüchtlingen aus. Je massiver derartige Wanderungsbewegungen von Menschen werden, desto mehr dürfte die Bereitschaft der „anderen Seite" abnehmen, Umweltflüchtlingen eine neue Heimat zu gewähren. Eine Zunahme des Konfliktpotenzials mit fortschreitendem Klimawandel ist absehbar.

Die Kosten des Klimawandels

Alle Folgeinvestitionen einer Umweltkatastrophe fördern das Wirtschaftswachstum und steigern das Bruttosozialprodukt. Die Fragwürdigkeit eines solchen Wachstumsindikators muss jedoch nicht betont werden. Mit nachhaltiger Wirtschaftsentwicklung hat ein solches Wachstum nichts zu tun.

Angesichts der hier nur auszugsweise geschilderten Folgen des Klimawandels für den Menschen scheint eine Betrachtung der Kosten sekundär. Aber Kostenbetrachtungen beherrschen die Ökonomie, und in der postliberal geprägten Wirtschaftsweltordnung spielen monetäre Indikatoren die zentrale Rolle. Ein Beispiel: Ökonomische Modellrechnungen für Energie- und Klimaszenarien ermitteln häufig nur die Kohlendioxid-Vermeidungskosten, um diese Kosten dann gegen einen ambitionierten Klimaschutz ins Feld zu führen. Demgegenüber werden externe Kosten, also die monetarisierten Schäden von Klimaänderungen, außen vor gelassen, was zu falschen Empfehlungen gegen den Klimaschutz führen kann. Klimapolitische Strategien zielen dagegen darauf ab, die externen Kosten des Klimawandels zu internalisieren, um möglichst viele Klimaschäden zu vermeiden. Nicht zuletzt vermittelt die Abschätzung von Folgekosten des Klimawandels eine anschauliche Vorstellung von der ungeheuren Dimension der Gefahren, die mit dem falschen Energieweg verbunden sind. Einige aktuelle Schlaglichter mögen dies verdeutlichen:

Zwischen dem 26. und dem 28. Dezember 1999 brausten die Orkantiefs „Lothar" und „Martin" mit Geschwindigkeiten von bis zu 215 Kilometer pro Stunde über Südwesteuropa. 125 Menschen starben, die Schäden, die „Lothar" allein in Süddeutschland anrichtete, gingen in die Milliarden. Der Hurrikan „Jeanne" hat im September 2004 in Florida Schäden von 8 Milliarden Dollar verursacht, und die insgesamt vier Wirbelstürme im August und im September 2004 kosteten den Sonnenstaat 25 Milliarden Dollar.

Das Jahr 2004 ist für die Versicherer gegen Elementarereignisse das schlimmste Jahr in ihrer Geschichte gewesen. Nach Angaben der Münchner Rück, dem weltgrößten Rückversicherungskonzern, sind die Schäden aus allen Naturkatastrophen im Jahr 2004 auf 145 Milliarden Dollar zu beziffern, wobei das Seebeben in Asien trotz der ungeheuren Opferzahlen die Bilanz kaum belastet. Vielmehr machen wetterbedingte Katastrophen die Mehrzahl der Ereignisse aus. In den vergangenen zehn Jahren sind diese Schäden insgesamt sechsmal größer gewesen als in den sechziger Jahren.[16]

Modellrechnungen für die Zukunft sind noch düsterer; sie sind allerdings mit Vorsicht zu interpretieren, weil sie auf sehr unsicheren Daten aufbauen und je nach Annahme enorme Bandbreiten aufweisen:

- Bei einem Temperaturanstieg um global 1 °C könnten volkswirtschaftliche Schäden von weltweit bis zu 2 000 Milliarden Dollar im Jahr 2050 die Folge sein.[17] Bei einem höheren Temperaturanstieg, der in vielen Modellrechnungen noch in diesem Jahrhundert für möglich gehalten wird, würden auch die Schadenskosten weitaus höher liegen. [18]
- Etwa 40 Prozent dieser Schäden werden in Asien anfallen, immerhin fast 20 Prozent in den USA.
- Für Deutschland werden jährliche Schadenskosten von 137 Milliarden Euro genannt, die durch Naturkatastrophen bis Mitte dieses Jahrhunderts entstehen könnten. Dabei ist nicht berücksichtigt, dass die Erwärmung in Europa schneller verläuft als im weltweiten Durchschnitt.
- Völlig unbezifferbar wären die Schäden bei einem neuerdings befürchteten Zusammenbruch des Golfstroms aufgrund von klimatischen Veränderungen. Allerdings muss betont werden, dass ein solches Schreckensszenario bislang als sehr unwahrscheinlich eingeschätzt wird.

Es bedarf nicht viel Fantasie, um sich vorzustellen, dass die für die Schadensbeseitigung aufgewandten Gelder den Volkswirtschaften an anderer Stelle fehlen werden. Den Worten des wissenschaftlichen Beraters der britischen Regierung, Sir David King, ist deshalb nichts hinzuzufügen: „Noch können wir es uns leisten, Maßnahmen gegen den Klimawandel zu ergreifen. Bleiben wir jetzt untätig, werden wir es bald nicht mehr können.“[19]

Klimaschutzpolitik am Scheideweg

Die Ausführungen in diesem Kapitel machen deutlich, dass wir beim Klimaschutz an einem Scheideweg stehen. In der Wissenschaft ist diese Botschaft auch angekommen. Immerhin hält mehr als die Hälfte der von der Umweltorganisation der Vereinten Nationen zur Jahrtausendwende befragten Wissenschaftler den Klimawandel für das wichtigste Umweltproblem des 21. Jahrhunderts.[20] Und in der Politik? Nimmt man die zwiespältige Bilanz der Klimaschutzvereinbarungen zum Maßstab, ist die internationale, europäische und sogar die deutsche Klimapolitik weit davon entfernt, die erforderliche Emissionsminderung bis Mitte dieses Jahrhunderts auch nur annähernd erreichen zu können. Um das Bewusstsein von Öffentlichkeit und Politik für die Dramatik der Situation zu schärfen, müssen die wissenschaftlichen Zusammenhänge und die Implikationen der politischen Handlungsalternativen noch besser dargestellt werden. Die Thematik ist so komplex und unüberschaubar, dass oft auch Engagierte in die „Komplexitätsfalle“ tappen und beim „Weiter so“ bleiben.

Die Bedeutung der gegenwärtigen Situation wird durch die Tatsache gesteigert, dass die Freisetzung von klimawirksamen Gasen in der Gegenwart Konsequenzen auch noch in einer fernen Zukunft für unsere Kinder und Enkel haben wird. Denn: Die Folgen des Klimawandels, die wir heute erleben, sind das Ergebnis der Vergangenheit, in der der Ausstoß von Kohlendioxid wesentlich geringer war als heute. Und was wir heute an Kohlendioxid in die Atmosphäre freisetzen und bei dem „harten“ Pfad des „Weiter so“ in Zukunft noch vermehrt ausstoßen werden, wird auch noch viele Jahrzehnte später das Klima verändern – und nach menschlichen Maßstäben irreversibel.[21]

Die erste Klima-Enquete-Kommission des Deutschen Bundestages fasste ihre Arbeit 1990 in einem markanten Fazit zusammen: Die Veränderung des globalen Klimas bedroht die Zukunft des Menschen! Was damals auf der Basis von wahrscheinlichen Erwartungen noch ein düsterer Ausblick auf eine mögliche Zukunft war, ist heute weitgehend Konsens in Wissenschaft und Politik. Wenn wir nicht mit großer Entschiedenheit die Weichen hin zu nachhaltigen Energiesystemen stellen, kann sich diese Zukunft einstellen.[22]

Ein Blick in die Klimazukunft

Weltweit arbeiten Meteorologen und Physiker an Modellen, um die Folgen des Klimawandels für die Zukunft abschätzen zu können. Inzwischen haben die Modellrechnungen einen hohen Grad von Zuverlässigkeit erreicht, die Bandbreite der Unsicherheit ihrer Aussagen wird fortlaufend geringer – und erschreckender. Die Abbildung 2 zeigt die im Mittel der vergangenen 1000 Jahre stabile atmosphärische Kohlendioxid-Konzentration sowie den für das 20. Jahrhundert gemessenen und den für das 21. Jahrhundert für verschiedene Rahmenbedingungen erwarteten Anstieg der Kohlendioxid-Konzentration. Die Szenarienrechnungen wurden vom Intergovernmental Planel on Climate Change (IPCC) in Auftrag gegeben und erst nach internationaler wissenschaftlicher Überprüfung veröffentlicht.[23]

Die Wissenschaft hat einen globalen Temperaturanstieg von +2°C gerade noch als tragbar definiert.[24]

Die Europäische Kommission hat diesen Wert als Langfristziel für ihre Klimapolitik übernommen.[25] Ein Temperaturanstieg um 2°C korreliert mit einer Kohlendioxid-Konzentration von 400 ppm (parts per million). Der IPCC geht von einem Stabilisierungsziel von 450 ppm Kohlendioxid aus. Die Abbildung lässt jedoch erkennen, dass wir diese kritische Grenze in der Mitte des Jahrhunderts überschreiten könnten. Danach wird mit wesentlichen Einbußen in der landwirtschaftlichen Produktion, regional dramatischen Engpässen in der Wasserversorgung, weit reichenden Folgen für die Gesundheit der Menschen, einem Absterben der meisten Korallenriffe und irreversiblen Schäden für überlebenswichtige Ökosysteme wie den brasilianischen Regenwald gerechnet. Das Risiko abrupter Klimawechsel nimmt zu.

Das Dramatische dieser Szenarienrechnungen ist, dass die Menschen und die Natur in jedem Fall – auch bei sozioökonomische Rahmenbedingungen, die von dem Wissenschaftlergremium als nachhaltig bezeichnet wurden –, durch gravierende Temperaturänderungen belastet werden. Denn die in der Vergangenheit und heute emittierten Treibhausgase wirken sehr lange nach und werden nachfolgende Generationen in jedem Fall zu erheblichen Anpassungen zwingen.

Kapitel 2:

Atomkraft zwischen Ausstieg und Ausbau

Kaum ein Thema wird seit den siebziger Jahren so kontrovers diskutiert wie die Atomkraft – nicht nur in Deutschland, sondern weltweit. Für die einen ist Atomenergie der Inbegriff des „harten" Pfades in der Energieversorgung und nicht verantwortbar. Für die anderen ist sie eine brillante Errungenschaft moderner Technik und unverzichtbar, um den Energiehunger der stetig wachsenden Menschheit stillen zu können. Wiederum andere halten die Nutzung der Atomenergie für ein notwendiges Übel. In Deutschland wurde im Juni 2000 mit dem „Atomkonsens" der langfristige Ausstieg aus der Nutzung der Kernenergie beschlossen. Doch ist der deutsche Weg richtig, kann man ihn anderen Ländern zur Nachahmung empfehlen, oder müssen wir diese Entscheidung mit Blick auf Globalisierung und Klimaschutz überdenken? Neigt sich das Zeitalter der Atomkraft seinem Ende zu, oder steht uns ein Jahrhundert der Kernfusion und des Schnellen Brüters bevor? Die Verunsicherung ist groß. Überall auf der Welt sucht man zur Zeit nach der richtigen Weichenstellung für die Zukunft.

Die trügerischen Verheißungen der Atomkraft

Nachdem Otto Hahn 1938 die Spaltbarkeit des Uranatoms entdeckt und Lise Meitner ein Jahr später die bei der Kernspaltung freigesetzten Energiemengen berechnet hatte, begann das Atomzeitalter 1941 und führte schon kurze Zeit später 1945 zum Albtraum der Atombomben von Hiroshima und Nagasaki. 1951 wurde in den USA und 1954 in der UdSSR zum ersten Mal Strom aus Atomenergie erzeugt. In den Jahren darauf begann die „friedliche" Nutzung des Atoms die Menschen zu fesseln – auch in Deutschland. Die Vision eines paradiesischen Atomzeitalters zog herauf. Atomenergie, so die Verheißung, erschien nahezu unerschöpflich und Atomstrom so billig, dass es sich nicht lohnen würde, ihn zu messen.

Angesichts dieser Perspektive wollte auch die deutsche Industrie – nach starker Ermunterung durch den Staat – mit dabei sein und stieg Ende der fünfziger Jahre mit Milliardenaufwand in die Entwicklung eigener Reaktorlinien ein. Nach vielen Versuchsanlagen gingen als erste energiewirtschaftliche Anlagen Anfang der siebziger Jahre die Atomkraftwerke Stade und Würgassen mit Leistungen von je 600 Megawatt in Betrieb. In der damaligen DDR starteten die beiden ersten Reaktoren sowjetischer Bauart in Greifswald mit einer Leistung von je 440 Megawatt. Im Westen setzten sich nach vielen vergeblichen Versuchsprojekten Leichtwasserreaktoren – Siede- oder Druckwasserreaktoren – durch. Mit Biblis ging 1977 der erste 1300-Megawatt-Reaktor ans Netz, dem die meisten der heute noch laufenden 18 Atomkraftwerke in Deutschland entsprechen. Freilich wurden von den 42 hierzulande gebauten Atommeilern 24 bis heute wieder stillgelegt oder gar nicht erst in Betrieb genommen.

In der allgemeinen Euphorie über die „Wundertechnik“ wurde in Deutschland – wie auch anderswo – eine Klärung möglicher Risiken und Folgen der Kernenergienutzung und vor allem der Entsorgung auf später verschoben. Ein teures Versäumnis. So dauerte der Bau des Atomkraftwerks Würgassen drei Jahre und kostete 400 Millionen DM. Der Rückbau dieses Atomkraftwerks wird 17 Jahre dauern und mindestens 700 Millionen Euro kosten.[26] Und selbst danach werden die strahlenden Reste des einstigen Atommeilers weiter auf dem Kraftwerksgelände lagern, und zwar so lange, bis ein geeignetes Endlager bereitsteht.

Weltweit waren im Jahr 2003 in 32 von 193 Staaten 442 Atomreaktoren in Betrieb, sechs Anlagen weniger als 1997.[27] Zumindest sechs von diesen Ländern besitzen auch Atomwaffen. Die atomare Stromerzeugungskapazität lag mit 378,5 GWe (Gigawatt elektrisch) höher als je zuvor. 13 Reaktoren des „Tschernobyl“-Typs (RBMK-Reaktoren) sind noch in Betrieb. Dazu kommen neun Atomkraftwerke der Baureihe WWER 440/230, die kaum sicherer sind als die RBMK-Reaktoren. 33 Atomkraftwerke in 12 Ländern mit einer Bruttoleistung von 27 GWe waren 2003 im Bau, darunter auch zwei Reaktoren in Nordkorea sowie zwei Blöcke im Atomkraftwerk Bushehr im Iran, deren Bau vor 30 Jahren von der deutschen Kraftwerkunion begonnen wurde und die in der WWER-1000-Baureihe des Tschernobyl-Typs von Russland weitergebaut werden.

Auch heute noch wird weltweit an neuen Reaktorkonzepten zur Nutzung von Atomenergie gearbeitet, auch wenn von den vielen Visionen der Vergangenheit nur noch drei Konzeptionen in der Diskussion geblieben sind:[28] so genannte fortschrittliche Reaktoren (EPR, SWR 1000), Atomkraftwerke der vierten Generation und langfristig die Fusionstechnologie.

Das US-Energieministerium setzte im Jahr 2000 eine „Generation IV Initiative“ ein, an der zehn Länder, darunter auch deutsche Forschungsinstitutionen, sowie die europäische Atomgemeinschaft EURATOM mitarbeiten.[29] Bis 2030 sollen wesentliche Fortschritte in punkto Sicherheit, wirtschaftliche Wettbewerbsfähigkeit, bessere Ausnutzung des eingesetzten Urans und Reduzierung des anfallenden Atommülls erreicht werden.[30] Der Untertitel des amerikanischen Regierungspapiers heißt „Zehn Nationen bereiten sich schon heute auf den Energiebedarf von morgen vor". So viel ungebrochener Optimismus überrascht denn doch, weist doch die gleiche Quelle darauf hin, dass die bekannten Vorräte an Natururan nur bis zum Jahr 2030 reichen, also just bis zu dem Jahr, für das die neuen Reaktoren in Aussicht gestellt werden. Konsequenz: Nur wenn dann die Brütertechnologie massiv zum Einsatz kommt, steht ausreichend Brennstoff für Atomkraftwerke zur Verfügung.

Ohne Schnelle Brüter, in denen durch Konversion mehr Spaltstoff entsteht, als zur Stromgewinnung verbraucht wird, hat die Atomkraft also keine Zukunft. Brutreaktoren kühlen jedoch mit flüssigem Natrium und sind eine hochriskante Technologie. Sie produzieren Plutonium, das extrem giftig und besonders atomwaffengeeignet ist.[31] Was Wunder, dass der Schnelle Brüter in Kalkar am Niederrhein nie in Betrieb ging: Er wurde 30 Jahre lang entwickelt und dann 1991 zum Freizeit- und Vergnügungspark umgestaltet – eine sieben Milliarden DM teure Bauruine, die Entwicklungskosten nicht eingerechnet. Auch von den weltweit 23 errichteten oder projektierten Natrium-Brutreaktoren arbeiten nur noch fünf.[32] Der Vorzeige-Brüter Superphenix in Frankreich nahm 1986 den Betrieb auf und wurde bereits 1990 wieder stillgelegt. Die USA haben unter Präsident Carter die Brüterentwicklung eingestellt.

In Zukunft könnte Energie auch aus Kernfusion gewonnen werden, eine Vision, die immer wieder in die Diskussion gebracht wird.[33] Anders als bei der Kernspaltung soll in Fusionsreaktoren künftig eine thermonukleare Fusion Atomenergie freisetzen und anschließend in einem konventionellen Kraftwerksprozess Strom erzeugen. Die Fusionsforschung arbeitet seit Jahrzehnten und schätzt, dass im günstigsten Fall im Jahr 2050 mit einer ersten technischen Stromerzeugung gerechnet werden kann. Bis 1998 haben die OECD-Länder 30 Milliarden Euro in die Fusionsforschung gesteckt; seitdem sind es jährlich etwa 1,4 Milliarden Euro. Doch auch Fusionskraftwerke wären mit großen Mängeln behaftet: In ihnen kann Material gewonnen werden, das direkt oder nach weiteren Verarbeitungsschritten zur Herstellung von Kernwaffen verwendet werden kann.[34] Als Größtanlagen würden sie, falls sie jemals kommerziell nutzbar sein würden, noch bürgerferner, noch weniger sozial- und demokratieverträglich und noch weniger einpassungsfähig in vernetzte Energiesysteme als Kernreaktoren sein. Und: Die entscheidenden Weichenstellungen für eine nachhaltige Entwicklung im Energiebereich erfolgen in den nächsten 10 bis 20 Jahren, also Jahrzehnte bevor die Fusionstechnologie eventuell einsatzfähig sein wird.

Erlebt die Atomenergie eine Renaissance?

Die Reaktorkatastrophe von Tschernobyl 1986 hat die internationale Atomszene schwer getroffen. Der Imageschaden war groß. In den USA war die Energiepolitik schon vorher, nach dem Beinahe-GAU von Three Miles Island, auf Distanz zur Atomkraft gegangen. Auch in England ist seit Jahrzehnten kein neues Kernkraftwerk mehr ans Netz gegangen. Die vielen Pannen und Schwierigkeiten – von Angra in Brasilien bis Tokaimura in Japan, von Bushehr im Iran bis zu Dampierre in Frankreich, von Brunsbüttel in Deutschland bis zu Temelin in Tschechien – haben die „Atom-Connection" international in die Defensive gezwungen. Der 2000 begonnene Atomausstieg in Deutschland schien den Abstieg der Atomenergie noch weiter zu beschleunigen.

Seit einiger Zeit feiert die Diskussion um die Atomkraft jedoch weltweit ein Comeback. Angeregt durch die allmählich spürbar werdenden Folgen der beginnenden Klimaveränderung und zugespitzt durch die im Sommer 2004 drastisch anziehende Nachfrage nach Rohöl, wird die vermeintliche Alternative zum Öl von wichtigen Politikern weltweit wieder ins Spiel gebracht. Dies und die unerwarteten Erfolge der erneuerbaren Energien, denen von der Atomwirtschaft allenfalls ein Nischendasein zugetraut wurde,[35] haben eine gewaltige Kampagne ausgelöst. In Moskau und bei der Internationalen Atomenergiebehörde (IAEA) in Wien feiert man „50 Jahre Atomenergie" und legt gewaltige Ausbaupläne für die nächsten 50 Jahre vor.[36] Weltweit setzt sich die Atomlobby für die verstärkte Nutzung von Atomenergie ein. Zwar ist die Behauptung, die Renaissance der Atomkraft sei bereits Fakt, falsch, doch tatsächlich werden neue Kraftwerke gebaut. So hat Finnland beschlossen, ein neues Atomkraftwerk in Olkiluoto zu bauen, in Indien ist sogar ein Brutreaktor im Bau. Japan, China, Russland und möglicherweise die USA wollen darüber hinaus gemeinsam einen Schnellen Brüter in Belojarsk im Ural errichten. Insbesondere China plant einen erheblichen Ausbau seiner Nuklearenergie. Neben neuen Atomkraftwerken ist auch der Einstieg in die Plutoniumwirtschaft vorgesehen. Andere Schwellenländer, wie Brasilien, hegen ähnliche Pläne.

Auch in den USA misst die Regierung Bush dem Bau neuer Atomkraftwerke eine wichtige Rolle zur Sicherung der künftigen nationalen Energieversorgung zu. Zwar lassen die amerikanischen Strompreise gegenwärtig eine Investition in neue Atommeiler nicht attraktiv erscheinen, auch versprechen die Strombedarfsprognosen für die nächsten Jahre nur ein geringes Wachstum.[37] Dennoch soll der seit 1986 unterbrochene Betrieb des Atomkraftwerks Browns Ferry I wieder aufgenommen werden. Die genehmigte Betriebsdauer anderer Kraftwerke wurde von 40 auf 60 Jahre erhöht.

In dem 2001 präsentierten Nationalen Energieprogramm (dem so genannten Cheney Report) wird der Bau weiterer Atomkraftwerke in Aussicht gestellt. Dabei bleibt es ein Geheimnis der Bush-Administration, wie sie diese Planung in einem liberalisierten Energiemarkt realisieren will. Ein Endlager in den Yucca-Mountains in Nevada ist bundesstaatlich genehmigt, gerichtlich aber auf Eis gelegt worden. Mit einem Milliardenprogramm soll ferner in die Wasserstofftechnologie eingestiegen werden – nicht jedoch auf der Basis regenerativer Energien, sondern, so der damals zuständige Energieminister Spencer Abraham, mit Hilfe von Atomkraft.

Und in Deutschland? Die Rolle der Atomkraft ist offener, als es den Anschein hat. Auch wenn die rot-grüne Koalition den Atomausstieg eingeleitet hat, mehren sich die Stimmen, die die Renaissance der Atomkraft fordern. Politiker und Interessenvertreter unterstützen sie als zweiten und besseren Weg gegenüber dem ersten Weg der fossilen Energien massiv. Bei neuen politischen Mehrheiten, einem Wandel der gesellschaftlichen Akzeptanz von Atomkraft unter dem Eindruck populistischer Kampagnen sowie dem neu erwachten internationalen Interesse an Atommeilern kann eine Neuauflage der Reaktortechnik auch in Deutschland nicht völlig ausgeschlossen werden.

Doch eine Weichenstellung zurück zur Atomenergie würde neue Sachzwänge schaffen und Problemlösungen nur verschieben. Vor allem könnten auf diesem Weg die aktuellen Probleme auf dem Ölmarkt nicht gelöst werden, auch wenn die Befürworter der Atomenergie dies immer wieder behaupten (vgl. Kasten S. 41 „Was Öl und Atomkraft miteinander zu tun haben“). So macht die jüngste Entwicklung die Dimension und die Tragweite der Weichenstellung deutlich, vor der wir in Bezug auf Atomenergie stehen: Wenn wir sie weiter ausbauen, ist der Einstieg in die Plutoniumwirtschaft mit all ihren unermesslichen Risiken langfristig notwendig.

Unser Plädoyer gegen die Atomkraft fällt entschieden aus. In den sechziger Jahren war die Atomenergie bis in weite Kreise der Sozialdemokratie ein Hoffnungsträger. Peter Hennicke hat sein erstes Praktikum während seines Chemiestudiums – fasziniert von der technischen Eleganz des Konzepts – bei der Hochtemperatur Reaktorbau (HRB) in Mannheim gemacht, wo der Hochtemperaturreaktor für den Standort Hamm-Uentrop konzipiert wurde. Michael Müller hat allerdings schon 1971 für den Ausstieg aus der Atomenergie plädiert. Die langen Jahre der Beschäftigung mit Energie und mit den Risiken der Atomenergie[38] haben uns beide gelehrt, dass technische Faszination in die Irre führen kann und dass die Welt und Deutschland über risikolosere und billigere Alternativen verfügen.

Was Öl und Atomkraft miteinander zu tun haben

Die Hoffnungen auf einen Wiederaufstieg der Atomenergie gründen vor allem auf folgender Argumentation: Die Industrieländer benötigen mehr nukleare Energie, um die Abhängigkeit vom Öl zu reduzieren, das Klima zu schonen und vorhandene Ölvorräte für die Entwicklungsländer zu strecken. Abgesehen davon, dass auch Kernbrennstoff eingekauft, aufbereitet und endgelagert werden muss und sich die Abhängigkeiten damit nur verlagern, ist diese Argumentation aus einem ganz simplen Grund irreführend: Atomstrom ist kein geeignetes und kurzfristig einsetzbares Substitut für Erdöl.

Atomstrom könnte allenfalls mittelfristig das Öl für Heizung und Warmwassererzeugung ersetzen. In den siebziger Jahren, zu Zeiten der beiden Ölkrisen, wurde diese Alternative in Deutschland als Bestandteil der Politik „Weg vom Öl" verfolgt. Trotz günstiger Tarife (die Stromversorger wollten so die aus betrieblicher Sicht unvorteilhaften nächtlichen Lasttäler der Kohlestromerzeugung auffüllen) entschieden sich viele Bauherren aus finanziellen, ökologischen und gesundheitlichen Erwägungen nicht für die Nachtspeicherheizung. Atomstrom ist Grundlaststrom, er muss rund um die Uhr gleichmäßig produziert werden. Er eignet sich also nicht zum Nachfahren täglicher Lastkurven. Ein Ausweg wären technisch elektrische Direktheizungen. Diese wiederum könnten nicht mit dem günstigen Nachttarif fahren, was sie sehr teuer machen würde.

Bei der Stromerzeugung ist Atomenergie in Industrieländern kurzfristig ohnehin keine Alternative zum Öl. Grund: Alle Atomkraftwerke werden voll ausgefahren. Überspitzt formuliert, könnten sie keine einzige Elektroheizung zusätzlich mit Strom beliefern. Frühestens in zehn Jahren, wahrscheinlich erst später, könnte ein neues Atomkraftwerk ans Netz gehen. Bis dahin könnte die Atomkraft selbst per Direktheizung das Öl nicht ersetzen.

Der wichtigste Sektor für die Verminderung der Ölabhängigkeit ist der Straßenverkehr. Doch wo könnte Atomstrom hier eine Alternative zu Benzin und Diesel sein, ist doch der Anteil von elektrisch betriebenen Autos marginal? Allenfalls bei der Stromerzeugung für den Schienenverkehr könnte in geringem Umfang Diesel durch Strom ersetzt werden, jedoch machen Dieselantriebe bei der Traktion ohnehin nur einen geringen Prozentsatz aus. Nur langfristig könnte Atomenergie beim Aufbau einer Wasserstoffwirtschaft eine größere Rolle spielen. Das Argument „Atomkraft, um heute die Abhängigkeit vom Öl zu reduzieren" ist also blanker Populismus. Und das Argument „Ausbau der Atomenergie, um zukünftig Öl zu ersetzen" verhindert heute mögliche bessere Alternativen.

Atomkraft und Produktverantwortung

Hochaktiver Atommüll muss nach menschlichen Zeithorizonten für immer von der Umwelt abgeschlossen und endgelagert werden. Ein schadloses Rückholen einer einmal getroffenen Entscheidung für die Atomenergie ist praktisch nicht mehr möglich; lediglich eine Begrenzung des Risikopotenzials durch möglichst geringe Müllmengen und Mülltransporte ist noch realisierbar. Die Aufgabe der Endlagerung ist nach wie vor weltweit ungelöst und bleibt allen folgenden Generationen als Hypothek erhalten. Diese Energieform verursacht

Folgekosten und Risiken in einer zeitlichen Dimension, die unsere Denkweisen und Perspektiven sprengt. Das ist das Gegenteil dessen, was nach den Kriterien von Nachhaltigkeit und intergenerationeller Gerechtigkeit vertretbar ist. Ist es nicht allein schon wegen dieser Zeithorizonte und dauerhaften Risikozumutungen prinzipiell unmöglich, Verantwortung für die Entfachung des nuklearen Feuers zu übernehmen?

Damit sind wir am zweiten Kritikpunkt: der Dimension des Risikos. Die nukleare Prozesskette von der Urangewinnung über Aufbereitung und Nutzung (und eventuelle Wiederaufbereitung) bis hin zur Endlagerung hält so viele Risiken bereit, dass sich niemand finden kann, der die Gesamtverantwortung übernimmt. Kompetente Experten planen, bauen und betreiben einzelne Glieder der nuklearen Prozesskette mit hohem Sachverstand, aber stets nur in sehr begrenzter Teilverantwortlichkeit. Denn das Problem dieser Prozesskette ist, dass jede Zwischenstufe mit nicht vorhersehbaren und exorbitanten Risiken verbunden ist.

Für das Schadensausmaß eines Reaktorunfalls mit radioaktiver Verseuchung der Bevölkerung und für die jahrzehntelang anhaltende Strahlung kontaminierter Gebiete bei der Urangewinnung, Wiederaufbereitung oder Lagerung kann kein Politiker, kein Atommanager, kein Kraftwerksbetreiber und keine Versicherung die Gesamtverantwortung übernehmen. Doch wegen des systemischen Zusammenhangs der Prozesskette wäre gerade dies erforderlich. Die in Deutschland vorgeschriebene „Produktverantwortung" nach dem Kreislaufwirtschaftsgesetz ist für das „Produkt Atomstrom" prinzipiell unmöglich – ein in der Industriegeschichte einmaliger Vorgang.

Es bleibt daher anfechtbar, wenn von interessierter Seite immer wieder behauptet wird, die Atomenergie sei „verantwortbar". Es ist ein gravierendes ethisches Problem, wenn die Verheißung einer modernen Technik unlösbar mit einer Bedrohung der Menschen verbunden ist, deren Ausmaß über alle bekannten Risiken hinausgeht. Die nach dem Denken der Aufklärung bis heute überwiegend akzeptierte Unterwerfung der Natur hat im Übermaß ihres Erfolges zur größten Herausforderung geführt, die je dem menschlichen Sein aus eigenem Tun erwachsen ist. Als Hans Jonas 1979 sein *Prinzip Verantwortung* formuliert hat, dachte er deshalb auch an die Verantwortbarkeit der Atomkraft. Nach Jonas muss Ethik die Macht des Menschen davor zurückhalten, dem Menschen selbst zum Unheil zu werden.[39] Auch wenn postliberale Vorstellungen von individueller Nutzen- und Gewinnmaximierung ethische Handlungsmaximen derzeit eher in den Hintergrund drängen, darf an dieser elementaren Verantwortung des Menschen für den Menschen nicht gerüttelt werden.

Atomkraft und Strahlungsrisiko

Menschliches und natürliches Leben wird durch radioaktive Strahlung bedroht.[40] Wir wollen an dieser Stelle ins Gedächtnis rufen, wie groß das Risiko radioaktiver Verstrahlung beim Umgang mit Atomenergie ist.

In hohen Dosen können energiereiche Strahlen Gewebe zum Absterben bringen und Krebs erzeugen. Radon zum Beispiel ist mit für den Lungenkrebs bei Arbeitern im Uranbergbau verantwortlich. Nach neuester Rechtsprechung zählt Kehlkopfkrebs zu den Berufskrankheiten bei den Arbeitern des Wismut-Bergbaus und bei den Angestellten in Atomkraftwerken.[41] Radioaktive (ionisierende) Strahlung hat mutagene, also erbgutverändernde Wirkung. Diese kann bereits bei niedrigen Dosen erfolgen, die noch im Bereich der natürlichen Hintergrundstrahlung liegen.[42]

In der Konsequenz dieser komplexen Wirkungszusammenhänge sind die zulässigen Strahlenexpositionen umstritten und in den einzelnen Ländern, die Atomkraftwerke betreiben, unterschiedlich. So ist die Lebenszeitdosis, der Arbeiter in Atomkraftwerken ausgesetzt sein dürfen, in Großbritannien auf 15 mSv (Millisievert) festgelegt und in der deutschen Strahlenschutzverordnung auf 400 mSv. Dahinter verbirgt sich weniger ein geringeres Strahlenschutzniveau als vielmehr eine ganz andere Strahlenschutzphilosophie und -konzeption.

Wie groß das Strahlungsrisiko bei einem Reaktorunfall ist, musste die ukrainische Bevölkerung von Tschernobyl und Umgebung am 26. April 1986 unmittelbar erfahren, als sich in Block 4 des Kraftwerkskomplexes der bislang folgenschwerste Unfall bei der Nutzung der Atomenergie ereignete.[43] Während lediglich 31 der ersten Einsatzhelfer (so genannte Liquidatoren) als unmittelbare Opfer der Havarie gelten, waren indirekt Hunderttausende betroffen. Auch wenn keine offiziellen Erhebungen vorgenommen wurden und es bis heute keine detaillierte Auflistung der gesundheitlichen Schädigung der betroffenen Bevölkerung gibt,[44] muss als sicher angenommen werden, dass im Laufe der Jahre etwa 50 000 Opfer der Katastrophe zu beklagen waren.[45] Von den Folgen waren 600 000 Menschen unmittelbar betroffen. 70 Prozent des radioaktiven Fall-outs gingen über dem Gebiet des heutigen Weißrusslands nieder. Dort wurden 7 000 Quadratkilometer zur Sperrzone erklärt, in der Ukraine selbst nur 1000 und in Russland 2 000. Belarus musste ungeheure Summen für die verschiedensten Folgen von Tschernobyl aufbringen: Umsiedlung und Bau neuer Wohnungen und Infrastruktur für mehr als 200 000 Menschen, Verlust großer Gebiete für die Landwirtschaft in ertragreichen Gegenden und die medizinische Versorgung von etwa 10 000 an Schilddrüsenkrebs und über 100 000 an Schilddrüsenpathologien erkrankten Menschen.[46] Seit 1993 liegt in

Weißrussland die Sterberate über der Geburtenrate, bösartige Erkrankungen nehmen zu.

Kennzeichnend für die enge Verzahnung von Atomwirtschaft und Regierung einerseits und für die unvorstellbare Unterschätzung des Risikopotenzials der Atomtechnik andererseits war der Umgang staatlicher Stellen mit der Katastrophe. Obwohl in der Großstadt Kiew Dosisleistungen von bis zu 0,3 Millisievert pro Stunde auftraten, wurde die Bevölkerung auch fünf Tage nach dem Unfall nicht gewarnt, „um die Maifeierlichkeiten nicht zu stören und niemanden zu beunruhigen".[47]

Die Hinterlassenschaften des früheren sowjetisch-deutschen Uranerzbergbaus der Wismut GmbH in Sachsen und Thüringen gehören aufgrund der weiträumigen radiologischen Kontamination zu den größten und schwierigsten Altlasten in Europa. Für die Stilllegungs- und Sanierungsmaßnahmen werden seitens der Bundesregierung 6,2 Milliarden Euro aufgewendet. Immerhin war die DDR nach Kanada und den USA der drittgrößte Uranproduzent der Welt.[48] Schätzungen gehen davon aus, dass bis 2001 über 20000 Bergarbeiter der Wismut GmbH an Lungenkrebs erkrankt und viele daran inzwischen verstorben sind.[49]

Was hilft es, wenn angesichts der mit der Atomenergie verbundenen Strahlenrisiken argumentiert wird: Der Mensch ist die Fehlkonstruktion, nicht die Atomkraft. Schließlich ist es ebendiese „Fehlkonstruktion", die die angeblich so perfekte Technik bedient. Selbst wenn die Atomtechnik Fehler verzeihen würde, lieferte das fehleranfällige Mensch-Maschine-System noch immer genügend unvorhersehbare Anlässe für das Auslösen katastrophaler Unfälle. Die Argumentationslinie der Atomwirtschaft nach der Katastrophe von Tschernobyl benannte menschliches Versagen als Grund für die Haverie – genauso wie bei anderen schweren Zwischenfällen in den USA, Japan oder Deutschland, die zur Katastrophe hätten führen können. Sind sie dadurch weniger gefährlich?

Wohin mit dem Atommüll?

Die in Atomkraftwerken eingesetzten Brennelemente enthalten oxidische Verbindungen von Uran, Plutonium und Thorium. Bei der Kernspaltung entstehen radioaktive, giftige Spaltprodukte, auch wird der Kernbrennstoff nicht vollständig genutzt. Nach dreijährigem Reaktoreinsatz gelten Brennelemente als abgebrannt und müssen entsorgt werden. In einem Wasserbecken neben dem Reaktordruckbehälter klingen Radioaktivität und die weiterhin hohe Wärmeproduktion ab. Die Zerfallswärme wird ungenutzt abgeführt. Die abgebrannten Brennelemente verbleiben in diesen Nasslagern etwa sechs Jahre. Erst dann ist ihre Aktivität so weit abgeklungen, dass sie in Castoren in trockene Zwischenlager umgefüllt werden können. Dort klingt die immer noch erhebliche Zerfallswärme weiterhin ab, bis die Brennelemente in neuen Castoren nach etwa 30 Jahren in ein Endlager verbracht werden könnten. Die Entsorgung der radioaktiven Abfälle ist ein zentraler Punkt der gesellschaftlichen Auseinandersetzung um die Atomkraft, und dies keineswegs nur in Deutschland.[50]

Radioaktive Abfälle – abgebrannte Brennelemente, hochradioaktive Abfälle aus der Wiederaufarbeitung sowie mittel- und schwachradioaktive Abfälle, wie sie beim Umgang mit radioaktivem Material entstehen – müssen langfristig sicher von der Bio- und Humansphäre getrennt werden. Obwohl seit Jahrzehnten an der Suche nach einem geeigneten Endlager gearbeitet und geforscht wird, sind wesentliche Parameter, die Menge und Art der Abfälle sowie die Eignung bestimmen, immer noch nicht klar definiert.[51] Die Verwahrung des Atommülls soll wartungsfrei und sicher gegen fremden, auch terroristischen Zugriff sein. Doch wie können unzumutbare Lasten und Verpflichtungen für zukünftige Generationen vermieden werden (Nachsorgefreiheit)? Befriedigende Antworten gibt es nicht. Sicher ist nur, dass die radioaktiven Abfälle in tiefen geologischen Formationen in Deutschland endgelagert werden sollen, aber selbst das scheint bisweilen mehr eine proklamierte als eine echte Sicherheit zu sein.

Die nachfolgende Hochrechnung (Tabelle 3, Seite 46) zeigt, dass sich das Atommüllproblem in Abhängigkeit von der Nutzungszeit der Atomkraftwerke mengenmäßig enorm verschärft.

Die Mengen an endzulagerndem Atommüll beim Weiterbetrieb übersteigen die Mengen im Fall des Sofortausstiegs um ein Mehrfaches. Eine Rechtfertigung des weiteren Betriebs der Atommeiler nach dem Motto „Jetzt sind sie schon da, dann nutzen wir sie halt so lange wie möglich“ ist auch vor dem Hintergrund der immer problematischeren Müllbilanz nicht gegeben.

Atomkraft passt nicht zur Marktwirtschaft

Beim Ausbau der Atomenergie wurde häufig unhinterfragt akzeptiert, dass Atomstrom die niedrigsten Gestehungskosten habe, also unschlagbar billig und allein schon deshalb für ein Industrieland unverzichtbar sei. Dies war die argumentative Basis für die Energiepolitik „Kohle und Kernenergie“ in Deutschland, die unter dem Eindruck der beiden Ölkrisen jenseits jeden Wettbewerbs und der Diskussion um die Grenzen des Wachstums eine Interessengemeinschaft der Konzerne begründete, die diese Energieträger nutzte. Die „billige“

Abfallart	Sofort-ausstieg (31.12.2005)*	Verein-barung (31.12.2023)*	Laufzeitver-längerung (31.12.2036)*
Gesamtanfall bestrahlter Brennelemente	10600 Mg SM**	20100 Mg SM	25600 Mg SM
Bestrahlte Brennelemente zur direkten Endlagerung in Deutschland	3000 Mg SM	9700 Mg SM	15200 Mg SM
Gesamtanfall Betriebsabfälle	21 000 m^3	31500 m^3	43200 m^3
Gesamtanfall Stilllegungsabfälle	115000 m^3	115000 m^3	115000 m^3

** Abschaltung des/der letzten Atomkraftwerke/s ** SM = Schwermetall*

Tab. 3: Atommüllmengen in verschiedenen Ausstiegszenarien. Dargestellt sind der Sofortausstieg 2005, der vereinbarte Ausstieg 2023 sowie eine Laufzeitverlängerung. Für das Szenario „Sofortausstieg“ fallen die Abfälle etwa bis zum Jahr 2025 an, für das der „Vereinbarung“ etwa bis 2040 und für das der „Laufzeitverlängerung“ etwa bis 2050. Dabei ist jeweils die Stilllegungsvariante „sofortiger Abriss“ des Atomkraftwerks zugrunde gelegt. Zum Vergleich: Jährlich fallen momentan ca. 420 Mg SM in Form von bestrahlten Brennelementen an. Quelle: Neumann 2005.

Nuklearenergie sollte die subventionsintensive heimische Steinkohle stützen. Da sich die Elektrizitätsversorgungsunternehmen (EVU) erfolgreich weigerten, ihre Kalkulation der Gestehungskosten offen zu legen, wirkt diese Argumentation in Regierungen und Konzernspitzen bis in die heutigen Tage.

Fragwürdig erscheint sie überall dort, wo die Liberalisierung im europäischen Strombinnenmarkt in den neunziger Jahren ein stärkeres wettbewerbliches Denken zwischen den Versorgungsunternehmen begründete. Zudem wurde auch von der Energiewirtschaft aufgezeigt, dass die Stromgestehungskosten von Gas-GuD-Kraftwerken deutlich niedriger sind als die von Atomkraftwerken. Darüber hinaus enthüllte die Liberalisierung in Europa erhebliche Überkapazitäten im Erzeugungsbereich. In Deutschland sind dies 15 bis 30 Gigawatt (GW) – zum Vergleich: Die 18 Atomkraftwerke hatten zur Jahrtausendwende eine Bruttokapazität von 22 GW. In einem funktionierenden Markt wäre die Errichtung von Großkraftwerken in diesem Umfang weder notwendig noch wirtschaftlich möglich gewesen. Diese Fehlinvestition hat Wirtschaft und Verbraucher in Deutschland mit 50 bis 100 Milliarden Euro belastet. Welch innovative Investitionen hätten mit diesem Geld im Bereich der Energieeffizienz angestoßen werden können!

Produktzyklen, Abschreibungszeiten und Planungshorizonte auch für Energieinvestitionen sind in der stärker wettbewerbsorientierten Wirtschaft von heute weit kürzer als früher. Die produzierende Wirtschaft braucht ebenso wie die Energiewirtschaft Alternativen, mit deren Hilfe sie zügig auf Veränderungen der Rahmenbedingungen reagieren kann. Dies ist eine der Lehren aus den beiden Ölkrisen der siebziger Jahre, aber auch eine Folge des liberalisierten und globalen Energiemarktes. Die Forderung nach mehr Flexibilität gilt auch für Stromversorgungsunternehmen in einem wettbewerblichen Strombinnenmarkt. „Altlasten", also Kraftwerke, die sich als nicht mehr wirtschaftlich erweisen, müssen zügig „abgestoßen" und ersetzt werden können, sie werden sonst zu stranded investments (gestrandeten Investitionen), wie dies in den USA anschaulich heißt. Atomkraftwerke sind weder eine flexible Energietechnik noch eine bewegliche Kapitalanlage. Ihre wirtschaftliche Lebensdauer liegt bei 40 Jahren, nach anderen Angaben sogar bei bis zu 60 Jahren. Darüber hinaus bindet die anschließende Phase des Rückbaus und der Entsorgung den Betreiber noch für weitere Jahrzehnte.

Dass die Atomstromerzeugung kein Geschäft mit „traumhaften" Gewinnen mehr ist, wie vor der Liberalisierung verkündet wurde, zeigen die Beispiele England und Frankreich. Statt glänzender Erträge hatte der führende Betreiber von Atomkraftwerken und größte Stromerzeuger in England 2002 Schulden von 1,2 Milliarden Pfund angehäuft. Für diese machte British Energy den Zusammenbruch der Großhandelspreise für Strom verantwortlich. Die Insolvenz des Atomstromriesen konnte nur mit Hilfe von staatlichen Zusagen in Höhe von 640 Millionen Euro umgangen werden.[52] Auch in Frankreich hat man ähnliche Probleme: Der französische Strommonopolist Electricité de France (EDF) soll privatisiert werden. Um dies zu ermöglichen, sind staatliche Finanzspritzen in Milliardenhöhe notwendig[53] – und dies, obwohl EDF seit langem massiv Kosten durch den Abbau von Arbeitsplätzen einspart.[54]

Zu einer auf Wettbewerb orientierten Marktwirtschaft, wie sie Grundlage der Europäischen Union auch für den Strombinnenmarkt ist, gehört, dass nicht eine Energieform gegenüber anderen durch direkte oder indirekte Subventionen bevorzugt wird. Genau dies ist jedoch bei der Atomkraft der Fall: So belaufen sich die Investitionen von EURATOM auf dem Gebiet der Kernenergie seit ihrem Bestehen auf etwa 400 Milliarden Euro – Aufwendungen, die den Kraftwerksbetreibern erspart blieben. Schlimmer noch: Für die 18 Lkw-Castor-Transporte vom Zwischenlanger Rossendorf in das Zwischenlager Ahaus rechnet die nordrhein-westfälische Landesregierung mit Kosten von 50 Millionen Euro allein für den Polizeieinsatz in Nordrhein-Westfalen. Und nach dem Atomkonsens teilen sich Staat und Energiewirtschaft die Haftungskosten für den Fall eines GAU. Die Schäden eines Störfalles müssen von den Kraftwerksbetreibern nur bis zu der Obergrenze von 2,5 Milliarden Euro getragen werden. Darüber hinausgehende Haftungsrisiken übernehmen Bund und Länder – anders als bei jedem anderen Energieträger. Müssten die Betreiber der Kraftwerke nach dem Verursacherprinzip die vollen Haftungsrisiken übernehmen, würden wohl alle Atomkraftwerke abgeschaltet, da die Beiträge für eine unbegrenzte Deckung, wenn sich denn überhaupt ein Versicherungsunternehmen finden ließe, exorbitant hoch wären.

Steuerliche Abschreibungszeiten (AfA-Zeiten) sind ein wichtiger Faktor für wirtschaftliche Entscheidungen. Sind die Abschreibungszeiten jedoch kürzer als die tatsächliche wirtschaftliche Lebensdauer der Anlagen, hat dies subventionierende Wirkung. Atomkraftwerke sind nach 20 bis 25 Jahren abgeschrieben, ihre tatsächliche wirtschaftliche Lebensdauer liegt jedoch bei 40 bis 60 Jahren. Blockheizkraftwerke dagegen haben eine Abschreibungszeit von 10 bis 15 Jahren, die ihrer Lebensdauer entspricht.

Es gibt darüber hinaus zahlreiche weitere indirekte „Subventionen" der Atomkraft – von der überproportionalen Forschungsförderung über das Wettbewerbsprivileg durch die Rückstellungen für Abriss und Endlagerung bis hin zur Bevorzugung beim Emissionshandel.

Fazit: Angesichts der Überkapazitäten im Erzeugungsbereich passt die unflexible Atomkraft, die zudem noch versteckt subventioniert wird, nicht zu einer wettbewerblichen Marktwirtschaft.

Atomkraft als Innovationshemmnis

Fördermittel, die für die Fusionsforschung ausgegeben werden, stehen nicht für die Entwicklung effizienter Energietechniken zur Verfügung. Ein Staat, der für seine Wirtschaft am Weltmarkt einen technologischen Vorsprung bewirken will, wird sich in seiner Förderpolitik jedoch entscheiden müssen, welchen Weg er für aussichtsreicher hält und deshalb fördern will. Für die deutsche Wirtschaft sind die Innovationspotenziale und die Chancen neuer Energietechnologien für den Weltmarkt weitaus größer als die von Atomkraft oder Fusionstechnologie.

Der Umstieg in die Energiespar- und Solarenergie-Wirtschaft wird durch die angebotsorientierte Logik eines großtechnischen (Atom-)Energiesystems mit seinen technischen, betriebswirtschaftlichen und organisatorischen Systemzwängen jedoch vielfach behindert:

Die größten Potenziale für sanfte Energietechniken – Nah-, Fern- sowie Abwärmenetze mit Einbindung regenerativer Energien, Ausbau der industriellen, kommunalen oder kooperativen Kraft-Wärme-Kopplung (KWK) und insbesondere der Effizienztechniken – liegen in den Städten. Ihre Erschließung wird immer wieder gezielt verhindert. Die Liberalisierung des Strommarktes hat diese Situation verschärft. Überkapazitäten und Angebotsorientierung sind Ursache eines scharfen Verdrängungswettbewerbs, den die großen Stromversorger in den letzten zehn Jahren gegen dezentrale Energieinitiativen besonders intensiv geführt haben. Die Unternehmensphilosophie der großen, überregional tätigen Stromkonzerne orientiert sich überdies nach der Marktliberalisierung in erster Linie am Mehrabsatz von Strom. Sinkende Preise sollen über aggressive Mengenausweitung auch längerfristig kompensiert werden. Aktivitäten der Stromwirtschaft zur Verbraucherberatung und effizienten Stromnutzung werden deshalb zurückgefahren,[55] Aktivitäten zur Schaffung neuer Absatzmärkte für Strom dagegen vorangetrieben.[56] So ergibt sich ein immanenter ökonomischer Anreiz, neue Stromabsatzmärkte zu erschließen und bestehende zu verteidigen – und konkurrierende Erzeuger oder Energiesysteme zu bekämpfen.

Atomkraftwerke müssen wegen ihrer Risiken weit entfernt von Siedlungsgebieten oder Industriebetrieben gebaut werden. Sie können deshalb nicht wirtschaftlich in Kraft-Wärme-Kopplung betrieben werden und auch nicht den Wärme- und Kältebedarf von Städten und Industrie decken. Über Kampfpreis-Angebote beim Strom behindern sie darüber hinaus den Einsatz von Kraft-Wärme-Kopplung – eine wirtschaftliche und außerordentlich vielseitige, innovative Energietechnik. Atomkraftwerke sind Grundlastkraftwerke und für den Ausgleich der natürlichen Angebotsschwankungen, die ein stärker auf Wind- und Solarenergie ausgerichtetes zukunftsfähiges Energiesystem mit sich bringt, nicht geeignet. Deshalb besteht ein Anreiz für die Betreiber, den Ausbau der erneuerbaren Energien zu behindern.

Die Systemintegration der Atomkraft in ein modernes, dezentraleres und effizienteres Stromerzeugungssystem und die Verbindung mit Energiesparaktivitäten stößt also auf prinzipielle Barrieren. Daraus ergibt sich die Tendenz, dass die Atomkraft am Markt nur erfolgreich sein kann, wenn gleichzeitig Stromsparaktivitäten, Kraft-Wärme-Kopplung und der Mix der regenerativen Stromerzeugung behindert werden. Atomkraft und Effizienzstrategie schließen sich gegenseitig aus.

Atomkraft für den Klimaschutz?

Eine Zeitungskampagne von Kraftwerksbetreibern behauptet: „Wer global gegen CO_2 ist, muss lokal für Kernenergie sein." Wir haben gezeigt, dass dieser Zusammenhang nicht zutrifft. Aber wäre ein störungsfreies Atomkraftwerk nicht doch eine „saubere" Energiequelle? Ein Atomkraftwerk emittiert im reinen Betrieb in der Tat kein Kohlendioxid. Dennoch ist die Atomkraft, als System von der Urangewinnung und -aufbereitung über Stromerzeugung und Atomtransporte bis zur Endlagerung keineswegs frei von Kohlendioxid-Emissionen. Fachleute wissen auch, wie sie zu beziffern sind. Zur vergleichenden Beurteilung von Energiesystemen hat der Verein Deutscher Ingenieure den kumulierten Energieaufwand (KEA) eingeführt, der alle Energieaufwendungen „von der Wiege bis zur Bahre", die zur Erzeugung einer Einheit genutzter Energie erforderlich sind, saldiert. Bei solcher Betrachtung entpuppt sich die Behauptung von der sauberen Energie schnell als falsch: Bei der Atomkraft sind nämlich die Energieverbräuche in den vor- und nachgeschalteten Energieketten erheblich, vor allem bei der Urananreicherung und den Abwärmeverlusten im Kraftwerk. So ist der kumulierte Energieaufwand von Atomstrom mit 11,4 MJ (Megajoule) pro Kilowattstunde dreimal so groß wie der eines Erdgas-GuD-Heizkraftwerkes mit 3,7 MJ pro Kilowattstunde. In dieser Rechnung ist der Energieaufwand, der für den Betrieb eines atomaren Endlagers über Jahrtausende hinweg notwendig werden könnte, noch gar nicht berücksichtigt.

Zur fairen Beurteilung der Klimaverträglichkeit muss die Vorkettenbetrachtung über den kumulierten Energieaufwand hinaus auf alle klimarelevanten Gase (CO_2-Äquivalente) ausgedehnt werden. Dies ist mit Hilfe des Computermodells GEMIS möglich. Im Ergebnis nennt GEMIS für Atomstrom eine Kohlendioxid-Emission von 33,2 Gramm pro Kilowattstunde frei Netz. Zum Vergleich: Die Emissionen von Braunkohlestrom liegen bei 1 150 Gramm und bei Strom aus deutscher Steinkohle bei 1 030 Gramm. Strom aus Atomkraftwerken verursacht also tatsächlich weitaus weniger klimaschädliche Emissionen als solcher aus Kohlekraftwerken. Dies wiederum lässt nur eine Schlussfolgerung zu: Der Einsatz von Kohle in Kondensationskraftwerken muss reduziert und möglichst durch Kraft-Wärme-Kopplung ersetzt werden.

An dieser Stelle brechen die Befürworter eines Ausbaus der Atomkraft den Vergleich gerne ab, denn sie setzen Energie mit Strom gleich. Man benötigt jedoch nicht für alle Energiedienstleistungen wertvollen elektrischen Strom, heizen kann man zum Beispiel auch mit Abwärme. Kraft-Wärme-Kopplung produziert gleichzeitig Strom und Wärme zum Heizen. Bei einer solchen Systembetrachtung sieht die Bilanz schon ganz anders aus: GEMIS errechnet für eine Kilowattstunde Strom aus einem Atomkraftwerk und für zwei Kilowattstunden Heizwärme aus Öl Kohlendioxid-Emissionen von 780 Gramm pro Kilowattstunde. Bei der Erzeugung der gleichen Energiemengen in einem Erdgas-Blockheizkraftwerk werden 850 Gramm, in einem Biogas-Blockheizwerk jedoch ganze 48 Gramm pro Kilowattstunde ausgestoßen.

Bei derartigen Systembetrachtungen schrumpft der Emissionsvorteil der Atomkraft erheblich. Mit der Erdgas-Kraft-Wärme-Kopplung werden technische und organisatorische Strukturen aufgebaut, in die Schritt für Schritt weitere innovative Systemkomponenten eingefügt werden können, so etwa die erwähnten klimaschonenden Biogas-Blockheizkraftwerke. Eine Renaissance der Atomkraft wäre also auch aus Gründen des Klimaschutzes die falsche Weichenstellung. Sie ist zudem keine sozialverträgliche Technik. Atomkraftwerke liegen aus Sicherheitsgründen weit draußen vor den Städten, und das komplexe Atomsystem erschließt sich selbst interessierten Menschen nur schwer. Seit die gefährliche Wirkung der Röntgenstrahlung bekannt ist, ist die radioaktive Strahlung den Menschen unheimlich und damit ein Grund für mangelnde Akzeptanz.

Fassen wir unsere Betrachtung der Atomkraft zusammen: Wir müssen die mit dieser Technologie verbundenen Risiken nicht in Kauf nehmen, auch nicht als das kleinere Übel. Für den Klima- und Ressourcenschutz gibt es bessere Alternativen, und auch aus ökonomischer Sicht vermag sie nicht zu überzeugen. Wir werden in den Teilen 2 und 3 ferner zeigen, dass die Nutzung der Atomenergie mit Gefahren auch für Frieden und Demokratie verbunden ist.

Teil 2:
Energie und Frieden am Scheideweg

Die Formen der Gewinnung, Erzeugung, Nutzung sowie der Risiken von Energie sind, so viel ist bisher deutlich geworden, keine Frage allein der Technik, sondern eng mit Grundsatzfragen der Gesellschaftspolitik und Demokratie verknüpft. Aber diese Verknüpfung hat bei den jeweiligen Energieträgern andere Formen, und sie wird in den Medien sowie in der breiten Öffentlichkeit sehr verschieden wahrgenommen.

Um die Atomenergie wird seit Jahrzehnten leidenschaftlich gestritten. Begriffe wie Atomstaat, Atomterrorismus und das Trauma der Atombombe haben für viele eine eindeutige Konnotation: Die „friedliche Nutzung" der Atomenergie kann in einen unfriedlichen Missbrauch umkippen. Die Ambivalenz der Kernenergie, Fluch und Segen zugleich zu sein, ist, wie die internationale Auseinandersetzung über die Formen ihrer Nutzung im Iran zeigt, in der Weltöffentlichkeit durchaus präsent.

Beim Öl ist dieser Zusammenhang komplexer und die Ambivalenz nicht so einfach zu fassen. „Krieg um Öl" ist zwar zu einer Standarderklärung für die Kriege im Mittleren Osten geworden. Auch dass die Konflikte bei Anrainerstaaten um das Kaspische Meer etwas mit Öl- und Gasvorkommen zu tun haben, ahnen viele aufgeklärte Zeitungsleser, auch wenn dies ihr Verhalten an der Zapfsäule nicht ändert.

Dennoch: Dass der Atomstrom aus der Steckdose indirekt die Destruktionskräfte des Atomsystems stärkt und das benzindurstige Auto mit Ölkriegen in Verbindung stehen kann, ist eine ungemütliche Vorstellung für die Öffentlichkeit. Und die Wechselwirkungen zwischen expansivem Energieangebot und ungebremster Energienachfrage sind der Weltöffentlichkeit schon gar nicht bewusst. Für die bedrohliche Risikokumulierung im weltweiten Energiesystem fühlt sich niemand so recht verantwortlich. Dies gilt besonders für den Zusammenhang von Energie- und Friedenspolitik. Mit Friedenspolitik wird in der Regel nur die Außen- und Verteidigungspolitik assoziiert, es wird jedoch viel zu wenig über die Folgen hoher Energieverbräuche für den Frieden nachgedacht.

Doch die Erkenntnis, dass der übermäßige und wachsende Verbrauch aller fossilen und nuklearen Energieträger mit steigenden friedensgefährdenden Risiken verbunden ist, ist ein wichtiger Pfeiler unserer Argumentation gegen den „harten" und für den „sanften" Pfad. Wir werden zeigen, wie das energieexpansive Energiesystem langfristig den Frieden auf unserem Planeten gefährdet.

Kapitel 3:
Das Ende der billigen Energie

Wir alle kennen das Ritual: Pünktlich zu Sommerbeginn, wenn die Ferien- und Reisezeit vor der Tür steht, wird Benzin teurer. Der Verbraucher ärgert sich – und tankt dennoch. Schließlich wollen die wenigsten die schönsten Wochen im Jahr auf dem heimischen Balkon verbringen. Auch im Frühsommer 2004 begannen die Preise an den Zapfsäulen zu klettern, und doch war vieles anders als in den Jahren zuvor. Diesmal war der Grund für den Preisanstieg nicht allein die nahende Reisewelle, sondern vor allem das schlichte Gesetz von Angebot und Nachfrage: In den Vereinigten Staaten kam es, nicht zuletzt wegen der anziehenden Konjunktur, zu einem gewaltigen Run auf Öl und Benzin, den das schon längst von Ölimporten abhängige Land durch zusätzliche Einfuhren abdeckte. Erstmals drückte mit dem energiehungrigen China auch ein so genanntes Entwicklungsland die Preise nach oben. Die Situation verschärfte sich, weil die Förderkapazitäten mit Ausnahme Saudi-Arabiens und des kriegsgeschädigten Iraks bereits am Anschlag lagen. Wenn diese Situation auf dem Ölmarkt länger anhalten sollte, so sorgten sich einige Kommentatoren in der Presse, wird man wegen der negativen Folgen für das Wirtschaftswachstum darüber nachdenken müssen, weniger Energie und diese effizienter zu verbrauchen. Über Nacht war die Erinnerung an autofreie Sonntage der siebziger Jahre wieder in den Medien präsent – aber zugleich hegte man die Hoffnung, die Situation werde sich schon bald normalisieren. War es nicht auch in den überwundenen früheren Ölpreiskrisen so, dass Innovationen und der Markt die „Grenzen des Wachstums“ als grundlose, dem ökologischen Zeitgeist geschuldete Schwarzmalerei entlarvt hatten? Können wir uns daher nicht auch zukünftig in der Sicherheit genügender Erdöl- und Erdgasreserven wiegen? Schließlich ist ein freier Markt ein Garant dafür, dass sich angesichts erkennbarer Knappheiten ein Such- und Entdeckungsprozess nach Alternativen entwickelt.

Irritierend wirkte zwar, dass die nominellen Ölpreise im Jahr 2004 auf das bisherige Rekordniveau von über 55 Dollar pro Barrel (1 Barrel sind 159 Liter) im Oktober gestiegen sind und inzwischen noch höher liegen. Aber trotz allem, so das beschwichtigende Argument, ist der reale Ölpreis seit den achtziger Jahren im Trend gesunken. Warum also sollte die Welt mit einer Ware haushälte-

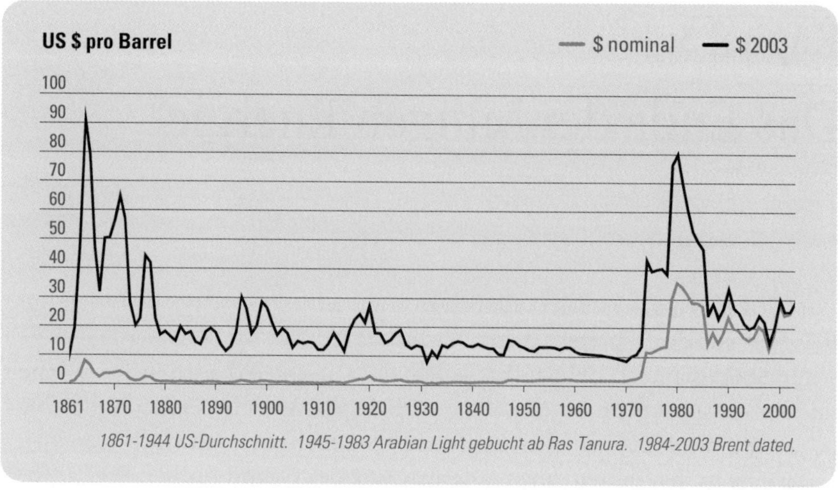

Abb. 5: Entwicklung des Ölpreises, nominell und real (in Preisen von 2003). Quelle: BP 2004.

risch umgehen, die seit 25 Jahren relativ billiger wird, zumal noch immer die Hoffnung besteht, dass die Preisschwankungen nur vorübergehend auftreten?

Der Ölpreis ist freilich ein trügerischer Indikator. Er zeigt die langfristigen Knappheiten auf dem Ölmarkt weder rechtzeitig noch durch stetig steigende Preise an. Aus ihm kann keine hinreichende Planungssicherheit für die Erschließung von Alternativen abgeleitet werden. Eine Analyse aller aktuellen Trends im Zusammenhang zeigt jedoch, dass sich die Indikatoren einer heraufziehenden, umfassenden Öl- und Ressourcenkrise vermehren.

Das schwarze Gold gehört nur wenigen

Beim ersten Blick auf die Mengenverhältnisse scheinen die Fakten tatsächlich keinen Anlass zur akuten Sorge zu geben. Im Jahr 2004 sind ungefähr 4 Milliarden Tonnen Rohöl weltweit verbraucht worden. Das sind etwa 80 Millionen Barrel pro Tag. Den größten Anteil an der Produktion haben die der OPEC (Oil and Petroleum Exporting Countries) angehörenden Staaten, die ungefähr 40 Prozent des weltweiten Bedarfs decken – Tendenz steigend. In diesem 1960 gegründeten Kartell der Förderländer haben sich Saudi-Arabien, Iran, Irak, Kuwait, die Vereinigten Arabischen Emirate, Libyen, Algerien, Nigeria, Venezuela, Indonesien und Katar organisiert. Allein der Mittlere Osten, wo sich die förderstärksten OPEC-Mitglieder befinden, stellt über eine Milliarde Tonnen

Ölförderstaat	**2003 gefördertes Rohöl in Millionen Tonnen**
Saudi-Arabien	497
Russische Föderation/Russland	420
USA	349
Mexiko	188
Iran	182
China	169
Norwegen	152
Venezuela	138
Kanada	136
Vereinigte Arabische Emirate	123

Tab. 4: Die zehn größten Erdölproduzenten der Welt im Jahr 2003. Zur Weltölproduktion von 3686 Millionen Tonnen trugen allein diese zehn Staaten 64 Prozent bei. Quelle: Esso 2004.

Öl zur Verfügung, etwa 30 Prozent. Als Faustregel gilt ferner: Nordamerika trägt zwar rechnerisch mit etwa 20 Prozent zur Versorgung bei, dies reicht jedoch schon seit Jahrzehnten nicht einmal zur Eigenversorgung aus. Afrika, Südamerika, Asien, die frühere Sowjetunion und Europa sind mit jeweils circa 10 Prozent im Geschäft.[57]

Die fünf derzeit größten Rohölförderer, Saudi-Arabien, Russland, USA, Mexiko, Iran, zählen mit Ausnahme der USA nach der Definition des international anerkannten Human Development Index (HDI) zu den Entwicklungs- oder Schwellenländern. Nach diesem Index müssen sowohl China wie Venezuela, Mexiko und Iran als Entwicklungsländer bezeichnet werden, Russland fällt in die Kategorie der Schwellenländer. Das Reich Wladimir Putins hat sich nach dem Zusammenbruch der UdSSR inzwischen wieder in die Top-Liste der Ölproduzenten gepumpt.

Russland (617 Milliarden Kubikmeter im Jahr 2003) ist mit 23 Prozent der Weltförderung der größte Produzent von Erdgas, gefolgt von den USA (550 Milliarden Kubikmeter) mit 21 Prozent. Erst weit danach kommen Kanada mit 181 Milliarden Kubikmetern, Großbritannien (108) und Algerien (81). Trotz der hohen Eigenförderung sind die USA der größte Erdgasimporteur der Welt.[58]

Wer fördert Kohle und Uran?

Stein- und Braunkohle: Hier liegt China an erster Stelle mit 1326 Millionen Tonnen geförderter Steinkohle im Jahr 2002, es folgen die USA (992 Millionen Tonnen Stein- und Braunkohle), Indien (356 Millionen Tonnen Stein- und Braunkohle), Australien (343 Millionen Tonnen Stein- und Braunkohle) und Südafrika mit 223 Millionen Tonnen Steinkohle.[59]

Die größten Kohlereserven lagern in den USA, China, Australien und Indien. Die USA sind mit etwa 200 Milliarden Tonnen Steinkohleeinheiten (SKE) gut versorgt, freilich kann aus Klimaschutz- und Kostengründen der verstärkte Einsatz von Kohle (z.B. als direkte Alternative durch Verflüssigung) Öl nicht ersetzen. Und auch für die Zukunft scheint eine klimaverträgliche Verwendung der Kohle als Energieträger z.B. für die Stromproduktion eher fraglich zu sein. Zwar ist die Abscheidung von Kohlendioxid bei der Kohleverstromung technisch möglich, allerdings verhindert die Vielzahl der ungelösten Probleme einen Durchbruch dieser Technik.[60] Während die Industrieländer deshalb verstärkt auf Erdgas setzen, erfährt die Kohle in einigen wachstumsstarken Entwicklungs- und Schwellenländern dennoch einen stürmischen Aufschwung. Hintergrund ist die technisch weitgehend ausgereifte Kohleverstromung und die heimische Verfügbarkeit von Stein- und Braunkohle, gerade in Ländern wie China, die mit einem Wirtschaftswachstum von bis zu zehn Prozent pro Jahr zu den globalen Wachstumsriesen gehören.

Uranerz: 2003 war Kanada mit 10,5 Millionen Tonnen der wichtigste Produzent. Australien belegte mit 7,6 Millionen Tonnen Platz zwei, Kasachstan brachte es auf 3,3 Millionen Tonnen; Russland mit 3,2 (geschätzt), Niger mit 3,1, Namibia mit 2,0 und Usbekistan mit 1,8 Millionen Tonnen kommen danach.[61] Nach seriösen Schätzungen dürften die Reserven an Uran weltweit etwa um 2030 erschöpft sein.

Öl- und Gasvorkommen konzentrieren sich auf Krisenregionen

Für die Ölpreisentwicklung und mögliche geostrategische Konflikte ist nicht nur wichtig, wie viel Öl- und Gasreserven noch vorhanden sind, die einen Beitrag zur Versorgung leisten können, sondern auch, wo sie lagern und wer sich bei weiter wachsender Nachfrage ein Zugriffsrecht sichern will. Bei dieser Betrachtung springt ein großes Nord-Süd-Missverhältnis ins Auge: Die eigenen Reserven der größten Rohölverbraucher, der OECD-Staaten (Organization for Economic Cooperation and Development, die gemeinsame Vertretung von 30 Industrieländern), die über 60 Prozent der Weltölförderung verschlingen, liegen bei nur knapp 10 Prozent der Weltreserven. 90 Prozent hingegen lagern in Entwicklungs- und Schwellenländern.

Der größte Teil dieser 90 Prozent konzentriert sich auf nur sieben Länder, und fünf davon liegen im Mittleren Osten, nämlich Saudi-Arabien, Irak, Vereinigte Arabische Emirate, Kuwait, Iran.[62] Die OPEC-Länder vereinten 2002 etwa 80 Prozent der gesamten Erdölreserven auf sich. Die Vorkommen in der

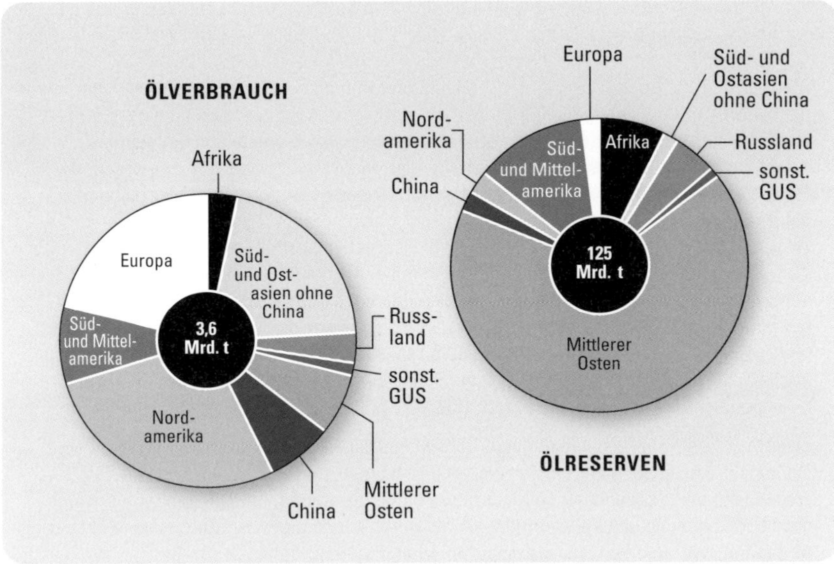

Abb. 6: Verteilung des gobalen Ölverbrauchs (im Jahr 2000) sowie der vorhandenen Reserven. Zugrunde gelegt sind Reservewerte von 2000. Quelle: Aspo 2004, Esso 2004.

Nordsee beschränken sich dagegen auf magere 2,5 Prozent.[63] Aus den genannten Zahlen lässt sich ableiten, dass sich bei weiter wachsendem Verbrauch die Schere zwischen immer mehr Nachfragern und immer weniger Anbietern weiter öffnet.

Die Situation bei Erdgas ähnelt der des Erdöls. Auch hier zeichnet sich ein Missverhältnis, wenn auch in abgeschwächter Form, zwischen Verbraucherländern mit relativ wenig Reserven und Förderländern ab. Russland besitzt mit 30 Prozent den größten Anteil, ein weiteres Drittel lagert im Mittleren Osten. Insbesondere Iran, Qatar, Saudi-Arabien und die Vereinigten Arabischen Emirate verfügen über große Reserven. Die OPEC-Länder kontrollieren insgesamt etwa 40 Prozent der Gasreserven, die OECD-Länder verfügen dagegen über nur gut 12 Prozent und sind daher, gemessen an ihrem Verbrauch, zunehmend abhängiger. In den USA nimmt die Gasförderung jährlich um 20 Prozent ab, im Golf von Mexiko sogar um 35 Prozent.

Mag es also über die Reichweite der endlichen fossilen Energieträger und die Abbaumöglichkeiten weiterer Ressourcen noch Streit um die Quantifizierung geben, eines steht fest: Die Ressourcen von Öl und Gas nehmen in zahlreichen Regionen ab und sie konzentrieren sich auf immer weniger Länder, überwiegend in der Krisenregion des Persischen Golfs.

Kaltes Gas als Retter in der Not?

Eine geheimnisvolle Ressource, an die allerlei Erwartungen geknüpft werden, sind die Gashydrate, deren Energie nach Meinung einiger Experten die Menschheit einst wärmen und befördern soll. Die im Meeresboden lagernden großen Mengen von Gas warten scheinbar nur darauf, von einer energiehungrigen Menschheit angezapft zu werden. Die Realität sieht jedoch anders aus: Bei Gashydraten handelt es sich um im Meeresboden eingelagertes Methangas, das bei hohem Druck und niedrigen Temperaturen in Tiefen zwischen 300 Metern und 5 000 Metern mit Wasser einen eisähnlichen Zustand bildet. Außerdem sind die Permafrostböden polarer Regionen mögliche Speicherorte. Anfang der achtziger Jahre wurden die vorhandenen Mengen noch euphorisch auf bis zu 10 000 Billiarden Kubikmeter geschätzt. Zwanzig Jahre später war das Volumen auf die weniger fantastische Größenordnung von etwa 200 Billionen Kubikmeter geschrumpft. Bisher wird auch nur von Vorkommen gesprochen, denn eine Einteilung in Reserven und Ressourcen lässt sich bei Berücksichtigung wirtschaftlicher Förderung nicht machen.

Es gibt zahlreiche Forschungsprojekte, die sich mit Gashydraten beschäftigen. Diese sind jedoch von Erschließungsprojekten weit entfernt. Einer wirtschaftlichen Erschließung stehen zahlreiche grundlegende Hindernisse entgegen – neben ungenügenden Kenntnissen über Verteilung und Konzentrationen von Gashydraten auch der Mangel an effektiven Methoden, Hydratvorkommen aufzuspüren. Über die Rückwirkungen von Gashydraten auf sedimentäre Prozesse im Ozean ist ebenfalls kaum etwas bekannt. Viele Industrieländer fördern denn auch die Forschung, allen voran das extrem ressourcenarme Japan. Bisher gibt es jedoch nicht einmal fundierte Schätzungen darüber, wann eine wirtschaftliche Produktion möglich werden könnte. Dies liegt auch daran, dass die Konzentration der Gashydrate oft zu gering ist, als dass jemals an eine wirtschaftliche Produktion gedacht werden könnte. Lediglich einigen Stellen im Golf von Mexiko wird ein großes ökonomisches Potenzial attestiert, und das auch nur, weil dort bereits eine Infrastruktur zur Produktion von konventionellem Erdgas besteht. Die Frage, mit welcher Technik diese Gashydrate dann aus dem Meeresboden geholt werden sollen, ist noch unbeantwortet. Alles in allem sind Gashydrate bisher ein interessantes wissenschaftliches Thema – aber kein wirtschaftliches. Es scheint derzeit fraglich, ob Gashydrate jemals einen Beitrag zur Energieversorgung leisten werden.

Die statische Reichweite: ein trügerischer Indikator

Kein Grund zur Beunruhigung, sagen die Experten der Energiekonzerne, das Rohöl werde noch viele Jahrzehnte sprudeln, und eine Verknappung von Erdgas oder Kohle sei schon gar nicht in Sicht. Neue Ölfunde hätten den Mehrverbrauch bisher immer überkompensiert, so dass die bekannten, noch im Erdboden lagernden und wirtschaftlich nutzbaren Reserven die derzeitige Jahresförderung um das Vierzigfache, bei Erdgas sogar um das Sechzigfache übertreffen. Reserven sind nach der klassischen Definition der Energieexperten fossile Rohstoff-Vorkommen, die mit derzeitiger Technik wirtschaftlich gewonnen werden können (für eine alternative Definition siehe Glossar). Bisher wurde, so die scheinbar beruhigende Botschaft, nicht einmal die Hälfte der Ölreserven ausgebeutet. Mehr noch: Neben den reichlich vorhandenen Reserven verfüge die Menschheit auch über reichliche Ressourcen. Die wiederum bezeichnen nach der klassischen Definition fossile Rohstoff-Vorkommen, die zwar prinzipiell abbaubar sind, jedoch mit derzeitiger Technik nicht wirtschaftlich gefördert werden können. Ölknappheit sei deshalb nicht das Problem der Weltwirtschaft – so wie Steine nicht das Problem der Steinzeit waren. Doch so entspannt, wie die Experten vorgeben, ist die Situation keineswegs.

Die öffentlichen Angaben der Ölkonzerne beziehen sich nämlich auf die so genannte *statische Reichweite.* Dieser Indikator zeigt jedoch nur, wie lange die nachgewiesenen Reserven rechnerisch bei gleich bleibendem Verbrauch und konstanter Förderung ausreichen würden. Entscheidend aber ist: Mit Hilfe dieses Parameters kann keine Aussage zur Reichweite der Rohstoffe bei steigendem Verbrauch gemacht werden. Und wichtiger: Die mit der statischen Reichweite suggerierte Produktionscharakteristik – 40 Jahre wird konstant produziert und im 41. Jahr die Produktion dann auf null heruntergefahren – ist physikalisch unmöglich und daher hochgradig irreführend.

Fest steht dagegen, dass sich die Explorateure nur in längst vergangenen Jahrzehnten über stetig wachsende Reservewerte freuen konnten, als die Menge neu gefundener Reserven die jährliche Fördermenge überstieg. Dieses Verhältnis hat sich seit Beginn der achtziger Jahre umgekehrt. Im Trend wächst die jährliche Produktion stetig, die Menge der Neufunde nimmt dagegen ab. Die Faustformel heißt derzeit: *Für jedes neu gefundene Barrel Rohöl werden drei bis vier Barrel entnommen* – eine alarmierende Scherenentwicklung, die die irreführende Wirkung des Indikators statische Reichweite offenkundig macht.

Der wachsende Energie- und Ölverbrauch verschärft den Verteilungskampf

Aus den Trends der Vergangenheit wird häufig abgeleitet, dass ein stetig wachsender Energieverbrauch quasi das unabänderliche Schicksal der Menschheit sei. Denn wirtschaftliches Wachstum und Energieverbrauch seien weltweit eng miteinander verknüpft.

Nach den Trend-Projektionen der Internationalen Energieagentur (IEA) wird der Anstieg des Weltenergieverbrauchs zukünftig zum größten Teil auf einen erhöhten Bedarf der Entwicklungsländer zurückzuführen sein. Der Anteil der OECD-Länder am Weltenergieverbrauch, der im Jahr 2000 58 Prozent betrug, soll bis 2030 auf 47 Prozent sinken, während der der Entwicklungsländer im gleichen Zeitraum von 30 auf 43 Prozent steigen wird. Der vollständig von Öl abhängige Transportsektor soll diesen Trendprojektionen

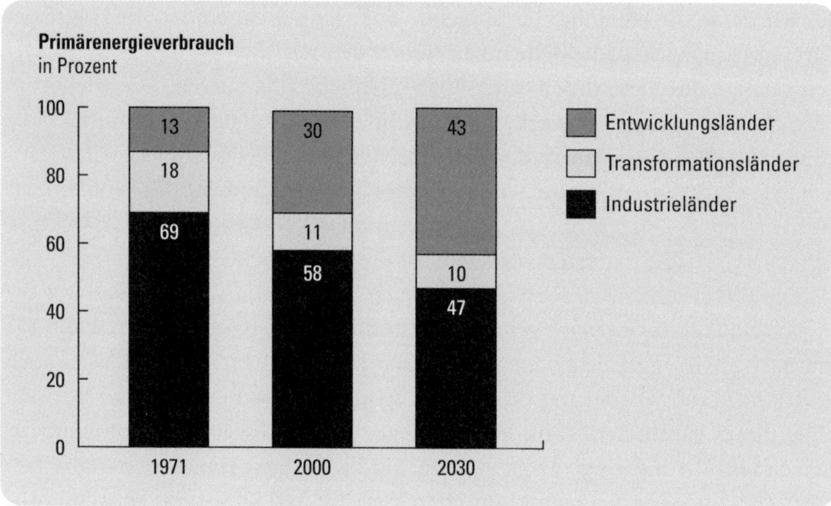

Abb. 7: Anteile verschiedener Staatengruppen am Primärenergieverbrauch weltweit.
Quelle: IEA 2002.

zufolge besonderes stark wachsen und die Industrie als größten Energieverbraucher ablösen. Dies bedeutet, dass im Trend die weltweite Ölnachfrage dramatisch zunehmen wird.

Nach den Projektionen der IEA sollen die fossilen Energieträger über 90 Prozent des Verbrauchsanstiegs befriedigen. Eine Folge dieses Trends wäre, dass sich der internationale Energiehandel drastisch ausweiten würde.

Die Internationale Energieagentur prognostiziert, dass die tägliche Nachfrage nach Erdöl im Vergleich zum Beginn des Jahrzehnts bis zum Jahr 2010 um 14 Millionen Barrel auf 89 Millionen Barrel ansteigen wird. Diese gewaltige Zunahme macht über die Hälfte der Menge aus, die heute die 11 Länder der OPEC an einem Tag fördern! Und damit nicht genug: In den folgenden 20 Jahren bis 2030 soll sich die Nachfrage noch einmal drastisch auf 120 Millionen Barrel täglich erhöhen. Der weltweite Energieverbrauch würde dann um 50 Prozent über dem heutigen Niveau liegen, und Öl wäre daran mit 37 Prozent beteiligt.[64]

Die Regionen mit dem größten Ölverbrauch sind schon heute Nordamerika, Europa und Ostasien. In diesen industriell hoch entwickelten Gebieten wird die Nachfrage nach den Prognosen der IEA bis zum Jahr 2010 weiter anwachsen: in Asien um 30 Prozent, in Europa um 13 Prozent und in Nordamerika, dem bislang unbestrittenen Spitzenreiter beim Energieverbrauch, immerhin noch um mindestens 6 Prozent. Setzt man diesen Anstieg der Ener-

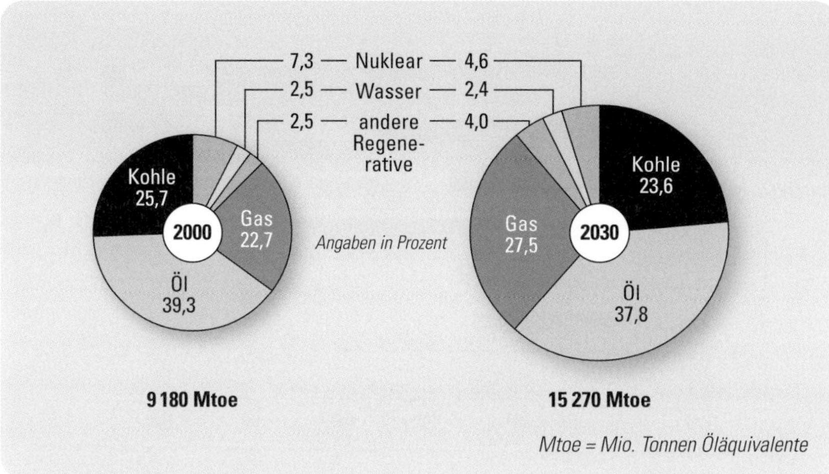

Abb. 8: Weltweiter Anstieg des Energieverbrauchs nach Primärenergieträgern. Erwartungen nach Trendprojektionen der Internationalen Energieagentur. Das Durchschnittswachstum des Energieverbrauchs beträgt 1,6 Prozent pro Jahr. Der Erdgasverbrauch wächst um 2,4 Prozent jährlich, der Kohleverbrauch um 1,4 Prozent, die Erdölnachfrage um 1,6 Prozent. Erneuerbare Energien (außer Wasserkraft mit 1,6 Prozent) legen um jährlich 3,3 Prozent zu. Die Kernenergienutzung steigt um 0,1 Prozent pro Jahr. Quelle: IEA 2002.

gienachfrage in einen Zusammenhang mit den Verschiebungen der Angebotsstrukturen, wird offenbar, dass die Abhängigkeit einer steigenden Zahl von Verbrauchern von einer sinkenden Zahl von politisch instabilen Anbietern stetig wächst.

Die Internationale Energieagentur zeichnet in ihren Trendmodellen ein düsteres Zukunftsbild: Die Abhängigkeit von Rohöl- und Erdgasimporten wird in allen Wirtschaftsregionen stark wachsen. Sämtliche derzeitigen Importstaaten werden im Jahr 2030 sowohl relativ zur Eigenproduktion als auch absolut mehr Öl importieren als heute! Besonders dramatisch wird die Entwicklung in Asien ablaufen, das heute 42 Prozent importiert, 2030 aber 83 Prozent des benötigten Öls wird einführen müssen. China allein wird seinen Importanteil von 35 Prozent (2000) auf 83 Prozent (2030) steigern: 10 Millionen Barrel Öl würden dann täglich die Landesgrenzen passieren. Ein weiteres Schwellenland, Indien, wird seine Abhängigkeit vom schwarzen Gold ähnlich drastisch erhöhen: von 65 Prozent auf 94 Prozent.

Die drei großen OECD-Regionen Nordamerika, Europa[65] und Pazifik werden nicht weniger Besorgnis erregende Entwicklungen durchlaufen. Die durchschnittliche Abhängigkeit von Ölimporten wird von 51 Prozent im Jahr

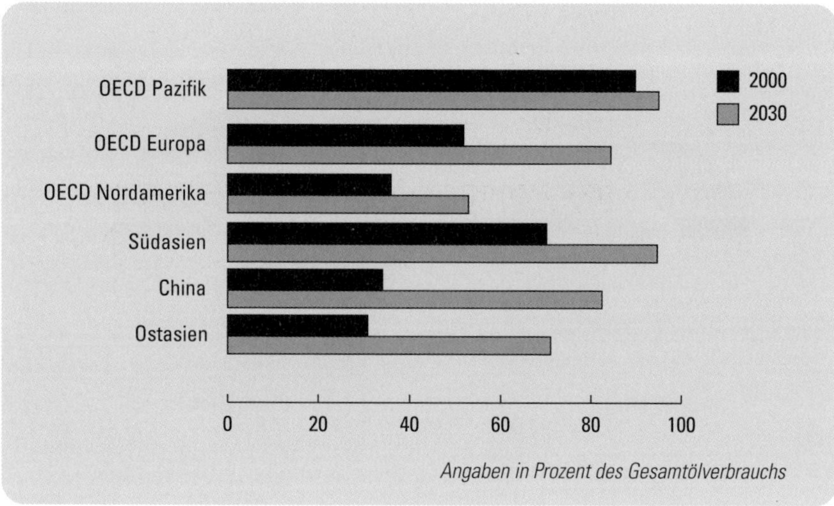

Abb. 9: Steigende Abhängigkeit verschiedener Wirtschaftsregionen von Ölimporten.
Projektionen nach IEA 2002.

2000 auf 69 Prozent (2030) steigen. In den Pazifikstaaten wird sie von ihrem ohnehin schon sehr hohen Stand von 87 Prozent auf 92 Prozent klettern. Am extremsten bleibt die Situation von Japan: Nippons Abhängigkeit von Ölimporten kann sich prozentual kaum noch steigern, denn sie liegt bereits bei über 99 Prozent!

Beim Erdgas gestaltet sich die Situation nicht viel anders. Die Tendenz geht eindeutig zu größeren Importabhängigkeiten. Nordamerika wird im Jahr 2030 26 Prozent seines benötigten Erdgases importieren müssen. China wird seine Abhängigkeit von null auf 29 Prozent erhöhen, und Indien produziert sein Gas bisher zwar selbst und kann nach Projektionen die Produktion noch weiter steigern. Aber bis 2030 wird der Importanteil trotzdem bei knapp 40 Prozent liegen.

Stellt man den Befund extrem wachsender Importabhängigkeit von immer mehr Staaten den beschwichtigenden Statements der Experten von Energiekonzernen gegenüber, wird deutlich, dass die eigentlich beunruhigenden Zukunftsfragen zu kurz kommen: Wie stark und wie rasch wächst der weltweite Energie- und Ölverbrauch und der Importanteil großer Verbraucherländer? Was wird geschehen, wenn China, Indien, Brasilien und andere bevölkerungsreiche Schwellenländer als offensive Marktteilnehmer einen immer größer werdenden Teil vom „Öl- und Gaskuchen" einfordern? Woher kommen dann das Öl und das Erdgas für die USA, Europa und Japan?

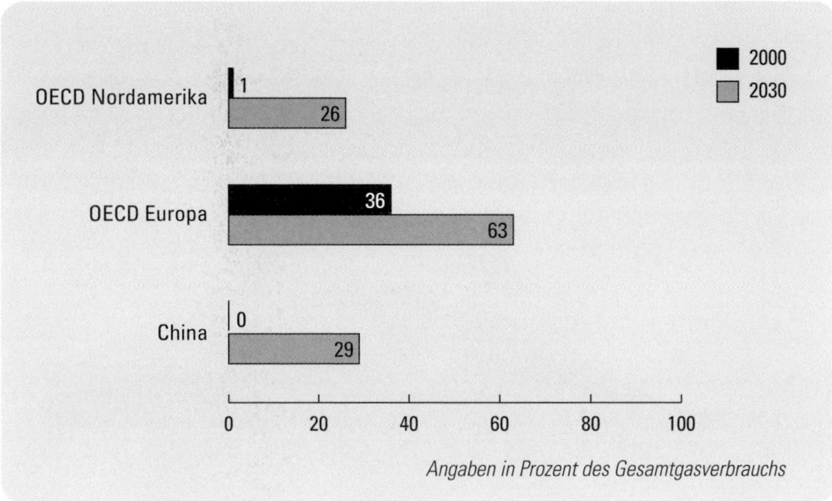

Abb. 3.5: Steigende Abhängigkeit verschiedener Wirtschaftsregionen von Gasimporten. Projektionen nach IEA 2002.

Der mittlere Erschöpfungspunkt des Öls

Die vorgestellten Verbrauchsszenarien der Internationalen Energieagentur gehen von einer zentralen Annahme aus: Das mengenbezogene Angebot von Erdöl und sonstigen Energieträgern kann mit dem Verbrauchsanstieg Schritt halten. Diese Betrachtung deckt sich mit optimistischen Aussagen der Energiekonzerne, dass trotz der steigenden Nachfrage eine globale Mengenkrise bei Öl und Gas nicht zu erwarten sei. Wenn der Preis stimme, könne ohne Limit produziert werden.

Doch bei der Argumentation der Energiekonzerne werden spezifische Charakteristika der Ölförderung ausgeklammert. Betrachtet man nämlich die Ölproduktion in Hinblick auf die geologische Produzierbarkeit öltragender Schichten, ergibt sich ein anderes Bild: Jedes Ölfeld erreicht über kurz oder lang den Punkt, an dem dessen produzierbares Ölvolumen zur Hälfte ausgepumpt ist. Dieser „Erschöpfungsmittelpunkt“ wird in der Energiebranche Depletion Mid Point (DMP) genannt. Vereinfacht gesprochen, lässt sich bis zu diesem Punkt die Produktionsrate steigern. Der DMP fällt also ungefähr mit dem Punkt der maximalen Produktionsrate zusammen. Nach Überschreiten dieses „natürlichen“ Scheitelpunktes ist aufgrund des im Ölfeld stark sinkenden Drucks eine weitere Steigerung der Förderrate kaum möglich. Nur noch mit bedeutend höherem technischem und wirtschaftlichem Aufwand

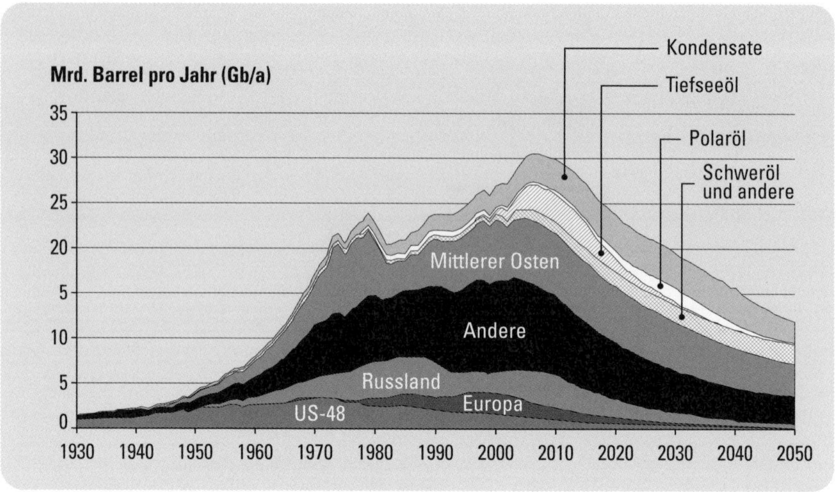

Abb. 11: Möglicher Verlauf der Weltölproduktion. Der Punkt maximaler Ölförderung ist laut Aspo noch vor 2010 zu erwarten. Danach geht – nach dem möglichen Halten eines kurzen Plateaus – die Produktion zurück. Quelle: Aspo 2004.

ließe sich die maximale Produktionsrate für kurze Zeit aufrechterhalten bzw. das Absinken zeitweise verlangsamen – nur um anschließend noch schneller zurückzugehen. Für ein einzelnes Ölfeld bedeutet das schlicht: Ist etwa die Hälfte des förderbaren Öls entnommen, wird die weitere Förderung schwieriger und kostspieliger. Tendenziell nimmt also die Produktionsrate ab.

Das abgebildete Produktionsmaximum ergibt sich aus der Übertragung der Produktionscharakteristik einzelner Felder auf die Gesamtheit aller Ölfelder. Damit markiert dieser Punkt den Abbau etwa der Hälfte der vorhandenen abbaubaren Ölvorkommen („Reserven"). Für die Weltölversorgung heißt das: Steigt die Nachfrage weiter an, kann sie nach Überschreiten des globalen Produktionsmaximums nicht mehr in gleicher Weise ausreichend befriedigt werden wie zuvor. Wann dieser Punkt erreicht ist, ist unter Experten umstritten, wahrscheinlich jedoch wird er im Zeitraum zwischen 2008 und 2015 liegen. Bei Erdgas wird das globale Produktionsmaximum wahrscheinlich mit einer Verschiebung von etwa ein bis zwei Jahrzehnten gegenüber dem Erdöl erreicht.

An dieser Stelle wird von den Optimisten der Branche gern eingewandt, dass in so genannten „unkonventionellen" Ölvorkommen ein Ausweg aus der nahenden Mengenverknappung gesehen werden könne, allen voran in den kanadischen Teersanden. Nur: Diese Ölvorkommen müssen einer extrem aufwändigen Verarbeitung unterzogen werden, um sie von den begleitenden Sandanteilen zu trennen. Bei der gegenwärtigen Förderung kann nur deshalb die

Unwirtschaftlichkeit vermieden werden, weil die kanadischen Teersandproduzenten keine Weltmarktpreise für das verwendete Heizgas bezahlen müssen. Doch abgesehen von den hohen Kosten des Aufarbeitungsprozesses und den ökologischen Problemen (hoher Wasser- und Flächenverbrauch, Gewässerverschmutzung) werden die Teersande wohl nie einen bedeutenden Anteil an der Weltölproduktion erreichen – so zumindest lässt sich die Branche selbst vernehmen. In einem Interview gab der Teersandproduzent Canadian Natural Resources zu Protokoll, dass Teersande zwar „am Rande" Bedeutung erlangen könnten, aber nie eine wirklich wichtige Rolle spielen würden.[66]

Freilich haben die „Öloptimisten" noch einen weiteren Pfeil im Köcher: Die Ausbeute der Ölfelder könne allein durch technologische Neuerungen bedeutend gesteigert werden.[67] Fakt ist jedoch, dass zwar die Gesamtausbeute um einige Prozentpunkte gesteigert werden könnte, doch die Produktionsrate ließe sich auf diese Weise nicht spürbar erhöhen. Allenfalls kann der Zeitraum des Fördermaximums ein wenig verlängert werden, mit der Folge allerdings, dass danach die Produktionsrate umso stärker abnimmt. Man kann also mit neuer Technik für kurze Zeit die Produktionsrate aufrechterhalten, bezahlt anschließend aber durch einen raschen Produktionsabfall. Darüber hinaus versteht sich von selbst, dass aufwändige Technologien auch zu höheren Kosten führen.

Wie ist die Lage in den einzelnen Förderländern? Etwa 20 große Produzentenländer haben unbestritten ihr Produktionsmaximum hinter sich, unter ihnen so große wie die USA,[68] die den Höchststand der Förderung sogar schon 1970 erreichten. Heute pumpen sie jedes Jahr lediglich noch 60 Prozent der damaligen Menge aus dem Boden. Russland schaffte 2003 nur noch etwa siebzig Prozent des Maximalwertes von 1988, und in den letzten fünf Jahren gelangten auch Norwegen, Großbritannien und Venezuela an den Maximalpunkt ihrer Produktion. In Saudi-Arabien und Irak ist er hingegen noch nicht erreicht.

Schwankende Ölpreise – ein unkalkulierbares Risiko für die Wirtschaft

Das Zusammenwirken all dieser Trends – riskante Fördergebiete, sinkende Produktion aus alten Feldern, relativ geringe Neufunde und stetig steigende Nachfrage – verheißt stürmische Zeiten. Vor allem eines ist gewiss: Die Preise werden stärker schwanken und tendenziell steigen. Die Gründe: Generell steigende Produktionskosten, und die Nachfrage wird auf absehbare Zeit über dem Angebot liegen. Wichtig ist darüber hinaus die Tatsache, dass das eingeengte Angebot zu einer Verstärkung der Ölpreisschwankungen (der so genannten Volatilität) führen wird, denn mengenmäßig relativ unbedeutende Ursachen (wie z.B. Lagerveränderungen, ein Streik in einem Fördergebiet oder ein Terroranschlag in einem wichtigen Förderland) können Spekulationswellen und hohe Preisausschläge verursachen. Anschauungsmaterial für dieses Szenario lieferte das Jahr 2004 zur Genüge:

Im Frühsommer 2004 zeigte sich ein ganz neues Problem der Globalisierung: Terroristen hatten erstmals mit gezielten Anschlägen auf das ausländische Personal in dem saudischen Ölhafen Chobar versucht, die „Hauptschlagader" der Weltwirtschaft zu treffen – und prompt gingen die Ölpreise in die Höhe. Diese Angstzuschläge demonstrierten eindrücklich, wie dünn der seidene Faden ist, an dem die Weltwirtschaft hängt. In Zukunft könnte sich die Abhängigkeit von dem Tropf Golfregion, an den die Energieversorgung der wichtigsten Industrieländer angeschlossen ist, als lohnendes Kampffeld für Terroristen aller Art erweisen. Denn mit Anschlägen gegen diese Versorgungszentrale der Weltwirtschaft ist die gesamte westlich geprägte Ökonomie leicht zu schädigen. In Irak wurden 2003 und 2004 in zwölf Monaten weit über 100 Attentate auf Ölanlagen verübt: bei einem Pipeline-Netz von über 6000 Kilometern Länge ein relativ leichtes Unterfangen.[69] Der wirtschaftliche Schaden für den Staat Irak belief sich auf bis zu 80 Millionen US-Dollar – pro Tag.

Die Folgen sind unkalkulierbare Risiken für die Weltwirtschaft, vor allem für Länder, die vom Öl- und Gasimport besonders abhängig sind. Die beiden Ölkrisen von 1973–74 und 1979–80 waren die ersten Warnzeichen dafür, wie verwundbar die gesamte Weltwirtschaft durch ihre Abhängigkeit vom Öl geworden war. Auch die Krisen damals wurden durch politische Krisen im Nahen Osten ausgelöst, die ernsthafte wirtschaftliche Folgeprobleme zuerst in den Ölverbraucherländern und schließlich in der gesamten Weltwirtschaft nach sich zogen. Wenn auch die Ölintensität in einigen OECD-Ländern seit den siebziger Jahren gesunken ist,[70] so ist doch bezüglich der Mengen und Importe die Abhängigkeit weiter gestiegen.

In besonderem Maße anfällig für die Folgen schwankender und steigender Ölpreise sind die Entwicklungsländer, die „Öl-Habenichtse", für die oftmals eine Zerrüttung ihrer nationalen Volkswirtschaften die Folge solcher Turbulenzen ist. Ein langfristiger Anstieg von 25 auf 35 Dollar würde in dieser Staatengruppe nach Berechnungen der Internationalen Energieagentur zu Rückgängen des Wirtschaftswachstums um bis zu drei Prozent führen.[71] Für viele von ihnen wird sich die Situation deshalb unerträglich verschärfen, wenn das Zeitalter des billigen Öls (und Erdgases) sich dem Ende zuneigt. Dabei bürdet die extreme Ungleichheit beim Energieverbrauch den Entwicklungsländern schon jetzt hohe Hürden für die Zukunft auf: Die Industrieländer nutzen mit 15 Prozent der Weltbevölkerung die Hälfte der kommerziellen Energie. Ihr Pro-Kopf-Verbrauch liegt etwa achtmal so hoch wie der der Entwicklungsländer. Sowohl im Gesamtverbrauch als auch im Pro-Kopf-Verbrauch bilden die Staaten des

Warum schwankt der Ölpreis?

Der Preis von Erdöl ist in der Politik, den Medien und bei den Verbrauchern immer dann ein Thema, wenn die Konzerne an den Tankstellen ihre Preise erhöhen oder die Heizölpreise hoch setzen. Benzin- und Heizölpreis schwanken saisonal und nachfragebedingt (etwa zu Beginn der Ferienzeiten). Zu größeren Preiserhöhungen führten in der Vergangenheit vor allem Kriege in der Golfregion. Mit schöner Regelmäßigkeit geht mit der Teuerung die Frage einher: Steigt der Preis, weil bald kein Öl mehr verfügbar sein wird, oder wollen uns die Ölkonzerne oder der Staat (per Ökosteuer) abzocken? Sinkt der Preis, sind die Polemik, aber auch alle Sparvorsätze bald wieder vergessen.

Grundsätzlich bildet sich der Preis einer Ware durch das Wechselspiel von Nachfrage und Angebot. Ein idealtypischer Markt setzt voraus, dass es viele Anbieter gibt, unter denen die Nachfrager wählen können, und sich so der Preis austariert. Unter diesen Bedingungen sind Märkte und Wettbewerb ein effizienter Allokationsmechanismus. Der Ölmarkt ist von diesem Ideal jedoch weit entfernt. Er bildet sich nicht frei, denn es gibt nicht beliebig viele Anbieter, aus denen sich der Kunde den für ihn günstigsten Preis aussuchen könnte. Vielmehr ist die Auswahlmöglichkeit durch Förderkapazitäten und politische Einflussfaktoren begrenzt. Man denke an das Kartell der großen Ölproduzenten, die OPEC, die in der Vergangenheit nach Bedarf und in Abhängigkeit vom Interesse einzelner Förderländer die Produktion teilweise erhöht oder gedrosselt hat. Zudem haben politische und militärische Krisen einen mittelbaren Einfluss auf den Ölpreis, und auch die relativ starren Verbrauchsstrukturen und -abhängigkeiten sowie die Energiepolitik der Verbraucherstaaten (etwa die Steuerpolitik) wirken auf die Entwicklung des Ölpreises ein.

Grundsätzlich müssen langfristige Preistrends von kurz- und mittelfristigen Preisschwankungen unterschieden werden. Der Grund für Schwankungen, die auch durch Unternehmensstrategien oder die erwähnten politischen Krisen ausgelöst werden können, liegt in ökonomischer Hinsicht insbesondere in der relativ unelastischen Ölnachfrage. Bereits bei kleinen Schwankungen der angebotenen Menge verändert sich der Preis unverhältnismäßig stark. Einfacher Hintergrund: Für Rohöl gibt es kurzfristig keinen Ersatz. Wird durch Spekulation oder Förderbegrenzung die angebotene Menge verknappt, ist kein Ausweichen auf ein anderes Gut möglich, der Preis steigt. Dies gilt insbesondere, wenn sich, wie in den neunziger Jahren, mittel- und langfristige Verknappungstrends auf dem Ölmarkt mit politisch instabilen geostrategischen Konfliktlagen überlagern. Ist die Nachfragesituation, zum Beispiel wegen der Nachfrageschübe aus China und anderen verbrauchsintensiven Schwellenländern angespannt, dann reichen einzelne Ereignisse wie Terroranschläge oder Streiks, um größere Spekulationswellen und Preisschübe auszulösen.

Und in solchen Situationen sitzen die Verbraucherländer in der Falle: Die Abhängigkeit vom Öl ist kurzfristig sehr hoch, und deshalb sind die Nachfrager gezwungen, fast jeden Preis zu bezahlen. Andererseits können langfristig steigende Ölpreise natürlich nicht im Interesse der hauptsächlichen Verbraucherländer und Konsumenten liegen. Hohe Energiepreise können das Wirtschaftswachstum ganzer Volkswirtschaften und sogar der Weltwirtschaft verringern. Deshalb können selbst die Förderländer an zu hohen Ölpreisen kein Interesse haben. Zwar ermöglichen sie kurzfristig steigende Profite für alle Öleigentümer, aber ein anhaltend hoher Preis fördert auch die Suche nach Alternativen (nach neuen Treibstoffen, Energie aus erneuerbaren Quellen, neuen Fördergebieten) und erhöht den Anreiz zum Ölsparen. Für die Förderländer gilt daher die Faustregel: Ein zu geringer Ölpreis senkt die Einnahmen kurzfristig, ein zu hoher Preis senkt die Einnahmen langfristig. Also versuchte die OPEC in den vergangenen Jahren, den Ölpreis durch Regulierung der Fördermengen in einem mittleren Preiskorridor zwischen 22 und 28 Dollar pro Barrel zu halten. Die Grenzen dieser Regulierung waren indes 2004 erreicht: Steigender Energieverbrauch, Attentate auf Ölanlagen in Irak und Saudi-Arabien und stark anziehende Nachfrage ließen den Ölpreis auf weit über 50 Dollar schnellen. Den Preiskorridor hat die OPEC derweil zur Makulatur erklärt.

südlichen Afrika (in der Sahara und südlich davon liegende Länder) zusammen mit einigen südamerikanischen und südasiatischen die Schlusslichter. Die Industrieländer haben den höchsten, die Länder Osteuropas einen mittleren und die Nicht-Industrieländer (ohne China, Indien und die Ölförderländer) den geringsten Energieverbrauch. Eine Krisenprävention der Industrieländer, die dem Frieden auf der Welt und der Entwicklung des armen Südens verpflichtet ist, muss eine Politik der forcierten Ressourceneinsparung sein. Nur sie gibt den Entwicklungsländern bessere Entwicklungsmöglichkeiten. Eigentlich müsste den Entwicklungsländern sogar überproportional viel Energieverbrauch zugestanden werden, um den Lebensstandard ihrer Bevölkerung rascher steigern zu können. Umgekehrt müssten die Industrieländer überproportional viel einsparen. Auch auf diesem ressourcenpolitischen Hintergrund haben missionarische Appelle für Freiheit und Demokratie von reichen Ländern einen schalen Beigeschmack. Die Verheißungen einer ewig prosperierenden Weltwirtschaft, in der freier Wettbewerb allen nützt und alle zu Partnern macht, sind angesichts der Ölausplünderung und ihrer entwicklungspolitischen Folgen fragwürdig.

Die Zukunft sieht lange nicht so rosig aus, wie sie allgemein dargestellt wird. Einerseits konzentrieren sich die verfügbaren Rohstoffe auf die Krisenregion des Persischen Golfs, andererseits wird bei unverändert geringer Energieeffizienz und ohne den Einsatz alternativer Energieformen der prognostizierte Energiehunger heutiger und künftiger Industrieländer die Nachfrage um Öl und Erdgas so stark anheizen, dass ein massiver Verteilungskampf um die geringer werdenden Vorräte die Folge sein wird. Die Verlierer stehen schon fest: Umwelt und Gerechtigkeit bleiben auf der Strecke. Die ärmeren Länder werden noch chancenloser, denn die Ungleichheit im Zugang zu Energie wird die Kluft zwischen armen und reichen Ländern verstärken. Die Welt steuert auf einen scheinbar unlösbaren Konflikt zu: Die einen nutzen zu viel, die anderen haben zu wenig – und insgesamt nähert sich die Belastung der natürlichen Lebensgrundlagen gefährlichen Grenzen.

So überlagern und verstärken sich mehrere Risikofaktoren. Die schiere Notwendigkeit, den Energienachschub beinahe um jeden Preis zu sichern, könnte in Zukunft dazu führen, dass die geostrategischen Verteilungsfragen sich zum Kernproblem des Ölmarkts entwickeln. Die Gefahr eines Öl- oder Ressourcenimperialismus mit militärischen Auseinandersetzungen ist im beginnenden 21. Jahrhundert nicht von der Hand zu weisen. Aus diesen Gründen bedeutet die Entscheidung für oder gegen den „weichen“ Pfad und eine nachhaltige Lösung der Energiefrage eine zentrale Weichenstellung für eine friedliche oder unfriedliche Zukunft, für eine gerechte oder ungerechte Welt.

Kapitel 4:
Ressourcenkriege – der Konflikt des 21. Jahrhunderts?

Die schleichende Militarisierung der Energiefrage

Die Geschichte des Ölzeitalters ist relativ kurz, sie begann erst vor knapp 150 Jahren. Nachdem 1855 die Petroleumlampe erfunden worden war, wurde Erdöl zunächst als Leuchtstoff genutzt. Schon bald wurden auch Straßenlaternen mit Petroleum betrieben, und die Nachfrage wuchs. Bereits im 19. Jahrhundert begann in Texas ein wahrer Ölrausch. Der wertvolle Rohstoff wurde auch in Rumänien und in Baku am Kaspischen Meer gefördert, wo im Mai 1878 der erste Öltanker der Welt in den Hafen einlief. Bis zum weltweiten Siegeszug der Elektrizität mit Beginn des 20. Jahrhunderts war Petroleum das wichtigste Erdölprodukt (daneben wurde Erdöl auch zu Schmierstoffen und Brennöl verarbeitet), das im Zeitalter der Motorisierung durch Benzin ersetzt wurde.

1901 erwarb der britische Unternehmer D'Arcy vom persischen Schah die erste Ölkonzession, und im Jahr 1909 begann dort die Förderung. Das Ölzeitalter hatte den Orient erreicht. Zug um Zug wurde ein Dual-System[72] aufgebaut, in dem der industrialisierte Norden seine ökonomisch, militärisch und politisch ungleich stärkere Macht nutzte, um die Ölregionen zu kontrollieren. Die Kolonialmächte begannen die „Ölbeute" unter sich aufzuteilen. Für wenig Geld wurden die Scheichs über den Tisch gezogen. Die Vorräte in Syrien und Nord-Mesopotamien gingen an Frankreich, der weitaus größere Teil, der in Süd-Mesopotamien und vor allem unter der Wüste Saudi-Arabiens lag, wurde Großbritannien zugeschlagen. Im Laufe der ersten Hälfte des 20. Jahrhunderts starteten britische, französische, niederländische und zunehmend amerikanische Firmen die Ausbeutung der Ölfelder. Die aufstrebende Macht USA spielte schon bald eine gewichtige Rolle, denn wie kein anderes Land verfügte sie über Erfahrungen bei der Erschließung, Gewinnung und Verarbeitung von Öl. Bis zum Beginn des Zweiten Weltkrieges gelang es, eine anglo-amerikanische Vorherrschaft in den Fördergebieten zu etablieren. Die dualistische Struktur der Weltökonomie teilte die Welt in Industriestaaten und Entwicklungsländer auf und verfestigte ihre Spaltung.

Schon im Ersten Weltkrieg wurde den Krieg führenden Parteien die Bedeutung von Öl deutlich. Im Zweiten Weltkrieg spielte Öl bereits eine entscheidende Rolle in den strategischen Überlegungen. Das Koblenzer Bundesarchiv belegt ausführlich die Verstrickung der deutschen Energiewirtschaft in die deutschen Kriegspläne. Die Spitzen der Unternehmen beteiligten sich bei der Vorbereitung und während des Zweiten Weltkriegs an Plänen zur Eroberung von Ölfeldern und dem Abtransport des Rohstoffs. Hitlers Generäle waren sich durchaus des Mangels an petrochemischen Produkten, der die eigenen Operationen behinderte, bewusst und planten neben der Sicherung des rumänischen Öls die Einnahme der russischen Ölfelder am Kaspischen Meer und darüber hinaus einen Vorstoß in den Irak und Iran. Und umgekehrt sorgten sich Engländer und Amerikaner gegen Ende des Krieges, dass die Sowjetunion bei ihrem Vorrücken gegen die Deutschen die so wichtigen Ölländer des Nahen und Mittleren Ostens besetzen könnte.

Öl wird zur politischen Waffe

In den fünfziger Jahren begann das eigentliche Ölzeitalter: Das hohe Wirtschaftswachstum in den Jahrzehnten des Wiederaufbaus sowie der explosionsartig wachsende Autoverkehr heizten den Energieverbrauch an. An Energieeffizienz dachte im Zeitalter der ungebremsten Fortschrittsgläubigkeit niemand. So wurde billiges Öl mehr und mehr zum Schmierstoff für Wachstum und Wohlstand im Westen, doch schon damals verlief die Entwicklung nicht konfliktfrei. Immer wieder brach Gewalt aus, wobei der Suez-Krieg von 1956[73] eine besondere Bedeutung erlangte, denn das klägliche Scheitern von Frankreich und Großbritannien bei dem Versuch, den Suez-Kanal zu internationalisieren, verschob die Gewichte noch stärker zugunsten der USA als Partner Israels und der UdSSR als Partner der arabischen Länder. Fast gleichzeitig (1954) erteilte der Schah von Persien einem internationalen Konsortium von Ölkonzernen eine Konzession zur Ausbeutung des persischen Öls.

In den siebziger Jahren wurde Öl zur politischen Waffe gegen den Westen. Zur Unterstützung des militärischen Angriffs Ägyptens auf die Besatzungstruppen Israels senkten Saudi-Arabien und andere arabische Staaten im Oktober 1973 ihre Ölexporte und verhängten zusätzlich ein Ölembargo gegen die USA, die Niederlande und Südafrika mit dem Ziel, die Politik jener Länder gegenüber Israel zu ändern. Die erste Ölkrise, wie sie fortan genannt wurde, war da. Der gezielten Verknappung des Rohstoffs durch die OPEC folgte eine Vervierfachung des Ölpreises. Wenige Jahre später, 1979 und 1980, kletterte er nach drastischen Preissteigerungen der OPEC in der so genannten zweiten

Ölkrise noch einmal um 300 Prozent. Die Folgen bekamen mehr oder weniger alle Volkswirtschaften zu spüren.

Mit den beiden Ölpreiskrisen wurde einer erstaunten Weltöffentlichkeit in aller Deutlichkeit vor Augen geführt, wie trügerisch ein Wohlstand ist, der auf maßloser Ausbeutung des Rohstoffreichtums anderer Länder aufbaut. Denn im Kern wurden die Krisen durch selbst verursachte Abhängigkeit und geopolitische sowie wirtschaftliche Kurzsichtigkeit verursacht, die den Westen erpressbar machten.

Doch die Absprachen über Förderquoten und Preise brachten die Industrieländer nur kurze Zeit ins Wanken. Nur wenige Länder, wie zum Beispiel Dänemark, zogen die richtigen Lehren aus dem Geschehen und leiteten eine langfristig orientierte Energiepolitik nach dem Motto „Weg vom Öl“ ein. Zwar versuchte auch die deutsche Politik, die Abhängigkeit von der OPEC zu verringern, aber sie wählte einen weniger konsequenten Weg: Die Lieferungen aus OPEC-Ländern wurden zu einem bestimmten Prozentsatz durch Lieferungen aus nicht der OPEC zugehörigen Ländern ersetzt und in späteren Jahren teilweise durch Erdgas substituiert. Die Abhängigkeit von der Energiequelle Öl (und später Öl und Gas) verringerte sich damit nicht. Die großen Verlierer der Ölpreiskämpfe zwischen den Hauptverbraucher- und den Förderländern waren die Länder der Dritten Welt, die in doppelter Weise die Rechnung zahlen mussten: durch Kapitalabzug und durch höhere Energiepreise.

Lehren ganz besonderer Art zogen die USA: Auf Betreiben der US-Regierung wurden in den siebziger Jahren erste Einsatzgruppen für die Golfregion, speziell zum Schutz von Saudi-Arabien, gebildet und Pläne entworfen, sich der ertragreichen Ölfelder in Saudi-Arabien, Irak, Iran, Kuwait und den Vereinigten Arabischen Emiraten durch militärische Interventionen unmittelbar zu bemächtigen. Als Alternative zu direkten militärischen Interventionen wurden die autoritären Regime in Kuwait, den Emiraten und Saudi-Arabien (bis heute), im Iran (bis zur islamischen Revolution des Ajatollah Chomeini von 1979) oder Irak (solange Saddam Hussein gegen den Iran des Ajatollah Chomeini kämpfte) hofiert. Als im Laufe der Jahre der Ölreichtum in den Förderländern allmählich verstaatlicht wurde, fanden die westlichen Verbraucherländer auch für dieses Problem eine Lösung. Während früher in erster Linie ausländische Firmen die Ölförderung beherrscht hatten, kam es nun zu einer – nicht weniger erfolgreichen – personellen und organisatorischen Durchdringung der verstaatlichten Ölfelder.

Die Golfregion – ein strategisch wichtiges Gebiet der Weltwirtschaft

1989 schätzte der frühere amerikanische Energie- und Verteidigungsminister James Schlesinger in seiner Rede auf der 14. Weltenergie-Konferenz den Stellenwert der Golfregion so ein: „Welche Macht auch immer die Kontrolle über die Energieressourcen in der Golfregion ausübt, sie wird im großen Ausmaß die Entwicklung der Welt beherrschen. Ein dritter Weltkrieg, sollte er stattfinden, wird wahrscheinlich um die Ölquellen in der Golfregion geführt werden.“[74] Schlesingers Szenario ging davon aus, dass der Kalte Krieg in einen heißen Krieg um Öl zwischen der von den USA geführten NATO und dem von der Sowjetunion dominierten Ostblock umschlagen könnte. Wenn auch der Lauf der Weltgeschichte diese Entwicklung verhindert hat, so kann doch kein Zweifel darüber bestehen, dass für die Planer im Pentagon die Golfregion schon damals zu den strategisch wichtigsten Gebieten des Planeten gehörte.

Bereits im November 1990, zwei Monate bevor der Golfkrieg zur Befreiung Kuwaits von der völkerrechtswidrigen irakischen Besatzung begann, rechtfertigte der damalige Generalsekretär der NATO, Manfred Wörner, ein Eingreifen des Bündnisses bei einem „Überfall eines Staates auf einen kleinen Nachbarn“ nicht nur aus moralischer Sicht. Vielmehr nannte er auch wirtschaftliche und geostrategische Gründe, die ein Eingreifen denkbar machen: „Es ist für den Westen eine Aufgabe auf verschiedenen Ebenen: auf der Ebene der Moral, weil ein kleiner Staat von einem großen Nachbarn verschlungen wird; auf der politischen Ebene, weil eine regionale Vormacht sich Massenvernichtungswaffen aneignet; auf der wirtschaftlichen Ebene, weil die freie Verfügbarkeit des Öls zu einem Zeitpunkt in Frage gestellt wird, in dem sich viele mittel- und osteuropäische Länder in einem Zustand des wirtschaftlichen Umbaus und viele Länder der Dritten Welt sich in einer ökonomisch prekären Lage befinden.“[75]

Vor dem Hintergrund solcher Äußerungen war der im Januar 1991 begonnene Golfkrieg, dessen eigentlicher Anlass die Okkupation Kuwaits durch den Diktator Saddam Hussein war, ein Krieg, in dem es auch um Öl ging. Er führte zum größten Truppenaufmarsch seit dem Zweiten Weltkrieg. Als die von den USA angeführte Koalition der UN sich aufmachte, die Iraker aus Kuwait zu vertreiben, machten die Kriegsgegner im Westen mit der Forderung „Kein Blut für Öl“ mobil. In den Vereinigten Staaten wurde die Opposition noch deutlicher: „No, no, no, we won't go, we won't die for Texaco!“

Zwar wurde damals die direkte Verknüpfung von wirtschaftlichen Interessen und militärischer Intervention allgemein als ungerechtfertigt abgetan, doch die Hardliner sahen durch die veränderte Weltlage die historische Chance, ihre Definition von Sicherheit zur generellen Grundlage der Sicherheits-, Außen-, und sogar Wirtschaftspolitik zu machen. Der Nord-Süd-Konflikt wurde als globales Sicherheitsproblem definiert. Die Konsequenz: Washington gab seit 1990 über 500 Milliarden Dollar für die Truppenpräsenz in der Golfregion aus, und in dieser Summe ist der zweite Irak-Krieg, der im März 2003 begann, nicht eingerechnet.

Im Oktober 1999 lieferte der damalige NATO-Generalsekretär George Robertson eine recht eigenwillige Begründung für die NATO-Intervention im Kosovo. Vor der Atlantischen Gesellschaft in Straßburg führte er aus, „dass das Bündnis zur Verteidigung ‚unserer' Werte tätig wird. Es gibt kein Öl im Kosovo, keine anderen wertvollen Ressourcen. Und dennoch setzen die Alliierten ihr Militär den Gefahren eines Konfliktes aus."[76] Muss man aus solchen Aussagen schließen, dass mit dem beginnenden 21. Jahrhundert das Kriegsmotiv „Öl" weitgehend selbstverständlich geworden ist, wogegen ein Engagement „zur Verteidigung unserer Werte" besonders hervorgehoben wird? Solche Äußerungen verdeutlichen, dass das Kriegsmotiv „Öl" an Akzeptanz gewonnen hat.

Die Strategen des Pentagon, aber auch der NATO wissen genau, dass die Versorgung der fast ausschließlich auf Öl und Erdgas (und Kohle) basierenden westlichen Volkswirtschaften mit den kostbaren Rohstoffen von größter politischer, wirtschaftlicher und militärischer Bedeutung ist. Die „ständige Ölverfügbarkeit" rückt so in den Rang eines „nationalen Interesses" und ermöglicht mehr und mehr die öffentlich tolerierte Rechtfertigung militärischer Gewalt zur Herstellung von „Versorgungssicherheit". Galt im Golfkrieg von 1991 das Kriegsmotiv Öl noch als überzogene Polemik, so wird heute, insbesondere in den USA, viel offener der Einsatz von Militär für „unsere Energieversorgung" gerechtfertigt.

Die Doktrin des vorbeugenden Militärschlags

Die Sicherheitsstrategie, die US-Präsident George W. Bush am 17. September 2002 verkündet hat, ist einfach zu umschreiben: An die Stelle militärischer Aktionen gegen „bewaffnete Angriffe" tritt die Doktrin des vorbeugenden Militärschlags gegen die „Gefährdung nationaler Interessen". Als eine solche Gefährdung werden terroristische Aktivitäten angesehen, gerade nach den Anschlägen vom 11. September 2001. Und die Beeinträchtigung der Ölversorgung wird von den USA demnach zukünftig als Casus Belli betrachtet. Generell haben sich der Interpretationsspielraum und der Einsatzraum gegenüber früheren Militärdoktrinen massiv ausgeweitet, wenn es um strategisch bedeutsame Ressourcen geht.

Zu den Regionen von „nationalem Interesse" zählen künftig neben dem Nahen und Mittleren Osten wohl auch die Fördergebiete um das Kaspische

Meer, samt dem strategisch bedeutsamen Kasachstan. Die kaspischen Ölvorkommen finden schon heute weltweit eine besondere Aufmerksamkeit, etwa als mögliche Alternative zu einer Blockade der Straße von Hormus, durch die ein Großteil der Öltanker fährt. Dies wird über kurz oder lang „neue Sicherheitsbedenken schaffen, die letztlich auch Militärstrategien betreffen werden".[77] Von „nationalem Interesse" dürfte aber nicht nur die ungestörte Zufuhr von Öl sein, sondern auch der Zugriff auf andere Ressourcen wie Erdgas.

Das brisante Thema Ressourcen hat 1999 im Strategiekonzept der NATO seinen Niederschlag gefunden. „Die Interessen der Allianz", heißt es da, „können auch durch Risiken weitläufigerer Natur gefährdet werden, zu denen die Zufuhr von lebenswichtigen Ressourcen gehört". Inzwischen plant die NATO eine schnelle Eingreiftruppe, zu deren Aufgabe auch der präventive Schutz der „lebenswichtigen Interessen" gehört.[78]

Vergleicht man diese neuen strategischen Konzepte mit der noch vor wenigen Jahren gültigen, mehr defensiven Ausrichtung der NATO, wird der qualitative Sprung deutlich: Auch demokratische Staaten greifen zu militärischen Mitteln, um die Energieversorgung zu sichern. Für die Sicherung der Ressourcenzufuhr wird der Aktionsraum globalisiert. Auch erhebliche Teile der Medien halten es inzwischen für tolerabel, für „unsere Energieversorgung" notfalls auch „gegen die Scheichs" zuzuschlagen. Damit wird die Energie- oder allgemeiner formuliert die Ressourcenfrage unzweifelhaft zu einer zentralen sicherheitspolitischen Determinante – und die Schwelle für eine Militärintervention sinkt.

Schon die erwartete oder behauptete Verletzung nationaler Interessen kann ein Eingreifen rechtfertigen. Diese offensive Auslegung des nationalen Interesses könnte im 21. Jahrhundert zu militärisch ausgetragenen Ressourcenkonflikten führen. Für die Zukunft der Demokratie ist daher die Zuspitzung der Ressourcenfrage von elementarer Bedeutung. Die Gefahr wächst, dass demokratische Prinzipien nach innen wie außen einem scheinbar allgemeinen und legitimen Interesse nach Sicherung der Ressourcenzufuhr untergeordnet werden.

Eine neue Landkarte globaler Konflikte

In den achtziger Jahren stellte eine amerikanische Studie im Rahmen des „Energy and Defense Project"[79] zwar die Energieverwundbarkeit in den Mittelpunkt, aber erstmals auch im Zusammenhang mit weiteren „strategischen Materialien". Sie zählte Mineralien und Metalle auf, bei denen die Importabhängigkeit besonders hoch ist: Titan, Columbium, Zinn, Beryllium, Germanium oder Platin. „Die Vereinigten Staaten importieren gegenwärtig zwischen 90 und 100 Prozent ihres Bedarfs an diesen Elementen.“ Das Fazit: „Es ist kaum eine Übertreibung anzunehmen, dass der Westen in Bezug auf diese Rohstoffe ebenso verwundbar ist wie in Bezug auf Öl.“[80] Fast scheint es so, als sei den Vordenkern in den westlichen Ländern und besonders in den USA mit jedem Jahrzehnt mehr zu Bewusstsein gekommen, wie sehr die Industrieländer auf den Import strategischer Rohstoffe angewiesen sind. Parallel zu dieser Einsicht wuchs die Bedeutung der Ölförderländer von Jahr zu Jahr.

Der US-Wissenschaftler Michael T. Klare hat in diesem Zusammenhang den Begriff „Ressourcenkriege“ geprägt, der eine neue Form militärischer Konflikte um knapper werdende Ressourcen beschreibt. Klare stellt die These auf, dass sich aus der Weltmarktkonkurrenz um wichtige Ressourcen eine „neue Landkarte globaler Konflikte“ bilden werde.[81] Die durch den Kalten Krieg für einige Jahrzehnte verdeckte imperiale Ordnung bei der Nutzung solcher Rohstoffe werde in Zukunft zu einem Faktor, der Krisen verursacht und verschärft.

Klares These betrifft Ressourcen, die wie Öl, Erdgas, Wasser, seltene Mineralien (zum Beispiel Edelsteine) und andere wichtige Rohstoffe (wie etwa Edelhölzer) eine globale wirtschaftliche Bedeutung haben und strategische ökonomische Vorteile sichern sollen sowie auf Basisinvestitionen und Infrastruktur (Prozessenergie, Grundlagenchemie oder Verkehrssektor) ausgerichtet sind. Denn der Ersatz solcher Rohstoffe ist, wenn überhaupt, nur durch einen langfristigen und oftmals teuren Strukturwandel möglich, weil er tief greifende Innovationen und einen hohen Kostenaufwand erfordern würde.

Lange Zeit wurde die Weltmacht Öl von ihren Profiteuren in den Verbraucherländern bedenkenlos hofiert. Verdrängt wurden dabei die von der immer größer werdenden Abhängigkeit ausgehenden Gefahren, die von wirtschaftlichen Krisen über ökologische Schäden bis zu geopolitischen Konfliktpotenzialen reichen. Die durch erdölbasierte Verkehrssysteme und die Petrochemie erzeugte Abhängigkeit führte zu Folgezwängen, die bei einer zukünftig denkbaren Verknappung oder bei starken Preisschwankungen auf dem Ölmarkt zu immer größeren Risiken und Gefahren kumulieren. Die entscheidenden Indikatoren für das zukünftige Konfliktpotenzial bei Öl sind die wachsende Abhängigkeit, die Verwundbarkeit und die begrenzte Verfügbarkeit über billige Rohstoffe. Vier Gefahren sind besonders hervorzuheben:

- ökonomische Risiken einerseits für die Industriestaaten aus der Abhängigkeit von hohen Importen, andererseits für die Entwicklungsländer aus der ungleichen Verteilung der Rohstoffe;
- politische Verwerfungen durch die absehbaren sozialen und ökonomischen Verteilungskonflikte um knapper werdende Ressourcen;

- ökologische Gefahren durch die Überlastung der Stoffkreisläufe, insbesondere durch die reale Gefahr einer weltweiten Klimakatastrophe, weil die Aufnahmefähigkeit der natürlichen Senken überlastet wird;
- technische Mängel, die Ölverschmutzungen oder Gasexplosionen auslösen können.

Zwar werden die Risiken der Ölabhängigkeit inzwischen nicht mehr geleugnet, und es wurde mit der strategischen Bevorratung von Öl der Versuch unternommen, Wege zur Kriseneindämmung zu finden, doch mit solchen Maßnahmen werden natürlich nicht die Ursachen möglicher Konflikte bekämpft, sie dienen vielmehr zur Absicherung des Status quo.

Exkurs – Ölpreisentwicklung und Demokratie

Die weltweite Nachfrage nach Öl ist seit der Herausbildung eines internationalen Ölmarktes Anfang der dreißiger Jahre um 2000 Prozent gestiegen, die Ölressourcen wurden knapper, doch der reale Ölpreis bewegte sich über den gesamten Zeitraum auf einem niedrigen Niveau. Warum sind ausgerechnet beim Öl die üblichen Mechanismen von Angebot und Nachfrage augenscheinlich so wenig wirksam?

Es ist zunächst hervorzuheben, dass der jeweils aktuelle Ölpreis – funktionierende Märkte vorausgesetzt – nicht durch die billigste, sondern durch die teuerste Sorte Öl (nämlich durch die Kosten und Gewinnerwartungen des Grenzanbieters) reguliert wird. Nach der Rententheorie steigen Marktpreise bei steigender Nachfrage und zunehmender Erschöpfung der Reserven in Abhängigkeit von der Nutzung neuer und kostenaufwändiger Ölquellen, wie zum Beispiel des Nordsee-Öls. Dieser Marktmechanismus erklärt auch die hohen Renteneinnahmen der Ölstaaten am Persischen Golf, die diese Länder dem glücklichen Umstand verdanken, dass die Produktionskosten dort sehr niedrig sind.

Die Ölpreise hätten jedoch langfristig auch aus einem anderen Grund steigen müssen: Rohstoffe werden – noch bevor sie aus dem Boden geholt werden – bereits als Anlagekapital gehandelt, da sie heute oder bei langfristig steigender Nachfrage auf jeden Fall zu einem späteren Zeitpunkt gewonnen, veräußert und in Geldkapital verwandelt werden können. Auf diese Weise verfügen Öleigentümer grundsätzlich über zwei Optimierungsalternativen: Sie können das Öl schon heute fördern, sofern hinreichend Förderkapazitäten verfügbar sind, oder sie können in Erwartung eines steigenden Ölpreises das Öl zu einem späteren Zeitpunkt aus dem Boden holen. Bei hohen Zinsraten auf den Finanzmärkten neigen die Eigentümer dazu, das schwarze Gold möglichst bald und in großen Mengen zu veräußern, um das erwirtschaftete Geld mit hohen Renditen auf den internationalen Finanzmärkten anzulegen. Bei niedrigen Zinsraten ziehen sie es vor, die Produktion zunächst zu drosseln, um sie dann in Erwartung steigender Marktpreise wieder zu erhöhen und ihre Einnahmen zu steigern. Auf Grund dieses marktwirtschaftlich plausiblen Optimierungsverhaltens neigen Anbieter von erschöpfbaren Rohstoffen wie Öl – wiederum funktionierende Märkte vorausgesetzt – eher zu einer Angebotszurückhaltung, es sei denn, hohe Zinsraten bieten einen hinreichenden Anreiz zu Anbieterkonkurrenz und Produktionssteigerung.

Aufgrund der Wechselbeziehung zwischen Produktionsmenge, Marktpreisen und Zinsraten wurde schon 1931 von Hotelling die Auffassung vertreten, dass die Marktpreise von erschöpfbaren Rohstoffen langfristig steigen, und zwar exponentiell und mindestens im Umfang der Wertsteigerung einer Geldkapitalanlage nach der Zinseszinsregel.[82]

Tatsächlich sind langfristige und exponentielle Preissteigerungen bei Grund und Boden als Bauland nach dieser Regel eingetreten. Nicht aber beim Öl. Wie ist das zu erklären?

Öl ist der wichtigste Schmierstoff des Wirtschaftswachstums, steigende Ölpreise sind somit wachstumshemmend und belasten die Verbraucher. Nach Berechnungen der Internationalen Energieagentur sinkt das Wachstum in den OECD-Staaten um 0,4 Prozent, wenn der Ölpreis um 10 Dollar pro Barrel ansteigt.[83] Steigende Ölpreise bescheren andererseits den Ölanbieterstaaten höhere Renteneinnahmen. Ölpreise haben insofern eine doppelte Funktion: Einerseits stimulieren oder hemmen sie das Wirtschaftswachstum, andererseits sind sie ein entscheidender Hebel für die globale Verteilung der Ölrenten. Hinsichtlich beider Aspekte hatten die OECD-Staaten als Hauptölverbraucher schon immer ein fundamentales Interesse an möglichst niedrigen Ölpreisen. So war es möglich, nicht nur höhere Wachstumsraten zu erzielen, sondern auch die Umverteilung der Renteneinnahmen von der Anbieter- zur Nachfrageseite – immerhin handelt es sich um astronomische Summen von jährlich mehreren hundert Milliarden Dollar – in Permanenz sicherzustellen. In der Tat entwickelten sich niedrige Ölpreise in den OECD-Staaten zu einem wirksamen Instrument der innerpolitischen Konsensbildung und Stabilität von Wohlstandsdemokratien. Insofern lag es im Interesse der OECD-Staaten, dass auf dem internationalen Ölmarkt der letzten siebzig Jahre ganz überwiegend eine strukturelle Überproduktion von Öl und allen anderen fossilen Energieträgern vorherrschte. Das war ein Novum in der Geschichte des Kapitalismus und widersprach jeder Marktlogik.

Doch Marktgesetze gelten nur, wenn alle Marktteilnehmer souverän nach individuellen Optimierungskriterien und Präferenzen handeln. Dies ist die stillschweigende Grundannahme aller neoklassischen Markt- und Gleichgewichtstheorien. Die Souveränität der Marktteilnehmer ist aber ohne ihre Wahlfreiheit und ohne selbstbestimmte Optimierungspräferenzen nicht vorstellbar. Sie ist mit anderen Worten untrennbar mit der Demokratie verbunden. Und es besteht markttheoretisch kein Grund, die Wechselbeziehung zwischen der Souveränität der Marktakteure und der Demokratie auf die Binnenbeziehungen der Marktwirtschaften zu beschränken, sie gilt auch für den zwischenstaatlichen Handel, für den Weltmarkt und den Ölsektor.

Mangel an Demokratie in den Ölstaaten am Persischen Golf ist also die Hauptursache dafür, dass die Ölpreise dank dauerhafter Überproduktion langfristig sanken statt zu steigen.

Von den Anfängen der Ölförderung bis in die siebziger Jahre hatten die Öleigentümerstaaten des Südens als Marktteilnehmer ihre Souveränität an multinationale Ölkonzerne übertragen, in der Regel gegen eine vernachlässigbare Gewinnbeteiligung von 10 bis 20 Prozent. Aus Furcht, die unfairen Verträge würden nicht von langer Dauer sein, holten die Ölmultis über beinahe vier Dekaden so viel Öl wie möglich aus den Bohrlöchern, um anschließend den Erlös rentabel auf den internationalen Finanzmärkten anzulegen. Die starke Konkurrenz um die Verwandlung des mit geringem Aufwand geförderten Öls in Geldkapital machte einerseits die Ölmultis zu den finanzkräftigsten Konzernen der Welt, rief andererseits aber latente Überproduktion mit Preisen von 1 bis 2 Dollar hervor. Während die Ölschwemme aus den Quellen des Mittleren Ostens zum Grundstein des Massenkonsums und des Fordistischen Wachstumsmodells in den USA und Europa wurde, verloren Völker ganzer Regionen unwiederbringlich einen Teil ihres natürlichen Reichtums.

Die Eliten der Ölstaaten ließen sich Knebelverträge zur uneingeschränkten Ölausbeutung durch Ölkonzerne abtrotzen, weil sie sich ausschließlich von ihren eigenen Partialinteressen leiten ließen. Demokratisch legitimierte Eliten hätten derartigen Verträgen aller Wahrscheinlichkeit nach niemals zugestimmt. Die Ölmultis hatten Recht, die Knebelverträge konnten nicht von langer Dauer sein. Unter dem wachsenden Legitimationsdruck der eigenen Bevölkerungen mussten selbst die Diktatoren (wie Schah Reza Pahlewi im Iran) Anfang der siebziger Jahre die Ölindustrie nationalisieren. Sie gewannen dadurch einen Teil ihrer Marktsouveränität zurück. Daraus folgten 1974 anlässlich des Jom-Kippur-Krieges und 1979 anlässlich der iranischen Revolution zwei Ölpreissprünge, zunächst von 2 auf 10 und dann auf 40 Dollar. Trotz der formalen Souveränität über die eigenen Ölquellen stellte sich die Normalisierung der Marktkräfte im Ölsektor als eine kurze Episode heraus.

Durch die fehlende Legitimation und Kontrolle durch die eigenen Völker blieben die diktatorisch regierten Ölanbieterstaaten weiterhin erpressbar. Vor allem die Petrodollar-Oligarchien der drei Ölstaaten Saudi-Arabien, Kuwait und Vereinigte Arabische Emirate mit einem Weltmarktanteil von knapp unter 20 Prozent übernahmen nicht zuletzt auch aus Eigeninteresse bereitwillig die Handlangerrolle für die westlichen Staaten. Das Trio am Persischen Golf sorgte durch Aufrechterhaltung von hohen Förderkapazitäten und einer koordinierten Mengen- und Preispolitik in der OPEC für eine latente Öl-Überproduktion in den achtziger und neunziger Jahren. Dank der beträchtlichen Überkapazitäten in der OPEC und als Folge des Ausbaus kostenaufwändigerer Öl- und Energiequellen außerhalb der OPEC (insbesondere in der Nordsee) entstand eine Abwärtsspirale des Ölpreises von 40 bis auf 10 Dollar Ende der neunziger Jahre. Selbst das plötzliche Wegfallen der kuwaitisch-irakischen Öllieferungen während der Kuwait-Krise rief keine länger anhaltende Ölpreissteigerung hervor. Die Saudis hatten binnen kürzester Zeit die Marktlücke durch höhere Auslastung bestehender Überkapazitäten vollständig gefüllt. Über einen Zeitraum von beinahe sieben Dekaden gelang es also den Industriestaaten, bis Anfang der siebziger Jahre durch zweifelhafte Nutzungsverträge und gezielte Kooperation mit demokratisch nicht legitimierten Öllieferstaaten des Mittleren Ostens die Marktgesetze im Ölsektor unwirksam zu machen.

Vor dem Hintergrund dieser politökonomischen Betrachtung des internationalen Ölmarktes ist damit zu rechnen, dass im Zuge der Demokratisierung die Regierungen der Ölstaaten sich konsequenter als bisher den langfristigen nationalen Interessen verpflichten und das Ziel verfolgen werden, ihre – wie neoklassische Ökonomen sagen würden – kollektiven Grenznutzen zu optimieren. Hinzu kommt der Optimierungsdruck, den die dramatischen Erschöpfungstendenzen als Folge der rapide steigenden Ölnachfrage in China und Indien zusätzlich auslösen. Dies bedeutete allerdings volle Entfaltung der Marktkräfte anstelle des politisch motivierten Diktats der Nachfrageseite mit den daraus resultierenden steigenden Ölpreisen. Wirklich freie und unabhängige Parteien in den Ölstaaten könnten sich kaum dem innergesellschaftlichen Diskurs über Souveränität und nationale Interessen entziehen und würden einerseits neue Ölmengen- und Ölpreisstrategien, andererseits die Verringerung der eigenen Abhängigkeit von Öleinnahmen zu zentralen Wahlkampfthemen machen, um damit Mehrheiten zu gewinnen. Dies impliziert im Ergebnis Ölverknappung statt Überproduktion.

Ein Ölpreiskorridor, bei dem sich ein moderater Wechsel vom fossilen Energiepfad zum solaren Energiezeitalter vollziehen könnte, dürfte sich aller Wahrscheinlichkeit nach zwischen 50–70 Dollar bewegen.[84] So würden sich die Marktmechanismen auf dem Ölmarkt fortan zu den wirkungsvollsten Instrumentarien gegen die bisher dominante verschwenderische Energiepolitik verwandeln. Marktmechanismen – sofern sie sich dem Gemeinwohl der betroffenen Völker unterordneten – stünden nicht länger im Gegensatz zur Idee der nachhaltigen Entwicklung. Demokratisierung in den Ölstaaten würde zu einem komplementären Baustein einer Strategie global nachhaltiger Energieversorgung und des Klimaschutzes.

Der Zugriff auf Öl sichert wirtschaftliche und politische Macht

Die Verfügungsgewalt über Öl bleibt auf absehbare Zeit sowohl Ziel als auch Voraussetzung wirtschaftlicher und politischer Macht. Die Neigung mächtiger Staaten, die von hohen Importen abhängig sind, sich außerökonomischer, also auch politischer und militärischer Mittel zur Durchsetzung einer scheinbaren „Versorgungssicherheit“ zu bedienen, droht in Zukunft noch zuzunehmen. Da strategische Ressourcen wie fossile Energieträger nicht reproduzierbar sind und bei weiter wachsender Nachfrage unvermeidlich knapp werden, wenn man sie nicht rechtzeitig durch nutzungsäquivalente Stoffe und Verfahren ersetzt, wird sich der Konkurrenzkampf um ihre Verfügbarkeit verschärfen. Der Kampf um strategische Ressourcen ist sicher nicht der einzige, aber nach den Analysen von Klare ein zunehmend wichtiger Faktor für die Militarisierung der Außenpolitik.

Deren Ziel muss heute nicht mehr im Sinne klassisch imperialistischer Politik sein, die „unterworfenen Länder zu besetzen, zu zerstören und der eigenen Souveränität zu unterwerfen“, sondern kann auch darin bestehen, wie Michael Hardt und Antonio Negri am Beispiel USA ausgeführt haben, „einen offenen Raum neu zu organisieren und unablässig auf unbegrenztem Raum vielfältige und singuläre Netzwerkbeziehungen neu zu schaffen“.[85] Dieser „offene“ und „unbegrenzte Raum“ und die „Netzwerkbeziehungen“ bilden für Hardt und Negri ein friedliches amerikanisches „Empire“, das von ihnen aus der Verfassungsgeschichte der USA begründet und gerechtfertigt wird.

Diese ökonomische Triebkräfte und Interessen vernachlässigende Analyse verhüllt jedoch, dass der globale „Raum“ weder unbegrenzt noch für jedermann „offen“ ist. Die Ressourcen der Erde sind endlich und die Chancen höchst ungleich verteilt. Viele Länder werden sich in „die Netzwerkbeziehungen der USA“ nicht widerstandslos eingliedern lassen wollen.

Selbst wenn die Welt ein „wohlwollendes Empire“, wie es Robert Kagan formuliert hat, toleriert, bedeutet dies keine Garantie für eine friedliche Entwicklung. Denn im 21. Jahrhundert werden die USA einer wachsenden Anzahl von Konkurrenten gegenüberstehen, die ebenfalls den „offenen Raum“ der Ressourcen beanspruchen. Warum sollten Russland, Japan, China oder Indien künftig nicht ähnliche Ansprüche stellen? Ressourcenkriege könnten daher eine Fortsetzung verschärfter Weltmarktkonkurrenz mit anderen Mitteln werden. Ob und wann der ökonomische Konkurrenzkampf in einen militärischen Konflikt umschlägt, hängt dabei von vielen Faktoren ab. Die Stärke der UN und anderer internationaler Organisationen sowie das geostrategische Gleichgewicht zwischen den USA, Europa, Russland, Japan und China spielen in politischer Hinsicht ebenso eine Rolle wie die Frage, ob die Medien und die öffentliche Meinung für einen Ressourcenkrieg gewonnen werden könnten. Entscheidend wird jedoch sein, ob die relative Verknappung strategischer Ressourcen weiter zunimmt oder ob ökonomisch realistische und politisch attraktive Alternativen gefunden werden.

Die Grenzen des Wachstums durch Konflikte um Energie

Angesichts dieser Tatbestände scheint es an der Zeit, die vom Club of Rome Anfang der siebziger Jahre aufgeworfenen Fragen nach den „Grenzen des Wachstums“ unter globalen Rahmenbedingungen neu zu stellen, nämlich unter dem Gesichtspunkt einer dauerhaften Sicherung von Frieden, Sicherheit und intakter Umwelt.

Die sich zuspitzende Situation auf dem Energiesektor wird von einer völlig veränderten Weltlage begleitet. Konnte der ehemalige Verteidigungs- und Energieminister der USA, James Schlesinger, sich 1989 noch einen dritten Weltkrieg zwischen NATO und Ostblock um die Ölreserven vorstellen, so ist der NATO inzwischen der Gegner abhanden gekommen. In der Denkweise Schlesingers war offenbar selbst ein Konflikt mit der Sowjetunion einfacher zu bewältigen als eine tief greifende Energiewende, die gegen große Widerstände im eigenen Land hätte durchgesetzt werden müssen. Heute birgt ein Krieg um Öl nicht mehr das Risiko eines Weltkrieges.

Doch keine demokratische Regierung der Welt kann es sich leisten, einen Krieg allein mit dem Zugriff auf Ressourcen zu begründen. Nach dem von der Bush-Administration betriebenen außenpolitischen Paradigmenwechsel, wonach zur Sicherung „nationaler Interessen“ auch Präventivschläge denkbar sind, wurde der im März 2003 begonnene Krieg gegen den Irak als Prävention gegen angenommene Bedrohungen durch Terror oder behauptete Massenvernichtungswaffen ausgegeben. Doch war er das wirklich? Oder war der Irak-Krieg die Bestätigung für die Thesen Klares, dass im 21. Jahrhundert eine neue Form von Konflikten die Welt erschüttern wird? War der Irak-Krieg „ein Krieg um Öl“?

Kapitel 5:

Der Irak-Krieg – Vorbote für das Zeitalter der Ressourcenkriege?

Im März 2003 begann der Krieg gegen Saddam Hussein ebenso wie der erste Golfkrieg 1991 mit Bomben- und Raketenangriffen auf militärisch wichtige Ziele. Schon bald folgte die Invasion der Landstreitkräfte, und nach nur drei Wochen war der Krieg, zumindest der gegen die reguläre Armee des Diktators, gewonnen. Während sich die Sieger sofort um die Sicherung der Ölquellen und Förderanlagen bemühten, gelang es nicht, die öffentliche Sicherheit in Bagdad und anderen Städten des Landes zu garantieren. Die von den USA angeführte „Koalition der Willigen" berief sich zwar auf die angebliche Bedrohung für die Welt, die von Saddam ausgegangen war, doch viele Kriegs-Kritiker sahen sich bestätigt: Die Sicherung der Ölquellen sei das wichtigste Kriegsmotiv gewesen. Tatsächlich hat es seit rund drei Jahrzehnten in den USA immer wieder Überlegungen gegeben, wie die strategisch wichtige, aber äußerst konfliktreiche Region Eurasien zwischen dem „europäischen Brückenkopf" und dem „fernöstlichen Anker" mit rund 25 Ländern und 400 Millionen Menschen amerikanischem Einfluss unterworfen werden könne. Was also waren die wirklichen Beweggründe für die Invasion?

Der Irak-Krieg und der 11. September

Der Irak-Krieg ist nicht ohne die verbrecherischen Anschläge des 11. September 2001 zu erklären. Der Terror im eigenen Land hat die Widerstände gegen einen Krieg gebrochen. Selbst liberale und linksliberale Amerikaner plädierten offen für den Militärschlag gegen einen Diktator, den man wie selbstverständlich mit den Terrorschlägen in Verbindung brachte.

Erst nach und nach wurde die Datenbasis der von der Bush-Administration angeführten Kriegsgründe als nicht der Wahrheit entsprechend entlarvt – so angebliche Verbindungen zu al-Qaida und der Besitz wie auch die Einsatzfähigkeit von Massenvernichtungswaffen. Vielmehr belegte die ergebnislose Suche nach diesen Waffen nach dem Sturz Saddams, dass die UN-Waffeninspektoren die Vernichtung der B- und C-Waffen Bagdads wirkungsvoll betrieben hatte.

Übrig bleibt der von der Bush-Administration vorgebrachte Vorwurf der fortgesetzten Verletzung von Demokratie und Menschenrechten. Dieses Argument ist zweifellos richtig, aber rechtfertigt es für sich genommen einen Krieg? Vor allem zwei Punkte rücken Amerikas Außenpolitik ins Zwielicht. Einmal ist nicht zu leugnen, dass Saddam Hussein Ende der siebziger Jahre als Gegenpart zum islamistisch-fundamentalistischen Iran von den USA großzügig mit modernsten Waffen versorgt wurde. Als Saddam 1988 tatsächlich „Massenvernichtungswaffen“ gegen die kurdische Minderheit im eigenen Land einsetzte, blieb es bei verbalen Protesten, und als der irakische Diktator nach dem Golfkrieg 1991 einen Aufstand von Kurden und Schiiten blutig niederschlug und dabei auch die Zivilbevölkerung massakrierte, sahen die USA keinen Anlass zum Eingreifen. Zum anderen werden Demokratie und Menschenrechte bei den arabischen Verbündeten in Saudi-Arabien und einigen Emiraten, in denen autoritär-feudalistische Herrschaftsformen mit Hilfe der USA stabilisiert werden, massiv verletzt. Andere Diktatoren auf dieser Welt lässt Washington gewähren.

Plausibler als die vorgebrachten Kriegsgründe erscheint die Annahme, dass ein Regimewechsel, auch mit militärischer Gewalt und selbst im Alleingang, schon bald nach dem September 2001 in der Bush-Administration eine beschlossene Sache war.[86] Die Angriffsplanungen gegen Saddam Hussein und den Irak lagen schon vor dem Amtsantritt von Bush jun. vor. Erste Überlegungen wurden 1990 angestellt. Nach dem Golfkrieg von 1991, als unter dem Dach der UNO die alliierten Truppen unter Führung der USA die Iraker aus dem besetzten Kuwait vertrieben hatten, kam in der amerikanischen Öffentlichkeit Kritik auf, weil Bush sen. die Truppen vor Basra stoppen ließ, statt den Durchmarsch nach Bagdad zu befehlen.

Der imperiale Anspruch in der US-amerikanischen Außenpolitik

Eine weitere Perspektive für die Intervention erschließt sich, wenn man das Weltbild der neokonservativen Denker in Washington genauer betrachtet. In dieser Gruppierung wird bereits seit Jahren ganz unverhohlen und mit positiver Akzentuierung vom Zeitalter des „amerikanischen Imperialismus“ gesprochen. Robert Kagan, einer der Theoretiker der Gruppe, hat in zugespitzter, möglicherweise aber für die „Neocons“, wie sie in den USA genannt werden, repräsentativer Form die veränderte geopolitische Weltlage analysiert. Gleich in mehreren Beiträgen[87] hat Kagan, immerhin langjähriger Mitarbeiter des amerikanischen Außenministeriums, deutlich gemacht, dass er die USA heute in der starken Rolle der ehemals europäischen Kolonialmächte sieht: „Die Vereinigten Staaten sind gezwungen, zuweilen nach den Spielregeln einer Hobbes'schen Welt zu agieren, auch wenn sie damit gegen europäische Normen verstoßen. (...) Sie sind gezwungen, mit einer doppelten Moral zu leben. (...) Nur wenige Europäer räumen ein (...), dass ein derartiges amerikanisches Vorgehen der zivilisierten Welt durchaus zum Vorteil gereichen mag, dass die amerikanische Macht, auch wenn sie mit zweierlei Maß misst, möglicherweise das beste – vielleicht sogar das einzige – Mittel ist, den Fortschritt der Menschheit zu fördern."[88]

Dieser imperiale Anspruch wird so formuliert, dass er bruchlos mit der derzeit herrschenden amerikanischen Außenpolitik übereinstimmt. Denn die Amerikaner wollen nach Einschätzung des Theoretikers überall auf der Welt, aber besonders im wichtigen Mittleren Osten eine „freiheitliche" Weltordnung befördern, in deren Zentrum die militärisch starken Vereinigten Staaten stehen. Kagan versucht gar nicht erst, die amerikanische Großmachtpolitik zu bemänteln. Vielmehr wird sie aus den realen Machtverschiebungen zugunsten der USA nach dem Zweiten Weltkrieg und insbesondere nach dem Ende des Kalten Krieges abgeleitet und mit einer Mischung aus Sendungsbewusstsein, Nationalismus und moralischer Überlegenheit für den Fortschritt in der Welt gerechtfertigt: „Territoriale Expansion und Ausweitung der Einflusssphäre sind eine unleugbare Realität der amerikanischen Geschichte, die sich nicht der Zukunft verdankt."

Insofern sei auch zukünftig klar: „Sofern keine unerwartete Katastrophe eintritt – und damit meine ich nicht einen Rückschlag im Irak oder ein zweites Vietnam, sondern einen militärischen oder ökonomischen Zusammenbruch von solchen Ausmaßen, dass das Fundament der Macht Amerikas selbst zerstört wird –, kann man vernünftigerweise davon ausgehen, dass wir gerade erst in eine lange Ära amerikanischer Hegemonie eingetreten sind."

So weit das Weltbild der Neokonservativen, das innerhalb der Bush-Administration dominieren dürfte. Freilich darf nicht übersehen werden, dass zwischen den drei Machtzentren – Pentagon, State Department und White House – nach wie vor Beurteilungsunterschiede und Spannungen bestehen. Allerdings haben die Ereignisse des 11. Septembers dazu geführt, dass sich die Waage stärker zu den Hardlinern geneigt hat.

Langfristige Planung der US-amerikanischen Ölversorgung

Kommen wir auf unsere Ausgangsfrage zurück: Ist der Irak-Krieg, abgesehen von den beschriebenen Bemühungen um eine US-dominierte neue Weltordnung, letztlich nicht doch geführt worden, um die so wichtigen irakischen Ölfelder in ein amerikafreundliches Umfeld überzuführen? Wie bedeutsam für die USA die Sicherung von Ölinteressen durch militärische Optionen in der Nahost-Region ist, zeigte sich schon in der Vergangenheit: Allein an Saudi-Arabien wurden zwischen 1990 und 1997 Waffen im Wert von 36,2 Milliarden Dollar geliefert, und andere Golfstaaten wie Bahrain, Kuwait, Oman oder die Vereinigten Arabischen Emirate erhielten Waffen im Wert von weiteren knapp sechs Milliarden Dollar. Das amerikanische Energieministerium hat unter Einschluss der Kosten für das militärische Engagement in der Golf-Region einen realen Ölpreis von 100 Dollar pro Barrel angegeben. Dennoch ist der strategische Ansatz „teure militärische Präsenz für (scheinbar) billiges Öl" allgemein akzeptiert – wird doch der amerikanische Steuerzahler durch geringe Energiekosten entschädigt.

Der Irak besitzt Öl, viel Öl. Die zweitgrößten Ölreserven (knapp 10 Prozent) lagern im Wüstensand des Zweistromlands. Dies entspricht den Ölreserven aller OECD-Länder zusammen. Zusätzlich werden die potenziellen Ressourcen des Landes auf mehr als das Doppelte seiner Reserven geschätzt, da es seit 1970 keine systematischen geologischen Studien mehr gegeben hat und 55 der 70 irakischen Ölfelder nicht voll erschlossen sind. Dabei handelt es sich in der Regel – und das ist der entscheidende Punkt – um leicht zu förderndes Öl.[89] Im Kabinett von George W. Bush herrscht zudem ein Verständnis von Energie- und Wirtschaftspolitik vor, das in der langfristigen Ordnung des Ölmarktes im amerikanischen Interesse eine Kardinalfrage der Außen- und Sicherheitspolitik sieht. Und dabei geht es in erster Linie um den Zugriff auf die großen, qualitativ sehr guten und leicht abbaubaren Mengen Öl des Irak, deren Gesamtwert auf rund 10 000 Milliarden Dollar geschätzt wird.

Der Einfluss auf die Ölreserven in Saudi-Arabien, Irak und Kuwait ist im wahrsten Sinne des Wortes „Gold wert". Weil der Ölverbrauch im Trend weiter ansteigt und die Begehrlichkeit auf das Öl des Mittleren Ostens auch in Europa, Russland, Japan und China zunimmt, bedeutet der verlässliche Einfluss auf die Nutzung dieser Vorkommen eine wichtige Voraussetzung für die Sicherung der amerikanischen Wirtschafts- und Vormachtinteressen. Auch die Rolle Frankreichs und Russlands ist, obwohl beide Länder gegen den Krieg opponierten, im Ölgeschäft keinesfalls unkritisch zu sehen. Franzosen wie Russen hatten lange Zeit enge Verbindungen zu Saddam Hussein, und französische Firmen hatten für die Ausbeutung der Ölquellen nach einem Ende der Sanktionen sogar milliardenschwere Verträge abgeschlossen. Der französische Ölmulti Total ist auch nach dem Krieg noch einer der wichtigsten Spieler im Irak, und Russland hat sich ebenfalls Rechte gesichert.

Schon im April 2001 wurde Vizepräsident Richard Cheney die Studie *Strategic Energy Policy Challenges for the 21st Century* übergeben, in der eine Militärstrategie gefordert wird, um den Zugang zu dem und die Kontrolle über das Öl des Mittleren Ostens zu behalten. Gegen Staaten wie den Irak müsse militärisch vorgegangen werden, weil Saddam Hussein einen destabilisierenden Einfluss auf die internationalen Ölmärkte habe und eine Bedrohung darstelle.[90] Der hier vertretene Standpunkt spricht eine deutliche Sprache. Militärische Maßnahmen im Irak werden ausdrücklich empfohlen – aus rein wirtschaftlichen Gründen.

Auch US-Militärs haben, lange vor dem Irak-Krieg, offen für die militärische Sicherung des schwarzen Goldes plädiert. General Zinni, ehemaliger Kommandeur der US Central Command, fand vor dem US-Kongress bereits im Jahre 1999 offene Worte: Die USA müssten wegen des dortigen Ressourcenreichtums freien Zugang zum Mittleren Osten haben.[91] Was der damals ranghöchste Militär der betreffenden Region damit meinte, ließ sich ein Senior Defense Official[92] des US-Verteidigungsministeriums, ebenfalls einige Jahre vor dem Irak-Krieg, entlocken: „Wir sind dort, um den freien Nachschub von Öl zu garantieren, und wir haben die Verpflichtung, diesen zu schützen."[93]

Ein weiterer Baustein im Puzzle ist die langjährige Verflechtung der irakischen Industrie mit Wirtschaftsinteressen von Unternehmen und Regierungen der OECD-Länder. Prominentes Beispiel ist der Ölausrüster Halliburton, der noch in den neunziger Jahren mit seinem damaligen Vorstandsvorsitzenden Richard Cheney millionenschwere Geschäfte im Irak abschloss. Halliburton ist eine der Firmen, die sich vom Wiederaufbau der irakischen Ölindustrie große Anteile erhoffen können. Die Einsetzung einer amerikafreundlichen Regierung im Zweistromland wird auch anderen US-Firmen Milliardenumsätze bescheren. Indirekt spielt Öl hier eine entscheidende Rolle, denn ohne die Erlöse aus dem Verkauf des schmierigen Stoffs sind diese Milliardenaufträge nicht finanzierbar. Die wirtschaftlichen Claims für den Nachkriegsirak wurden zwischen Unternehmen aus allen OECD-Ländern schon zu einer Zeit abgesteckt, als die Iraker noch vom Bombenhagel überzogen wurden.

Resümee: Krisenprävention durch eine neue Energiepolitik

Welches Resümee lässt sich ziehen? War der Irak-Krieg nun ein Vorbote eines Zeitalters drohender Ressourcenkriege? Wir haben es mit zwei sich überschneidenden Motivsträngen zu tun. Alles deutet darauf hin, dass es der US-Regierung auf jeden Fall auch darum gegangen ist, der Welt die Durchsetzbarkeit der neuen Doktrin amerikanischer Hegemonialpolitik zu demonstrieren und zu zeigen, dass eine Ordnung nach amerikanischen Interessen durchgesetzt werden kann.

Zugleich sprechen einige Fakten dafür, dass auch der Zugriff auf die Ölreserven der Region eine wichtige Rolle gespielt hat. Da Öl zukünftig noch knapper und umkämpfter sein wird, ist davon auszugehen, dass der Kampf um diesen Rohstoff in vergleichbaren Situationen in Zukunft häufiger zu militärischen Interventionen führen dürfte. Michael T. Klare hat Recht, wenn er sagt: Wir werden verstärkt mit Ressourcenkonflikten rechnen müssen, wenn wir nicht die Abhängigkeit vom Öl und Gas drastisch reduzieren.

Der Irak-Krieg war folglich nach unserer Bewertung zwar auch ein Krieg um Öl, aber eingebettet in eine globale neue außenpolitische Doktrin. Er war ein von der Bush-Administration strategisch geplanter Schritt zur Neuordnung der Welt nach amerikanischen Interessen. Ziel einer derartigen Neuordnung der Welt ist, dass die ökonomische und militärische Übermacht der USA gewährleistet bleibt. Und in diesem Zusammenhang spielt der Zugriff auf strategische Ressourcen und insbesondere die Ölverfügbarkeit und -versorgungssicherheit für die US-Wirtschaft eine entscheidende Rolle.

Ressourceneinsparpolitik und eine Energiewende zu einer nachhaltigen Energieversorgung ist mithin auch Krisenpräventionspolitik und Bestandteil einer friedenssichernden Außenwirtschaftspolitik.

Kapitel 6:

Die Gefahr weiterer Konflikte um Energie

Wenn der Irak-Krieg auch ein Hinweis auf das zunehmende Risiko von Ressourcenkriegen ist, stellt sich die Frage, wo künftige Krisenregionen liegen. Die Suche fällt nicht schwer: im Mittleren Osten, in der Kaspischen Region und in verschiedenen Teilen Afrikas.

Das saudische Königtum in der Krise

Neben dem Irak kristallisiert sich im Mittleren Osten mit Saudi-Arabien ein zweites Land heraus, das in einer tiefen Krise steckt und Anlass zu bewaffneten Auseinandersetzungen geben könnte. Bereits vor dem Zweiten Weltkrieg hatten zwei amerikanische Ölunternehmen zur Ausbeutung der Vorkommen in der arabischen Wüste die California-Arabian Standard Oil Company gegründet, die 1944 in Arabian American Oil Company umbenannt wurde. Der Beginn der eigentlichen Beziehungen zwischen den USA und Saudi-Arabien datiert zurück ins Jahr 1945, in dem Franklin D. Roosevelt mit dem damaligen saudischen König Abd al-Aziz Ibn Saud eine folgenreiche Vereinbarung traf: Die USA boten Schutz, im Gegenzug erhielten sie ein Zugangsrecht zu den saudischen Ölquellen. Die Vereinigten Staaten gründeten zahlreiche militärische Stützpunkte und wurden schnell zum wichtigsten Handelspartner der Saudis.

Bis zum 11. September 2001 war die Zusammenarbeit mit dem autoritär regierten Königtum für keine US-Regierung ein Problem. Der frühere Außenminister Henry Kissinger vertrat die Ansicht, dass moralisches Handeln in inneren Angelegenheiten zwar von Bedeutung und Wichtigkeit sei, auf internationalem Parkett jedoch nicht über die nationalen Interessen der USA gestellt werden dürfe, und hat damit die für lange Zeit in der US-Außenpolitik vorherrschende Meinung zum Ausdruck gebracht.[94]

Der Vorteil der engen Kooperation mit den USA liegt für das saudische Königshaus in der wirtschaftlichen und militärischen Unterstützung durch die Supermacht, was nicht zuletzt die eigene Macht sichern hilft. Die Ironie der heutigen Situation: Obwohl sich die saudischen Herrscher zu den Wahhabiten bekennen, einer besonders konservativen Richtung des Islam, wird ihnen von der fundamentalistischen Opposition im Land just durch den Pakt mit den USA Verrat an den heiligen Prinzipien des Islam vorgeworfen. Zwar herrscht im Land die Scharia, die saudische Gesellschaft zählt zu den sittenstrengsten in der islamischen Welt, doch für viele radikale Imame, aber auch für große Teile der strenggläubigen Bevölkerung ist allein die Anwesenheit der US-Militärs eine Provokation. Sie sehen in der dauerhaften Präsenz der fremden Soldaten auf islamischem Land eine Einmischung in territoriale Angelegenheiten und den Versuch, den westlichen Lebensstil und westliche Wirtschaftsinteressen durchzusetzen.

So wurden und werden zahlreiche religiös-fundamentalistische Konflikte autoritär unterdrückt. Das Regime versucht die Kontrolle mit Gewalt aufrechtzuerhalten. Die Folge: Die Spannungen im Land werden größer. Kein Zufall auch, dass Osama bin Laden ein Saudi ist und 15 der 19 Attentäter des 11. Septembers 2001 aus dem Golfland kamen. Im Sommer 2004 häuften sich die Anschläge von islamischen Terroristen, deren Ziel ganz unverhohlen die Destabilisierung des monarchischen Regimes ist. Durch Anschläge soll die Ölproduktion, die wirtschaftliche Stütze des Regimes, getroffen und die Ungläubigen aus dem Land getrieben werden.

So mischt sich die Sorge um das offensichtliche Rekrutierungsfeld für Terroristen mit Befürchtungen, dass sich die bisherige proamerikanische Ölpolitik des Landes ändern könnte. Die Erkenntnis verstärkt sich, dass die Herrschaft der Scheich-Dynastien im größten Ölland der Erde innenpolitisch zunehmend instabil wird. Zwar verfügt Saudi-Arabien über eine Berufsarmee, doch die 100 000 Soldaten scheinen der saudischen Regierung angesichts der unsicheren Lage der Region und der wachsenden inneren Unruhe als nicht ausreichend. Fazit: Die amerikanische Präsenz in Saudi-Arabien wird einerseits zur Stabilisierung des Regimes immer wichtiger, andererseits aber auch zunehmend brisanter.

Nach den Terroranschlägen von New York wurde in den USA die Forderung erhoben, der Verstrickung des Regimes in Riad in die Terroraktivitäten nachzugehen. Nach dem Krieg gegen Saddam wurden zudem Stimmen laut, die den Export von Demokratie auch in das autokratisch regierte Wüstenland ausdehnen wollten. Doch die territoriale Integrität Saudi-Arabiens und die Verteidigung seiner undemokratischen Regierung liegen im wirtschaftlichen und geostrategischen Interesse der USA.

Denn durch den Militäreinsatz gegen Bagdad ergab sich ein doppelter Vorteil: Zum einen eröffnete sich durch die umfangreichen irakischen Ölreserven eine Alternative zu der hohen Abhängigkeit des Weltmarktes vom saudischen

Öl. Zum anderen bedeutet eine massive militärische Präsenz im Irak eine bessere Einflussnahme auf die gesamte Region und also auch auf Saudi-Arabien. Dies könnte noch einmal von großer Bedeutung sein, da die Planer im Pentagon selbst den schlimmsten Fall nicht ausschließen, dass Saudi-Arabien unter die Kontrolle einer islamisch-fundamentalistischen Bewegung geraten könnte.

Deshalb sprechen aus Sicht der Falken in Washington drei zentrale Gründe für die militärische Präsenz in der Region: Es ist erstens besser, selbst vor Ort zu sein. Die USA sehen sich als Garant der politischen Stabilität und damit der ungestörten Öllieferungen aus der Region in die ganze Welt. Zur Wahrung amerikanischer Wirtschaftsinteressen, was gleichbedeutend mit einem Rohölpreis auf niedrigem Niveau ist, ist der gute Kontakt zu Saudi-Arabien von großer Bedeutung.[95] Das Land ist zweitens nicht irgendein Ölproduzent. Der Wüstenstaat verfügt über die größten Ölreserven der Welt und ist zugleich mit der größte Ölproduzent der Gegenwart. Zudem ist Öl nirgends so leicht zugänglich und mithin so leicht zu fördern wie im Irak, in den Vereinigten Arabischen Emiraten und eben in Saudi-Arabien. Drittens sind neben dem Ölpotenzial der Saudis die noch vorhandenen freien Produktionskapazitäten von immenser Wichtigkeit. Freie Produktionskapazitäten sind vorhandene Produktionsmöglichkeiten, die momentan nicht genutzt, aber innerhalb kurzer Zeit aktiviert werden können. In den achtziger und neunziger Jahren des letzten Jahrhunderts belief sich diese Kapazität zeitweise auf über 3 Millionen Barrel pro Tag. Eben diese freien Kapazitäten verliehen dem Land eine wirksame Stellschraube, im „Notfall" auf die absoluten Ölmengen auf dem Markt Einfluss zu nehmen und als Stabilisator des Marktes wirken zu können. Durch die Erhöhung der eigenen Fördermenge konnten Defizite leicht kompensiert werden. In den vergangenen fünf Jahren, vor allem seit dem Irak-Krieg 2003, besitzt Saudi-Arabien aber nur noch wenig freie Kapazitäten. Die Möglichkeit einer mengenmäßig stabilisierenden Beeinflussung des Marktes ist kaum mehr gegeben. In dieser Hinsicht haben die Saudis an Attraktivität verloren.

Trotzdem ist Saudi-Arabien aufgrund seiner riesigen Produktionsmengen nach wie vor wichtig für die westliche Ölversorgung. Gewänne eine antiwestliche Macht den Einfluss über die saudischen Ölquellen, könnte sie die gesamte Welt und vor allem die ölabhängigen OECD-Staaten in Bedrängnis bringen. Sollten religiös-fundamentalistische Gruppierungen die Kontrolle über das Land erlangen, ist es durchaus denkbar, dass ein wirtschaftlicher Schaden des Staates in Kauf genommen würde, um den „ungläubigen Westen" unter Druck zu setzen.

Wenn man also die Lage in der Golfregion vom Standpunkt der Ölversorgung aus betrachtet, ist leicht zu erkennen, dass für die ungestörte Belieferung des Westens nicht nur das Öl Iraks, sondern ebenso oder mehr noch das Öl

Saudi-Arabiens zu sichern ist. So gesehen ist die Präsenz der USA im Irak und in Saudi-Arabien eine Voraussetzung für die möglichst reibungslose Versorgung der industrialisierten Volkswirtschaften. Sie birgt aber auch, und das ist der Teufelskreis der Abhängigkeit vom Öl, über den bestehenden Konflikt hinaus das Potenzial für weitere Auseinandersetzungen in der Region und Terroranschläge überall auf der Welt.

Ein neuer Konfliktherd am Kaspischen Meer

Wie die Kriege in Afghanistan und Tschetschenien, die latenten Konflikte zwischen Aserbaidschan und Armenien sowie die Unruhen in Georgien zeigen, entwickelt sich die Kaspische Region allmählich zu einem durchaus mit dem Mittleren Osten vergleichbaren Pulverfass. Das Krisenpotenzial ist groß: Dagestan, Tschetschenien, Abchasien, Berg-Karabach und Nagorni-Karabach sind Regionen, die aufgrund ethnischer Konflikte oder Unabhängigkeitsbestrebungen als Krisenherde gelten, in denen jederzeit Kämpfe aufflammen können. Das Dramatische an der Situation ist, dass nicht nur lokale Konflikte die Region destabilisieren, sondern darüber hinaus auch Russland, die USA, Europa, China, Japan und die Türkei Interesse an ihren Ressourcen zeigen. Die Gründe: Erdöl und Erdgas. Zwar ist die Euphorie der vergangenen 15 Jahre inzwischen verflogen, denn die ehemals hohen Angaben über angeblich vorhandene Reserven mussten Schritt für Schritt gesenkt werden – und so ist die einst als „Zweiter Mittlerer Osten“ gefeierte Kaukasusregion in Bezug auf Öl und Gas auf etwa die Bedeutung der Nordsee geschrumpft –, dennoch ist der Kaspische Raum zu einem Brennpunkt internationaler Wirtschaftsinteressen geworden.

Die Vereinigten Staaten sind schon seit Jahren in der Region aktiv. Die Krisenanfälligkeit der Golfregion wird auch in den USA mit wachsender Besorgnis zur Kenntnis genommen. Die Abhängigkeit von den instabilen Ländern im Mittleren Osten sollte reduziert werden, weshalb sich die USA verstärkt nach Russland und in den Kaspischen Raum orientierten – mit einem beachtlichen Startvorteil: Denn während Russland nach dem Zusammenbruch der Sowjetunion aus unterschiedlichen Gründen zunächst wenig Interesse an Zentralasien zeigte, unterstützten die USA bereits Anfang der neunziger Jahre diese Staaten in deren Unabhängigkeitsbestrebungen von Russland.

Um die Interessen der Supermacht zu sichern, wurde viel Geld in die Hand genommen: Allein in den Jahren 1998 bis 2000 floss über eine Milliarde US-Dollar an Militär- und Wirtschaftshilfe in die Staaten am Kaspischen Meer. Ferner wurden und werden Militärstützpunkte ausgebaut, die militäri-

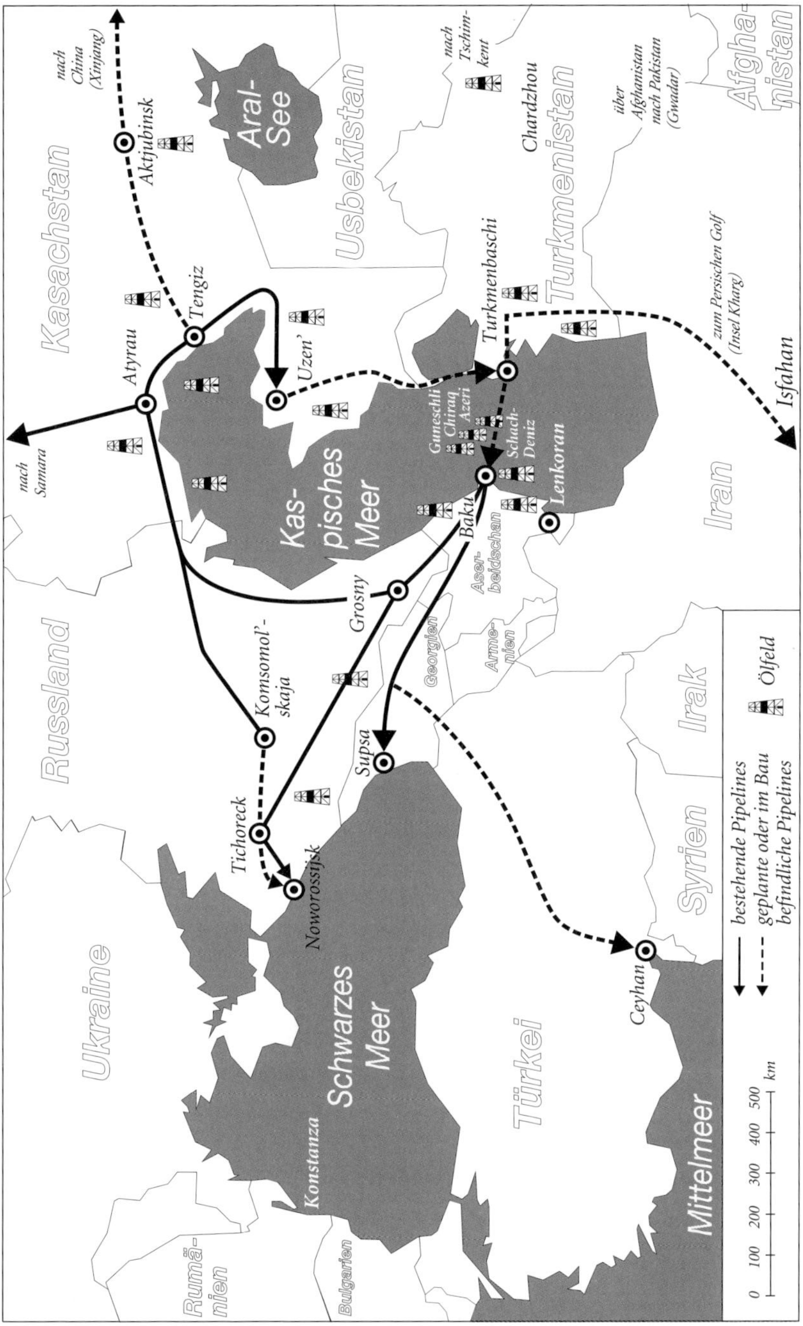

Abb. 12: Existierende und geplante bzw. im Bau befindliche Ölpipelines im Kaspischen Raum.
Aktualisiert nach DIW 1998.

sche Zusammenarbeit mit den Anrainerstaaten wird intensiviert. Besonders auf dem Boden Georgiens wird um Einfluss gekämpft. Während im Norden die Verbündeten Russlands aufgerüstet werden, drillen nahe der Hauptstadt Tiflis US-Offiziere georgische Soldaten. Auch in Kirgisien sind inzwischen amerikanische Soldaten stationiert. Bereits 1997 zogen US-Spezialisten mit kasachischen Soldaten ins Manöver.[96]

Sehr großen Einfluss haben US-Unternehmen – die mit Abstand größten Investoren der Region. Bereits bis 1996 waren 13 Milliarden Dollar nach Aserbaidschan geflossen, nach Kasachstan sogar über 20 Milliarden. Der Beginn des amerikanischen Engagements geht auf das Jahr 1993 zurück, als der Ölkonzern Chevron einen wahren Investitionsrausch einleitete.[97] Die konzerneigene Pipeline vom Tengiz-Feld in Kasachstan nach Noworossijsk am Schwarzen Meer nahm 2001 die Durchleitung auf.[98]

Russland und China beobachten die Entwicklung mit großem Misstrauen. Die Volksrepublik unternahm 1997 gewaltige Anstrengungen, um eine gewichtige wirtschaftliche und politische Rolle in der Region einzunehmen: Chinas staatlicher Ölbetrieb CNPC schloss den „Vertrag des Jahrhunderts" mit Kasachstan in Höhe von 9,5 Milliarden Dollar. Es ging um die Erschließung und Ausbeutung von Ölfeldern und den Bau einer Pipeline von 3 000 Kilometern Länge, die von Kasachstan nach China führen wird. Ein Problem Chinas sind jedoch uighurische Separatisten, die eine Pipeline möglicherweise als Angriffsziel betrachten würden. Sollte eine Pipeline nicht zu verwirklichen sein, bliebe der teure Transport über den Seeweg die einzige Lösung. Doch nach einer mehrjährigen Pause, in der die Pläne auf Eis lagen, wurde im Mai 2004 das Projekt erneut in Angriff genommen.

Der russische Präsident Wladimir Putin hat die Energiewirtschaft kurzerhand zur Chefsache erklärt, zumal schon mehr als ein Viertel des Nationaleinkommens aus dem Öl- und Gasgeschäft stammt. Die Russen verkörpern noch immer die Führungsmacht in der Region, müssen allerdings mit großem Unbehagen zusehen, wie sich ihr Einfluss auf die neuen unabhängigen Staaten Aserbaidschan, Kasachstan, Turkmenistan, Usbekistan und Tadschikistan verringert. Diese zentralasiatischen und zum größten Teil islamisch geprägten Republiken haben eine Schlüsselposition für die politische Stabilität des Kaspischen Raums. In diesem Zusammenhang misst Moskau dem Kampf gegen den einsickernden Islamismus große Bedeutung zu. Schließlich könnte der islamische Fundamentalismus nicht nur erhebliche Auswirkungen auf muslimische Regionen im äußersten Süden Russlands haben, sondern darüber hinaus einmal mehr Einfluss auf die Ölversorgung der industrialisierten Welt nehmen.

Die europäischen Interessen an den Ressourcen dieser Region sind hauptsächlich wirtschaftlicher Natur. Der geopolitische Aspekt spielt derzeit keine

Pipelines – strategische Interessen bestimmen die Transportwege

Der machtpolitische Poker um Öl und Erdgas aus der Region lässt sich besonders gut an den geplanten und realisierten Transporttrassen aufzeigen. Denn Öl und Erdgas bleiben wertlos, wenn sie nicht preiswert zum Verbraucher befördert werden können. Und noch etwas ist wichtig: Ein langfristiger Garant für die Wahrung westlicher, besonders US-amerikanischer Wirtschaftsinteressen ist das Durchbrechen des russischen Transportmonopols. Anders als im Mittleren Osten mit seiner Ozeannähe wird der aufwändige Pipeline-Transport aus der Region am Kaspischen Meer ein wesentlicher Bestandteil der Ressourcenpolitik sein. Ende der achtziger Jahre existierten lediglich zwei kleine Ölpipelines, eine von Baku nach Novorossiysk und eine weitere nach Supsa (Georgien), ebenfalls am Schwarzen Meer. Die Pipeline nach Novorossiysk führt durch Tschetschenien. In den letzten Jahren ist ein wahrer Wettlauf um den Bau von neuen Leitungen entbrannt, die auch die für die kommenden Jahre geplante Ausweitung der Ölproduktion verkraften sollen. Im Lichte der ge-schrumpften Reserven wurden einige Projekte allerdings zurück- oder eingestellt. Prinzipiell gibt es nur einige wenige Routen, die sich für die Durchleitung des schwarzen Goldes eignen.

2005 wird die Pipeline von Baku (Aserbaidschan) über Georgien nach Ceyhan (Türkei) geöffnet. Russland bleibt als Transitland außen vor, ganz im Interesse der USA. Aber auch die Türkei zeigt sich wegen der zu erwartenden Einnahmen bei diesem Projekt sehr engagiert. Weiterer Vorteil für Ankara: Der zunehmende Schiffsverkehr durch den Bosporus und die Dardanellen und die damit verbundenen Risiken von Tankerunglücken werden wieder abnehmen. Sämtliche Alternativrouten durch Russland lehnt die USA ab, da Macht und Einfluss Russlands in der Region gestärkt würden.

Sämtliche Routen durch Iran, die von Aserbaidschan, Kasachstan oder Turkmenistan ausgehen könnten, stoßen bei der US-Administration auf Widerstand. Die europäischen Staaten allerdings unterstützen Reformbestrebungen im Iran und setzen auf eine Veränderung der bestehenden Verhältnisse. Eine Pipeline durch das Land, so das Kalkül, könnte hierzu einen Beitrag leisten.

Die staatliche chinesische Ölgesellschaft baut derzeit eine Pipeline von Kasachstan und ist damit ein direkter Konkurrent zu den westlichen Unternehmen, die kasachisches Öl auf die westlichen Märkte bringen wollen.[99]

große Rolle, weil es an Mitteln und Machtwille zur Durchsetzung eigener Interessen fehlt. Die Türkei ist durch ein kulturelles Erbe mit den Staaten Zentralasiens verbunden. Das wirtschaftliche Engagement türkischer Unternehmen ist dort inzwischen ein wichtiger Faktor geworden, während der politische Einfluss gering geblieben ist.[100]

Alle Staaten der Kaspischen Region sind Entwicklungsländer und haben ihre Unabhängigkeit erst vor wenigen Jahren erlangt. Entsprechend instabil sind die politischen Verhältnisse, wobei einige der jungen Staaten mehr feudalistisch-monarchisch als demokratisch geprägt sind. Zudem sind die Verwaltungs- und Machtstrukturen in vielen Staaten noch weitgehend mit denen in der sowjetischen Zeit identisch. Der militärische, politische oder wirtschaftliche Beistand der um Einfluss konkurrierenden Mächte übt keinen stabilisierenden Einfluss auf die betroffenen Länder aus, denn ihre Bemühungen sind zuerst von Eigeninteressen bestimmt. Schlimmer noch: Über der Region kreist das Damoklesschwert des islamischen Fundamentalismus.

Vordergründig profitiert die Welt bislang von dem neuen (bescheidenen) Ölreichtum, weil er einen stabileren Ölpreis ermöglichen könnte. Aber die unsichere Lage in der Region und die welt- und energiepolitischen Interessen könnten bei einem aggressiveren Konkurrenzkampf um Energieressourcen auch diese Region in ein Gebiet der Dauerkrise verwandeln.

Weitere konfliktträchtige Regionen

Richten wir den Blick nun in eine ganz andere Weltregion: Afrika. Der Kontinent hat mit dem Kampf um Öl bereits schmerzhafte Erfahrungen hinter sich. Nigeria hat 1967-68 den Biafrakrieg erlebt – ein Krieg um Öl, der über eine Million Menschenleben forderte. In den folgenden dreißig Jahren bereicherten sich die Militärjunten an den Öleinnahmen. Heute ist das Nigerdelta immer noch ein Krisengebiet, beherrscht von Banden, die sich vom Öldiebstahl ernähren. Die Mitarbeiter der Ölunternehmen leben auf stark gesicherten Firmengeländen, abgeschottet von der nigerianischen Bevölkerung.

Die Krieg führende sudanesische Regierung ist extrem abhängig von ihren Ölexporten, denn die Erlöse werden zu großen Teilen in Waffenimporte investiert. Internationale Ölkonzerne streben nach einem weiteren Ausbau der sudanesischen Ölproduktion. Der frühere Bundesinnenminister und Sonderberichterstatter der UNO für den Sudan, Gerhart Baum, beurteilt die Lage in dem Bürgerkriegsland: „Die Ölförderung ist eng verknüpft mit dem Konflikt. (...) Öl hat den Krieg ernsthaft verschlimmert und die Menschenrechtslage verschlechtert. (...) Die Ölförderung verursacht weiterhin großflächige Vertreibungen." Und der Internationale Währungsfonds resümiert: „Die Liste der Staaten, in denen das Öl Anlass für ökonomische und gewalttätige Konflikte war, ist lang, von Nigeria bis Angola, von Algerien bis Mexiko, von Venezuela bis Ecuador, von Indonesien bis zum Irak."

Die Fakten liegen also auf dem Tisch: Die Konflikte um Öl nehmen zu. Es grenzt an russisches Roulett, in dieser Situation den „harten" Weg weiter zu verfolgen.

Kapitel 7:

Atome für den Frieden – eine gefährliche Illusion

Die friedliche Nutzung der Atomenergie hat viele Freunde – selbst bei denen, die mit großem Engagement gegen Atomwaffen und jede Form des Missbrauchs von Atomenergie kämpfen. Mehr als ein Jahrzehnt nach Auflösung der Sowjetunion scheint die Welt auf den ersten Blick sicherer geworden zu sein. Die USA und Russland arbeiten auf vielen Gebieten zusammen. Eine atomar geführte Auseinandersetzung zwischen diesen beiden Mächten ist unwahrscheinlich geworden. Dennoch ist das Zeitalter des atomaren Schreckens nicht vorbei. Die Furcht vor Atomwaffen holt uns im Gegenteil wieder ein, zumal die internationale Sicherheitsstruktur Zeichen der Auflösung zeigt. Die Gefahr wächst, dass sich immer mehr Staaten in den Besitz von Atomwaffen bringen oder ihr Atomwaffenarsenal ausbauen wollen, da sie darin die wirksamste Gegenwehr gegen die militärische Weltmacht USA sehen. Auf der anderen Seite liefern Massenvernichtungswaffen[101] in den „Schurkenstaaten" den Grund, das eigene Atomwaffenarsenal zu modernisieren.

Nach den Anschlägen vom 11. September 2001 hat sich in den USA nach kontroverser Diskussion eine Mehrheit für die Verabschiedung einer neuen Atomstrategie *(nuclear posture review)* gefunden.[102] Damit beginnt das zweite atomare Zeitalter, wie es der renommierte Politikwissenschaftler Paul Bracken von der Yale-Universität nennt – mit neuen, noch schrecklicheren Waffen.[103]

Die Verschmelzung von ziviler und militärischer Nutzung der Kernenergie

Im öffentlichen Bewusstsein gerade in Deutschland ist die Ablehnung atomarer Waffentechnik tief verwurzelt, ebenso das Risikoempfinden gegenüber Atomkraftwerken. Die Erkenntnis jedoch, dass zwischen den militärischen, energetischen und wissenschaftlichen Zweigen des Atomkomplexes engste Zusammenhänge bestehen, ist weit weniger verbreitet. In den USA dagegen wird dieser Zusammenhang klar gesehen. So hat Paul Wolfowitz bereits 1972 in seiner Dissertation *Nukleare Weiterverbreitung im Mittleren Osten: Die politischen und wirtschaftlichen Aspekte von Vorschlägen zur nuklearen Entsalzung* eine Präventionsstrategie gegenüber einem sich nuklearisierenden Nahen und Mittleren Osten entwickelt. Seine entscheidende Forderung lautete, „in die gesamte Region keine vermeintlich zivilen Kernkraftwerke zur Entsalzung zu liefern".[104] Je weiter die Globalisierung fortschreitet und je intensiver die Diskussion um eine nachhaltige Alternative für das Energiesystem der Welt geführt wird, umso mehr müssen wir uns vor Augen halten, in welchem grundlegenden Ausmaß die energetischen, militärischen und wissenschaftlichen Zweige des Atomkomplexes miteinander vernetzt sind.

Für die Herstellung von Atomwaffen gilt grundsätzlich: Jedes Land, das Atomkraftwerke betreibt, kann im Prinzip auch waffenfähiges Plutonium herstellen. Plutoniumkerne aus älteren Waffen lassen sich zu neuen Waffen recyceln oder zu MOX-Brennelementen verarbeiten, die in Atomkraftwerken eingesetzt werden. In Wiederaufarbeitungsanlagen wird aus abgebrannten Brennelementen aus Atomkraftwerken waffenfähiges Plutonium abgetrennt. Brutreaktoren können zusätzliches Plutonium von höchster Waffenqualität erbrüten, das einen extrem hohen Anteil an Pu-239 aufweist. So stellte der französische Brutreaktor Phénix auch Spaltmaterial für das französische Atomwaffenprogramm her. Die in der Sowjetunion entwickelten RBMK-Reaktoren des Tschernobyl-Typs erzeugten nicht nur Strom, sondern auch waffenfähiges Plutonium. In den Calderhall-Reaktoren auf dem Gelände der Aufarbeitungsanlage im britischen Sellafield wurden Strom und Waffenplutonium produziert.[105] In Nordkorea, Indien und Pakistan ist die Vernetzung der Atomkomplexe ähnlich.

Dass es kaum möglich ist, die friedliche und die militärische Nutzung der Atomkraft sauber zu trennen, mag das Beispiel des im Jahr 2004 geplanten Exports der Hanauer MOX-Fabrik nach China verdeutlichen. Die Kernbrennstofffabrik wurde errichtet, um plutoniumhaltige Mischoxid-Brennstäbe (MOX) für Leistungsreaktoren herzustellen, aber nie in Betrieb genommen. Die Anlage ist modular aufgebaut und könnte damit – zumindest teilweise – auch für andere als die ursprünglichen Zwecke innerhalb der Brennstoffspirale eingesetzt werden.

In China gibt es keine klare Trennung zwischen den militärischen und zivilen Teilen des Nuklearprogramms. Die China National Nuclear Corporation (CNNC) verfolgt beide Zwecke. Sie will die Zahl der Atomkraftwerke bis 2020 vervierfachen. 2050 soll im Land der Mitte nach den Vorstellungen der CNNC vierzigmal so viel Atomstrom produziert werden wie heute. Da die weltweiten Uranvorräte in wenigen Jahrzehnten erschöpft sein werden, will China in die Brütertechnologie, also die Plutoniumwirtschaft einsteigen. Bei Peking wird ein Forschungsreaktor mit einem schnellen Brüter von 65 Megawatt gebaut, übrigens in enger wissenschaftlicher Kooperation mit Wissenschaftlern aus Jülich. Ein großtechnischer Brüter ist in Planung. Schnelle Brüter produzieren besonders waffenreines Plutonium, das teure Aufbereitungsschritte für Plutonium aus den abgebrannten Brennelementen konventioneller Atomkraftwerke erübrigt.

Die wachsende Gefahr der Proliferation

In der globalisierten Welt von heute sind Atomkraftwerke und Atomwaffen enger denn je miteinander verbunden. Kein Wunder, dass die Zahl der Staaten, die über Atomwaffen verfügen oder an Kernwaffenprogrammen arbeiten, seit 1970, als der Kernwaffensperrvertrag in Kraft trat, deutlich gestiegen ist. „Damals gab es fünf Atomwaffenstaaten. Heute stehen wir 25 Ländern gegenüber, die Massenvernichtungswaffen entwickeln", klagte der ehemalige CIA-Direktor R. James Woolsey schon im Jahr 1995.[106] Zu denen, die öffentlich den Besitz von Atomwaffen zugegeben haben, gehören auch die erbitterten Feinde Indien und Pakistan sowie das unberechenbare Regime von Nordkorea.

Der Begriff „Proliferation" kommt ursprünglich aus der Medizin und meint die Wucherung eines Gewebes durch Zellvermehrung, etwa in Geschwülsten. Tatsächlich lässt sich die Weitergabe von Atomwaffen und des zu ihrer Herstellung benötigten spaltbaren Materials durchaus mit einer krankhaften Wucherung vergleichen, die den Organismus Weltfrieden zerstören kann. Warum wurde Proliferation überhaupt zum Problem? Die einfache Antwort ist, dass die Herstellung von Atombomben aus technischer Sicht keine unüberwindliche Hürde ist. Man benötigt nicht einmal die energetische Nutzung der Atomkraft, um eine Atombombe zu bauen, auch wenn es mit der Atomtechnik leichter ist, sich Zugang zu Atomwaffen zu verschaffen. Entscheidend ist jedoch die Gewinnung des spaltbaren Materials: hoch angereichertes Uran (HEU, *highly enriched uranium*) mit mehr als 20 Prozent U-235 oder Plutonium (vor allem Pu-239). Für eine Atomwaffe reichen vier bis acht Kilogramm Plutonium aus, die in die Form von Hohlkugelsegmenten gepresst werden.[107]

Die öffentliche Aufmerksamkeit konzentriert sich auf die Frage, welche „Schurkenstaaten" im Besitz von atomaren Massenvernichtungswaffen sein könnten. Die Gegenfrage jedoch, ob und inwieweit die demokratischen Staaten mit ihren aufgehäuften Beständen an Nuklearwaffen und Plutonium sowie der Weitergabe von atomtechnischem und atomwissenschaftlichem Know-how zu diesem „Schurkenstaatenrisiko" beitragen, wird selten gestellt. Aber diese Frage muss erörtert werden, denn es sind nicht nur die Bomben, die die Gefährlichkeit der Atomenergie begründen, sondern alle Glieder der technisch-zivilen nuklearen Prozesskette. Sie macht letztlich Proliferation und Missbrauch erst möglich. Eine nach außen sichere Abschottung der Verarbeitung und Nutzung strahlender Einheiten – Brennstäbe, „Bombenmaterial", Abfälle – kann nie garantiert werden, nicht einmal in Industrieländern. Es ist auch in westlichen Ländern schon vorgekommen, dass strahlendes Material aus entsprechenden Anlagen „verschwunden" ist – um wie viel leichter ist dies dann in Entwicklungsländern, die beim Betrieb solcher Kraftwerke nicht mit dem Westen vergleichbare Sicherheitsvorkehrungen kennen? Eine wirksame Kontrolle der Weitergabe und des Handels solch extrem kleiner Massen würde zudem einen ungeheuren Aufwand erfordern, der weit reichende Auswirkungen auf bürgerliche Freiheiten und Welthandel hätte.

Die Weitergabe von Know-how und Material findet aus unterschiedlichen Gründen statt. So hat, wie 2004 bekannt geworden ist, der Begründer des pakistanischen Atomprogramms und „Vater der pakistanischen Atombombe", Abdul Qader Khan, die Weitergabe von Nukleartechnologie und Nuklearwissen an Iran, Libyen und Nordkorea eingeräumt. Er habe das brisante Material an Libyen und Iran ausgehändigt, um weiteren islamischen Ländern den Aufstieg zu Atommächten zu ermöglichen, gab Khan unumwunden zu. Doch neben religiösen Gründen gibt es noch sehr viel profanere Motive, um „Kunden" mit der strahlenden Ware zu versorgen: Geld.

Eine Pressemeldung vom 2.10.2004:[108]

Die bulgarische Polizei hat bei einer Razzia große Mengen radioaktiven Materials sichergestellt, wie das Innenministerium am Freitag bekannt gab. Die Sicherheitskräfte durchsuchten nach einem Tipp aus der Bevölkerung am späten Donnerstagabend ein Haus in Botevgrad, 40 Kilometer nordöstlich von Sofia. Dabei stießen sie auf etliche Produkte, die zum Bau von Atomwaffen verwendet werden können.

Jeder, der regelmäßig Zeitung liest, kann bestätigen, dass Meldungen wie die obige seit Jahren immer wieder durch die Medien gehen. Wo bleiben all diese „Produkte"? Die kriminellen Machenschaften werden freilich durch die großen Mengen atomwaffenfähigen Materials erleichtert, die auf ihre Vernichtung warten. Allein in Russland sollen, so haben es die G8-Staaten 2002 beschlossen, bis zum Jahr 2013 500 Tonnen hoch angereichertes Uran unschädlich gemacht werden. Danach warten noch weitere 1 000 Tonnen auf ihre sachgerechte Entsorgung.[109]

Dabei sind die Probleme, die mit der Weitergabe von technischem Know-how und spaltbarem Material verbunden sind, schon vor Jahrzehnten erkannt worden. Bereits John F. Kennedy bemerkte dazu: „Ich bitte Sie, einen Moment innezuhalten und darüber nachzudenken, was es bedeuten würde, Atomwaffen in so vielen Händen zu wissen, in den Händen von Ländern – großen und kleinen, stabilen und instabilen, verantwortlichen und unverantwortlichen, auf der ganzen Welt verstreut! Es gäbe für niemanden Ruhe, Stabilität und wahre Sicherheit.“[110] Die düstere Vorahnung von John F. Kennedy beginnt Wirklichkeit zu werden.

Das iranische Atomprogramm

Der sich seit Anfang 2005 wieder zuspitzende Konflikt um das Atomprogramm des Iran hält die Welt in Atem. Das Land plant, bis 2020 6 000 Megawatt Atomstrom zu erzeugen. Dazu fordert es Zugang zu Atomtechnologie mit „dualem Nutzen“, auch zur Anreicherung von Uran. Dies ist als erster Schritt der Aufbereitung von natürlichem Uran zu atomarem Brennstoff nicht nur unerlässlich, sondern auch ein lukratives Geschäft. Nur: Die Anreicherungstechnologie kann auch für die Herstellung von waffenfähigem Uran Anwendung finden. Die komplizierte Dual-Use-Verordnung der EU versucht, man muss schon sagen: vergeblich, zwischen ziviler (energetischer) und militärischer (Atom-) Technik sowie solcher, die für beide Zwecke (*dual use*) verwendet werden kann, zu unterscheiden. So hat der Deutsche Bundestag zum Rüstungsexportbericht kritisch angemerkt, dass dieser nicht Dual-Use-Güter umfasse.[111]

Die EU versucht auf dem Verhandlungswege, die iranische Regierung zu überzeugen, nicht weiter nach solchen Techniken zu streben. Die USA hingegen drängen seit langem darauf, dass sich der Weltsicherheitsrat mit der vermuteten Verletzung des Atomwaffensperrvertrages seitens des Irans befasst.[112] Im Januar 2005 hat Präsident George W. Bush sogar offen mit Militärschlägen gegen die Nuklearanlagen des Iran gedroht. Im Gegenzug drohen nun die iranischen Machthaber damit, die Zusammenarbeit mit der internationalen Atomkontrolle durch die Internationale Atomenergie Agentur in Wien einzustellen. Eine gut organisierte Front von Entwicklungsländern springt dem Iran zur Seite und wirft den atomfreundlichen Industrienationen Technologieverweigerung vor. Ihre Sprecher sehen darin den Ausfluss eines „Atomkartells“ von George W. Bush. Nicht nur mit dem Iran, sondern auch mit Indien und anderen Atommächten droht eine Konfliktverschärfung: Die „Zauberlehrlinge“ in den Entwicklungs- und Schwellenländern sehen die Atomenergie als den Inbegriff von Hightech an – ganz im Sinne ihrer „Lehrmeister“, die ihnen jetzt den Zugang zu den angeblichen Segnungen dieser Technik verweigern wollen.

Der Konflikt mit dem Iran demonstriert anschaulich die Probleme der Proliferation: Erstens ist eine echte Unterscheidung von militärischer und energetischer Atomtechnik nicht möglich. Zweitens kommt Atomkraft als Energietechnik für einen Großteil der Länder der Welt aus Gründen der Konfliktprävention nicht infrage. Deshalb ist drittens die Atomenergie für die Energieproblematik der Welt nicht nur keine Lösung, sondern behindert die Realisierung wirklicher Lösungen.

Atomarer Terror

Am 11. September 2001 hat der internationale Terror eine neue Dimension erreicht. Plötzlich wird eine Art von Anschlag denkbar, die bislang außerhalb jedes Vorstellungsvermögens lag: ein Atomkraftwerk mit einer entführten und als „Bombe" missbrauchten Passagiermaschine absichtlich zu zerstören.

Wurde bisher davon ausgegangen, dass Terroristen das eigene Leben zwar gefährden, jedoch nicht absichtlich zerstören, so muss nun damit gerechnet werden, dass bei Selbstmordattentaten bewusst der eigene Tod gesucht wird – nach der Ideologie der fundamentalistischen Fanatiker eine Tat, die den Täter als „Märtyrer" des heiligen Krieges ins Paradies bringt. Bislang folgte das Risiko, dass auftreffende Flugzeuge das Containment von Atomkraftwerken[113] durchschlagen könnten, dem Wahrscheinlichkeitsprinzip unter der Annahme eines unbeabsichtigt außer Kontrolle geratenen Militärjets. Ein solches Risiko war nicht besonders hoch einzuschätzen. Jetzt ist dieses Risiko weitaus höher, denn entführte Flugzeuge können zielgenau auf einen Atommeiler gelenkt werden, sie sind schwerer und schlagen mit voller Wucht auf.

Prinzipiell kann dem Risiko durch terroristische Angriffe auf Atomanlagen nur sehr begrenzt mit polizeilichen und militärischen Mitteln begegnet werden. Wie sollen jahraus, jahrein sämtliche Atomkraftwerke durch Polizei, Militär und Luftwaffe gesichert werden? Ein solches Land befände sich permanent im Ausnahmezustand.

Nach dem 11. September 2001 hat die Bundesregierung die Reaktorsicherheitskommission mit einer Analyse der Situation in Deutschland betraut. Bereits im Oktober 2001 war klar, dass ältere Atomkraftwerke dem gezielten Aufprall eines großen Flugzeugs unter Umständen nicht standhalten könnten. Eine fundierte Studie der Gesellschaft für Reaktorsicherheit (GRS) offenbarte erschreckende Schwachstellen bei älteren Meilern gegenüber terroristischen Flugzeugangriffen.[114] Bei einer Reihe von Anlagen, insbesondere dem ältesten

Atomkraftwerk in Obrigheim, ist die Beherrschung eines Flugzeugaufpralls fraglich. Dies gilt bei diesem Kraftwerk schon für ein kleineres Flugzeug wie einem Airbus 320 mit einer Aufprallgeschwindigkeit von 540 Kilometern pro Stunde (150 Meter pro Sekunde). Bei Siedewasserreaktoren wie in Brunsbüttel, Isar I und Philippsburg I sieht es kaum besser aus. Kein Atomkraftwerk in Deutschland ist dafür ausgelegt, den gezielten Aufprall eines Großraumflugzeugs unbeschädigt zu überstehen.

Nachdem die Ergebnisse der Studie Anfang 2004 öffentlich bekannt wurde, begann eine Kontroverse über die Verantwortlichkeit für weiteres Handeln zum Schutz vor terroristischen Angriffen. Während das Bundesumweltministerium die Länder in der Pflicht sieht, detaillierte Folgeuntersuchungen in Auftrag zu geben, lehnen die Bundesländer das ab und halten den Bund für zuständig. Die Atomwirtschaft ihrerseits fühlt sich zum einen nicht in der Verantwortung, denn Vorbeugung gegen terroristische Einwirkungen Dritter ist nach ihrer Meinung Sache des Staates. Zum anderen sieht sie die Kraftwerke noch immer als wenig wahrscheinliches Ziel für Terroristen an.[115] Die von dieser Seite vorgeschlagene Schutzmaßnahme, Atomkraftwerke im Falle eines sich nähernden Flugzeugs einzunebeln, erntet Kritik von Experten und Spott in den Medien.[116] Andere Angriffsmöglichkeiten von Terroristen auf Atomkraftwerke sind in der GRS-Studie nicht untersucht worden, aber natürlich sind viele Angriffszenarien vorstellbar. Ebenfalls ausgeblendet blieben weit reichende wirtschaftliche Schäden durch terroristisch initiierte Störfälle oder die Zerstörung von Brennelement-, Zwischen- oder Endlagern, Forschungsreaktoren oder anderen atomaren Anlagen.

In der Öffentlichkeit herrscht der Eindruck vor, das Land sei nicht ausreichend gegenüber terroristischen Angriffen insbesondere auf Atomkraftwerke gerüstet. In der Tat erhöht sich das der Bevölkerung zugemutete Restrisiko durch die Möglichkeit eines terroristischen Flugzeugangriffs auf ein Atomkraftwerk beträchtlich. In anderen Ländern ist dieses Restrisiko durch terroristische Angriffe sogar noch größer als in Deutschland. Amerikanische Reaktoren sind nicht gegen Flugzeugabstürze ausgelegt, französische in weitaus geringerem Ausmaß als die deutschen Konvoi-Anlagen. Die russischen Atommeiler haben nicht einmal ein Containment, das gegen Explosionen im Inneren schützt. Atomkraftwerke sind weltweit ein interessantes Ziel für die Logik von Terroristen. In England wird das Risiko von terroristischen Angriffen auf Atomanlagen als ernst eingestuft. In jedem Fall nicht ausreichend gegen Flugzeugattacken geschützt sind die älteren Magnos-Reaktoren. In Sellafield lagern 1000 bis 1500 Kubikmeter flüssige hochradioaktive Abfälle. Ein Flugzeugabsturz auf diese Tanks könnte Hunderttausende von Krebstoten zur Folge haben.[117]

Es gibt auch noch andere Möglichkeiten des atomaren Terrors. Es scheint nicht undenkbar, dass Terroristen sich die Fähigkeiten zum Bau atomarer Bomben aneignen könnten. Vorstellbar sind dabei vor allem so genannte schmutzige Bomben (*dirty bombs*), denen ein großes Gefährdungspotenzial zugeschrieben wird. Sie arbeiten mit herkömmlichem Sprengstoff beliebiger Art nach dem Prinzip von Streubomben und Handgranaten, verteilen jedoch nicht mechanische Bestandteile, sondern langfristig radioaktiv wirkende Substanzen in der Umwelt. Diese Substanzen können aus abgebrannten Brennelementen oder aus der Brennstoffversorgung stammen. Für „schmutzige Atombomben" muss also gar nicht atomwaffenfähiges Plutonium oder angereichertes Uran vorhanden sein. Es geht viel einfacher – geeignetes Material für *dirty bombs* befindet sich in allen kerntechnischen Anlagen, in allen Ländern auf der Welt, die Atomkraft energetisch nutzen, in großen und kleinen Ländern, in stabilen und instabilen, in Ländern, die mit der Atomkraft verantwortlich umgehen und in solchen, die mit ihr unverantwortlich umgehen.

Die Wirkung einer solchen terroristischen Waffe würde dennoch furchtbar sein: „Es würde genügen, einen Lastwagen mit gewöhnlichem Sprengstoff und radioaktiver Ladung ins Frankfurter Bankenviertel zu stellen und das Ganze per Funk zu zünden: Deutschland wäre schlagartig ein anderes Land", urteilte Gero von Randow völlig zutreffend.[118]

Die Diskussion um Atomausstieg und nachhaltige Energiefragen kann sich angesichts der erschreckenden Dimension eines Missbrauchs strahlender Materialien nicht allein auf den nationalen Horizont beschränken. Auch lässt sie sich nicht von der Diskussion um die Bekämpfung des Terrors und Konfliktprävention trennen. Die Globalisierung von Wirtschaft und Verkehr, die Begrenztheit energetischer und ökologischer Ressourcen sowie Frieden und Konfliktprävention machen es unerlässlich, die Energie- und besonders auch die Atomfrage in ihrer gesamten Vernetzung im globalen und im militärisch-terroristisch-energetischen Kontext zu sehen.[119]

Der Atomwaffensperrvertrag hat die unkontrollierte Ausbreitung von Atomwaffen auf der Welt[120] und das wachsende Risiko von atomarem Terror nicht verhindern können. Deshalb gibt es langfristig nur ein Mittel gegen den atomaren Schrecken – eine realistische und konsequente Weichenstellung hin zu einer Welt ohne Atomkraft. Ressourcenkriege um Öl oder Gas und das angedrohte zweite atomare Zeitalter[121] mitsamt der Potenzierung des atomaren Schreckens durch Terrorismus zeigen, dass durch unsere Energienutzung die Welt auch in Bezug auf Frieden am Scheideweg steht.

Teil 3:
Energie und Demokratie am Scheideweg

Die Energie- und Importabhängigkeit der meisten Industrieländer von Öl, Erdgas und Atomkraft hat nicht nur die Notwendigkeit geschaffen, den Nachschub um beinahe jeden Preis zu sichern, sondern auch eine mächtige und weltweit aktive zentralisierte Energiewirtschaft und transnationale Unternehmen (TNU) hervorgebracht, deren Macht die Demokratien zu gefährden beginnt.

In der parlamentarischen Demokratie ist das vom Volk gewählte Parlament das zentrale Organ, dem die Gesetzgebung zusteht. Es vermittelt die ihm übertragene Legitimation den übrigen staatlichen Organen der Exekutive und Judikative.[122] Eine Aushöhlung der Demokratie findet jedoch statt, wenn fundamentale Weichenstellungen im Energiesystem (etwa über den Primärenergiemix, Risikotechniken und über die Ordnung der Energiewirtschaft), also Grundsatzentscheidungen, von den Parlamentariern nicht sachgerecht entschieden werden können.

Es mangelt an Informationen über mögliche Entscheidungsalternativen und an Transparenz über die Auswirkungen von Richtungsentscheidungen. Zwar findet eine detailliertere Beratung in Parlamentsausschüssen oder in Expertengremien (wie den Enquete-Kommissionen) mit Empfehlungskompetenz statt. Dennoch sind es in erster Linie nicht die Parlamente (auf allen politischen Ebenen) als Repräsentanten des Gemeinwohls, sondern privatwirtschaftlich operierende „Versorger", die weitgehend nach ihren Interessen und Zielen über die Daseinsvorsorge und über fundamentale Bedürfnisse menschlicher Existenz wie Wasser, Energie oder Abfallbeseitigung entscheiden. Auch Exekutive und Judikative werden dabei immer wieder von privaten Wirtschaftsinteressen beeinflusst. Ein Grund hierfür ist, dass die für eine funktionierende Demokratie lebenswichtige „offene konkurrierende Willensbildung" durch Parteien, Verbände und Medien angesichts der Komplexität von energiepolitischen Richtungsentscheidungen und durch die Meinungsführerschaft der Energiekonzerne systematisch eingeschränkt ist. Die Selbstkontrolle der Energiewirtschaft durch Markt und Wettbewerb findet nur sehr begrenzt statt, weil anstelle einer großen Vielfalt miteinander konkurrierender Anbieter[123] eine Hand voll international operierender Energiekonzerne durch ihre Investitions- und Standortentscheidungen Sachzwänge setzen, die für Staat und Parlamente unaufhebbar sind.

Es geht hier nicht um eine Anklage gegen große Unternehmen oder deren Management. Denn es ist offenkundig, dass das Handeln gewinnorientierter Energieunternehmen aus der Konkurrenz und den Aktionärsinteressen erwächst. Schon deshalb sind ihre Leitziele und Interessen nicht identisch mit denen der Zivilgesellschaft. Die vorherrschende Unternehmenspolitik der großen Energiekonzerne ist zweifellos Teil des Problems, doch ohne die Energiekonzerne wird es keine Lösung der Ressourcen- und Klimaprobleme und keine Energiewende geben. Daher wächst mit der Größe und Macht eines Unternehmens auch der berechtigte Anspruch der Zivilgesellschaft auf soziale Verantwortung des Unternehmens für seine Produkte. Energieunternehmen dürfen nicht als Externalisierungsmaschinen funktionieren, die durch ihre unkontrollierte Macht die externen Kosten übermäßigen Energieverbrauchs auf Natur und Gesellschaft abwälzen.

Unsere Kernthese lautet: Der „harte Pfad“ hat wegen der Fokussierung auf großtechnische Gewinnungs-, Erzeugungs- und Transportsysteme eine immanente Tendenz zur Zentralisierung und Ausprägung marktbeherrschender Stellungen. Insbesondere ist das Stromverbundsystem aus Gewinnung und Verarbeitung fossiler und nuklearer Primärenergie sowie aus Großkraftwerken und Hochspannungsleitungen nicht nur technisch prägend für das gesamte Energiesystem, sondern es hat mit seinen besonderen Risiken, seinem exorbitanten Kapitaleinsatz und seiner zentralen Rolle im wirtschaftlichen und wirtschaftpolitischen Gefüge für das Verhältnis von Politik und Wirtschaft eine paradigmatische Bedeutung. So steigt das Potenzial und die Begehrlichkeit von transnationalen Unternehmen, den Staat für privatwirtschaftliche Zwecke zu nutzen oder am Staat vorbei Energiepolitik zu betreiben. Die Gefährdung für die Demokratie und die Entmachtung der nationalen Energiepolitik hat zwei Erscheinungsformen, die sich wechselseitig ergänzen: Einerseits ist das Aktionsfeld solcher Unternehmen weit über die nationalen Grenzen und die Rahmensetzung der jeweiligen Energiepolitiken hinausgewachsen. Andererseits ist der Staat im Stammland großer Energiekonzerne ein überaus nützlicher Partner, wenn er sich deren privatwirtschaftliche Ziele zu Eigen macht. „Privatisierung“ und „Instrumentalisierung“ der nationalen Energiepolitiken sind zwei Seiten einer Medaille.

Daher sprechen wir von der *Weltmacht* Energie, die auf dem Weltmarkt, aber auch in den Nationalstaaten Macht ausübt und grundlegende Weichenstellungen für die gesellschaftliche Entwicklung auch an den Parlamenten vorbei vornehmen kann. Insbesondere der globale Einfluss der Weltmacht Energie auf die Erreichung oder Verhinderung gesamtgesellschaftlicher Zielsetzungen wie Klima- und Ressourcenschutz wirft die Frage auf, welcher Entscheidungsspielraum für Parlamente und Regierungen noch verbleibt und wie der Primat der Politik ausgeübt werden kann.

Kapitel 8:
Mechanismen zur Aushebelung der Demokratie

Es gibt wohl keinen Bereich der Wirtschaft, der so prägend auf die nationale und internationale Politik wirkt und so symbiotisch mit dem nationalen politischen System verbunden ist wie der Energiesektor. Auch wenn die Ausprägungen dieser Symbiose sehr unterschiedlich sind, ist dafür doch industriehistorisch ein gemeinsamer Grund konstitutiv: Der Aufbau einer sicheren und möglichst preisgünstigen Versorgung mit Energiedienstleistungen war und ist in allen Ländern eine zentrale Voraussetzung für wirtschaftliche Entwicklung und Wohlstand. Daher hat der Staat bei der Förderung von Energieinfrastrukturen und -unternehmen in besonderer Weise zugunsten des Privatkapitals interveniert, oder er hat den Aufbau von Staatsunternehmen vorangetrieben. Allerdings haben sich die Struktur der Primärenergien, die ressourcen- und klimapolitischen Randbedingungen, die Angebots- und Umwandlungstechniken, die Unternehmensformen und die Mittel staatlicher Energiepolitik seit den Anfängen der Energiewirtschaft Ende des 19. Jahrhunderts geradezu revolutionär verändert.

Im Vergleich dazu wurden die Leitziele der Energiepolitik durch die Aufnahme von Umweltschutzzielen nur halbherzig verändert. Dies hängt auch mit Prozessen der wirtschaftlichen Globalisierung zusammen. Denn die Energiepolitik wird in den Nationalstaaten zwar dafür verantwortlich gemacht, dass die sichere Versorgung mit Energiedienstleistungen gewährleistet ist. Und wegen der vielfältigen Wechselwirkungen zwischen Energiewirtschaft und anderen Sektoren der Volkswirtschaft steht die nationale Energiepolitik traditionell in enger Verbindung mit Wirtschafts-, Finanz-, Wettbewerbs- und Wissenschaftspolitik. Aber Globalisierung, Deregulierung und Wettbewerbsorientierung haben neue Rahmenbedingungen und ein schwer zu durchschauendes Geflecht von Wechselbeziehungen sowie neue Interventionsformen für die Weltmacht Energie geschaffen. Im Zuge der Vertiefung der Europäischen Gemeinschaft zur Europäischen Union und dem damit verbundenen Gedanken der Wettbewerbsfreiheit und Harmonisierung gingen immer mehr Rechte auf die europäischen Institutionen über, ohne dass das Europäische Parlament entsprechend gestärkt worden wäre. In Deutschland wurde die supranationale Handlungsebene der EU zudem lange Zeit unterschätzt. Die europäischen Entscheidungsprozesse sind wenig transparent. Dies gilt allerdings nicht für die Lobbyisten großer Konzerne, deren Einfluss auf die Gesetzgebung sich eher verstärkt hat. Dieses Geflecht zwischen EU und Nationalstaat einerseits, Staat und Privatwirtschaft andererseits hat einen energie- und industriewirtschaftlichen Komplex hervorgebracht, der die parlamentarische Gestaltungs- und Entscheidungsfähigkeit zunehmend beeinflusst und der aus den im Folgenden beschriebenen Einflussfaktoren besteht.

Leitziele werden zwischen Staat und Energiewirtschaft angeglichen

Wenn von dem Primat der Energiepolitik gegenüber der Energiewirtschaft die Rede ist, wird implizit eine unterschiedliche Interessenlage zwischen Staat und Wirtschaft unterstellt. Staat und Parlament agieren dabei im gesellschaftlichen Interesse und erfüllen die Aufgabe, das Gemeinwohl und gesellschaftliche Leitziele wie Ressourcen- und Klimaschutz auch gegenüber abweichenden Sparten- und Wirtschaftsinteressen durchzusetzen. Was aber geschieht, wenn Leitziele und Interessenlage von maßgeblichen Repräsentanten in Politik und Wirtschaft sich nahezu unterschiedslos angenähert haben, oder wenn die Staatsvertreter sich Brancheninteressen und privatwirtschaftliche Leitziele zu Eigen gemacht haben? In welchen Zustand gerät die Demokratie, wenn die Politik den Primat der Ökonomie exekutiert und legitimiert?

Der bis heute in Deutschland vorherrschende Grundsatz der Energiewirtschaft wurde bereits in der Präambel des Energiewirtschaftsgesetzes (1935) mit der Formel „so sicher und billig wie möglich" zusammengefasst. Diesem Prinzip hat sich die deutsche Energiepolitik jahrzehntelang alternativlos unterworfen, so dass ihm die neuen Leitziele wie Ressourcen- und Klimaschutz im Konfliktfall untergeordnet werden. Auf diese Weise konnte die deutsche Elektrizitätswirtschaft erreichen, dass in der Nachkriegsgeschichte bei Kraftwerksplanungen ernsthafte Entscheidungsalternativen[124] für Parlament und Energieaufsicht erst gar nicht aufkamen. Bis auf wenige Ausnahmen – die bekannteste war die Untersagung des Kernkraftwerks Borken durch die hessische Energieaufsicht im Jahr 1986[125] – hat die Energieaufsicht nur vollzogen, was die Energiewirtschaft bauen wollte, und in der Regel war das neue Kraftwerk größer als sein Vorgänger. „Billig" war über viele Jahrzehnte deckungsgleich mit dem großtechnischen Weltbild von Kraftwerksbauern („Kostendegression durch Größenprogression"). Viele sind auch heute noch überzeugt davon, dass mit maximaler Ausdehnung der Kraftwerksgröße die spezifischen Stromgestehungskosten sinken.

Im so genannten „300-MW-Erlass“ vom 21.7.1964 wurde sogar die Genehmigung für den Bau kleinerer Kraftwerke de facto untersagt.[126] Die Kraft-Wärme-Kopplung für die Industrie, Nah- und Fernwärmesysteme und objektbezogene dezentrale Strom-, Wärme- und Kälteerzeugung werden bis heute behindert. Dabei könnte oftmals durch die vermiedenen Stromsystemkosten (eingesparte Transporte, Verteilung, Verluste und Reservehaltung) bei dezentralen Anlagen eine beachtliche Kosteneinsparung erreicht werden.

Vorfahrt für die Interessen der Energieanbieter

Viele Vertreter von Staat und Energiewirtschaft gehen noch immer von der gemeinsamen Überzeugung aus, dass die Wirtschaft für ein ausreichendes Energieangebot und die Verbraucher für das Einsparen zuständig sind. Eine Steigerung des Angebots wird dabei in wirtschaftlicher Hinsicht immer noch positiv wahrgenommen, Energiesparen dagegen mit Opfer, Verzicht und zusätzlichen Kosten verbunden. Weil ein objektiver Mangel an Energie für Entwicklungsländer oder in Kriegs- und Krisenzeiten ganz offensichtlich für Wirtschaft und Gesellschaft eine schwere Last bedeuten, wird im falschen Umkehrschluss ein wachsendes Energieangebot oder gar ein Energieüberschuss als Indikator für Reichtum und Prosperität missdeutet. Profitmaximierung von Energieanbietern, so machtvoll ihre Marktposition und so riskant ihr Produkt auch sein mag, genießt bereits durch den Begriff „Versorgung“ eine besondere gesellschaftliche Anerkennung.

„Sicher und billig“ heißt bei dieser Versorgungsmentalität, dass ein (über-) reichliches und daher „sicheres“ Energieangebot zu möglichst niedrigen Preisen, aber mit stattlichen Profiten das entscheidende Unternehmensziel von Energieunternehmen darstellt. Produktverantwortung für die rationellere Nutzung von Energie beim Verbraucher und zur Senkung der Umwelt- und Kostenbelastungen war lange Zeit mit diesem Grundverständnis nur schwer zu vereinbaren. Erst mit dem Wandel zum Energiedienstleistungsunternehmen hat sich bei einigen Unternehmen ein Bewusstseinswandel vollzogen. Nach deren neuem Denken sollen Energiedienstleistungen unter Einrechnung der externen Kosten so preiswürdig wie möglich für die Verbraucher bereitgestellt werden. Allerdings fehlen bei den meisten Staats- und Unternehmensvertretern sowohl die Einsicht als auch die Rahmenbedingungen dafür, dass bei gleicher Dienstleistung für den Kunden das Vermeiden von Energie durch moderne Effizienztechnik (so genannte „NEGAWatts“) prioritäres Unternehmensziel sein sollte, solange die spezifischen Kosten der Energieeinsparung für Kunden und Umwelt günstiger sind als neues Energieangebot. Den Energieversorgern jedoch vorzuwerfen, dass sie bei der falschen Anreizstruktur der derzeitigen Rahmenbedingungen vorwiegend mit mehr Energieverkauf Geld verdienen, ist töricht. Allerdings muss man kritisieren, dass die Energiemanager bei der EU und in Deutschland nicht förderliche Rahmenbedingungen einfordern, um auskömmliche Renditen durch neue Energiedienstleistungen und proaktive Energieeinsparpolitik bei ihren Kunden erzielen zu können.

Die Ohnmacht der Ministerialbeamten

Wenn Politik und Ministerialbürokratie Gesetze und Verordnungen durchzusetzen versuchen, deren Auswirkungen nicht mit der Interessenlage der großen Energiekonzerne vereinbar sind, entsteht wie von selbst ein sehr ungleiches „Kampffeld“: Die Energiekonzerne verfügen über eine Vielzahl hervorragender Experten und oft über Hunderte von MitarbeiterInnen in Fachabteilungen und Planungsstäben. Gegenüber dieser geballten Macht der privatwirtschaftlichen Expertokratie haben es die Fachreferenten und viele Politiker schwer, es sei denn, eine gesellschaftliche Bewegung, eine mächtige Nichtregierungsorganisation oder einflussreiche Medien unterstützen sie. Auch aus diesem Grund war der Versuch, alternative Politiken, Gesetze und Verordnungen gegen die Brancheninteressen der mächtigen Verbundunternehmen durchzusetzen, oft nur begrenzt erfolgreich. Immer wieder kamen national wie international Referentenentwürfe und Gesetzesformulierungen gleichsam aus der Feder der Fachabteilungen von Großunternehmen.

Politische Landschaftspflege und Personalverflechtungen

Die Energiewirtschaft hat schon immer eine smarte Personalpolitik betrieben, indem sie Spitzenkräften aus einschlägigen Ressorts Managerpositionen angeboten hat. Dass Politiker und Lobbyisten auf den Gehaltslisten von Energieunternehmen stehen, war in der Geschichte des RWE selbstverständlich. Den guten Kontakt vor Ort stellen dabei auch Hunderte von Landräten, Bürgermeister und andere hauptamtliche Kommunalbeamte her, die in den „Beirat RWE Energie AG“ berufen wurden.[127] In dieser Tradition stehen auch Gehaltszahlungen an den CDU-Landtagsabgeordneten H. J. Arentz durch die RWE-Tochter Rheinbraun und die Vergünstigungen von RWE an den ehemaligen CDU-Generalsekretär Laurenz Meyer.

Auch der Wechsel von Spitzenbeamten und Ministern in führende Managementpositionen der Energiewirtschaft ist rechtlich nicht zu beanstanden, aber

Ausdruck einer Angleichung, wenn nicht sogar Verschmelzung von Leitzielen von Politik und Wirtschaft.[128] Die Frage muss erlaubt sein, ob bei solchen Personaltransfers die Vermischung von Eigeninteresse und Entscheidungskompetenz und die Gleichsetzung von öffentlichen und wirtschaftlichen Interessen vermieden werden kann.

Shareholder-Value gleich Gemeinwohl?

Die ehemals stark gemischtwirtschaftliche Eigentumsstruktur vieler deutscher Energieunternehmen hat in einigen Fällen schon früh zu einer Privatisierung der Geschäftspolitik formell öffentlicher Unternehmen geführt. Dies galt für Staatsunternehmen wie das Bayernwerk und Badenwerk oder gemischtwirtschaftliche Unternehmen wie das RWE. Das Jahrzehnte andauernde Privileg des Mehrstimmenwahlrechts von Kommunen beim RWE machte aus den kommunalen Anteilseignern am RWE keineswegs Protagonisten einer dezentralen und kommunalen Energiewirtschaft, sondern – schon aus Gründen klammer Kommunalfinanzen – oft genug Profiteure des Shareholder-Value „ihres“ Unternehmens. Auch bei den kommunalen Eigenbetrieben und Eigengesellschaften, die hinsichtlich ihres weitgehend kommunalen Eigentums eigentlich Treuhänder von genossenschaftlichem Vermögen und Protagonisten von Bürgerinteressen sein sollten, treten oft genug rein fiskalische Gewinnabführungsinteressen in den Vordergrund der Geschäftspolitik. Der Zwang zur Aufbesserung der öffentlichen Haushalte aus Gewinnabführungen, Konzessionsabgaben und Steuern, aber auch bewusste Prioritätensetzung für privatwirtschaftliche Unternehmensziele gehen dabei Hand in Hand.

Ökonomische Drohpotenziale

Wo die Homogenisierung von Unternehmens- und Leitzielen, personelle Verflechtungen und lobbyistische Einflussnahme nicht ausreichen, da können auch demonstrative Drohgebärden oder objektive Erpressungsmanöver der Weltmacht Energie die Politik unter Druck setzen. Es gibt wohl in Deutschland und auch in anderen Ländern kein energiepolitisches Gesetzesvorhaben von Bedeutung, bei dem diese Drohkulisse nicht mehr oder weniger gewichtig aufgebaut wurde. Drohungen mit dem Verlust von Arbeitsplätzen (zum Beispiel bei der Festlegung von Kohlendioxid-Minderungszielen für die Industrie bei Einführung des EU-Emissionshandels), dem Export von Kraftwerksinvestitionen oder dem Import von billigem, aber riskanten ost- oder westeuropäischen

Strom (bei den Gesetzen zur Unterstützung der erneuerbaren Energien und der Kraft-Wärme-Kopplung) und Entschädigungszahlungen in Milliardenhöhe (bei der Novellierung des Atomgesetzes) haben ihren Zweck nicht verfehlt.

Man kann im Rückblick mit Fug und Recht behaupten, dass wohl keine energierechtliche Gesetzesnovelle, die die Interessenlage der Strom- und Gasverbundunternehmen tangierte, in der ursprünglich beabsichtigten Form verabschiedet wurde. Diese Interventionen haben manchmal auch zur gesetzestechnischen Vereinfachung oder Entbürokratisierung beigetragen. Überwiegend aber handelte es sich um eine „Entschärfung" der umwelt- und klimapolitischen Ziele und deren Verbindlichkeit oder des Controlling bei der Umsetzung. Teilweise gab es nicht einmal explizite Gesetzesalternativen, sondern in vorauseilender Antizipation einen weitgehend mit den Unternehmensinteressen „abgestimmten" Entwurf.

Immer wenn eine tendenzielle Interessenidentität von Energieunternehmen und industriellen Energieabnehmern existiert, steht der Staat, soweit er überhaupt nach Alternativen sucht, auf besonders schwierigem Posten. Denn die harmonisierte Interessenlage von Stromkonzernen, Großanlagenbau und stromintensiver Industrie ist ein gewichtiger Baustein eines strom-industriellen Komplexes mit enormer Gestaltungsmacht und einem starken strukturellen Beharrungsvermögen. Dies ist ein entscheidender Grund für die Umsetzung der Ökosteuer als Industriebegünstigungssteuer hinsichtlich ihrer Nettowirkung. Sie wird nämlich ganz überwiegend von den Endverbrauchern aufgebracht und entlastet in der Summe die Industrie.[129]

Rechtfertigt die Globalisierung nationales Nichthandeln?

Ein beliebtes Argument zugunsten der Privatisierung der Energiepolitik ist der Hinweis auf die scheinbar unveränderlichen Zwänge der wirtschaftlichen Globalisierung. Eine nationalstaatliche Intervention wird bei diesem Argumentationsmuster als schädlich eingestuft, sobald die internationale Wettbewerbsposition eines transnationalen Unternehmens mit Stammsitz in Deutschland beeinträchtigt werden könnte. Folgt man diesem Argument, so würde in letzter Konsequenz eine demokratische Entscheidungsfindung und der Primat der Politik nicht mehr gebraucht – denn aus Mangel an Alternativen zu privatwirtschaftlichen Unternehmenszielen gäbe es für die Parlamente nichts mehr zu entscheiden.

Die großen deutschen Strom- und Gasverbundunternehmen sowie die in Deutschland tätigen Mineralölkonzerne sind zumeist transnationale Unternehmen. Der EU-Binnenmarkt und die Investitionsplanungen von Kraftwerksstandorten und Netzen finden im internationalen Wettbewerb statt. Welchen Spielraum hat dabei die nationale Energiepolitik? Ist der Primat nationaler Politik nicht längst bedeutungslos geworden?

Eine gewisse Privatisierung der Energiepolitik findet in der Tat schon durch die Tatsache statt, dass derzeit weder durch die Nationalstaaten noch durch die EU den transnationalen Unternehmen wirksame Rahmenbedingungen gesetzt werden können. So können keine verbindlichen Leitziele für Klima- und Ressourcenschutz oder generell für eine nachhaltige Geschäftspolitik vorgegeben werden. Insofern gilt für viele Bereiche der internationalen Energiewirtschaft, dass ihnen mit nationalen Maßnahmen und dem nur rudimentär entwickelten internationalen Instrumentarium schwer beizukommen ist.

Ein Auswuchs dieser Entwicklung ist die Praxis, dass „Milliarden Dollar an Einnahmen aus dem Bergbau-, Erdöl- und Erdgassektor in vielen Produktionsländern an den öffentlichen Haushalten vorbeifließen".[130] In vielen Entwicklungsländern mit reichen Rohstoffvorkommen ist die Verbindung zwischen den großen Energiekonzernen und korrupten Eliten auf Kosten der armen Bevölkerungsmehrheiten eine der skandalträchtigsten Erscheinungsformen der Weltmacht Energie. Bekannt geworden sind Beispiele in Afrika (Nigeria, Angola, Gabun), aber auch in Venezuela oder in Saudi-Arabien. Wenn die Institutionen schwach und die demokratischen Strukturen wenig entwickelt sind, ist Rohstoffreichtum „vielerorts ein zweifelhafter Segen für ein Land".[131] Auch der *Extractive Industry Report* der Weltbank[132] konstatiert, dass die Transparenz der Zahlungsströme und die Rechenschaftslegung über die Verwendung von Förderabgaben und Lizenzzahlungen aus Erdöl- und Erdgasförderungen eine wesentliche Voraussetzung dafür ist, dass die Gewinne zum Wohl der Bevölkerungsmehrheit eingesetzt werden.[133]

Als Antwort auf die wirtschaftliche Globalisierung und vorangetrieben durch eine weltweite globalisierungskritische Bewegung, beginnt sich durch Partnerschaften zwischen UN und Wirtschaft (Global Compact), durch Politiknetzwerke und zumeist freiwillige Unternehmensregeln (wie Codes of Conduct) eine Global Governance herauszubilden. Global Governance steht für „die Vision einer Weltordnung, in der mit Hilfe des UN-Systems weltpolitische Angelegenheiten kooperativ und friedlich geregelt und damit die Machtkonkurrenz in der Staatenwelt und der ungezügelte ökonomische Wettbewerb überwunden werden sollen. In dieser Vision wird unterstellt, dass die Staaten im Zeitalter der Globalisierung an Gestaltungsmacht verloren haben. Zusammen mit den Staaten sollen nun zivilgesellschaftliche und privatwirtschaftliche Akteure weltpolitische Verantwortung übernehmen."[134]

Durch den Weltgipfel für nachhaltige Entwicklung 2002 in Johannesburg ist die soziale Verantwortung von Unternehmen zu einem zentralen Thema der politischen Debatte geworden. Zwar wurde im Aktionsplan von einer verbindlichen Regelung der sozialen und ökologischen Veranwortung von Unternehmen bisher Abstand genommen, aber den Nationalstaaten wird aufgegeben, im Rahmen der zu erstellenden 10-Jahres-Rahmenpläne „sicherzustellen, dass die Wirtschaft im Interesse einer nachhaltigen Entwicklung arbeitet".[135] Hierzu könnte neben vorhandenen Standards und Normen[136] beitragen, dass hinsichtlich des Umweltschutzes detaillierter und öffentlich Rechenschaft abgelegt wird und dass bei Streitschlichtungen vor internationalen Gerichten Nichtregierungsorganisationen und Gewerkschaften Beschwerderechte erhalten. Generell sollen die Beteiligung der Öffentlichkeit und der Stakeholder verbessert sowie fiskalische und finanzielle Anreize für nachhaltiges Produzieren und Konsumieren verstärkt werden.

Wegen der fortschreitenden Globalisierung auch der Energiewirtschaft ist es also zweifellos notwendig, dass die internationalen Rahmenbedingungen und die ökologisch-ökonomischen Leitplanken für die Weltmacht Energie vereinheitlicht und – dem nationalen Rechtsrahmen vergleichbar – auch verbindlich geregelt werden. Der anstehende internationale Regelungsbedarf kann jedoch nicht als stereotype Rechtfertigung nationaler Untätigkeit herhalten, denn es darf nicht vergessen werden, dass es für die nationale Energiepolitik auch im Zeitalter der Globalisierung zum Beispiel in den Sektoren Gebäude und Verkehr, aber auch im Kleinverbrauch viele Aktionsfelder gibt, die kaum einer internationalen Konkurrenz unterliegen und für die die Globalisierung deshalb nicht zum Vorwand für Nichthandeln herhalten kann. Auf dem Sektor alternativer und erneuerbarer Stromerzeugung ist in Deutschland das Erneuerbare Energien Gesetz (EEG) ein gutes Beispiel für eine vorausschauende und engagierte nationale Gesetzgebung, die auch gegen den Widerstand der etablierten großtechnischen Kraftwerks- und Verbundunternehmen neue Märkte kreiert und den Marktzugang für neue Anbieter erfolgreich öffnet.

Die Aushöhlung der Demokratie durch die Weltmacht Energie hat also viele Spielarten und sie wirkt über zahlreiche Mechanismen, von denen wir nur einige beschrieben haben. Ihnen allen gemeinsam ist im Ergebnis, dass der Primat der Energiepolitik oft nur noch auf dem Papier steht. Immer wieder setzen sich die mächtigsten Energiekonzerne selbst die Rahmenbedingungen, und für den Staat bleibt nur noch die Aufgabe des Legitimitätsbeschaffers. Das gilt in OECD-Ländern wie den USA, Japan, Deutschland und Frankreich ebenso wie in Übergangsländern wie Russland, aber auch in zahlreichen Entwicklungsländern.

Macht der Konzerne – Ohnmacht der Politik?

Wie mächtig ist die Weltmacht Energie? Was vermögen die größten Konzerne der Welt, und was hat ihnen zu ihrer Macht verholfen? Im Folgenden geht es nicht nur um die Energiekonzerne im engeren Sinn, sondern auch um die, deren Produktpalette oder Produktionsprozess im weiteren Sinn von der Verfügbarkeit über billige Energie (Öl, Elektrizität) abhängen.

Vergleicht man die Wirtschaftskraft nationaler Volkswirtschaften mit der von Konzernen, indem Konzernumsätze den Bruttoinlandsprodukten (BIP) gegenübergestellt werden, ist das Ergebnis desillusionierend: Im Jahr 2002 waren 52 der 100 größten Wirtschaftseinheiten multinationale Konzerne. Die Umsätze der 200 größten Unternehmen betrugen über ein Viertel des Welt-Bruttoinlandsprodukts. Die Umsätze eines jeden der fünf größten Konzerne, Wal Mart, General Motors, ExxonMobil, Royal Dutch/Shell und British Petroleum, waren größer als die Bruttoinlandsprodukte von über 180 Ländern. Vier der weltgrößten Konzerne hängen offensichtlich als Automobilhersteller oder Ölproduzenten direkt oder indirekt am Öltropf.

Der direkte Vergleich von Unternehmen mit Staaten zeigt, auf das Jahr 2003 bezogen: Wal Mart hat mit 256,3 Milliarden Dollar Umatz mehr Power als Schweden, dessen Bruttoinlandsprodukt 238,1 Milliarden Dollar beträgt. ExxonMobil (246,7 Milliarden Dollar) hingegen übertrifft Österreich (245,5 Milliarden Dollar), und Shell (201,7 Milliarden Dollar) ist deutlich umsatzstärker als Portugal (182,3 Milliarden Dollar). Royal Dutch/Shell mit etwa 100 000 Mitarbeitern hat die gleiche wirtschaftliche Dimension wie Portugal mit 10 Millionen Einwohnern. Der nicht unwesentliche Unterschied: Während der Konzern mit hohem Gewinn arbeitet, allein 2003 waren es 12,5 Milliarden Dollar, ist Portugal hoch verschuldet.[137] Drei der fünf größten Konzerne waren im Jahr 2003 Energiekonzerne.

Der Beitrag der Konzerne zu den Staatshaushalten ist, gemessen an ihrem ökonomischen Potenzial, bescheiden. Nehmen wir die USA als Beispiel: Die Hälfte der gelisteten Konzerne zahlte im Jahr 1999 durch entsprechende Abzüge weit weniger als den nominellen Steuersatz; sieben Konzerne erhielten sogar Geld vom Staat zurück: Texaco, Chevron, Enron, General Motors, PepsiCo, WorldCom und McKesson. In den OECD-Ländern stagnierte in den letzten 20 Jahren der Anteil der Unternehmenssteuern an den Gesamtsteuern trotz erheblich gestiegener Gewinne bei circa acht Prozent – ein Steuersatz, von dem ein Arbeitnehmer, ein Selbständiger oder auch ein mittelständischer Betrieb in Deutschland nur träumen kann. Die OECD führt die Steuerprivilegien für die Konzerne einerseits auf das verstärkte Ausweichen auf Steuerparadiese zurück, andererseits auf den Wettbewerb einzelner Länder, die für

Unternehmen Steuersenkungen versprechen, um Investitionen ins Land zu bringen.[138]

Zweifellos sind diese Zahlen beeindruckend, und sie erklären, warum Unternehmensgröße auch in der Energiewirtschaft von einigen schon resigniert mit dem „Recht" auf politische Einflussnahme und auf unregulierten Einsatz wirtschaftlicher Macht verbunden wird. Aber ist die zweifellos angewachsene wirtschaftliche Potenz tatsächlich gleichbedeutend mit Ohnmacht der Politik?

Die globalisierte Macht der Konzerne geht weitgehend auf das Konto der weltwirtschaftlichen Entwicklung in den vergangenen Jahrzehnten, in der postliberale Wirtschaftsdoktrin und Politik sich weltweit durchgesetzt haben. Mit der Maxime, dass nur Deregulierung und Entstaatlichung höhere Wirtschaftsleistungen brächten, beherrscht sie heute noch global die ökonomischen Entscheidungen. Vor allem die Aktien- und Finanzmärkte als dynamischste Kräfte der Weltwirtschaft wurden von allen kontrollierenden Fesseln befreit, es wurde ein weltweiter Wirtschaftsraum geschaffen, in dem ein von nationalen Gesetzen immer ungezügelterer Kapitalismus regiert, während der öffentliche Einfluss zurückgedrängt wurde. Es war und ist also die Politik, die die Globalisierung vorantreibt. Im Umkehrschluss bedeutet dies aber auch, dass es einer neuen Politik gelingen kann, der Globalisierung eine zukunftsfähigere Form zu geben.

Gegenwärtig hat jedoch weltweit eine am angelsächsischen Modell ausgerichtete Unternehmens- und Wirtschaftsverfassung die Vorherrschaft übernommen, die weit weniger als das „europäische Sozialmodell" auf einen Interessenausgleich zwischen Arbeit und Kapital sowie zwischen Privatwirtschaft und Gemeinwohl ausgerichtet ist. In der globalen Wirtschaftsordnung dominiert die Wirtschafts- und Unternehmensverfassung der USA, unterstützt von einer mit dieser postliberalen Ordnung eng verbundenen Politik. Im globalen Marktgeschehen produzieren so – vermittelt durch die technologische Revolution und durch eine sprunghafte Marktöffnung (nach dem Zusammenbruch der Zentralverwaltungswirtschaften) – immer mehr Produzenten unter Ausnutzung der sozialen, rechtlichen und politischen Unterschiede in Zeit und Raum zu den für sie jeweils günstigsten Standortfaktoren. Auf diese Weise konkurrieren kurzfristige Kostenvorteile gegeneinander, die in eine Abwärtsspirale von Sozial- und Umweltdumping einzumünden drohen. In dieser weltweiten Entwicklung werden auch nationale Sozialgesetze in Frage gestellt, und Arbeitsplätze wandern, wie in Deutschland und anderen Industrieländern zu beobachten ist, in Billiglohnländer ab. Auch zwischen Entwicklungs- und Schwellenländern finden Verdrängungsprozesse statt. Diese Entwicklung macht auch vor den Vereinigten Staaten nicht Halt, wo eine Debatte über

Abschottung und Protektionismus gegenüber den asiatischen Konkurrenten begonnen hat.

Freilich gibt es keinen Beweis dafür, dass ein sozial und ökologisch gebändigter Kapitalismus weniger produktiv ist als die so genannte freie kapitalistische Marktwirtschaft. Im Gegenteil, in den meisten westeuropäischen Staaten gingen die Wachstumsraten und Beschäftigungseffekte unter postliberaler Regie deutlich zurück und lagen unter denen der – allerdings nationalstaatlichen – Phase der sozialen Marktwirtschaft. Sie war die bisher längste Zeit eines stabilen Wachstums, das mit dem Ausbau sozialer Sicherung und der Festigung der Demokratie verbunden war. Die Studie *A fair globalization*[139] belegt, dass die Wachstumsraten nach dem Ende des sozialstaatlichen Korporatismus deutlich gesunken sind. Die börsenfixierte Ökonomie des Shareholder-Value hat zwar einigen Unternehmen und Volkswirtschaften kurzfristige Impulse gegeben, aber zugleich die Substanz ausgezehrt. Daher wächst auch weltweit eine oppositionelle Bewegung heran, die die intellektuelle Hegemonie des Postliberalismus zwar noch nicht gebrochen, aber ernsthaft herausgefordert hat.

Im Energiesektor ist die postliberale Doktrin weltweit unter dem Banner von „Deregulierung und Liberalisierung“ umgesetzt worden – in einigen Ländern wie Deutschland besonders konsequent. Dies war insofern außerordentlich folgenreich, als nach dem Zusammenbruch des Ostblocks und dem Ende des Kalten Krieges wesentliche politische Schranken für die Jagd auf Öl und Erdgas entfielen. Dennoch zeigt eine vergleichende Analyse, dass die Energiesysteme der USA, Russlands und Deutschlands noch immer fundamentale nationale Unterschiede aufweisen und es entscheidend von der nationalen Energiepolitik abhängt, wie sich die Globalisierung der Energiewirtschaft in diesen Staaten auswirkt.

Kapitel 9:
Die „Verölung" der Politik in den USA

Die Energiewirtschaft der Vereinigten Staaten galt lange Zeit als Paradebeispiel für den „angelsächsischen Weg". Traditionell besteht in den USA eine klare ordnungspolitische Arbeitsteilung. Neben einem kleinen Sektor von kommunalen Energieversorgungsunternehmen ist der überwiegende Anteil der Energiewirtschaft rein privatwirtschaftlich orientiert. Profitmaximierung ist hier selbstverständliches Unternehmensziel – soweit es der Regulierungsrahmen erlaubt. Denn das Gegengewicht zur Privatwirtschaft bildet eine relativ starke öffentliche Aufsicht und Preisregulierung für die Strom- und Gasversorgung. Versuche, über Anreizregulierung Energiesparprogramme der Energieversorger zu fördern und mit günstigen Vergütungen für regenerativ oder kraftwärmegekoppelten Strom auch neue „unabhängige" dezentrale Produzenten zu fördern, waren relativ erfolgreich, solange die Politik und die Regulierungsbehörden dies aktiv förderten und durch straffe Regulierung auch durchsetzen konnten.[140] Aber nur in einigen Bundesstaaten (wie Kalifornien oder der Pacific North West Region) und in besonders profilierten Unternehmen gelang es in den achtziger und neunziger Jahren, öffentlichen Zielen wie Energieeinsparung und Klimaschutz Geltung zu verschaffen. Es waren die USA, aus denen damals wichtige Impulse für die Energiesparpolitik,[141] erneuerbare Energien und effizientere Fahrzeuge (in Kalifornien) ausgegangen sind. Unter der Bush-Administration wurde allerdings erst gar nicht der Versuch gemacht, diese an sich sinnvolle Arbeitsteilung – hier eine straffe Regulierung mit klaren staatlichen Rahmenbedingungen, dort Anreize für privatwirtschaftliche Initiativen innerhalb der gesetzten ökologisch-ökonomischen Leitplanken – weiter zu entwickeln. Stattdessen wurde verstärkt einzelnen Brancheninteressen, allen voran denen der Ölindustrie, ein direkter Einfluss auf staatliche Leitentscheidungen eingeräumt. Zugespitzt formuliert, können wir diese Entwicklung unter Präsident Bush als „Verölung der Politik" bezeichnen.

George W. Bush wuchs inmitten der riesigen Ölfelder von Midland auf, wo sein Vater im Boom der sechziger Jahre zum Multimillionär aufstieg. In den siebziger Jahren ging er nach Texas, um dort sein Glück mit dem schwarzen

Gold zu machen. Der Erfolg war allerdings begrenzt. 1989 wurden seine Firmen Arbusto, Bush Exploration und Spectrum 7 von der Fördergesellschaft Harken aufgekauft. Das machte ihn immerhin zu einem wohlhabenden Mann.

Nach dem Wechsel ins Weiße Haus machte er Vizepräsident Dick Cheney zum starken Mann in Washington, der Energiesparen abschätzig als eine „nette private Tugend" abtat. Cheney leitete zuvor das texanische Unternehmen Halliburton, das Ölkonzernen die Logistik für die Ausbeutung von Gas- und Ölvorkommen liefert. Dieses Unternehmen ist auch im Irak engagiert. Innenministerin wurde Gale Norton, eine ehemalige Lobbyistin der Bergbauindustrie. In den Augen der Rechtsanwältin, die sich mit der Vorstellung hervortat, dass es kein öffentliches Interesse an Natur- und Landschaftsschutz gebe, genießen die Rechte der privaten Eigentümer absolute Priorität. Die ehemalige nationale Sicherheitsberaterin und jetzige Außenministerin Condoleezza Rice saß von 1991 bis 2000 im Aufsichtsrat von Chevron. Energieminister während der ersten Amtsperiode Bushs war Spencer Abraham, der als Vertreter der Detroiter Autogiganten gegen sparsame Motoren ins Feld zog. Der jetzige Energieminister Samuel Bodman war Chef des Chemie- und Gaskonzerns Cabot.

Mindestens 15 weitere einflussreiche Mitglieder der Administration in der ersten Amtsperiode rühmten sich engster Beziehungen zur Energie- und Automobilindustrie. So unterliegt die Energiepreis-Regulierung Pat Wood, der auf Drängen von Enron-Chef Ken Lay eingesetzt wurde. Zur Chefin der US-Umweltbehörde EPA wurde Christine Todd-Whitman ernannt. Die Ex-Gouverneurin von New Jersey gehörte zwar dem „progressiven" Flügel der Republikaner an, doch auch sie kürzte schon in ihrem Amt als Gouverneurin den Umweltetat des Bundesstaates um fast ein Drittel, schaffte das Amt des Umwelt-Staatsanwalts ab, lockerte die Strafverfolgung von Umweltvergehen und setzte wie ihr ehemaliger Kollege in Texas auf freiwillige Maßnahmen. Im Herbst 2003 wurde sie durch Michael Leavitt, den republikanischen Senator aus Utah, ersetzt, dessen Verständnis von Umweltschutz dem Präsidenten noch mehr gefiel.

Die Energielobby schreibt sich ihr Energieprogramm

Das von George W. Bush im Mai 2001 präsentierte „Nationale Energieprogramm" (der so genannte *Cheney Report*) löste weltweite Kritik aus. Nicht nur Umweltschützer sahen in der starken Betonung fossiler Energieträger, des geplanten Neubaus von weit über 1 000 neuen Kraftwerken, der Öffnung von Naturschutzgebieten zur Ölförderung, der Lockerung von Umweltstandards und der Befürwortung der Atomenergie eine unverantwortliche und rückwärts gewandte Politik. Der Eindruck drängt sich auf, dass dies unmittelbar mit der personellen Verflechtung von Bush-Administration und Energieindustrie zusammenhängt. Und tatsächlich: Die Verquickung von Politik und Wirtschaft bis hin zur Formulierung des Energieberichts wurde öffentlich dokumentiert, nachdem das National Resources Defense Council (NRDC) auf die Herausgabe von Akten geklagt hatte. Diese belegen, dass Formulierungsvorschläge der Unternehmen teilweise unverändert übernommen wurden.

Wichtiges Beispiel: Das American Petroleum Institute, das offizielle Organ der amerikanischen Ölindustrie, formulierte konkrete Vorschläge für eine Verfügung des Präsidenten hinsichtlich der besonderen Stellung von Ölunternehmen. Zwei Monate später, im Mai 2001, wurde tatsächlich eine solche Verfügung erlassen, die weitestgehend mit diesen Vorschlägen übereinstimmt. Zwei Monate vor Veröffentlichung des Energieberichtes erhielt ein Mitarbeiter des Energieministeriums eine E-Mail von einem Manager von Southern Company mit dem Vorschlag, die Reform des Clean Air Act in den Bericht aufzunehmen. Prompt wurde der Vorschlag eingearbeitet.[142]

Das alles ist kein Zufall, denn der politische Aufstieg von George W. Bush wäre ohne die Spendierhosen der Energiewirtschaft nicht so reibungslos verlaufen. Im Wahlkampf für seine erste Amtsperiode hatten 17 von Bushs Top-Fundraisern enge Verbindungen zur Ölindustrie. Der größte Spender im Jahr 1999/2000 war Enron mit über 2,3 Millionen Dollar. Aber auch ExxonMobil war mit 1,3 Millionen Dollar am Wahlkampf beteiligt.[143] Zum Vergleich: Der „grüne" Konkurrent Al Gore konnte nur 340 000 Dollar an Spenden von den Energieversorgern einwerben. Die amerikanische Stromwirtschaft gab insgesamt über 85 Prozent ihrer Spenden dem Republikaner Bush. Von der Kohleindustrie erhielt er sogar 90 Prozent der Spenden.[144]

Solche Großzügigkeit ist nicht umsonst zu haben. Was die Spender der Energieindustrie als „Gegenleistung" erwarteten, zeigte sich bei den Vorarbeiten zum Energiebericht. Nicht weniger als 18 der 25 großzügigsten Spender des Energiesektors berieten Vizepräsident Cheney bei dessen Energy Task Force, und die Firmenvertreter gaben sich auch bei Energieminister Spencer die Klinke in die Hand.[145]

Energie kann für den Frieden wie für den Krieg eingesetzt werden – das gilt für Öl genauso wie für andere Rohstoffe. Die „Ölbarone" sind nicht besser oder schlechter als die Herren von Bananen, Gewürzen oder Eisenerz. Nur: Ihre Bedeutung für die Funktionsfähigkeit eines Landes und so letztlich für Wohlstand und Reichtum ist viel größer. Die Konzerne tragen nicht nur für das eigene Unternehmen, sondern für die gesamte nationale Energieversorgung Verantwortung. Mit der Ende der neunziger Jahre einsetzenden Leitdoktrin der Deregulierung und Liberalisierung wurde die kurzfristige Maximierung des Shareholder-Value allerdings zum alles überragenden Leitziel, öffentliche Interessen und staatliche Regulierung gerieten ins Abseits – keineswegs immer zum Wohle der Aktionäre, wie der Fall Enron zeigt.

Die Hybris ökonomischer Macht

Ein Beispiel für die bedenkliche Entwicklung der „Casino"-Wirtschaft nicht nur in den USA ist der Fall des Energiegiganten Enron. Hier versagte jede Form der öffentlichen Kontrolle, was die unverfrorene Einflussnahme des Unternehmens auf Regierungsentscheidungen und die Auswirkungen auf Aktionäre und Energiewirtschaft erst möglich machte. Die Geschichte von Aufstieg und Fall des Unternehmens Enron ist so unglaublich, dass sie als Vorlage für einen Big-Business-Thriller aus Hollywood herhalten könnte. Sie begann bereits vor der Präsidentschaft von George W. Bush. Als Firmengründer Kenneth Lay 1985 aus zwei traditionellen Gasversorgungsunternehmen Enron aufbaute, ahnte niemand, dass die Firma innerhalb von nur 15 Jahren von einem kleinen lokalen Unternehmen zum siebtgrößten Konzern der USA aufsteigen würde. Doch Lay hatte eine zukunftsweisende Idee: Statt brav seine Kunden zu beliefern, erfand er den Handel mit Strom. Er kaufte und verkaufte Strom im Auftrag seiner Kunden, wobei sein Job in der Beschaffung und Lieferung bestand. Die Liberalisierung des amerikanischen Strommarktes war hierfür eine wichtige Voraussetzung. Das Geschäft blühte, Enron ging an die Börse und handelte ab 1999 auch im Internet. Das Resultat: 20 000 Mitarbeiter generierten im Jahr 2000 100 Milliarden Dollar Umsatz bei einer Milliarde Gewinn. Enron war der leuchtende Stern am Himmel der New Technology. Und wie es in den Jahren des weltweiten Börsen-Hype üblich wurde, bezogen die Angestellten ihre Altersvorsorge in Form von Aktienanteilen des eigenen Unternehmens – bei dem gigantischen Wachstum scheinbar für alle Beteiligten ein gutes Geschäft.

Denn immerhin hatte der Konzern im Jahr 2000 einen Anteil von 13 Prozent am nordamerikanischen Stromhandel und von 16 Prozent in der Gassparte.[146] Und Enron stand im Zentrum der Macht. Als George Bush nach seinem Wahlsieg Ende 2000 seine Regierungsmannschaft zusammenstellte, durfte Ken Lay höchstpersönlich die Kandidaten zum Vorstellungsgespräch bitten, die als Chef der Energieaufsichtsbehörde später seinen Konzern überwachen sollten.[147] Doch nicht nur diese peinliche Entgleisung wies auf moralische Defizite hin. Im Streben nach schnellem Profit kämpfte der Konzern praktisch auf allen Tätigkeitsfeldern am Rande der Legalität, um den Kurs der Enron-Aktien nach oben zu treiben. In der Dominikanischen Republik forderte die Niederschlagung von Unruhen, die durch von Enron initiierte

Enron und die Stromkrise von Kalifornien 2001

1996 war das Jahr, in dem der kalifornische Strommarkt dereguliert wurde. In den Jahrzehnten davor lag die Stromerzeugung, -durchleitung und -verteilung in der Hand von Unternehmen, die für das Angebot dieser Leistungen weitgehend geschlossene Versorgungsgebiete besaßen. Als im Sonnenstaat an der Westküste der Wettbewerb begann, wurden von einer Regulierungsbehörde Höchstpreise für Strom festgelegt. Die privaten Stromversorgungsunternehmen verkauften marktwirtschaftlich unrentable Kraftwerkskapazitäten und kauften stattdessen den Strom an der neuen Strombörse CALPX (California Power Exchange). Nicht ohne Folgen: Innerhalb weniger Jahre wurden aus den alten Stromversorgungsunternehmen reine Netzbetreiber, die Stromerzeugung wurde anderen überlassen.

Bereits 1999 zogen die Preise für Strom an. Dies hatte im Wesentlichen zwei Gründe: eine erhebliche Steigerung der Nachfrage und steigende Öl- und Gaspreise. Doch es kam noch schlimmer: Im folgenden Jahr schossen die Strompreise exorbitant in die Höhe. Schuld waren dieses Mal Kapazitätsengpässe[148] – es fehlte schlicht an Strom. Das Unheil nahm seinen Lauf, doch was dann im Sommer 2001 geschah, galt in der größten Volkswirtschaft der Welt bislang als unmöglich. Es gab großräumige Stromausfälle. Was war passiert?

Nach der Theorie hätten die steigenden Preise an die Kunden weitergegeben werden müssen. Aber in Kalifornien hatte man plötzlich Angst vor der eigenen Deregulierungscourage, zudem existierten noch immer die festgesetzten Höchstpreise. Die Netzbetreiber waren also gezwungen, Strom für teures Geld einzukaufen und billiger weiterzuverkaufen. Ende 2000 kam, was kommen musste: Mehrere Unternehmen gerieten in Liquiditätsschwierigkeiten, was auf die Stromerzeuger, also deren Lieferanten, rückwirkte: Diese waren nicht mehr bereit, Strom zu liefern.

Nach einigem Hin und Her wurde die Krise durch Intervention der kalifornischen Regierung und durch die teilweise Aufhebung der Höchstpreisgrenze gelöst. Als man begann, nach den Ursachen des Desasters zu forschen, kam ein ganzes Bündel von Fehleinschätzungen ans Tageslicht. Aufgrund des starken Wirtschaftswachstums stieg der Stromverbrauch. Die ehemals relativ engagierten Energiesparprogramme in Kalifornieren waren in der Deregulierungseuphorie stark zurückgefahren oder eingestellt worden. Mit der erhöhten Nachfrage konnten die Kraftwerkskapazitäten nicht Schritt halten, ebenso wenig die vorsichtige Erweiterung des Leitungsnetzes. Aufgrund des hohen Anteils an Strom aus Wasserkraft und geringer Niederschläge in den Jahren 1999 und 2000 war Kalifornien zudem auf vermehrte Stromimporte aus Oregon und Washington angewiesen, was das Leitungsnetz nicht verkraftete, und schließlich gesellten sich auch strukturelle und konzeptionelle Mängel der Deregulierung dazu.[149] Kurz nach der Krise wurde sogar eine bewusste Steuerung der genannten Kapazitätsengpässe durch Versorgungsunternehmen diskutiert.

Inzwischen ist bekannt, dass die Krise durch solche Manipulationen zwar nicht ausgelöst, wohl aber verschärft wurde. Der Hauptakteur: Enron.[150] Die Aktivitäten des Konzerns waren eine moderne Umsetzung altbekannter Rezepte, freilich mit nie gekannter Unverfrorenheit. Der Energiekonzern bediente sich gleich mehrerer Methoden, um den eigenen Profit zu steigern. Durch Buchungen der Stromhändler Enrons an der Strombörse wurde auf dem Papier zum Beispiel ein „Stromstau" verursacht, wenn die künstlichen Buchungen die Erzeugungskapazität oder die Leitungskapazität überstiegen. Dieser nicht vorhandene Stau wurde anschließend von Enron behoben (etwa durch fiktives Herunterfahren von Kraftwerkskapazität) – gegen Bezahlung. Tatsächlich blieb Enron jedoch untätig. Die Festsetzung eines Höchstpreises für kalifornischen Strom animierte Enron zu einer anderen Methode der Profitsteigerung, denn Strom außerhalb Kaliforniens unterlag dieser Preisbindung nicht. Was lag da näher, als kalifornischen Strom zu exportieren, um ihn außerhalb für ein Mehrfaches zu verkaufen? Dass Strom in Kalifornien ohnehin schon knapp war, spielte für den Konzern keine Rolle.

Stromausfälle und anschließende Preisschübe verursacht wurden, acht Todesopfer.[151] Der Anfang vom Ende der Erfolgsgeschichte kam 2001, als weltweit die New-Technology-Blase platzte und die Enron-Aktien purzelten. Es sollte der größte Konkurs in der Geschichte der Energiewirtschaft werden. Im Oktober 2001 gab Enron überraschend Verlustabschreibungen in Milliardenhöhe bekannt. Im November sickerte durch, dass in den vergangenen Jahren die Gewinne um ein Fünftel zu hoch angegeben und der größte Teil der Konzernschulden von 15 Milliarden Dollar nicht in den Bilanzen ausgewiesen worden war.[152] Der ohnehin gesunkene Aktienwert rutschte noch tiefer und löste eine Lawine aus: Anleihen, die an den Aktienkurs gekoppelt waren, wurden fällig, Geschäftspartner wechselten zu anderen Händlern, Enrons Zahlungsfähigkeit sank – die Spirale drehte sich immer weiter und immer schneller nach unten. Im Dezember 2001 erfolgte der Gang zum Konkursrichter.[153] Peinlich: In den nun folgenden Untersuchungen warf die enge persönliche Verbindung von Konzernboss Ken Lay zu Präsident Bush und zahlreichen Regierungsmitgliedern kein gutes Licht auf die Unabhängigkeit der Regierung. Das Beispiel Enron zeigt, wie erstaunlich lange sich Misswirtschaft am Leben erhalten kann, wenn mit höchster politischer Prominenz, korrupten Wirtschaftsprüfern und blauäugigen Banken eine unselige Allianz gebildet wird.[154]

So weit ist die Enron-Pleite ein besonders spektakuläres Beispiel für die rücksichtslose Profitgier, die in der Börseneuphorie in den letzten Jahren des 20. Jahrhunderts herrschte. Bedenklich aber ist, dass nationale Strommärkte von profitgierigen Stromspekulanten manipuliert werden, wenn staatliche Rahmenbedingungen und Kontrolle fehlen – und dies umso besser, je enger die Verbindung von Politik und Wirtschaft ist. Dass in liberalisierten Energiemärkten durch hemmungsloses Gewinnstreben auch die bisher üblichen Versorgungs- und Wartungsstandards über Bord geworfen werden und Versorgungsengpässe oder Blackouts vorkommen können, erscheint nahezu zwangsläufig. Besonders anrüchig für den inneren Zustand einer Demokratie ist jedoch, wenn all dies in enger Symbiose mit führenden Regierungsvertretern geschieht. Ganz nebenbei sei angemerkt, dass sich eine solche Verfilzung auch nicht mit dem unternehmerischen Selbstverständnis und der positiven Außenwahrnehmung des amerikanischen Pioniergeistes verträgt. Nicht zuletzt die Amerikaner selbst sehen in diesem Mythos, der durch eigene Kraft und Energie Unmögliches möglich macht, ihre Vorbildfunktion für die ganze Welt. Diese Selbstheroisierung scheint durch eine eher triste Realität überholt, in der eine überaus einflussreiche Energiebranche ihre Gewinne durch politische Einflussnahme maximiert. Gerade der viel beschworenen Musterdemokratie der Vereinigten Staaten ist diese Verquickung von Energiewirtschaft und Politik an der parlamentarischen Kontrolle vorbei höchst unbekömmlich.

Kapitel 10:

Russland: Die Renationalisierung der Energiewirtschaft

Neben den USA ist auch Russland ein Land, dessen Energiewirtschaft weltweit und besonders für die EU und Deutschland von großer Bedeutung ist. Im ehemaligen Land der Zaren kam es nach dem Ende der Sowjetunion neben den Bemühungen um Demokratisierung der Innen- und Außenpolitik auch zu einem Kampf um den Zugriff auf die Energieressourcen.

Vor diesem Hintergrund sind auch die jüngsten Entwicklungen in der innenpolitischen Landschaft zu sehen. Da ist einerseits der Konzern Jukos mit seinem gefallenen Patron Michail Chodorkowski, andererseits der Tschetschenienkonflikt – zwei politische Konflikte, die direkt nichts miteinander zu tun haben, bei näherer Betrachtung aber über die Energie- und Ressourcenfrage in einem inneren Zusammenhang stehen.

Brennpunkt Tschetschenien

Die geografische Lage der abtrünnigen Provinz ist mehr als brisant, denn sie gilt seit jeher als der kaukasische Transportkorridor in den Westen. Dies trifft auch für Erdöl aus dem Kaspischen Meer und dessen Umgebung zu. Die Pipeline von Baku (Aserbaidschan) pumpt seit 1997 jeden Tag etwa 120 000 Barrel Rohöl an den russischen Schwarzmeerhafen Noworossijsk. Sie verläuft durch Tschetschenien und direkt durch Grosny. Der Betreiber ist zwar das Azerbaijan International Oil Consortium (AIOC), doch Russland erhebt Durchleitungsgebühren. Bisher verläuft die knapp 1 400 Kilometer lange Pipeline nur durch Aserbaidschan und Russland. Wäre Tschetschenien unabhängig, brächte sie dem tschetschenischen Haushalt einen erheblichen Anteil der Durchleitungsgebühren ein. Russland müsste wohl seine Gebühren senken.

Für Russland stehen aber nicht nur Durchleitungsgebühren auf dem Spiel. Es geht vielmehr um die Möglichkeit, den Ölfluss direkt zu kontrollieren. Ein unabhängiges Tschetschenien würde den Einfluss Moskaus im Kaukasus weiter vermindern – dort, wo westliche Staaten permanent ihre Präsenz verstärken.

Mehr noch: Könnte sich Tschetschenien von Moskau lösen, würde dies auch andere Teilrepubliken in ihrem Bestreben nach mehr Unabhängigkeit bestärken.

Russisches Öl-Monopoly

Für Moskau sind Energieressourcen schon immer ein besonders bedeutsames Instrument der Wirtschafts-, Sicherheits- und Außenpolitik gewesen. Die Energieindustrien Öl und Gas sind die russischen Industrien schlechthin. Die sieben größten russischen Unternehmen des Jahres 2003 waren Energiekonzerne. Die Energieexporte machen fast 25 Prozent des russischen Bruttoinlandsprodukts aus, sie bringen etwa 60 Prozent der Devisen und sorgen für ein Viertel der gesamten Steuereinnahmen. Kurzum: Ohne Energieproduzenten brächen die russischen Staatsfinanzen in kürzester Zeit zusammen. Russland ist einer der drei größten Erdölproduzenten und der größte Gasproduzent der Welt. Die Bedeutung im internationalen Energiesystem wird in den kommenden Jahren allein aufgrund der Ölproduktion, aber auch aufgrund der immer stärkeren Abhängigkeit der EU vom russischen Gas stetig wachsen.

Die Verfügungsgewalt über Öl und Gas bedeutet eine gigantische Konzentration von Macht und Reichtum. Kein Wunder, dass nach dem Zerfall der Sowjetunion ein heftiger Kampf darüber ausgefochten wurde, wem diese Macht zukommt und mit wem die Mächtigen bereit sind sie zu teilen. Doch nach der Phase des „Cowboy-Kapitalismus“ und der räuberischen Privatisierung vor zehn Jahren arbeitet der Staat inzwischen wieder mehr auf eine staatskapitalistische Indienstnahme der Energiewirtschaft hin. Vielleicht war es Wladimir Putin selbst, der den Entschluss fasste, die Privatisierung der Energiesparten in großen Teilen rückgängig zu machen und die staatliche Kontrolle wieder zu übernehmen.

Die Erdgasproduktion ist dabei kein großes Problem. Sie wird von einem einzigen Unternehmen beherrscht, nämlich Gazprom, das über Produktion und Transport gebietet. Dieser Konzern allein erwirtschaftet acht Prozent des russischen Bruttoinlandprodukts. Seit Juni 2001 stellt der Kreml wieder die personelle Mehrheit im Aufsichtsrat mit sechs von elf Sitzen. Aber schon vorher war der russische Staat mit gut 38 Prozent der größte Anteilseigner von Gazprom. Der Kreml sitzt also fest im Sattel.

Anders beim Öl: Bis auf die staatliche Firma Rosneft, der größte russische Ölproduzent, gehören die inzwischen relativ zahlreichen privaten Ölproduzenten alle zu den so genannten „Oligarchen“. Diese hatten sich nach dem Zusammenbruch der UdSSR in der Manier von Raubrittern die russische

Ressourcenindustrie angeeignet. Seither gestalteten sie die Ölproduktion nach mehr oder weniger privatkapitalistischen Geschäftspraktiken. Der erfolgreichste unter ihnen war Michail Chodorkowski, dessen Firma Jukos zwei Prozent der weltweiten Ölreserven „besitzt".

Dass die profitable Verwertung von Erdöl den Transport von der Quelle zum Verbraucher voraussetzt, ist eine Binsenweisheit – und der Hebel für den Einfluss Moskaus. Denn für diesen Transport war und ist der Pipeline-Monopolist Transneft verantwortlich. Er bewegt 97 Prozent des russischen Erdöls und ist zu drei Vierteln Eigentum des russischen Staates. Im Aufsichtsrat sitzt auch der Leiter der Präsidialverwaltung des Kreml, Wladislaw Surkow. Somit wird das Unternehmen direkt vom Staat kontrolliert.

Nach Meinung einiger Beobachter geht es bei der Auseinandersetzung zwischen dem Kreml und Chodorkowski um einen Warnschuss vor den Bug der Oligarchen. Die Botschaft: Haltet euch von den Angelegenheiten des Staates fern. Dieser Einschüchterungseffekt mag durchaus eine Rolle gespielt haben. Auch dass Chodorkowski Parteien und Menschenrechtsgruppen finanziert hat, die dem Kreml kritisch gegenüberstanden, war gewiss eine Provokation. Doch der Kern des Problems liegt in der strategischen Bedeutung des Öls. Ohne sie gäbe es keinen „Fall Chodorkowski".

Chodorkowskis Strategie war es, Jukos zum globalen Spieler zu machen, um weltweit mit anderen Ölmultis gleichziehen zu können. Um das zu erreichen, wollte er mehr Unabhängigkeit von dem staatlichen Monopolisten Transneft, der die Ölexporte kontrollierte. Er betrieb den Bau einer eigenen Ölpipeline nach Daqing in China. So hätte er das staatliche Transportmonopol und die Kontrolle über die Ausfuhr von Öl durchbrechen können. Damit Jukos ein Global Player hätte werden können, hätte zudem eine nach internationalen Gepflogenheiten transparente Geschäftspolitik gemacht werden müssen. Eben diese Transparenz widerspricht aber der russischen Praxis, dass alle sensiblen Daten (auch über Öl- und Gasreserven) sogar in Zeiten der Marktwirtschaft immer noch ein Staatsgeheimnis sind. Mit anderen Worten: Für Moskau ist undenkbar, dass ausländische Geschäftspartner und Manager russischer Energieunternehmen die Basisdaten etwa von Jukos erfahren dürfen. Die international geforderte Transparenz von Wirtschaftsunternehmen läuft den Sicherheitsinteressen Russlands entgegen. So hatte der Kreml aus seiner Sicht triftige Gründe, Jukos zu zerschlagen, und es kann auch nicht erstaunen, dass der Machtkampf um Jukos vielleicht sogar von Putin persönlich geführt wurde. Die Duma spielte keine Rolle.

Der vorläufig letzte Akt des Dramas war die Versteigerung von Juganskneftegas, die Ölfördertochter und das Kronjuwel des Jukos-Konzerns, für nur 7 Milliarden Euro an die unbekannte Baikal-Finanzgruppe. Der Marktwert wird auf das Doppelte geschätzt. Moskauer Analysten vermuteten hinter diesem Überraschungssieger von Anfang an eine Tarnfirma des vom Kreml kontrollierten Gazprom-Konzerns. Einige Tage später enthüllte Putin: „Rosneft, die zu 100 Prozent dem Staat gehört, hat Jugansknefteg as gekauft. Ich denke, alles wurde nach den Methoden des Marktes getan." Gut möglich, dass dieses Vorgehen die Vorstufe für einen gigantischen staatlichen Energiekonzern unter dem Mantel des Gazprom-Konzerns darstellt.

Ein westliches Bankenkonsortium mit der Deutschen Bank an der Spitze hatte bei dieser Konstellation keine Chance, zum Zuge zu kommen.

Die vorläufige Zerschlagung der ehemals „wertvollsten Firma Russlands" beweist, dass sich Russland unter Wladimir Putin bewusst weiter von echter Marktwirtschaft und einer unabhängigen Justiz ab- und wieder mehr dem Feudalrecht russischer Tradition zuwendet. Andererseits wurde durch das rüde Vorgehen die Gefahr beherrschender ausländischer Investitionen und damit des Kontrollverlusts über den strategischen Rohstoff Erdöl abgewehrt – und dies ist ganz im Sinne weitergehender Kreml-Pläne.

In informierten Kreisen der Energie- und Ressourcenwirtschaft fällt häufiger der Begriff der „KremPEC". In Anlehnung an die OPEC verbirgt sich hinter diesem Begriff die Strategie der russischen Staatsführung, die nationale Energieindustrie weltweit zu einem bedeutenden Spieler zu machen wie die OPEC – unter staatlicher Führung. Dazu passt die Spekulation, dass unter dem Dach von Gazprom ein einheitlich kontrollierter Staatskonzern gebildet werden soll. Vor diesem Hintergrund kommt einer erstarkten russischen Öl- und Gasproduktion der Terrorismus in Saudi-Arabien und im Irak durchaus gelegen. Das klingt zynisch, doch die Rechnung lässt sich auf einen einfachen Nenner bringen: Je instabiler andere Ölproduzenten werden, umso wichtiger und stabiler wird der Gas- und Ölproduzent Russland.

Mit einer KremPEC könnten die einzelnen russischen Ölproduzenten zu koordiniertem Handeln gebracht werden. Dies wäre ein mächtiges Instrument Russlands, um sich nach dem Untergang der UdSSR wieder als Großmacht und internationaler Energieriese zu positionieren. Tatsächlich spielt dieses Argument in der innenpolitischen russischen Diskussion eine Rolle: Es wird darüber spekuliert, ob die Energieabhängigkeit anderer Staaten in eine Art „vorauseilenden Gehorsam"[155] gegenüber Russland und nicht zuletzt in die Hinnahme der zweifelhaften Tschetschenienpolitik umgemünzt werden kann.

In diesen Kontext passt auch die von Putin selbst vorgeschlagene „Eurasische Gasunion". Hiernach sollen sich Russland, Kasachstan, Usbekistan und Turkmenistan zu einer Art dauerhafter Kooperative zusammenschließen. Russland hätte in diesem Quartett nicht nur aufgrund seiner extrem großen Gasvorkommen die dominante Rolle. Bedeutend wichtiger wäre, dass eine solche Kooperation die Kontrolle über den Gastransport aus Turkmenistan, Kasachstan und Usbekistan letztlich in Russlands Hände legen würde. Denn alternative Exportwege wären von russischer Zustimmung abhängig. Kurzum: Die kleineren drei Staaten würden sich mit dieser Gasunion einen Bärendienst erweisen. Turkmenistan, Kasachstan und Usbekistan würden ihre eigenen sicherheitspolitischen, außenpolitischen sowie wirtschaftlichen Interessen von einem dominanten Partner abhängig machen. Im Interesse der Gasverbraucher, allen voran in der EU, wäre eine solche Union sicher auch nicht.

Bleibt in diesem Zusammenhang noch die Elektrizitätsindustrie Russlands als Teil des russischen Staatskapitalismus. Für ihre Modernisierung haben Weltbank, IWF und Europäische Bank für Wiederaufbau mit der Hoffnung auf Liberalisierung beträchtliche Gelder gegeben. Von echter Liberalisierung kann jedoch keine Rede sein. Stattdessen wird der Monopolist UES Vereinigte Energiesysteme vom Kreml dominiert: Zehn von 15 Aufsichtsratsmitgliedern kommen aus der Putin-Regierung. Öl, Erdgas und Elektrizität sind also außenpolitische Instrumente des russischen Staatskapitalismus, mit dem die EU besonders enge Wirtschaftsbeziehungen unterhält. Bei steigender Energieabhängigkeit der EU von Russland keine beruhigende Perspektive für die Demokratisierung der Innen- und Außenpolitik.

Wenn die Versorgung mit Energie den politischen Beziehungen zwischen Staaten entspricht, ist die Energieversorgung genau das, was sie nicht sein darf: ein politisches Instrument mit allen außenwirtschaftlichen Folgen bis hin zur Erpressbarkeit. Im Fall Russlands muss die Einschränkung gemacht werden, dass einer solchen weltpolitischen Instrumentalisierung bisher noch bedeutende Hindernisse entgegenstehen. Das Land kann aus eigener Kraft seine Energieproduktion kaum auf dem derzeitigen Stand halten, geschweige denn modernisieren. Aber das kann sich ändern.

Kapitel 11:
Energiewirtschaft und Politik in Deutschland

Die historische Symbiose von Staat und Energiewirtschaft

Auch in Deutschland war die Verknüpfung von Energiewirtschaft und Politik traditionell eng. Die Geschichte der deutschen Energieversorgung begann 1882, als in Berlin die ersten elektrischen Straßenlaternen leuchteten. Nur zwei Jahre später, 1884, erfolgte die Gründung der AG Städtische Elektrizitätswerke Berlin (die spätere BEWAG), 1894 nahm mit den bayrischen Isarwerken das erste regionale Elektrizitätsversorgungsunternehmen den Betrieb auf, und 1898 wurde in Essen RWE gegründet. 1911 gab es bereits 2320 Elektrizitätswerke im Deutschen Reich.

Mit dem Energiewirtschaftsgesetz vom 13. Dezember 1935 wurde in der leitungsgebundenen Energiewirtschaft eine enge Symbiose zwischen dem NS-Staat und der Stromverbundwirtschaft hergestellt. Sie führte zur einer weitgehenden Gleichschaltung der Ziele von Staat und Energiekonzernen, verbunden mit der Strategie, durch „Flurbereinigung" und gezielte „Entkommunalisierung" die Vielfalt und den Einfluss der kommunalen Versorgungswirtschaft zurückzudrängen und den nationalsozialistischen Staatszielen zu unterwerfen – mit durchaus erheblichen innerparteilichen Auseinandersetzungen. Ferner sicherte sich der Staat Einfluss auf Planung, Betrieb und Preisbildung der Stromwirtschaft. Es entstand eine Stromverbundwirtschaft, deren Grundstruktur und rechtliche Grundlage in dem Gesetz von 1935 bis Ende der neunziger Jahre überdauerte.

Zum besseren Verständnis sei erwähnt, dass einige Besonderheiten der Stromwirtschaft sich aus zwei physikalischen Eigenschaften von Strom ergeben: Leitungsgebundenheit und Nichtspeicherbarkeit. Die Energieversorger sind gezwungen, ausgedehnte Leitungsnetze zu Kraftwerken und Verbrauchern zu unterhalten. Gleichzeitig müssen stets ausreichend Kraftwerks- und Netzkapazitäten bereitstehen, um auch unerwartete Nachfragespitzen, die so genannte „Spitzenlast", zu bewältigen. Die nachvollziehbare Konsequenz: Diese Unternehmen haben einen hohen Kapitalbedarf, sind sehr investitionsintensiv und pochen gegenüber der Staatsaufsicht auf weitgehende Investitions- und Planungssicherheit. Mit der ständigen und versorgungssicheren Bereitstellung von Strom erfüllen sie zweifellos nationale Grundbedürfnisse. Deshalb hat man in Deutschland den Energieversorgungsunternehmen über 50 Jahre Gebietsmonopole zugestanden. In der Praxis bedeutete dies, dass in einem fest umrissenen Gebiet nur einem Stromanbieter die Betriebskonzession und damit ein risikoloses Absatzgebiet mit nahezu garantierter Gewinnerzielungs- und Kostenüberwälzungsgarantie zugestanden wurde. Der Anreiz zur Kosteneinsparung war minimal, denn weder über den Wettbewerb noch über eine straffe öffentliche Aufsicht erfolgt eine wirksame Investitions- und Effizienzkontrolle.

Allerdings wurde das „natürliche Monopol" des Stromnetzes[156] fälsch–licherweise auch auf den Bereich der Erzeugung und den Vertrieb an die Endverbraucher übertragen, die dem Wettbewerb hätten ausgesetzt werden können. Dagegen haben sich die deutschen Verbundunternehmen bis in die neunziger Jahre erfolgreich zur Wehr gesetzt.

1998: Mehr Wettbewerb durch das neue Energiewirtschaftsgesetz

Der Gesetzesänderung in Deutschland ist eine Neuregelung auf europäischer Ebene vorangegangen. Durch die Verabschiedung der EU-Binnenmarkt-Richtlinie Elektrizität[157] wurde der Grundstein dafür gelegt, den Binnenmarkt für Elektrizität in Europa voranzutreiben und den direkten Wettbewerb auf nationaler und EU-Ebene zwischen Stromunternehmen einzuführen.[158] Am 29. April 1998 trat dann auch in Deutschland ein neues Energiewirtschaftsgesetz in Kraft.[159] Kein anderes Industrieland mit vergleichbarer stromwirtschaftlicher Kapazität und Konzentration der Elektrizitätswirtschaft hat weltweit mit einem derart radikalen Schnitt die rechtlichen Privilegien der Versorgungsunternehmen, aber auch die rechtlichen „Schutzräume" (Gebietsmonopole) für die Vielzahl der Stadtwerke gegenüber den Stromverbundunternehmen aufgehoben. Wettbewerb war nun nicht mehr „volkswirtschaftlich schädlich", sondern wurde als Lösung aller Probleme in der Stromwirtschaft angepriesen. Im Rahmen der von der EU beschlossenen Deregulierung der Energieversorgung wurden als wichtigste Neuerung die Gebietsmonopole durch die Energieversorger aufgehoben. Ziel des von der stromintensiven Industrie herbeigesehnten Wettbewerbs war eine möglichst sichere und preisgünstige Energieversorgung nicht durch das Monopol, sondern durch unregulierten Preiswettbewerb. Als weiteres Ziel wurde zwar auch eine umweltverträgliche Versorgung mit Elektrizität und Gas im Gesetz verankert. Aber von Anfang an war unklar, wie durch einen unregulierten Markt, sinkende Preise und gleichzeitig mehr Klima- und Ressourcenschutz herbeigeführt werden sollte.

Hatten die Monopolbetriebe ihre Kunden über 60 Jahre lang fest im Griff, so herrschte nun theoretisch Wettbewerb bis zum letzten Abnehmer. Jeder Kunde, Haushaltskunde wie auch Gewerbe- oder Industriekunde, konnte im Prinzip von dem Stromversorger seiner Wahl Strom beziehen. Auf dem Papier entsprach dies gegenüber den Gebietsmonopolen von 1935 zweifellos einer Liberalisierung. Aber: Die ökonomische Basis des Monopols, die Großraumverbundwirtschaft, wurde nicht geändert. In Verbindung mit den bestehenden Überkapazitäten und der marktbeherrschenden Stellung der großen Stromkonzerne auf der Verbundebene waren bei Eröffnung des Wettbewerbs 1998 keine gleichen Startchancen und keine hinreichenden Ausgangsbedingungen für einen fairen Wettbewerb vorhanden.

Dies hatte weitgehende Konsequenzen: Zum einen wurde weiter an der Legende festgehalten, dass trotz dieser strukturellen Ungleichheit der real deformierte Wettbewerb die positiven Effekte eines „vollkommenen Wettbewerbs" wie Effizienzsteigerung, dynamische Investitions- und Innovationstätigkeit, Liberalisierung, Demokratisierung durch freien Marktzutritt und Anbietervielfalt zeitigen würde. Zum anderen verstanden es die großen Energieversorgungsunternehmen geschickt, die Formel „Privatwirtschaft – Wettbewerb – Liberalisierung" für ihre Interessen zu nutzen und Abwehrreflexe gegen die offenkundig überholte Assoziation „Staat – Regulierung – Dirigismus" auszulösen. Damit wurde die falsche Alternative „Markt oder Regulierung" konstruiert und geflissentlich übersehen, dass die Realität der Energiewirtschaft sowohl staatliche Interventionen gegen Marktversagen und Markthemmnisse als auch Wettbewerb gegen bürokratische, staatliche Interventionen erforderlich macht. Staatliche Regulierung und Interventionen zur Begrenzung der strukturellen Ungleichheit wurden auch dann noch als Dirigismus verteufelt, als die Fehlsteuerung schon längst offensichtlich geworden war.

Die schlagartige Öffnung des Wettbewerbs zwischen den Goliaths der Verbundmonopole und der Vielzahl von Davids verstärkte die Vorteile für die Großen. In Bezug auf die Verfügungsgewalt über nukleare und fossile Primärenergiequellen der Stromerzeugung und des Netztransports stand einer kleinen Gruppe extrem liquider und bereits stark konzentrierter Großkonzerne eine Vielzahl von Mittel- und Kleinunternehmen (vor allem Stadtwerke) gegenüber. Weder durch eine Entflechtung der vertikal integrierten Großkonzerne noch durch eine Regulierung des fairen Netzzugangs, wie es in allen anderen europäischen Ländern durch eine Regulierungsbehörde gewährleistet wurde, wurde in Deutschland auch nur annähernd die Chancengleichheit geschaffen, die ein funktionsfähiger Wettbewerb braucht. „Fairer Netzzugang" hätte zum Beispiel bedeutet, dass unabhängig von Größe und Netzbesitzer auch alle Newcomer (also auch kleine Betreiber von Kraft-Wärme-Kopplungs-Anlagen mit Stromeinspeisung ins Netz oder Öko-Stromproduzenten und Öko-Händler) diskriminierungsfrei Zugang zu den Netzen bekommen und nicht durch Kampfpreisangebote oder überhöhte Netzgebühren an der Mitbenutzung der Netze gehindert werden. Durch die Neufassung des Energiewirtschaftsgesetzes und die Einführung einer Bundesagentur für den Netzzugang wurde im Jahr 2005 der Wettbewerb auf eine neue Grundlage gestellt.

Ungleichheit mit Folgen

War die „vergessene strukturelle Ungleichheit" kühles Kalkül von Strategen oder Selbsttäuschung von Marktradikalen? Jedenfalls führte dieser Geburtsfehler des Wettbewerbskonzepts nicht zu einer Liberalisierung, sondern zu einem Machtgewinn der Großen auf den Energiemärkten. Statt die notwendigen Handlungsspielräume beim Ressourcen- und Klimaschutz zu erweitern, hat er den Gestaltungsspielraum für eine nachhaltige Energiewirtschaft eingeengt.

Erstes Opfer der strukturellen Ungleichheit und der Ideologie des „freien Wettbewerbs" wurde die strategische Steigerung der Energieeffizienz durch die Energieversorgungsunternehmen. Das gilt besonders für die verstärkte Markteinführung der Kraft-Wärme-Kopplung, weil nur durch gezielte Anreizregulierung und neue Rahmenbedingungen faire Wettbewerbschancen hätten hergestellt werden können.

Das Tauziehen um die Kraft-Wärme-Kopplung

Die gemeinsame Erzeugung von Strom und Wärme[160] ist überall dort eine bewährte Technik, wo nicht nur Strom, sondern auch Wärme etwa für Heizung, Warmwasser oder Prozessdampf benötigt wird. Der Wirkungsgrad von Kraftwerken reiner Stromerzeugung kann durch Kraft-Wärme-Kopplung auf über 90 Prozent angehoben werden. Da eine Vielzahl von Objekten wie Wohn- und Bürogebäude, Krankenhäuser oder Schwimmbäder, verdichtete Siedlungsgebiete für Nah- und Fernwärme und Industrieprozesse für den Einsatz dieser Technik geeignet sind, ist deren Potenzial beträchtlich.

Anders als die Markteinführung der erneuerbaren Energien ist daher eine Ausweitung der Kraft-Wärme-Kopplung sowohl qualitativ als auch quantitativ mit erheblichen Strukturänderungen und insofern auch mit einer Verschiebung der Machtverteilung auf dem Strommarkt verbunden. Denn die umfangreiche Dezentralisierung der Strom- und Wärmeerzeugung hat auch eine Dekonzentration von Marktmacht zur Folge. Insofern ist die Auseinandersetzung über die zukünftige Rolle der Kraft-Wärme-Kopplung in mehrfacher Hinsicht ein Lehrstück über das Verhältnis von Energiewirtschaft, Energiepolitik und Demokratie – ein Testlauf, ob der Strukturwandel zu einer dezentraleren Stromerzeugung gelingen kann.

Im April 1998 billigte die Kohl-Regierung bei der Verabschiedung des neuen Energiewirtschaftgesetzes der Kraft-Wärme-Kopplung zwar eine „besondere Bedeutung" zu, doch blieb es der Elektrizitätswirtschaft überlassen, durch freiwillige Selbstverpflichtung Maßnahmen zur Erhöhung des Versorgungsanteils von Kraft-Wärme-Kopplung zu treffen. Ergebnis: kein Interesse. Nach dem Regierungswechsel hat Rot-Grün den „breiteren Einsatz der Kraft-Wärme-Kopplung" im Koalitionsvertrag vereinbart, aber vorhersehbar war, dass der sofortige unregulierte Übergang zum direkten Strompreiswettbewerb die ohnehin marktbeherrschende Stellung der Großstromproduzenten weiter verstärken würde. Der strukturell bedingte Wettbewerbsvorteil durch hohe Überkapazitäten der Verbundunternehmen, die zudem aus einem weitgehend abgeschriebenen Kraftwerkspark stammten, führte zu einem drastischen Strompreiseinbruch, zum Zusammenbruch des Kraft-Wärme-Kopplung-Marktes und zu massiven Abschaltungen bestehender Anlagen.

Diesem Fiasko folgte ein Prozess, dessen Dramatik sowohl die paradigmatische Bedeutung des Streits als auch die Unfähigkeit der Politik widerspiegelt, das Problem an der Wurzel der strukturellen Ungleichheit zu packen und dem Primat der Politik auch gegen massive Interessen energisch Geltung zu verschaffen. Im November 1999 kündigte die Bundesregierung an, „bis Mitte 2000" eine Quote oder gleichermaßen wirksame Instrumente zur „Verdopplung des Anteils von Kraft-Wärme-Kopplung innerhalb des nächsten Jahrzehnts" zu beschließen, wenn sie sich „als die geeignetste Technologie" zur Erreichung des deutschen Klimaschutzziels erweise. Immerhin: Eine Verdopplung hätte der Stromproduktion von etwa sechs Kernkraftwerken entsprochen. Doch für Kenner des Politikgeschäfts war schon absehbar, dass durch den erneuten Auftrag, die Eignung zu prüfen, das eigentliche Ziel, nämlich der rasche Ausbau der Kraft-Wärme-Kopplung in all ihren Formen, verloren gehen musste.

Im Juli 2000 wurde ein Kompromiss formuliert, der das Verdopplungsziel aufgab, aber noch eine Kohlendioxid-Minderung durch den Ausbau der Technologie um 10 Millionen Tonnen bis 2005 und 23 Millionen Tonnen bis 2010 vorsah und dieses Ziel durch eine Quotenregelung erreichen wollte. Es folgte eine höchst ideologisierte Debatte um das scheinbar „dirigistische" Reizwort „Quote". Einhelliges Verdikt der Verbundunternehmen und einiger Politiker: „Nicht marktkonform."

Es dauerte ein weiteres Jahr, bis sich die Minister Trittin und Müller im März 2001, wie zu erwarten war, darauf einigten, „dass die Quote als Instrument vorläufig nicht weiter verfolgt werden soll". Stattdessen sollte eine Kombination aus Selbstverpflichtung und Bonuslösung gefunden werden. Im August 2001 beschloss die Bundesregierung den Entwurf eines „Gesetzes für die Erhaltung, die Modernisierung und den Ausbau der Kraft-Wärme-Kopplung" (KWK-Gesetz), das am 25. Januar 2001 gegen die Stimmen der Oppositionsparteien vom Bundestag verabschiedet wurde. Zwar enthält es noch die im Juli 2000 verabschiedeten Kohlendioxid-Minderungsziele und erhöht teilweise die Fördersätze für modernisierte Anlagen und Kleinstanlagen. Aber durch fehlende Förderung großer und mittlerer neuer Anlagen erschließt das Gesetz keine zusätzlichen Potenziale. Es trat im April 2002 in Kraft. Damit war es nicht gelungen, die klima- und ressourcenpolitische Notwendigkeit sowie die wirtschaftlichen Vorteile der kommunalen und industriellen Kraft-Wärme-Kopplung zur Wirkung zu bringen. Vielmehr konnte ihr das Odium einer von Subventionen und staatlicher Förderung abhängigen Technik angehängt werden. Die Kraft-Wärme-Kopplung, so war nun zu hören, hänge im Gegensatz zu den etablierten Großkraftwerken am Dauertropf des Staates. So kam es, wie es kommen musste: Statt der im Gesetz noch genannten Zielmarke von 23 Millionen Tonnen Kohlendioxid-Reduktion wird nach einer Schätzung aus dem Jahr 2004 die wirkliche Reduktion nicht einmal die Hälfte betragen.[161]

Während der Energiepolitik bei der Kraft-Wärme-Kopplung angesichts der strukturellen Ungleichheiten auf dem Energiemarkt unterlassene Hilfeleistung vorgeworfen werden kann, muss die uneingeschränkte Praxis der Entsorgungsrückstellungen bei Atomkraftwerken als bewusste rechtliche Privilegierung und

Entsorgungsrückstellungen der Atomwirtschaft: ein unverdienter Wettbewerbsvorteil

Hauptprobleme der derzeitigen Finanzierung von Stilllegung, Rückbau und Entsorgung im Kernenergiebereich sind die durch sie hervorgerufenen Wettbewerbsverzerrungen im liberalisierten Energiemarkt, die mangelnde Finanzierungssicherheit und die unklare Finanzierung der Suche nach einem geeigneten Endlagerstandort.

Die deutschen Kernkraftwerksbetreiber haben mehr als 28 Milliarden Euro für zukünftige Stilllegungs-, Rückbau- und Entsorgungstätigkeiten zurückgestellt (Stand: 31. Dezember 2003). Doch was passiert mit den angesammelten Milliarden, bis die Gelder Jahre oder Jahrzehnte später für ihren eigentlichen Zweck benötigt werden? In Deutschland können die Betreiber über die Gelder frei verfügen und sie zur Innenfinanzierung anderweitiger Aktivitäten verwenden. Die Zins- und Beteiligungserträge aus der Anlage der Rückstellungsgelder sind ein erheblicher Anreiz für den Weiterbetrieb der deutschen Kernkraftwerke und das Hinauszögern von Stilllegung, Rückbau und Endlagerung. Ertrags- und günstige Innenfinanzierungsmöglichkeiten in solch großem Umfang besitzen andere Energieunternehmen nicht. Diese Rückstellungspraxis führt zu einer Verzerrung des Wettbewerbs.

Mit Blick auf die unterschiedliche Praxis der Finanzierungsvorsorge hat die Europäische Kommission bereits 1999 Harmonisierungsbedarf festgestellt. Eine Regelung auf europäischer Ebene erscheint notwendig, um die Wettbewerbsverzerrungen im liberalisierten Elektrizitätsbinnenmarkt zu beseitigen und die Finanzierungssicherheit zu erhöhen. Das Europäische Parlament hat aus Anlass der Novellierung der Binnenmarktrichtlinien folgerichtig die Einführung unabhängig kontrollierter Fonds gefordert, in die die Betreiber die angesammelten Gelder und zukünftig zu entrichtende Beiträge einzahlen sollen. Anfang November 2002 nahm die Kommission die Fondsidee auf, allerdings in stark abgeschwächter Form, wodurch die Beibehaltung der bisherigen deutschen Rückstellungspraxis möglich blieb.

Ein wesentlicher Aufgabenbereich dieses Fonds ist es, die Suche nach einem geeigneten Endlager für nukleare Abfälle zu finanzieren. Allein für die Endlagersuche rechnet das Bundesamt für Strahlenschutz mit bis zu 700 Millionen Euro, die Endlagerkosten insgesamt könnten sich nach Expertenschätzung auf 5 Milliarden Euro summieren.

Ein Instrument, das alle Probleme der derzeitigen Rückstellungspraxis gleichzeitig und zufriedenstellend löst und die Finanzierung des gesamten Endlager-Auswahlverfahrens durch die Abfallverursacher bei Abschluss eines sachgerechten Auswahlverfahrens durch Bundestagsentscheidung und Bundesgesetz juristisch zweifelsfrei ermöglicht, ist derzeit nicht vorhanden. Bei allen Lösungsvorschlägen kommt es letztlich darauf an, wie das Verhältnis zwischen Staat und Betreibern gestaltet wird, über welche Kontroll- und Einflussmöglichkeiten der Staat also zur Wahrung von Gemeinwohlinteressen und zur Wettbewerbssicherung in der Energiewirtschaft am Ende verfügt.[162]

Sicherung eines ungerechtfertigen Wettbewerbsvorteils charakterisiert werden. Denn von der staatlichen Aufsicht wurde und wird toleriert, dass strukturelle Finanzierungsvorteile der Großkraftwerksbetreiber als strategischer Wettbewerbsvorteil gegenüber der Konkurrenz genutzt werden können. Auf der Grundlage von nicht die Vollkosten deckenden Kampfpreisen aus abgeschriebenen Atomkraftwerken und zusätzlich gestärkt durch eine „Kriegskasse“ von knapp 30 Milliarden Euro Liquidität aus den Rückstellungen für Entsorgung und Stilllegung von Kernkraftwerken, konnten die Großen einen regelrechten Feldzug der Unternehmensaufkäufe finanzieren (vgl. Kasten S. 135 „Entsorgungsrückstellungen der Atomwirtschaft: ein unverdienter Wettbewerbsvorteil“).

Entkommunalisierung – Stadtwerke gegen Energiegiganten

Der strukturelle Wettbewerbsvorteil des Großkraftwerks- und Verbundsystems und das Finanzierungsprivileg aus den nuklearen Rückstellungen waren wesentliche Gründe dafür, dass eine Entkommunalisierungswelle durch das Land ging. Auch Hoffnungen auf eine „Rekommunalisierung“, vor allem in Ostdeutschland, wurden ins Gegenteil verkehrt.

Ordnungspolitisch bedeutet „Entkommunalisierung“, dass die in der leitungsgebundenen Energiewirtschaft vorhandenen Potenziale für mehr Bürgernähe, mehr Partizipation bei der Festlegung der Unternehmensziele und mehr Transparenz bei der wirtschaftlichen Rechnungsführung (bei der Gestaltung von Preisen und Gebühren), also die Chancen für eine Demokratisierung der Energieversorgung, tendenziell reduziert werden. Die potenziellen Chancen einer engeren Verbundenheit von Stadtwerken mit den Bürgern, der örtlichen Wirtschaft und den regionalwirtschaftlichen Kreisläufen werden selbst von ihren Kritikern nicht in Frage gestellt: Stadtwerke sind in vielen Städten der größte Arbeitgeber vor Ort, durch umfangreiche Abführungen an das Kommunalbudget ein bedeutender Wirtschaftsfaktor und durch den Querverbund (neben den leitungsgebundenen Energien Strom, Erdgas sowie Nah- und Fernwärme oft auch Wasser, ÖPNV, Abfall, Häfen usw.) für die örtliche Daseinsvorsorge und für lebenswichtige Infrastrukturen zuständig. Sie sind in der Kommunalpolitik wichtige Akteure einer bürgernahen Demokratie.

In all diesen Aspekten unterscheiden sich Stadtwerke von den überregional und international agierenden Energiekonzernen. Deren Aufgaben liegen in Beschaffung, Erzeugung, Transport und Reservehaltung für große internationale Energieflüsse, die letztlich auf einen regionalen und bürgernahen Vertrieb vor Ort angewiesen sind. Insofern mussten die Energieriesen darauf bedacht sein, die Lieferung an die Letztverbraucher selbst in die Hand zu nehmen (dies vor allem bei RWE) und sich möglichst viele örtliche und kommunale Unternehmen gleichsam als Verkaufsfilialen vor Ort zu sichern. In diesem Prozess werden die Stadtwerke hauptsächlich auf reine Vertriebsaktivitäten reduziert.

Natürlich haben sich nicht alle Stadtwerke durch Bürgernähe und Aktivitäten für den Klima- und Ressourcenschutz ausgezeichnet. Dies hat dazu beigetragen, dass für die Bürger vor Ort der Qualitätsunterschied zwischen einem Stadtwerk und einem anonym agierenden, überregionalen Lieferanten nicht immer klar erkennbar ist. Dennoch: Es waren einige Stadtwerke, die schon in den achtziger Jahren die ersten Impulse zur ökologischen Modernisierung der Energiewirtschaft ausstrahlten, und es sind Stadtwerke, die an der Externalisierung von Risiken (durch die Atomenergie und die Freisetzung von Kohlendioxid aus fossilen Großkraftwerken) deutlich unterproportional beteiligt sind. Allerdings haben die Stadtwerke und ihre Verbände ihren Wettbewerbsvorteil der Bürgernähe seit der Liberalisierung keineswegs offensiv genutzt. Die veränderten Rahmenbedingungen sowie der ideologische Druck der Deregulierung und unkritischer Wettbewerbsorientierung haben zu einer Gefährdung auch gesunder kommunaler Energieversorgungsunternehmen geführt.

Beim Inkrafttreten des Energiewirtschaftsgesetzes 1998 gab es in Deutschland etwa 1000 Unternehmen der öffentlichen Stromversorgung, unter ihnen acht große Verbundunternehmen, circa 80 Regionalverteiler und über 900 Stadtwerke. Der Stromerzeugungsanteil der acht Verbundunternehmen lag seinerzeit bei 80 Prozent, den Rest teilten sich Regional- und Kommunalunternehmen etwa zur Hälfte.

Nach sechs Jahren des liberalisierten Marktes existierten zwar etwa 1100 Unternehmen, unter ihnen befinden sich aber 150 Stromhändler und 30 Öko-Stromanbieter, jedoch nur noch vier Großkonzerne: RWE, E.ON, EnBW, Vattenfall/HEW, die heute weltweit agieren. Dazu kamen noch etwa 50 von diesem Quartett vollständig beherrschte Regionalunternehmen und etwa 825 Stadtwerke. Bei mehr als 100 Stadtwerken hat es einen Beteiligungswechsel gegeben, der einen maßgeblich gestiegenen Einfluss der großen Stromkonzerne zur Folge hat. Der Strukturwandel ist noch nicht abgeschlossen, die Abhängigkeit zahlreicher Stadtwerke von Großkonzernen nimmt zu. Weiterhin dominiert die Kommerzialisierung und Privatisierung auch die Geschäftspolitik der öffentlichen Versorgungswirtschaft. Nach Aussagen aus der Kommunalwirtschaft sind immer weniger Stadtwerke von den vier Großen tatsächlich unabhängig.[163]

Freilich teilten die Bürger die Begeisterung für die Liberalisierung ganz und gar nicht: Wo die Bevölkerung etwa durch einen Bürgerentscheid gefragt wurde, ergaben sich (wie in Münster, Düsseldorf oder Herten) klare Absagen an den Ausverkauf von „Tafelsilber“ und den Abbau der öffentlichen Daseins-

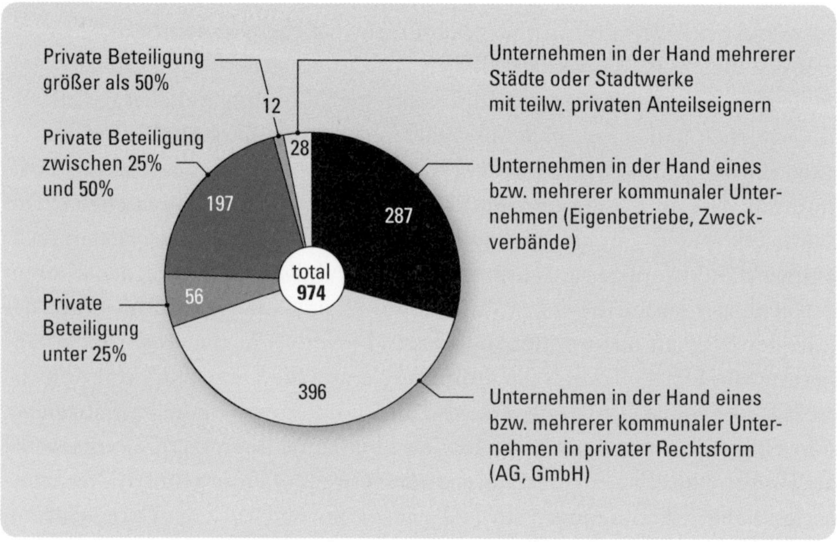

Abb. 13: Beteiligungsverhältnisse deutscher Stadtwerke, Stand Mitte 2003. Private Beteiligung entspricht den großen Stromkonzernen EnBW, E.ON, RWE und Vattenfall Europe. Quelle: VKU 2004.

vorsorge. Einigen Stadtwerken gelang es allerdings mit beachtlichem Erfolg, sich gegen ihre Einverleibung in größere Konzerne durch horizontale Kooperationen (zwischen Stadtwerken), bürgernahe und ökologische Dienstleistungsangebote (wie die Stadtwerke Hannover) oder durch die Ausweitung ihres Aktionsradius und ihrer Geschäftsfelder (so die Mannheimer Versorgungs- und Verkehrsgesellschaft) zur Wehr zu setzen.[164] Nur in Einzelfällen wurden sie dabei von der staatlichen Kartellaufsicht unterstützt. So konnten die Stadtwerke Dortmund und Bochum im Rahmen der Übernahme von Ruhrgas durch E.ON die 80,5-Prozent-Beteiligung von E.ON an Gelsenwasser erwerben. Zuvor hatten bereits fünf Stadtwerke in Süddeutschland die Beteiligung von E.ON an Bayerngas übernommen. Doch selbst diese marginalen Rekommunalisierungsschritte haben die Verteidiger der „reinen Lehre" auf den Plan gerufen: Die CDU in Nordrhein-Westfalen protestierte,[165] und das Innenministerium von Nordrhein-Westfalen überprüfte den Vorgang.[166] Während die großen Konzerne nach Aufhebung der Gebietsmonopole weltweit, aber auch im „Garten der Stadtwerke" als Wettbewerber auftreten konnten, wurden über die Gemeindeordnungen die wettbewerblichen Chancen zur Gegenwehr der Stadtwerke in zahlreichen Bundesländern beschränkt, indem ihre Wirtschaftstätigkeit auf das Gemeindegebiet und auf die Verfolgung öffentlicher Zwecke begrenzt wurde.

Die großen Vier der deutschen Energieversorgung

Gegenwärtig gibt es noch vier große Stromkonzerne in Deutschland. Entstanden sind sie nach der Liberalisierung aus ehemals neun Großstromversorgern.

E.ON: Der umsatzstärkste Konzern entstand 2000 aus der Fusion von VEBA und VIAG. Die Stromsparten der beiden Konzerne waren PreußenElektra (VEBA) und Bayernwerke (VIAG). Im Jahr 2003 erwirtschaftete E.ON 46,4 Milliarden Euro Umsatz.

RWE: Das Unternehmen fusionierte 2001 mit VEW. Der Konzern ist in der ganzen Kette von Energieproduktion und Verwertung aktiv: Bergwerke, Kraftwerke, Stromhandel. Außerdem ist RWE einer der größten Wasserversorger weltweit. Umsatz 2003: 43,9 Milliarden Euro.

EnBW: Die Energie Baden-Württemberg entstand 1997 aus Badenwerk und Energieversorgung Schwaben. Das klassische Versorgungsgebiet erstreckte sich auf Südwestdeutschland. Der französische Stromkonzern EdF besitzt 34,5 Prozent der Aktien von EnBW. Den Aktionären wurde der umstrittene Einstieg des französischen Staatskonzerns als „strategische Allianz" verkauft. Der Umsatz belief sich 2003 auf 10,6 Milliarden Euro.

Vattenfall Europe: Der Konzern ist das Produkt einer Übernahmekette. Vattenfall (Schweden) übernahm Anfang 2001 die Mehrheit der Aktienanteile an den Hamburgischen Elektrizitätswerken (HEW), im Jahr davor hatte HEW ihrerseits die Versorger BEWAG (Versorgungsgebiet Berlin) und VEAG (ehemaliges Versorgungsgebiet DDR) übernommen. Sowohl BEWAG als auch VEAG gehörten zuvor mehrheitlich RWE und E.ON. Vattenfall Europe, die Deutschlandsparte des Vattenfall-Konzerns, setzte 2003 etwa 8,5 Milliarden Euro um.

Die Energiekonzerne gehören, gemessen am Umsatz, zu den größten deutschen Unternehmen. E.ON lag im Jahr 2003 auf dem vierten Rang nach DaimlerChrysler, Volkswagen und Siemens. RWE kam auf Platz fünf. Unter den 100 größten deutschen Unternehmen befinden sich seit langem zwischen 15 und 20 Energielieferanten.

Das Bruttonationaleinkommen der Bundesrepublik erreichte im Jahr 2003 2118 Milliarden Euro. Zu diesem Ergebnis trugen die erwähnten vier Energiegiganten 5,2 Prozent bei, sie setzten 2003 zusammen insgesamt 109,2 Milliarden Euro um. Mit ihren knapp 240 000 Mitarbeitern repräsentieren sie eine Interessengruppe, die ihren Einfluss auf allen gesellschaftlichen Ebenen und natürlich insbesondere auf der politischen Bühne geltend macht.[167]

Die vier großen Konzerne hingegen wachsen durch Fusionen, Beteiligungen und wechselseitige Verflechtungen mit ausländischen Stromunternehmen (E.ON mit POWERGEN/England, S&E/USA und Sydkraft/Schweden) oder den Einstieg ausländischer Konzerne in deutsche Stromversorger (Electricité de France bei EnBW, TXU bei den Stadtwerken Kiel, Vivendi bei den Stadtwerken Görlitz oder Tractebel bei den Stadtwerken Saarbrücken). Durch die 2002 erfolgte Übernahme von Ruhrgas kontrolliert E.ON zusammen mit den Töchtern Thüga und Contigas etwa 80 Prozent des deutschen Gasmarktes. Die Übernahme der Ruhrgas AG durch den E.ON-Konzern war der bisher wohl größte Konzentrationsschub in der deutschen Energiebranche. Er wurde durch staatliche Auflagen wie dem erzwungenen Verkauf von Gelsenwasser und Bayerngas im Rahmen der Sondererlaubnis von Wirtschaftsminister Werner Müller nur geringfügig abgefedert. E.ON verfügt zusammen mit RWE über gut 50 Prozent der deutschen Stromerzeugungskapazität. Die durch die Deregulierung ausgelöste Konzentrations- und Zentralisationswelle bei der Stromerzeugung erstreckt sich freilich auf ganz Europa: Die Liberalisierung hat zwischen 1997 und 2001 bei den sechs größten europäischen Stromkonzernen (EdF, E.ON, RWE, Vattenfall, Endesa und Electrabel) gestiegene Ausgaben für Unternehmensakquisitionen von 3,5 Milliarden auf 42 Milliarden Euro verursacht.[168]

Ist Größe im Wettbewerb alles?

Die angebliche Liberalisierung und der viel beschworene „Suchprozess des Marktes" bestand häufig darin, dass die Haie im Markt viele mittelgroße und kleine Fische schluckten. War es daher nicht verständlich, dass unmittelbar nach Einführung des Wettbewerbs in kommunalen Kreisen Befürchtungen kursierten, dass höchstens 10 Prozent der Stadtwerke überleben könnten? Dennoch wurde bei Diskussionen über geplante (Anteils-)Verkäufe selbst großer Stadtwerke immer wieder versucht, Parteien, Kämmerer und Betriebsräte mit Hilfe teurer Gutachten mit dem „Größe"-Argument in Panik zu versetzen: Wenn jetzt nicht an einen der „Großen" verkauft werde, gebe es keine Überlebenschance „am Markt".[169] Wer später verkaufe, könne keinen hohen Marktwert mehr erzielen – angesichts der desolaten Kommunalfinanzen ein Argument, das stach.

Einige Stadtwerke verübten daraufhin aus Angst vor dem Tod Selbstmord und ließen sich aufkaufen, oft genug vom „großen Bruder", dem Vorlieferanten. Damit wurde in der Regel der Gestaltungsspielraum der kommunalen Energiepolitik aufgegeben. Die Erfahrung lehrt, dass sich in diesem Fall die Geschäfts- und Absatzinteressen der großen Verbundunternehmen auch dann durchsetzen konnten, wenn nur eine Kapitalminderheit an das Verbundunternehmen verkauft wurde. Im Laufe der Jahre stellte sich freilich heraus, dass die Stadtwerke, die sich rasch an die neuen wettbewerblichen Rahmenbedingungen angepasst hatten, durchaus überlebensfähig sind. Das befürchtete Stadtwerkesterben im großen Stil fand nicht statt.

Die Zukunftsaussichten für dezentrale Energiedienstleistungsunternehmen sind prinzipiell gut: Einerseits können sie in Kooperation mit anderen den Strom auf dem Großhandelsmarkt preisgünstig einkaufen oder auch gemeinschaftlich herstellen und andererseits haben sie die Kundennähe und das Know-how, um die vom Kunden gewünschten Energiedienstleistungen anzubieten. Aber kommunale Unternehmen müssen stärker als früher ihre prinzipiell möglichen Alleinstellungsmerkmale gegenüber ihren Kunden verdeutlichen und aktiv in einen Qualitätswettbewerb einsteigen, wenn sie sich in ihren Leistungen von rein absatzorientierten Energieversorgern unterscheiden wollen.

Allerdings muss diese Qualität auch glaubwürdig vermittelbar sein. Ein Beispiel für die Ambivalenz sind „Grün-Strom-Angebote". Immer mehr Energieversorgungsunternehmen bieten ihren Kunden gegen einen Aufpreis auch „sauberen" Strom aus regenerativen Energiequellen an. Selbst diejenigen Versorgungsunternehmen, die in der Vergangenheit mit aller Kraft gegen die Kraft-Wärme-Kopplung und die erneuerbaren Energiequellen vorgingen, bieten nun Solar-, Wind- oder „AquaPower" an. Allerdings steht oft der Image- oder Werbeeffekt im Vordergrund. Einige „Grün-Strom-Angebote" sind nämlich nichts anderes als „umverpackter Strom": derselbe Strom, der bislang produziert und verkauft wurde und nun – zur Erzielung höherer Einnahmen – anders etikettiert und an eine wohlmeinende Kundengruppe verkauft wird. Je mehr jedoch das Umweltbewusstsein der Kunden zunimmt und je mehr die Verbraucher durch eine transparente Qualitätskennzeichnung des Stroms aufgeklärt werden, desto weniger werden grüne Scheinangebote eine Chance auf dem Markt haben.

Gegenwärtig ist das Verhalten der Stromkunden eher zwiespältig. Einerseits ist das Umweltbewusstsein der Kunden und die Verbundenheit der Bürger mit „ihrem" Stadtwerk relativ hoch. Andererseits ist „Geiz ist geil" und die Schnäppchen-Mentalität auch für Billigstrom eine denkbare Entwicklung.[170] Aber die Stadtwerke haben durchaus Chancen: Produkte wie Strom, Fernwärme oder Erdgas können prinzipiell von jedem angeboten werden. Wenn dem Kunden vor Ort überzeugend und glaubwürdig vermittelt wird, dass er vom örtlichen Anbieter eine besondere Qualität und einen Zusatznutzen kauft, wird er ihm die Treue halten. Die Dezentralisierung der Technik wird vor Ort zudem zu einer neuen Arbeitsteilung bei der Bereitstellung von Energiedienstleistungen zwischen Kunden und Energielieferanten führen. Damit gewinnen einerseits Ortsnähe und Kundenverbundenheit von Stadtwerken als Wettbewerbsvorteil gegenüber den „Großen" noch mehr an Bedeutung; andererseits wird die kommunale Eigenerzeugung mit den Kunden besser koordiniert werden müssen. Dabei spielt der faire Zugang und eine kostengerechte Vergütung für die Nutzung der Strom- und Gasnetze eine zentrale Rolle. Wenn die Kunden von Stadtwerken auch zu Lieferanten von Strom aus erneuerbaren Energien oder Kraft-Wärme-Kopplung werden oder auch Biogas (später vielleicht sogar Wasserstoff?) in das Erdgasnetz einspeisen, dann wachsen die Koordinierungs- und Managementaufgaben, um aus der Vielfalt von Netzeinspeisern versorgungssichere „virtuelle Kraftwerke“ vor Ort zu schaffen. Natürlich erfordert eine solche Entwicklung bessere Rahmenbedingungen für mehr Dezentralität und die Beseitigung der direkten und indirekten Privilegierung der Großraumverbundwirtschaft. Dies beginnt bei der Forschungsförderung und führt über den Abbau von Marktzutrittsbarrieren für Kraft-Wärme-Kopplung und Energieeffizienz über die Schranken der Gemeindeordnungen bis hin zu den nuklearen Entsorgungsrückstellungen.

Bilanz: Ist das Glas halb voll oder halb leer?

Der Konzentrationsschub und der damit verbundene Wandel von Unternehmenszielen war weder eine Überraschung noch ein Naturereignis, sondern eine vorhersehbare Folge einer ordnungspolitisch weltweit einmaligen Grundsatzentscheidung. Im Gegensatz zu der häufig recht selbstzufriedenen Einschätzung aus der Energiewirtschaft, wonach „die Entscheidung für den Wettbewerb richtig war, weil sie über die Suchprozesse des Marktes effizientere Lösungen in der Energiewirtschaft zum Vorteil von Volkswirtschaft, Verbrauchern und Umwelt ermöglichte“,[171] muss kritisch gefragt werden, ob die Stärkung der Marktmacht von Stromkonzernen wirklich mit volkswirtschaftlichen und umweltpolitischen Zielen deckungsgleich ist. Nach dem Verlust von 40 000 Arbeitsplätzen, unsicheren Kosten- und Preisentwicklungen, zweifelhaften Bemühungen um die Sicherheit des Stromnetzes und weiterer erheblicher Externalisierung von Schäden kann davon keine Rede sein!

Das Ziel der Preissenkung wurde darüber hinaus nur vorübergehend erreicht. Zwar purzelten bis 2002 die durchschnittlichen Preise nach Angaben des Verbands der deutschen Elektrizitätswirtschaft für die Großkunden um 20 bis 40 Prozent und die (Netto-)Preise für Haushaltskunden (ohne Steuern und Abgaben) um etwa 10 bis 20 Prozent. Doch es war voraussehbar, dass diese Entwicklung nicht von Dauer sein konnte. Im Jahr 2004 stiegen die Strompreise wieder. Vor allem gegen eine Anhebung der Netznutzungsentgelte regt sich massiver Widerstand auch der stromabnehmenden Industrie. Die Stromkonzerne sehen aber die Verantwortung weniger bei sich, sondern, mit Verweis auf die Ökosteuer sowie auf die Abgaben zur Finanzierung der erneuerbaren Energien und die Kraft-Wärme-Koppelung, beim Staat. Aber auch steigende Brennstoffkosten, anstehende Neuinvestitionen in Kraftwerke und Netze und relativ hohe Verteilermargen sind Ursachen für steigende Preise. Entscheidend ist jedoch, dass die Phase der Stilllegung der Überkapazitäten und der drastischen Rationalisierung jetzt abgeschlossen ist. Wenn die Versorgungssicherheit bei der Stromversorgung nicht leiden soll, müssen die Strompreise wieder die

Vollkosten neuer Kraftwerke und Netze widerspiegeln und können sich nicht wie in der vergangenen ersten Wettbewerbsphase an den Grenzkosten abgeschriebener Kraftwerke orientieren.[172]

Stichwort Sicherheit: Hat durch die Umgestaltung der Energieversorgung die Sicherheit des Stromnetzes gelitten? Dies wird zwar von einigen befürchtet, ist aber in Deutschland (noch?) kein akutes Problem. Dass die Konsequenzen dramatisch sein können, lässt sich freilich an internationalen Beispielen gut studieren. Denn ständige und bezahlbare Verfügbarkeit über Strom ist zur Voraussetzung des Produktions- und Lebensstils in Industrieländern geworden. Ohne Strom, so haben die Überschwemmungen im Sommer 2002 in Ostdeutschland oder die Blackouts in den USA und in Italien gezeigt, bricht das öffentliche Leben zusammen.

Der Sommer der Blackouts

Der Auftakt war spektakulär: Am 14. August 2003 brachen im Nordosten der USA und im Süden Kanadas weite Teile der Stromversorgung zusammen, und mehr als 50 Millionen Menschen waren bis zu vier Tage lang von der Stromversorgung abgeschnitten. Doch dabei sollte es nicht bleiben. In den darauf folgenden Wochen fiel der Strom in Teilen Londons und Südenglands, im Osten Dänemarks und in Südschweden aus. Höhepunkt der europäischen Stromausfälle war der Blackout in Italien am 28.9.2003 mit 57 Millionen betroffenen Menschen. Die Auswirkungen auf Menschen und Sachwerte waren dramatisch. Der volkswirtschaftliche Schaden wird allein für die USA auf 4 bis 10 Milliarden Dollar geschätzt. Selten ist die Verwundbarkeit großtechnischer Verbund- und Kraftwerkssysteme so augenfällig geworden. In der jüngeren Geschichte der Stromversorgung sucht man vergebens nach einer vergleichbaren Serie solcher Blackouts.

Die Ursachen für katastrophale Störungen der Elektrizitätsversorgung in hoch technisierten Ländern liegen in der Regel in der Verkettung verschiedener Einzelursachen, die erst durch den großtechnischen Systemzusammenhang zu kritischen Netzzuständen, kaskadenartigen Abschaltungen von Netzbetriebsmitteln und großflächiger Versorgungsunterbrechung führen. Neben technischen und strukturellen Ursachen war zum Beispiel in den USA die unzureichende Wahrnehmung der bedrohlichen Situation und eine unangemessene Reaktion der verantwortlichen Netzbetreiber eine Ursache für die Stromausfälle. Hinzu kommt, dass als Folge der Liberalisierung der amerikanischen Strommärkte unzureichende Anreize für Investitionen in die Netz- und Versorgungssicherheit bestanden, was zu einem Investitionsstau von etwa 50 bis 100 Milliarden Dollar führte.

Kann ein solcher Blackout auch in Deutschland passieren? Aufgrund des guten technischen Zustands des Elektrizitätssystems in Deutschland sowie der besseren Sicherheitstechnik ist vorläufig nicht mit größeren Ausfällen zu rechnen. Auch wegen der dichteren Vermaschung, der Unterschiede in der Netztopologie sowie den Erzeugungs- und Nachfragestrukturen ist ein Blackout wie in den USA unwahrscheinlich. Während das Transportnetz in den Vereinigten Staaten durch lineare Verbindungen zwischen den zumeist sehr weit (mehrere 100 Kilometer) entfernt voneinander liegenden Erzeugungs- und Verbrauchsschwerpunkten charakterisiert ist, zeichnet sich das deutsche Netz durch seine wabenartige Struktur aus.

Kommt es an einer Stelle zu einer Störung, kann der Stromfluss in der Regel auf Umwegen sichergestellt werden. Das ist auch eine Folge der Gebietsmonopole. Die staatliche Kostenüberwälzungsgarantie durch das alte Energiewirtschaftsgesetz machte es für die Versorgungsunternehmen leicht, eine hohe Versorgungsqualität zu finanzieren.

Diese Versorgungsqualität könnte allerdings im liberalisierten Energiemarkt mittel- bis langfristig abnehmen, wenn verstärkt großtechnische Kraftwerks- und Verbundsysteme bei der Modernisierung des Kraftwerksparks verfolgt würden. Die deutsche Elektrizitätswirtschaft steht auch hinsichtlich der Netzstrukturen vor einer strategisch wichtigen Dekade. Es müssen Rahmenbedingungen geschaffen werden, die nicht nur einen volkswirtschaftlich effizienten Kraftwerksbetrieb ermöglichen, sondern auch anspruchsvolle Qualitätskriterien und Anreize für einen versorgungssicheren Netzbetrieb schaffen.

Dabei ist strategisch bedeutsam, ob in erster Linie in den weiteren Ausbau großtechnischer Transport- und Verbundnetze oder verstärkt in neue, intelligente Netzstrukturen mit einem höheren Anteil dezentraler Erzeugung investiert werden soll. Hierfür ist eine entsprechende Langfriststrategie von Politik und Wirtschaft zur Netzentwicklung in Deutschland unter Berücksichtigung von Versorgungssicherheit und -qualität, Wirtschaftlichkeit und Umwelt erforderlich. Offen bleiben jedoch viele Fragen vor allem zur Integration steigender Anteile der Erzeugung aus erneuerbaren Energiequellen und dezentraler Kraft-Wärme-Kopplung in die Verteilnetze.

Die Stromausfälle in den USA und Europa im letzten Sommer verdeutlichen, dass für eine leistungsfähige, zuverlässige und ökologisch nachhaltige Elektrizitätsversorgung eine effiziente Netzregulierung unverzichtbar ist. Die Herausforderungen sind nicht auf Aspekte des Unbundlings und angemessene Netznutzungsentgelte beschränkt, sondern bestehen vor allem darin, die Fragen der Sicherheit und Qualität der Stromnetze mit den energie- und klimapolitischen Langfriststrategien zur künftigen Struktur der Stromerzeugung zu verknüpfen. Nur ein ganzheitlicher Regulierungsrahmen mit genauen Qualitätsanforderungen an die Infrastrukturleistungen und einer effektiven Organisation des Netzbetriebs kann zu einer langfristig sicheren Elektrizitätsversorgung in Deutschland führen.

Dem Prinzip der Versorgungssicherheit widersprechen auch die Stromkonzerne nicht, solange sie ihre unangefochtene Marktstellung auf diesen Ansprüchen aufbauen können und gegenüber einer Regulierungsbehörde entsprechende „angemessene" Renditen für ihre Netzinvestitionen durchsetzen können.

Damit kommen wir zum langfristig vielleicht gravierendsten Kritikpunkt an der deutschen und europäischen Form der Deregulierung. Die Konzentration auf der Angebotsseite in Verbindung mit der Vernachlässigung der strategischen Effizienzsteigerung auf der Nachfrageseite hat die Anpassungsfähigkeit des Energiesystems an den „sanften" Pfad reduziert. Auf diese Weise sind Sachzwänge für die Zukunft programmiert, die die Flexibilität und Demokratisierung des Systems erschweren. Denn mit jeder nicht eingesparten Kilowattstunde Strom oder Wärme wächst auch der Ersatzbedarf an zentralisierter

Energieinfrastruktur, also an Kraftwerken, Transportnetzen sowie an Öl- und Gasimporten.

Auch wettbewerbspolitisch ist es nicht ausreichend, dass bisher nur die Angebotsseite des Energiemarktes dereguliert wurde in der Hoffnung, dass durch direkten Preiswettbewerb die Kosten und Preise pro Kilowattstunde sinken. Die Intensivierung des Wettbewerbs mit der Nachfrageseite des Marktes für Energiedienstleistungen und die Schaffung fairer Rahmenbedingungen für den Substitutionswettbewerb jeder Form von Endenergie wurde dagegen weitgehend ignoriert,[173] mit Ausnahme der gezielten Förderung der erneuerbaren Energien. Denn auch aus Sicht der Kunden sind die Preissenkungen für Energie nur dann erfreulich, wenn sie auf Dauer stabil sind und nicht auf Kosten der Umwelt und der Zukunft gehen. Eine kurzfristige Entlastung der Haushaltskasse kann nämlich längerfristig doppelt teuer zu stehen kommen, wenn die preiswerteren Energiesparpotenziale nicht ausgeschöpft und die Preise zukünftig wieder angehoben werden. Zudem geht von niedrigeren Strompreisen ein geringerer Anreiz zum Stromsparen aus. So wird die Entlastung der Haushaltskasse mit einer stärkeren Umweltbelastung und einer größeren Abhängigkeit von zukünftigen Preissteigerungen erkauft.

Mit anderen Worten: Es fehlt ein Markt für möglichst preiswürdige und möglichst risikoarme Energiedienstleistungen für die Kunden. Dieser würde die systematische Erschließung von Energiesparpotenzialen und die aktive Weiterentwicklung vorhandener Energiesparprogramme fördern. Stattdessen wurden die erfolgreichen Energiesparprogramme von Energieversorgungsunternehmen, die zugunsten der Kunden bis 1998 praktiziert wurden, fast vollständig zurückgefahren.[174]

Welche Lektionen haben wir gelernt?

Offensichtlich lassen sich die in Jahrzehnten gewachsenen Strukturen nur langfristig und in für Wirtschaft und Ökologie verträglicher Weise ändern. Eine weitreichende Neuordnung der Energieversorgung ist zweifellos notwendig, aber es darf dabei nicht um eine für Klima- und Ressourcenschutz sowie für die Demokratisierung weitere kontraproduktive Deregulierung gehen, sondern um eine Re-Regulierung, die dem Kriterium der Nachhaltigkeit gerecht wird und dem Wettbewerb durch klare Zielvorgaben und Rahmenbedingungen eine klimaverträgliche und ressourcenschonende Richtung vorgibt. Zukünftig muss ein energiewirtschaftlicher Rahmen eine gesamtwirtschaftlich preiswürdige, risikoarme und umweltverträgliche Bereitstellung von Energiedienstleistungen ermöglichen.

Das Hauptproblem nicht nur in Deutschland ist jedoch ein anderes: Nicht allein wie, sondern ob überhaupt ein Strukturwandel, eine stärkere gesellschaftliche Kontrolle und damit auch eine Demokratisierung der Energiewirtschaft erforderlich ist, muss vorrangig in einem Diskurs über die Zukunft der Energiesysteme geklärt werden. Denn weder über die Notwendigkeit noch über die Perspektive, geschweige denn über die nächsten konkreten Schritte besteht Konsens. Diese Auseinandersetzung darf keineswegs einer Expertokratie überlassen werden. Vielmehr muss der Staat im Diskurs mit Zivilgesellschaft und Energiewirtschaft seiner Aufgabe gerecht werden und ein energiepolitisches Gesamtkonzept entwickeln, das einen verlässlichen, weit über Legislaturperioden hinausgehenden Handlungsrahmen schafft und durch konkrete Programmschritte konsequent zur Umsetzung beiträgt.

Die Qualität der Energiepolitik wird daran zu messen sein, ob es ihr gelingt, mit Anreizen, Verpflichtung auf Produktveranwortung und auch mit Geboten die Energiekonzerne für diese Umsetzung zu gewinnen. Denn ohne oder gegen sie wird der Umbau nicht gelingen. Es kommt darauf an, die Kapitalkraft, das technische Know-how und die Kompetenzen der Stromkonzerne in eine Strategie der ökologischen Modernisierung der Energieversorgung einzubinden. Dies setzt voraus, dass über die anzustrebenden Ziele ein gesellschaftlicher Konsens hergestellt wird und die Energiewirtschaft den Primat der Politik bei der Ziel- und Rahmensetzung anerkennt.

Hat aber der geforderte Primat der Politik als Grundlage einer lebendigen Demokratie überhaupt noch eine Chance angesichts der offensichtlichen Macht multinationaler Konzerne? So viel steht fest: Wenn die gewachsene ökonomische Macht der Konzerne gleichbedeutend wäre mit der Ohnmacht der Politik, dann hätte der „sanfte" Pfad in die Zukunft wenig Realisierungschancen. Denn zur Stärkung der Demokratie durch Anbietervielfalt und zur Eröffnung neuer gesellschaftlicher Entscheidungsspielräume ist eine mutigere Politik notwendig. Bisher vollzieht und koordiniert sie allzu oft, was sie als unabdingbare Unterwerfung unter die Sachzwänge eines globalisierten Marktes für scheinbar unabweisbar hält. Allzu oft geht die Energiepolitik ohne erkennbare Notwendigkeit vor der Wirtschaft in die Knie, wie das Trauerspiel der Kraft-Wärme-Kopplung beweist.

Der „sanfte" Pfad hingegen bedeutet gerade in der Energie- und Umweltpolitik, die Handlungsspielräume der nationalen Politik zu erhalten und möglichst zu erweitern. Dass der Primat der Politik wirkungsvoll eingesetzt werden kann, ist immerhin durch ein überzeugendes Beispiel belegt: die Verabschiedung und Umsetzung des Gesetzes zur Förderung der erneuerbaren Energien, kurz EEG. Dieses Gesetz ist der Beweis dafür, dass die nationale Politik in die Energieversorgung gestaltend eingreifen kann.

Kapitel 12: Sind Atomkraft und Demokratie vereinbar?

Von Robert Jungk stammt die provozierende These, die Atomkraft sei nicht demokratieverträglich. „Freiheitliche Demokratie und das enorme Risiko, das mit der Nutzung atomarer Spaltprozesse in jeder Form unweigerlich verbunden ist, können nicht nebeneinander existieren", schrieb er in seinem Bestseller *Der Atomstaat* 1977. Wird diese These durch die Geschichte der Atomkraft bestätigt?

Die Atomkraft spaltet die Gesellschaft

In der Hoffnung auf eine weitgehend beherrschbare, scheinbar billige und angeblich fast unerschöpfliche Energiequelle haben die verschiedensten Bundesregierungen seit den fünfziger Jahren die kommerzielle Nutzung von Atomenergie unterstützt. Dies hat in den siebziger Jahren dazu geführt, dass die Gesellschaft in Befürworter und Gegner gespalten wurde. Die Kämpfe für und gegen die Atomkraft haben teilweise Ausnahmezustände hervorgerufen und lange Zeit zu enormen Protesten sowie massiven Polizeieinsätzen geführt.

Es begann in der kleinen südbadischen Gemeinde Wyhl, die 1973 durch die Anti-Kernkraft-Aktionen der Winzer, Landwirte und Hausfrauen weltweit bekannt wurde. Gerade vier Tage wurde im Februar 1975 im Wyhler Auenwald (Landkreis Emmendingen) gearbeitet, um dort ein Atomkraftwerk zu bauen, als unter dem Motto „Nai hämmer gsait" („Wir haben Nein gesagt") sich bis zu 20 000 Kernkraftgegner im Wyhler Auenwald einfanden, um gegen den Beginn der Bauarbeiten zu protestieren – mit Erfolg, denn das Kraftwerk wurde nie gebaut. Wyhl wurde zur Geburtsstunde einer Protestbewegung, die immer größeren Zulauf gewann. Die Atomstandorte Grohnde, Brokdorf, Kalkar, Brunsbüttel, Gorleben und Wackersdorf wurden zu Kristallisationspunkten des Widerstands großer Teile der Zivilgesellschaft gegen Staat und Energiewirtschaft.

Ohne den starken und anhaltenden Protest der Atomkraftgegner hätten Politik und Wirtschaft nicht begonnen umzudenken.[175] Der jahrzehntelange Widerstand veränderte Parteien und Parteienlandschaft. Die Wurzel der neuen Partei Die Grünen, die sich 1979 gründete, lag in der Anti-Atom-Bewegung. In der SPD konnte sich die atomkritische Position 1984 durchsetzen – zwei Jahre vor dem Reaktorbrand von Tschernobyl im April 1986, der auch für die Atompolitik zum Super-GAU werden sollte.

Die Katastrophe war für die damals von der CDU geführte Bundesregierung Anlass, für den Umweltschutz ein eigenes Ministerium und später das Bundesamt für Strahlenschutz in Salzgitter zu gründen. Das Umweltministerium ist seitdem für Reaktorsicherheit zuständig, während das Bundesamt für Strahlenschutz ein länderübergreifendes System zur Strahlenüberwachung eingerichtet hat. Schnell wurde jedoch deutlich, dass der Super-GAU von Tschernobyl noch weitergehende Auswirkungen haben würde. Nach Tschernobyl konnten keine neuen Atomanlagen mehr geplant werden, und die Arbeiten an umstrittenen Projekten wurden eingestellt.

So entwickelte sich die Kernschmelze in der Sowjetunion zum Menetekel für die gesamte Atompolitik, da weltweit bewusst zu werden begann, welches ungeheure Schadensausmaß mit dem so genannten „Restrisiko" verbunden sein kann. Tschernobyl zeigt aber auch, dass demokratische Strukturen mit einer Nuklearkatastrophe so überfordert sind, dass sie mit der Atomkraft letztlich nicht vereinbar sind. Die autoritäre und teilweise Menschen verachtende Bewältigung des Reaktorunfalls in Russland hat im Westen viel, auch scheinheilige Empörung ausgelöst. Aber wie würde die deutsche Demokratie transformiert, wenn ein Super-GAU zum Beispiel im Atomkraftwerk Biblis die Evakuierung von Frankfurt erfordern und Abertausende Opfer bedeuten würde?

Als der damalige Vorstandssprecher des Energiekonzerns Veba kurz nach der Katastrophe nach der Verantwortung der Atomwirtschaft gefragt wurde, wies er diese von sich und auf den politischen Primat des Staates hin. Der Staat habe die Atomkraft gewollt, die Energiewirtschaft habe diesen Wunsch lediglich umgesetzt. So falsch war diese Aussage nicht, sie zeigt aber die ganze Hilflosigkeit angesichts des Ausmaßes atomarer Unfälle – und leugnet das Einwirken der Atomwirtschaft auf den Staat.

Die Überforderung demokratischer Strukturen lässt sich mit einfachen Fakten aufzeigen: Demokratische Wahlperioden liegen bei 4 bis 5 Jahren. Ein Atomkraftwerk kann nicht nach vier Jahren abgeschaltet und nach vielleicht weiteren vier Jahren wieder angefahren werden. Seine technische Betriebsdauer liegt bei 40 bis 60 Jahren, ist also um den Faktor 10 bis 15 länger als die Dauer von Wahlperioden. Atommüll muss sogar für 1 Million Jahre sicher von der Umwelt abgeschlossen endgelagert werden. Bei diesen Zeithorizonten ist eine demokratische „Umentscheidung", ein Rückholen einer einmal getroffenen Entscheidung nicht mehr möglich.

Die Überforderung zeigt sich aber auch bei der Atomaufsicht. Ein grundlegendes Problem der staatlichen Atomaufsicht ist der Dualismus der Ziele und Aufgaben: Institutionen, die darauf zu achten haben, dass von der Atomkraft keine nachteiligen Auswirkungen auf Gesellschaft und Umwelt ausgehen, sind gleichzeitig dem Ausbau der Atomkraft verpflichtet. Beispiele sind EURATOM und die Internationale Atomenergie Agentur in Wien. Dieses Grundproblem bringt diese Institutionen und die Mitarbeiter in schwierige Abwägungssituationen und birgt die latente Gefahr der Vertuschung oder der einseitigen Prioritätensetzung. Doch während betroffene Bürgerinnen und Bürger kaum Zugriff auf die in einer solchen Behörde verfügbaren Informationen haben, geschweige denn Einfluss auf die dort getroffenen Entscheidungen, hat die Atomlobby direkt oder indirekt weitaus bessere Möglichkeiten, ihre Interessen durchzusetzen.

Die milliardenschwere Förderung von Atomforschung und -entwicklung hat ein dichtes Netzwerk von Fachleuten und Nutznießern entstehen lassen, die von und mit der Atomkraft leben. Als es mit dem Atomausstieg ernst zu werden drohte, haben nicht weniger als 700 deutsche Forscher einen Aufruf gegen den Ausstieg unterzeichnet. Die Atomlobby ist zweifellos so stark, dass sie auf viele Regierungen einen massiven Einfluss ausüben kann – zumeist am Parlament vorbei. Es ist nicht übertrieben zu behaupten, dass die Atomkraft eine institutionelle und strukturelle Macht entwickelt hat, die eine weitgehende Verflechtung mit der politischen Ebene eingegangen ist. Besonders eng geknüpft ist darüber hinaus das internationale Netzwerk der Atomexperten.

Für effektives staatliches Handeln sind klare Zuständigkeiten und wirkungsvolle Entscheidungsstränge erforderlich. Die staatlichen Stellen müssen ausreichende Kompetenz besitzen. Im föderalen Deutschland ist der Bund für das Atomrecht zuständig. Die Durchführung der Atomaufsicht hat er an die Länder delegiert, auf deren Gebiet die Atomanlagen liegen. Insbesondere im Fall unterschiedlicher politischer Positionen gegenüber der Atomkraft kann dies komplizierte Rechtsstreitigkeiten zwischen Bund und Land zur Folge haben. So liegt etwa die Suche nach einem Endlager in der Zuständigkeit des Bundes, doch müssen Bundesrat und das betroffene Land zustimmen. Mit dem Scheitern der Föderalismuskommission im Dezember 2004 ist der Versuch misslungen, die Kompetenz für alle Atomanlagen beim Bund zu konzentrieren. Solange die Atomkraft von einer Gesellschaft im Konsens getragen wird, sind diese Probleme weniger gravierend. Bei einer Katastrophe vom Ausmaß des Reaktorbrands in Tschernobyl wäre eine solche Konstellation aber eher ungeeignet.

Besonders undemokratisch wirkt die Atomkraft dort, wo der Staat direkt wirtschaftlich beteiligt ist. Das ist in vielen Ländern, wie Russland, Frankreich, Japan, Südkorea oder auch China der Fall. Denn hier kann sich schnell eine Interessenidentität zwischen Atomstromproduktion und Staatseinnahmen sowie zwischen ökonomischen Profiteuren und Kontrolleuren ergeben, so dass eine unabhängige staatliche Atomaufsicht nur noch sehr wenig Entscheidungsspielraum hat. Dagegen wurde in Staaten, in denen frühzeitig Marktelemente in die Energiewirtschaft einflossen, wie in den USA und in Großbritannien, keine neuen Atomkraftwerke mehr gebaut. Einfacher Hintergrund: Die Atommeiler waren unrentabel, wenn sie nicht vom Staat gefördert wurden. Im Umkehrschluss wird das doppelte Dilemma deutlich: Die Atomkraft kann nur bestehen, wenn sie vom Staat langfristig gestützt wird, sich aber demokratischen Einflüssen entziehen kann.

Der Atomausstieg in Deutschland – ein Sieg der Demokratie?

1998 übernahmen SPD und die Grünen die Regierungsverantwortung auf Bundesebene und begannen den Atomausstieg einzuleiten. In ihrem Wahlprogramm hatten sie gefordert, die Nutzung der Atomkraft so schnell wie möglich zu beenden. Dies sollte umfassend und unumkehrbar gesetzlich geregelt werden. Zu diesem Zweck wurde ein Verfahren in drei Schritten vereinbart. Im ersten Schritt sollten der Förderzweck gestrichen, die Beweislastregelung bei begründetem Gefahrenverdacht klargestellt und weitere Änderungen am Atomgesetz vorgenommen werden. Im zweiten Schritt sollten Gespräche mit den Energieversorgungsunternehmen geführt werden, um eine neue Energiepolitik, Schritte zur Aufgabe der Atomenergie und Entsorgungsfragen möglichst im Konsens zu vereinbaren. Als dritten Schritt wollte die Koalition ein Gesetz einbringen, mit dem die Laufzeiten der Atomkraftwerke zeitlich befristet und der Ausstieg entschädigungsfrei geregelt werden sollte.

Die Realisierung des geplanten Ausstiegs folgte dem vereinbarten Schrittverfahren allerdings nicht, da die Zielkriterien „entschädigungsfrei“ und „Konsens mit der Energiewirtschaft“ nicht mit der Klarstellung der Beweislastregelung und mit den Vorstellungen über die zeitliche Befristung der Betriebsgenehmigungen in Einklang gebracht werden konnten. Beide Zielkriterien waren vom späteren Wirtschaftsminister Werner Müller vorgeschlagen worden, als im engsten Kreis um die endgültige Formulierung der Koalitionsvereinbarung gerungen wurde. Offenbar wurde ihre Bedeutung für den geplanten Ausstieg von den anderen Beteiligten nicht richtig eingeschätzt.

Unter Federführung des Kanzleramtes wurden die Konsensgespräche zum Atomausstieg auf Bundesregierung und die Elektrizitätsversorgungsunternehmen beschränkt, die Atomkraftwerke betrieben. Dies waren RWE, VEBA und VIAG, die spätere E.ON und Energie Baden-Württemberg (EnBW). Die Hamburger Elektrizitätswerke (HEW), die heutige Vattenfall Europe AG, wurde später hinzugezogen. Anti-Atomkraft-Gruppierungen oder Umweltverbände nahmen an den Konsensgesprächen ebenso wenig teil wie die Hersteller oder andere atomwirtschaftliche Unternehmen. Besonders hinzuweisen ist darauf, dass das Parlament an den Gesprächen nicht beteiligt war, auch nicht die Bundesländer.

Die politischen Diskussionen konzentrierten sich von Anfang an auf die Laufzeiten der Atommeiler – zuerst waren 25 und 35 Jahre im Gespräch, später einigte man sich auf 32 Jahre. Den Durchbruch brachte der Vorschlag, die Laufzeiten in erzeugbare Strommengen umzulegen und die Möglichkeit für die Energieversorgungsunternehmen zu eröffnen, diese flexibel von einem Atomkraftwerk auf andere übertragen zu können. Am 14. Juni 2000 paraphierten Bundesregierung und die vier großen Energieversorger eine Ausstiegsvereinbarung, die öffentlich als „Atomkonsens" bezeichnet wurde. Ein Jahr später, am 11. Juni 2001, wurde die Vereinbarung unterzeichnet. Die Atomwirtschaft hatte zuvor versucht, ihre Unterschrift als Faustpfand zurückzuhalten, bis das Ausstiegsgesetz in allen Details von ihr akzeptiert war. Denn seit der Paraphierung saßen die beiden Großen der Stromwirtschaft bei der Gesetzesformulierung sozusagen mit am Tisch, das Parlament dagegen nicht.

Am 11. September 2001 wurde ein dem Atomkonsens entsprechender und mit den Energieversorgungsunternehmen abgestimmter Novellierungsentwurf für das Atomgesetz in den Bundestag eingebracht und am 14. Dezember unverändert verabschiedet. Während dieses ganzen Prozesses stand die Drohung hoher Entschädigungszahlungen im Raum. Die Energiewirtschaft verlangte ursprünglich eine Anrechnung von mindestens 35 „Volllastjahren", um auf Entschädigungen verzichten zu können, und hatte Abstandszahlungen von bis zu 300 Milliarden DM gefordert. Das zeigte das ganze Dilemma der Situation für die Politik: Entweder folgt der Bundestag der Vereinbarung, oder sie kommt nicht zustande. Das Kanzleramt verwies auf die fehlende Bereitschaft der Stromwirtschaft, Anpassungswünschen des Parlaments nachzukommen.

Bilanz der Ausstiegspolitik

Inzwischen ist ein Drittel der zulässigen Restrommenge erzeugt, und mit dem Atomkraftwerk Stade, dem zweitältesten und zweitkleinsten in Deutschland, stellte der erste Atommeiler seinen Leistungsbetrieb zum 24. November 2003 ein. Der Betreiber, die E.ON Kernkraft GmbH, erklärte dies mit wirtschaftlichen Gründen, ohne auf den Atomkonsens oder das Ausstiegsgesetz Bezug zu nehmen. Diesem ersten Erfolg der Ausstiegspolitik steht der Weiterbetrieb des ältesten und kleinsten Kraftwerks, des Atomkraftwerks Obrigheim, gegenüber. Seine Regellaufzeit lief bereits im Dezember 2002 aus. Der Stromkonzern EnBW machte jedoch von der Flexibilitätsregelung des Ausstiegsgesetzes Gebrauch und übertrug Reststrommengen seines Kraftwerks Philippsburg 1 auf das Kernkraftwerk Obrigheim.

Während die Umweltverbände den zeitlichen Rahmen des Atomgesetzes als „Bestandsgarantie“ für den Weiterbetrieb der Kraftwerke bewerteten, äußerte sich die Stromwirtschaft durchaus zufrieden mit dem ungestörten Restbetrieb. Dennoch sind zwei Aspekte von zentraler Bedeutung: Mit dem Ausstiegsbeschluss hat die betroffene Branche selbst dem Ende der Atomstromerzeugung zugestimmt – wenngleich eine neue Bundesregierung das Ausstiegsgesetz wieder rückgängig machen, zumindest aber einen unbegrenzten Weiterbetrieb der laufenden Atomkraftwerke ermöglichen könnte, wie es in anderen Ländern geschehen ist. Ein zweiter wichtiger Aspekt ist der Vorbildcharakter und die politische Ausstrahlung ins Ausland. Mit Deutschland demonstriert eines der wichtigsten Industrieländer und einer der größten Energieverbraucher, dass es – gestützt auf einen breiten gesellschaftlichen Widerstand – möglich ist, die Nutzung der Atomkraft im Einvernehmen mit den Betreibern zu beenden und eine Weichenstellung hin zu einem nachhaltigen Energieweg vorzunehmen. Diese Vorbildfunktion ist angesichts der Atompolitik in anderen Ländern nicht zu unterschätzen. Eine Sternstunde der parlamentarischen Demokratie war dieser „Atomausstieg im Konsens“ nicht. Aber ein realpolitischer Erfolg angesichts der ungeheuren Machtposition der Atomwirtschaft war der Einstieg in den Ausstieg schon.[176]

Teil 4:

Energie für eine nachhaltige Zukunft

Wie aus den drei ersten Teilen hervorgegangen ist, steuert die von Öl, Kohle, Erdgas und Atomkraft abhängige Energieversorgung die Welt in eine zunehmend dramatische Fehlentwicklung. Sie zerstört die natürlichen Lebensgrundlagen auf unserem Planeten, gefährdet den Frieden in großen Teilen der Welt und bedroht Demokratie, soziale Gerechtigkeit sowie eine stabile Wirtschaftsentwicklung. Diese Perspektive ist erschreckend und absurd zugleich, denn es gibt eine Alternative für eine sichere Energiezukunft – eine positive, machbare und daher realistische Vision. Die Kriterien für diese Vision liefert das Konzept der Nachhaltigkeit, die Grundlagen für ihre Realisierbarkeit stellen zukunftsweisende Techniken bereit.

Unzählige Blaupausen und Konzepte für nachhaltige Energietechniken liegen in den Schubladen von Ingenieuren und Planungsabteilungen. Ein Blick auf diese Techniken fasziniert, denn es handelt sich im Gegensatz zu der kaum noch entwicklungsfähigen konventionellen Technik, die zur Ausbeutung endlicher Energien benutzt wird, um Zukunftstechnologien wie Solar- und Effizienztechniken. Das zukünftige Zusammenspiel der nachhaltigen Techniken lässt sich in Szenarien wissenschaftlich simulieren. Das Ergebnis: Eine nachhaltige Energiezukunft ist machbar. Wir leiden weniger an einem Technikdefizit als an einer Umsetzungslücke und mangelndem Mut.

Kapitel 13:

Das Konzept für die Zukunft heißt Nachhaltigkeit

Das Konzept der Nachhaltigkeit gibt die Richtung vor, in die der „sanfte" Energiepfad führen soll. Es ist der Maßstab, an dem wir mögliche Energiepfade messen. Energietechniken, die den Kriterien der Nachhaltigkeit genügen, sind die Bausteine des sanften Energiepfades, und umgekehrt sind nachhaltige Energiesysteme Grundlage und Voraussetzung einer nachhaltigen Entwicklung – national wie international. Mit anderen Worten: Ohne eine Energiewende bleibt Nachhaltigkeit ein Traum.

Nachhaltigkeit als Leitvision für die Entwicklung der Weltgesellschaft

Nachhaltigkeit (englisch *sustainability* oder *sustainable development*) ist ein an grundlegenden Regeln und universellen Werten orientiertes, aber durchaus pragmatisches Konzept der politischen Gestaltung, das in der Ökologie seinen Ausgangspunkt hatte, aber weit darüber hinausgeht und eine gemeinsame Reformvision für die Entwicklung der Weltgesellschaft begründet. Das Konzept wurde 1987 von der Kommission Umwelt und Entwicklung unter der Leitung der damaligen norwegischen Ministerpräsidentin Gro Harlem Brundtland für die Generalversammlung der Vereinten Nationen erarbeitet. In den letzten zwei Jahrzehnten kam es zu einer stetigen Fortentwicklung. Auf dem Erdgipfel Umwelt und Entwicklung 1992 in Rio haben sich 179 Staaten auf das Ziel einer nachhaltigen, zukunftsverträglichen Entwicklung verständigt. Seit dem Weltgipfel 2002 in Johannesburg liegt der Schwerpunkt auf der Umsetzung. Das Konzept findet heute weltweite Anerkennung und breite Akzeptanz. Es ist die Leitvision für die Entwicklung der Weltgesellschaft.

Der Kerngedanke ist einfach: Die heutige Generation soll so leben, dass die Möglichkeiten künftiger Generationen, ähnlich zu leben, nicht eingeschränkt werden. Die drei Grundelemente sind das Verständnis der Umwelt als Mitwelt, die Einbeziehung der Zukunft und der Bedürfnisse kommender Generationen in die heutigen Entscheidungen von Wirtschaft und Gesellschaft sowie die Vernetzung von Ökonomie, Sozialem und Ökologie. In ein Bild gefasst: Bei der nachhaltigen Entwicklung geht es um ein neues Haus. Die Ökologie ist das Fundament, und die soziale Sicherheit und gesellschaftliche Kohärenz bilden die Statik, die Größe hängt von der Zukunftsfähigkeit der Wirtschaft ab.

Die Natur setzt Schranken

Ausgangspunkt des Konzepts ist die Frage nach der Überlebensfähigkeit der Menschheit angesichts von Ressourcenverschwendung, Umweltzerstörung und Bevölkerungswachstum. Denn das über Millionen Jahre gewachsene Naturvermögen nimmt rapide ab. Ob in der Chemie und Dynamik der Atmosphäre, im Wasserkreislauf, bei der Qualität der Böden oder der Vielfalt der Arten: In allen Bereichen wurden vor 50 Jahren weit weniger Schäden registriert, als heute festzustellen sind.

In den Ökosystemen und der Atmosphäre lassen sich objektive „Naturschranken" feststellen, die nicht dauerhaft überschritten werden dürfen, sondern die menschliche Maßlosigkeit prinzipiell limitieren. Wir haben nur einen blauen Planeten, dessen Ressourcen und Aufnahmefähigkeit für menschliche Abfälle endlich ist und der noch weit mehr Menschen und kommenden Generationen Entfaltungsmöglichkeiten bieten soll. Die Metapher der „Naturschranke" verdeutlicht, dass die Natur den anthropogen verursachten Eingriffen in natürliche Kreisläufe Grenzen setzt, die nur unter Inkaufnahme von inakzeptablen Risiken überschritten werden können. Naturschranken bilden keine starren Grenzen, sie können eher mit Bandbreiten als Grenzwerten bestimmt werden. Sie unterliegen je nach Dauer und Dimension des anthropogenen Eingriffs in spezifische Ökosysteme einer besonderen Dynamik und unterschiedlichen Eintrittswahrscheinlichkeiten. So sind ein abruptes „Umkippen" (bei Seen, aber auch beim Golfstrom) nach Überschreitung von Schwellenwerten, Rückkopplungen (nach dem Auftauen von Permafrostböden) oder auch schleichende Veränderungen (beim Klima oder beim Ozonabbau) möglich. Gemeinsam ist diesen dynamischen Prozessen, dass natürliche Existenzgrundlagen für den Menschen auf regionaler oder globaler Ebene mit hohem Risiko irreversibel geschädigt werden können.

Nachhaltigkeit als Strategie des qualitativen Wachstums

Nachhaltige Entwicklung ist eine entscheidende Voraussetzung für eine Wirtschafts- und Sozialordnung, die eine dauerhafte Balance zwischen ökonomischen Innovationen, ökologischer Verträglichkeit und sozialer Gerechtigkeit schafft. Ihre beiden wichtigsten Ansatzpunkte sind die Aufwertung der Zukunft in der Gegenwart und die demokratische Festlegung grundlegender Prinzipien und Regeln für die Vernetzung wichtiger Politikbereiche in ein gemeinsames Bewertungs- und Entscheidungsraster. Nachhaltigkeit basiert auf Partizipation, und sie zielt auf einen Paradigmenwechsel im Verhältnis von Markt, Staat und Zivilgesellschaft: Die Entscheidungen in Politik, Wirtschaft und Gesellschaft werden um eine zeitliche Perspektive (dauerhaft) erweitert und an qualitative Bedingungen (sozial gerecht, umwelt- und demokratieverträglich sowie friedensfördernd) geknüpft. Ziel: wirtschaftlich ertragreich, aber pfleglich mit den begrenzten Ressourcen der Erde umzugehen. Private Kapitalverwertung und Weltmarktkonkurrenz dürfen in dieser Konzeption nicht die Ziele setzen. Der Markt ist nur das Mittel, mit dessen Hilfe demokratisch entschiedene Nachhaltigkeitsziele effizienter erreicht werden können.

Der Imperativ der Nachhaltigkeit verlangt in allen Dimensionen die ständige Überprüfung, ob und wie die markwirtschaftliche Allokation zu ihr führt und welche neuen politischen Rahmensetzungen gegebenenfalls notwendig sind. Wenn der Primat der Politik nicht im Sinne der Nachhaltigkeit wahrgenommen wird, kann der Markt gesellschaftliche Ziele nicht effizient ansteuern. Dies gilt für den Energiemarkt in besonderem Maße.

Investitionen zur Einhaltung von Naturschranken und zur Reparatur von Schäden verbinden die ökologische Dimension mit den sozialen und ökonomischen Dimensionen von Nachhaltigkeit. Diese Verbindung wird häufig nur als ein ethisch-ökologischer Imperativ wahrgenommen, dessen Befolgung in einer globalisierten Welt mit ihrem ökonomischen Einheitsdenken wenig Realisierungschancen eingeräumt wird. Dabei werden allerdings die ökonomischen und sozialen Chancen nicht berücksichtigt, die sich aus einem forcierten Strukturwandel und Modernisierungsprozess ergeben.[177] Das gilt insbesondere für den engagierten Klimaschutz, dessen (Netto-)Kosten um eine Größenordnung geringer sind als die voraussichtlichen Schäden ungebremster Klimaveränderungen.[178] Wir gehen noch weiter: Ohne die Entwicklung und Gestaltung der Produktivkräfte im Einklang mit ökologischen Zielen, ohne den gezielten Einsatz der energiewirtschaftlichen Kräfte zur präventiven Konfliktvermeidung und ohne die Stärkung des Primats demokratischer Politik gegenüber den Interessenvertretern eines ungezügelten Energieanbietermarktes kann die Krise der Ökonomie und Arbeitsgesellschaft nicht überwunden werden.

Im Mittelpunkt einer Lösung steht die beschleunigte Steigerung der Ressourcenproduktivität. Die Devise heißt: weniger Energie- und Materialeinsatz, mehr gesellschaftlicher Nutzen. Dem technischen Fortschritt wird eine neue Richtung gegeben – nicht arbeitssparend und naturbelastend, sondern arbeitsschaffend und naturentlastend. Statt die Welt in Energieverschwender und energetische Habenichtse zu teilen, muss er Energiedienstleistungen für alle mit weniger fossiler oder nuklearer Energie ermöglichen.

Ein zentrales Moment in der Geschichte der Industrialisierung war die Massenproduktion durch erhöhte Arbeitsproduktivität mit dem Ziel, den Lebensstandard zu steigern. Zu diesem Zweck stand für die heutigen Industrieländer die Nutzung reichlich vorhandener und kostengünstiger natürlicher und menschlicher Ressourcen im Vordergrund. Dieser Weg einer ressourcenverzehrenden Großtechnisierung ist zukünftig nicht mehr möglich, aber auch gar nicht notwendig. Die Relationen haben sich deutlich verändert: Arbeitskraft ist weltweit im Überfluss vorhanden, aber die Natur wird weniger, und endliche Energieressourcen sowie Senken zur Deponierung von Abfällen und Emissionen der Durchflusswirtschaft werden fortlaufend knapper. Weil die Weltwirtschaft nicht dem wirtschaftstheoretischen Lehrbuch folgt, müssen staatliche Interventionen dafür sorgen, dass die Marktentwicklung diesen Relationen entspricht.

Das Konzept der Nachhaltigkeit erfährt eine wichtige Ergänzung durch die Dimension der Zeit. Der ehemalige Administrator der amerikanischen Umweltbehörde, Russell Train, hat es so formuliert: „Die knappste Ressource ist nicht das Öl, nicht das Gas und auch nicht das Uran; es ist die Zeit, die wir noch haben, um unsere Verhaltensweisen den Anforderungen und Grenzen unserer Umwelt anzupassen."

Die (knappe) Zeit unterstreicht die Dringlichkeit einer langfristig angelegten Weichenstellung vom „harten" zum „sanften" Energiepfad. Der Lohn wäre eine vielfache Dividende:

- eine ökologische Dividende, weil die natürlichen Lebensgrundlagen geschont werden und die Lebensqualität verbessert wird;
- eine Friedensdividende, weil die Verringerung des Energieverbrauchs und die Schonung der Ressourcen wichtige Beiträge für eine gerechtere Weltordnung sind;
- eine politische Dividende, weil gegen die aktuelle Vorherrschaft der globalen Ökonomie der Primat der Politik zurückerobert wird;
- eine ökonomische Dividende, weil der Innovationsschub die regionalen Wirtschaftskreisläufe stärkt und Klein- und Mittelbetrieben zugute kommt;

- eine soziale Dividende, weil mehr Wertschöpfung und Innovationen neue Arbeitsplätze schaffen und damit die sozialen Sicherungssysteme stabilisieren.

Damit macht Nachhaltigkeit eine zukunftsfähige und humane Globalisierung möglich, eine Welt mit mehr Schutz für die öffentlichen Güter, mit mehr Vielfalt, mit mehr Partizipation und Demokratie sowie mit weniger Naturzerstörung und Ressourcenkonflikten.

Öffentliche Güter als Baustein einer nachhaltigen Energiepolitik

Ein erster konzeptioneller Schritt zur Konkretisierung und Umsetzung des Nachhaltigkeitsgedankens in praktische Politik ist ein Konsens über den Stellenwert (globaler, regionaler und kommunaler) öffentlicher Güter. Im Kern geht es dabei um die Rollenverteilung zwischen Staat und Markt im Globalisierungsprozess, um das Verhältnis von Öffentlichkeit und Privatheit (Privatisierung) der globalen Güter sowie um die Legitimation staatlicher Interventionen. Dazu gehören auch die Finanzierungsinstrumente zur Sicherung öffentlicher Güter. Zu den klassischen öffentlichen Gütern gehören Frieden und Sicherheit ebenso wie eine intakte Umwelt, Gesundheit, das kulturelle Erbe, aber auch finanzielle Stabilität, Wissen und Information, Fairness and Gerechtigkeit.[179] Ihre Bedeutung als öffentliches Gut erschließt sich aus ihrer Bedeutung für die Allgemeinheit. Sofern der Nutzen über Landesgrenzen, Bevölkerungsgruppen und Generationen hinausreicht, ist häufig auch von globalen öffentlichen Gütern die Rede.

Die Relevanz dieses Konzepts für die Energiefrage liegt darin, dass es einerseits Rückschlüsse auf eine wissenschaftlich begründete Abgrenzung zwischen privater und öffentlicher Energieversorgung erwartet lässt, andererseits erhofft man sich eine Klärung der Frage, wie die globalen öffentlichen Güter „Umwelt“ und „Klimastabilität“ geschützt, wie die externen Kosten von Klimaschäden minimiert werden können und wer dafür die Vermeidungs- oder Reparaturkosten zu tragen hat.

Öffentliche Güter zeichnen sich nach der engeren Definition der ökonomischen Theorie im Gegensatz zu privaten Gütern dadurch aus, dass sie „nicht ausschließlich“ und häufig auch „nicht rivalisierend“ sind. Das Besondere an öffentlichen Gütern ist demnach, dass der Konsum des Einzelnen alle anderen nicht einschränkt – alle können das öffentliche Gut gleichermaßen genießen.[180]

Es gibt aber kein neutrales Kriterium, welches Gut ein öffentliches ist und wie es am besten bereitgestellt werden soll (öffentlich, privat, *public private partnership*). Damit erhält die Frage, wer diese Entscheidung trifft und wer daran beteiligt ist, eine herausragende Bedeutung. Dies sollte national wie international so partizipativ und demokratisch wie möglich geschehen und nicht durch Gruppen oder einseitige Kapitalinteressen erfolgen, die keiner öffentlichen Legitimation oder Rechenschaftspflicht unterliegen. Es ist daher auch eine politisch zu entscheidende Frage, ob, wie viel und in welchen Bereichen eine Privatisierung von Infrastrukturen – insbesondere auch der Energiewirtschaft – gesellschaftlich gewollt oder aus Gründen der Effizienz sinnvoll ist.

Eine Auseinandersetzung mit dem Postliberalismus über diese Frage ist notwendig. Seine fragwürdige Prämisse ist, dass der Bereich öffentlicher Güter möglichst klein gehalten und staatliche Intervention auf ein Minimum beschränkt werden soll. Die Hauptgefahr in der Rollenverteilung von Staat und Privatwirtschaft sei das Staatsversagen. Aber selbst die Hohen Priester des so genannten „freien Markts“ trauen ebendiesem keine angemessene Lösung zu, wenn systematisches Marktversagen durch externe Effekte auftritt, wenn die ökonomische Aktivität Einzelner die Situation anderer oder der ganzen Menschheit verändert. Dies betrifft das potenziell extreme globale Schadensausmaß von Risiken im Energiebereich zum Beispiel durch Nuklearkatastrophen oder durch Freisetzung klimawirksamer Gase. Konnten externe Effekte der Energieumwandlung zu Beginn der Industrialisierung noch als regional begrenzt und eher als Ausnahme gesehen werden, so sind sie heute systembedingt mit dem „harten“ Pfad verbunden – und zwar im Regelfall in globalisierter Form.

Entscheidend für öffentliche Güter ist nicht, dass der Staat diese Leistungen selbst erbringt, sondern dass das Angebot dem Allgemeinwohl dient und allen zugänglich ist. Doch was allen gehört und keiner besitzt, hat in der Regel einen schweren Stand. Denn öffentliche Güter wie Gesundheit, Frieden, eine intakte Umwelt und ein stabiles Klima sind zwar gesellschaftlich hoch erwünscht, aber ihre Bereitstellung ist – vor allem im globalen Maßstab – nicht gesichert. Das Konzept der globalen öffentlichen Güter ist innerhalb weniger Jahre zu einem neuen Referenzrahmen für die internationale Umwelt- und Entwicklungspolitik geworden.

Auf das Energiesystem bezogen, lässt sich aus dem Konzept der öffentlichen Güter ein Plädoyer für möglichst transparente öffentliche Entscheidungen über die Allokation von energierelevanten Ressourcen ableiten: „Die Akteure, die von einem Gut betroffen werden, sollten auch darüber entscheiden, ob das Gut tatsächlich öffentlich sein soll.“[181] Die Reichweite des Nutzens oder der Kostenbelastung (etwa durch Klimawandel) kann als Kriterium dienen, wer konsultiert werden und welche gesellschaftlich legitimierte Instanz (von der Kommune über den Nationalstaat bis zur UN) entscheidungsbefugt sein sollte.[182]

Das Konzept der globalen öffentlichen Güter schafft ein Bewusstsein für die wechselseitige Abhängigkeit der lokalen, nationalen, europäischen und globalen Ebene. Für die politische Praxis benötigt es sowohl einen normativen Bezugsrahmen als auch ein gemeinsames Verständnis. Diesen Rahmen bildet die weltweit anerkannte Programmatik der nachhaltigen Entwicklung. Dementsprechend sehen wir in einem nachhaltigen Energiesystem – global und für Deutschland – ein öffentliches Gut, das mit den Bedürfnissen künftiger Generationen sowie auf Dauer mit ökonomischen, sozialen und ökologischen Zielen verträglich sein muss. Entscheidend für diesen Ansatz im Energiebereich ist, dass das ökonomische Kurzfristdenken und die Verherrlichung des Shareholder-Value als Maßstab für wirtschaftlichen Erfolg beendet wird. Deshalb muss auch der gesellschaftliche Anspruch an die Unternehmensverantwortung mit der Größe der Unternehmen steigen. Kurz: Die auf dem Weltgipfel in Johannesburg lebhaft geführte Diskussion über die Unternehmensverantwortung muss zu konkreten Indikatoren und Regeln führen, damit Unternehmen nicht weiterhin perfekte Externalisierungsmaschinen[183] sind. Das zielt auf eine vielfältige und plurale Welt, in der Wettbewerb nicht Verdrängung oder Bedrohung ist, sondern mehr Innovationsfähigkeit und kreative Entfaltung ermöglicht.

Nachhaltige Energienutzung

Was bedeuten diese Leitideen für das Energiesystem? Der Grundgedanke ist denkbar einfach: Für unsere Nachkommen muss ausreichend Energie übrig bleiben. Besonders knappe Energien wie Öl und Gas sollten so weit wie möglich für künftige Generationen gestreckt werden. Dies ist nur denkbar, wenn alle Menschen gerechten Zugang zu modernen Energiedienstleistungen haben – im Norden und im Süden. Konfliktprävention durch Abrüstung beim übermäßigen Ressourcenverbrauch ist im Interesse eines möglichst friedlichen Lebens für uns und unsere Nachkommen ein wesentliches Ziel bei der Weichenstellung zu nachhaltigen Energiesystemen. Nicht zuletzt gehört das System der parlamentarischen Demokratie zu einer nachhaltigen Entwicklung. Ein Energiesystem, das demokratische Entscheidungsfreiheiten für künftige Generationen einengt, ist nicht nachhaltig.

Aber wie, von wem, in welchen Schritten und mit welchen Ressourcen soll die Umsetzung erfolgen? Es ist nicht verwunderlich, dass über die Operationalisierung der Nachhaltigkeit im Energiebereich sehr unterschiedliche, ja konträre Vorstellungen herrschen.[184] Diese Vorstellungen werden in der Regel durch wirtschaftliche Interessen oder gesellschaftspolitische Mehrheiten bestimmt.

Operationalisierung der Nachhaltigkeit im Energiebereich

Für die Arbeiten der Enquete-Kommission „Schutz des Menschen und der Umwelt“ des Deutschen Bundestages hat das Umweltbundesamt zur Umsetzung der allgemeinen Nachhaltigkeitskonzeption vier Handlungsgrundsätze formuliert:[185]

1. Die Nutzung einer Ressource darf auf Dauer nicht größer sein als ihre Regenerationsrate oder die Rate der Substitution all ihrer Funktionen.
2. Die Freisetzung von Stoffen darf auf Dauer nicht größer sein als die Tragfähigkeit der Umweltmedien oder als deren Assimilationsfähigkeit.
3. Gefahren und unvertretbare Risiken für den Menschen und die Umwelt durch anthropogene Einwirkungen sind zu vermeiden.
4. Das Zeitmaß anthropogener Eingriffe in die Umwelt muss in einem ausgewogenen Verhältnis zu der Zeit stehen, die die Umwelt zur selbst stabilisierenden Reaktion benötigt.

Demnach ist das vorherrschende Modell der Energieversorgung unstrittig nicht nachhaltig. Die in den ersten drei Buchteilen beschriebenen Risiken belegen dies eindrücklich. Angewandt auf die nachhaltige Entwicklung im Energiebereich, lassen sich aus den obigen Handlungsgrundsätzen drei allgemeine Kriterien ableiten:

- die Forderung nach einer drastischen Steigerung der Energieeffizienz,
- das Postulat des qualitativen Wachstums;
- die Einhaltung der Konsistenzbedingung.

Eine höhere Energieeffizienz ist der erste und wichtigste Schritt für die Realisierung einer nachhaltigen Energiezukunft. Eine nur mäßige und relative Entkoppelung des Energieverbrauchs vom Wirtschaftswachstum reicht dafür nicht aus. Eine veritable „Effizienzrevolution“, also die absolute Entkopplung von Energieverbrauch und Wohlstand, ist unverzichtbar, um den ökologischen Substanzverlust zu verlangsamen und Zeit für weitergehende Umbaumaßnahmen zu gewinnen.[186]

Bei einer revolutionären Steigerung der Energieeffizienz kann auch eine wachsende Weltbevölkerung versorgt werden. Zwei Milliarden Arme sind gegenwärtig ohne Zugang zu moderner Energie. Ohne Effizienzrevolution würden die Probleme einer nachholenden Industrialisierung wegen des raschen Wachstums des Energieverbrauchs stark zunehmen. Der Ausweg aus diesem Dilemma liegt in der bewussten Umorientierung: Mehr Energienutzen mit weniger nicht erneuerbarer Energie bringt dieses Ziel der Nachhaltigkeitsstrategie im Energiebereich auf den Punkt. Wir meinen damit auch die bewusste Orientierung auf ein neues Verständnis von Lebensqualität.[187] Nicht das Neuste und Teuerste ist das Beste, sondern das Solideste und Preiswerteste. Nicht ein exponentiell steigender Verbrauch endlicher Energieressourcen sichert den Entwicklungsländern und künftigen Generationen mehr Lebensqualität, sondern der kostenminimale Einsatz von weniger Energie für steigende Energiedienstleistungen durch effiziente Nutzung. Nicht das größte Kraftwerk ist das effizienteste, sondern die dem Bedarf angepasste Kraft-Wärme/Kälte-Kopplung.

Das Kriterium Konsistenz umschreibt die Forderung nach dauerhafter Naturverträglichkeit. Ein ökologisch verträgliches Energiesystem ist nur in einer Kreislauf- und Solarwirtschaft vorstellbar. In diesem dritten Element liegt der langfristig entscheidende Schlüssel, der in eine nachhaltige Zukunft führt.[188]

Folgende Grundregeln für nachhaltigere Energiesysteme lassen sich aufstellen:

- Mit jeder Form von Energie muss so effizient wie möglich umgegangen werden. Der Einsatz von Energie bei Prozessen, Gebäuden, Fahrzeugen oder Geräten ist zu minimieren.[189]
- Der Anteil erneuerbarer Energien muss mit dem Ziel eines vollständig erneuerbaren Energiesystems schrittweise ausgebaut werden.
- Atomare Risiken für Mensch und Umwelt sind zu vermeiden.
- Fossile Energien dürfen nur in dem Umfang genutzt werden, wie es klimaverträglich ist. Sie sollen nur noch als Brücke zur Solarenergiewirtschaft dienen.

Diese Grundregeln sind Konstruktionsprinzipien für den „sanften“ Pfad. Wir werden sie im Folgenden vertiefen.

Kapitel 14:
Nachhaltige Energietechnik

Wie sieht er denn nun aus, der „sanfte" Weg jenseits von Atom und Öl und Gas? Schließlich gibt es auch bei Wind und Sonne viele Unwägbarkeiten. Wenn der Wind nicht bläst, stehen die Windräder still – was dann? Und nachts bringt auch die beste Fotovoltaikzelle keinen Strom. Wie kann ein System aus Effizienz und Sonne versorgungssicher sein?

Um den „sanften" Pfad zu realisieren, benötigen wir eine vielfältige, aber teilweise grundlegend andere Systemtechnik und nicht nur graduelle Verbesserungen von Wirkungsgraden bestehender Techniken. Eine Renaissance der Innovationskraft in der Technik und die Befreiung des schöpferischen Ingeniums vom Primat der ökonomischen Weltmacht Energie ist geboten. Wir wollen diesen Weg skizzieren.

Von der Energieversorgung zur Energiedienstleistung

In Zukunft wird der wichtigste Maßstab für Design und Betrieb von Energieanlagen das Kundenbedürfnis sein, nicht das Anbieterinteresse an Kapitalverwertung durch mehr Energieabsatz. Das klingt selbstverständlich, die Praxis ist aber meilenweit davon entfernt. Wir brauchen vernetzte Energiesysteme mit hoch technisierten Energieanwendungen, die dem Menschen und seinen Bedürfnissen dienen, statt ihn zum absatzfördernden Energiekonsumenten zu degradieren. Wir müssen das Energiesystem aus der Kundenperspektive neu denken: Es muss vom Kopf auf die Füße gestellt werden. Dabei muss die Stimme der Verbraucher auch in der energiepolitischen Diskussion mehr Gewicht bekommen, zum Beispiel durch die Verbraucherorganisationen.

Kein Endverbraucher „konsumiert" Kilowattstunden, sondern erwartet vom Energieeinsatz einen physikalisch definierbaren Nutzeffekt wie eine behagliche Raumtemperatur, gekühlte Nahrungsmittel, Licht oder Kommunikation. Analog verbrauchen auch Unternehmen Energie nicht als Selbstzweck, sondern um damit einen wirtschaftlichen Nutzen, nämlich verkaufsfähige Produkte und Dienstleistungen, zu erzeugen. In wirtschaftlicher Hinsicht geht es darum, ein gewünschtes Niveau an Energiedienstleitungen mit möglichst

Was sind Energiedienstleistungen?[190]

Energiedienstleistungen sind die aus dem Einsatz von Nutzenergie und anderen Produktionsfaktoren befriedigten Bedürfnisse oder erzeugten Güter.

Beispiel: Beleuchtung mit einem ausreichenden Niveau, warme Räume, angemessen gekühlte Lebensmittel, Transport oder Herstellung von Produkten.

Die Bereitstellung von Energiedienstleistungen erfordert eine Kombination aus einem Energienutzungssystem, einer Energiewandlertechnik und einer Endenergie sowie eventuell auch aus anderen Gütern, Faktoren und Dienstleistungen (Beratung, Management).

geringen Kosten zu erreichen. Dabei sind immer die Energiekosten und die Kosten für den Energiewandler zu berücksichtigen. Wenn teure Energie in ein optimal gedämmtes Haus eingeführt wird, kann dies zu einer geringeren Energierechnung führen, als wenn billige Energie in einem ungedämmten Haus verwendet wird.

Dies ist ein wesentlicher Punkt der Energieeffizienzwirtschaft, der bei der Debatte über den wirtschaftlichen Nutzen von Effizienztechnik immer wieder in Vergessenheit gerät: Den Verbraucher interessiert der Energiepreis nur mittelbar, letztlich entscheidend ist die gesamte Energierechnung, deren Höhe nicht nur vom Energiepreis, sondern auch von der Effizienz der Wandlertechnik und zum Beispiel der Gebäudedämmung (also der notwendigen Energiemenge) und deren Kosten abhängt. Der Verbraucher kann in wirtschaftlicher Hinsicht auswählen. Das anfänglich billigere, aber wenig sparsame Energiegerät ist langfristig die weniger attraktive Investition, wenn die laufenden Energiekosten höher sind als die Differenz beim Anschaffungspreis.

Der Schwerpunkt bei der Umsetzung von Effizienztechnik liegt in der Energienutzung vor Ort. Viele Kunden werden mit der Benutzung komplexer Energiesysteme überfordert sein. Kundenorientierung und nachhaltige Energietechnik erfordern deshalb Komplettangebote, die dem Kunden die ihn zufriedenstellende Dienstleistung bieten, ihm aber Planung, Details, Finanzierung, Wartung und Betrieb abnehmen.

Dieses Konstruktionsprinzip für nachhaltige Energiesysteme erfordert mehr Dezentralität und die maßgeschneiderte Ausnutzung regionaler Energieerzeugungs- und Einsparmaßnahmen, also der endogenen Potenziale vor Ort. Es ist ein Beitrag zu Deglobalisierung und Dekonzentration sowie zum Abbau von unkontrollierter Marktmacht.

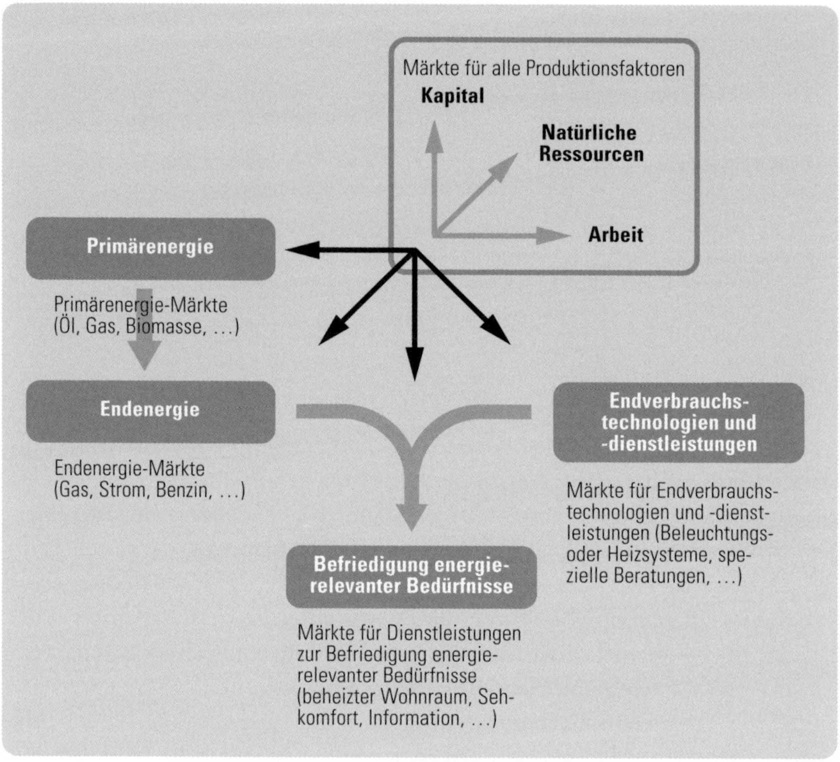

Abb. 14: Das Zusammenwirken von Produktionsfaktoren und Märkten bei der Bereitstellung von Energiedienstleistungen. Quelle: Thomas et al. 2002.

Das Konzept Energiedienstleistung enthält ein fundamentales Konstruktionsprinzip für das Design aller energieverbrauchenden Prozesse, Gebäude, Fahrzeuge, Geräte, Produkte und Dienstleistungen. Bereits bei Entwurf und Projektierung, aber noch mehr bei der Umsetzungsplanung und bei der Realisierung muss der Energieverbrauch über die gesamte Prozesskette und Lebensdauer des jeweiligen Produkts berücksichtigt, so weit wie wirtschaftlich sinnvoll vermieden und der Restenergiebedarf durch erneuerbare Energien bereitgestellt werden. Um ein System gleicher Pumpenleistung mit einem um den Faktor vier geringeren Energieeinsatz zu konzipieren, sollte also bereits bei der Planung über die gesamte Prozesskette zurückoptimiert werden.

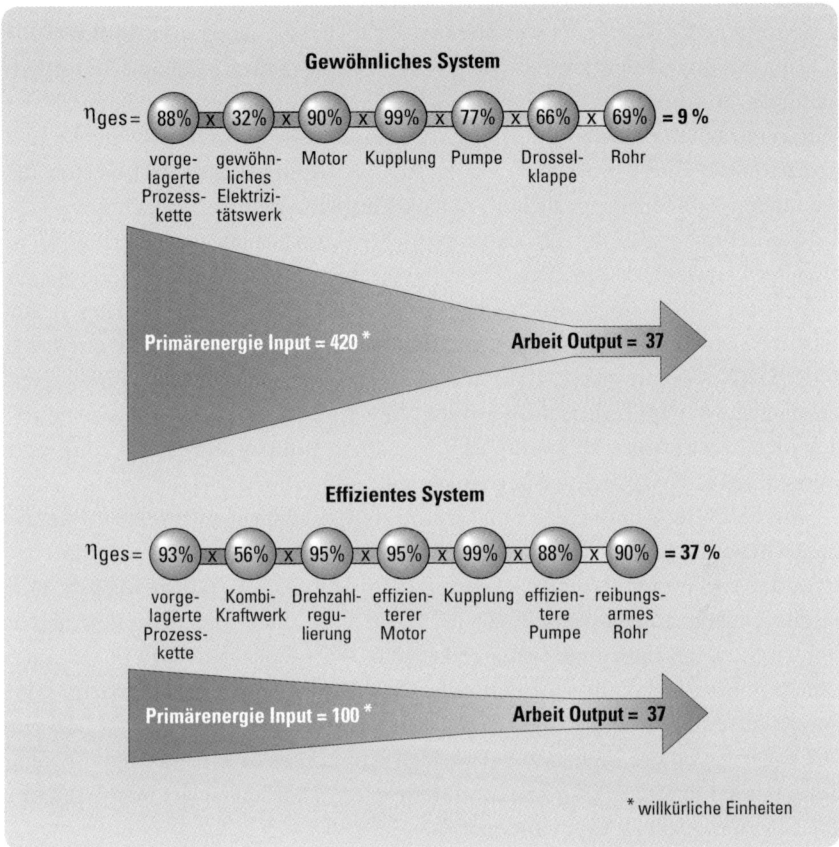

Abb. 15: Prozesskette eines Faktor-4-Pumpsystems. Ziel ist die Minimierung der Verluste entlang der gesamten Kette von Arbeitsschritten und Energieübertragungsstufen. Quelle: Lovins, Hennicke 1999.

Zu wenig Strom für eine nachhaltige Entwicklung?

Ändert sich nichts, wird für Deutschland ein Anstieg des Stromverbrauchs von rund 20 Prozent bis zum Jahr 2020 erwartet.[191] Fortlaufend werden neue Anwendungsfelder für elektrischen Strom erschlossen. Das gilt für Kommunikations- und Informationstechnologien,[192] aber auch für mehr Akku- und Batterieanwendungen, die einen erschreckend niedrigen Wirkungsgrad haben.[193] Dieser Anstieg kann allein durch den vermehrten Einsatz erneuerbarer Energien an der Stromerzeugung nicht ausgeglichen werden, vor allem wenn Deutschland in etwa dem gleichen Zeitraum aus der energetischen Nutzung der Atomkraft aussteigt.[194] Der Stromverbrauch wird daher zum Problem für eine nachhaltige Energieversorgung – doch es ist nicht unlösbar. Die zeitlich parallele Ausschöpfung der Einsparpotenziale ist die maßgebliche Säule für die klimaverträgliche Kompensation des Atomausstiegs.[195] Wenn wir den Spagat Atomausstieg und Klimaschutz erfolgreich bewältigen wollen, müssen wir für die Edelenergie Strom spezielle Konstruktionsprinzipien berücksichtigen:

Zuallererst muss die Effizienz beim Stromverbrauch gesteigert werden, etwa bei Lampen, Akkugeräten, Heizungspumpen und drehzahlveränderlichen Antrieben. Strom muss mit höchstem Wirkungsgrad erzeugt werden – für Gasturbinen liegt er nach neuester Technik bei 60 Prozent. Der Strom sollte zudem in Koppelproduktion mit höchster Stromkennzahl und aus Abenergien produziert werden: Erdgasentspannung, Abwärme, Grubengas, Gichtgas, stofflich nicht verwertbare Reststoffe usw. Vor allem sollte er dort nicht eingesetzt werden, wo es energetische Alternativen gibt.

Aus Sicht der Kunden ist es im Grundsatz gleichgültig, mit welcher Energie die gewünschte Energiedienstleistung erbracht wird. So muss Wärme zum Heizen oder zur Warmwasseraufbereitung nicht mit Strom erzeugt werden, weil es energetisch angepasstere Energieformen gibt. Elektrospeicherheizungen, elektrische Direktheizungen oder elektrische Wärmepumpen sind überflüssig. Das Biomasse-Heizkraftwerk Pfaffenhofen demonstriert, wie, ausgehend vom nachwachsenden Energieträger Holz, zuerst Strom, dann Fernwärme und vor Ort sogar geeignete Kälte erzeugt werden kann. Die für die jeweilige Anwendung passende Technik und Sekundärenergie zu wählen ist der Schlüssel, um den Stromengpass zu überwinden.

Das Biomasse-Heizkraftwerk Pfaffenhofen

Ausgangspunkt war die Sorge um den Fortbestand der regionalen Forstwirtschaft. Fünf ortsansässige Geschäftsleute realisierten mit Unterstützung durch Bund und Land und dem Erneuerbare-Energien-Gesetz einen geschlossenen regionalen Energieverbund mit Modellcharakter. Das Biomasse-Heizkraftwerk versorgt nun Industrie, Stadt und Landkreis mit umweltfreundlicher Energie.[196] Der Energie- und Kohlendioxid-Kreislauf in Pfaffenhofen beginnt mit der nachhaltigen Gewinnung von Durchforstungsholz durch die Forstwirte in der Region, setzt sich mit einem durchdachten Hackschnitzelmanagement und einem Holzheizkessel fort, der mit gutem Wirkungsgrad Strom und Nutzwärme erzeugt, und endet bei der Versorgung von 120 privaten, gewerblichen und kommunalen Kunden mit Wärme auf vier verschiedenen Temperaturstufen. Drei Absorptions-Kälteanlagen versorgen über Fernkälte eine Brauerei, eine Klinik und einige Bürogebäude. Das Biomasse-Heizkraftwerk spart jährlich 24 Millionen Liter Heizöl ein und vermeidet 65 000 Tonnen Kohlendioxid.

Vorrang für Energieeffizienz und angepasste Energietechnik

Die Erhöhung der Ressourceneffizienz ist das herausragende Merkmal nachhaltiger Energietechnik. Die Entkopplung des Energieverbrauchs von der Produktion ist in den letzten Jahren erfolgreich eingeleitet worden, aber sie kann deutlich verbessert werden. Szenarien der Energie-Enquete-Kommission haben für Deutschland gezeigt: Bis zum Jahr 2050 kann aus jeder Kilowattstunde Energie eine vierfach höhere Wirtschaftsleistung erbracht werden. Das entspricht einer Erhöhung der Energieproduktivität um den Faktor vier.[197] Die Nachhaltigkeitsstrategie der Bundesregierung nennt eine Verdoppelung der Energieproduktivität bis 2020 als ersten von 21 Indikatoren für eine nachhaltige Entwicklung.[198]

Wie sind derartige Steigerungen bei der Energieeffizienz möglich? Typische Energieflussbilder von hochindustrialisierten Ländern zeigen, dass von der pro Jahr eingesetzten Primärenergie im Durchschnitt nur etwa ein Drittel in Form von Nutzenergie beim Verbraucher ankommt. Der überwiegende „Rest" geht auf diversen Umwandlungsstufen (vor allem bei der Stromerzeugung und im Verkehr) durch technische Umwandlungsverluste verloren. Sarkastisch formuliert, befinden wir uns, gemessen an den physikalisch-technischen Möglichkeiten, eher noch in der Eisenzeit der Erdgeschichte. Dabei besteht wissenschaftlich kein Zweifel mehr, dass der Energiebedarf je Energiedienstleistung etwa um 80 bis 85 Prozent reduziert werden kann!

Für den Laien nachvollziehbar beginnt die Energieeffizienz bei Energiesparlampen, setzt sich fort über Niedrigenergie- und Passivhäuser, effizientere Haushaltsgeräte und reicht bis zum 3-Liter-Auto. Die Liste dieser Energietechnologien ist unüberschaubar vielfältig und weitaus länger als die der nutzbaren Energien.

Ebenso verhält es sich mit angepassten Techniken, denn immer mehr Elektrogeräte brauchen auch dann Strom, wenn sie ihre eigentliche Funktion nicht erfüllen, aber nicht vom Netz getrennt sind. Leerlaufverluste sind mehr als die kleinen roten Lampen an Fernsehern, Videogeräten und Satellitenempfängern: Steckernetzteile, Akkuladegeräte, Anrufbeantworter, Fernsprechanlagen, elektrische Warmwasserspeicher, Heizungsumwälzpumpen, die auch im Sommer laufen, Computer, Drucker, Fotokopierer, Faxgeräte, Rolltreppen, die rund um die Uhr in Betrieb sind, Aufzüge, die am Wochenende vergeblich auf Kunden warten, Drehtüren, eingeschaltete Außenlampen und so weiter. All dies sind Beispiele sinnloser Energieverschwendung, die sich durch angepasste, innovative Energietechnik vermindern ließe.

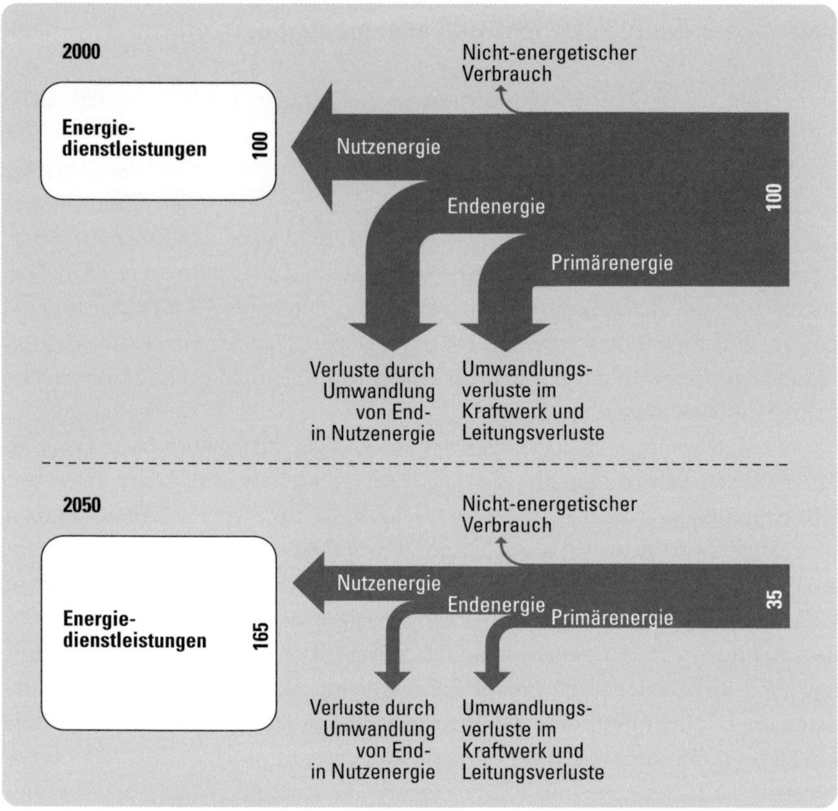

Abb. 16: Mehr Energiedienstleistungen, weniger Primärenergie. Die Steigerung von Energiedienstleistungen ist erreichbar durch Erhöhung der Nutzungsgrade, z.B. durch hocheffiziente Wärmedämmung. Quelle: Jochem 2004.

Nur leider hat die Einsparung von Energie ein zentrales Problem: Das „Vermeiden“ kann man nur messen, nicht aber vorzeigen. Es ist weder „medienattraktiv“, noch konnte wegen der unendlichen Vielfalt der Effizienztechniken eine „klare Interessenformierung“ (E. Jochem) entstehen. Hinzu kommt, dass der Energie- und Kosteneinsatz vor allem für den privaten Haushalt und viele kleine und mittlere Unternehmen, gemessen am Produktnutzen und der eigentlichen Wertschöpfung, in der Regel gering ist. Mehr Ressourceneffizienz ist zwar in der Summe das alles übergreifende Konstruktionsprinzip für nachhaltige Energietechnik, aber ohne Druck und Engagement aus der Zivilgesellschaft und ohne eine ambitionierte Energiepolitik ist sie politisch und gesellschaftlich schwer umzusetzen. Das gilt auch für das „Prinzip Dezentralität“, dem angesichts eines konzentrierten und vermachteten Energieangebots nur durch staatliche Flankierung zum Durchbruch verholfen werden kann.

Das Prinzip der Dezentralität

Dezentralität in der Energieversorgung lässt sich wie folgt beschreiben: „So dezentral wie möglich und nachhaltig sinnvoll, so zentral wie notwendig.“[199] Das Beispiel des Biomasse-Heizkraftwerks Pfaffenhofen zeigt, dass dies auch mit Regionalität zusammenhängt. Das gilt genauso für ein Stahlwerk, das große Mengen Abwärme produziert, die für Fernwärme und Fernkälte genutzt werden kann, wie für Windparks, deren Bündelung als Off-Shore-Anlagen die Windausbeute optimieren und gleichzeitig die Belange des Landschafts- und Naturschutzes berücksichtigen. Dezentralität bedeutet mit anderen Worten größtmögliche Nähe zwischen Energieeinspeisern und Energienutzern, um Transportkosten zu vermeiden.

Dieses Prinzip steht im Gegensatz zu den Großkraftwerken zur reinen Stromerzeugung, für die nationale und europäische Grenzen immer weniger Bedeutung haben. Zwar werden zur Umsetzung eines „sanften“ Pfades auch weiterhin überregionale Energienetze gebraucht (bei Gas und Elektrizität), aber ein prägendes Konstruktionsprinzip ist dies für nachhaltige Energiesysteme nicht. Für den „harten“ Pfad dagegen werden umweltbelastende Fernleitungen immer unverzichtbarer, und das System wird auch verwundbarer.[200]

Wir wollen nicht verschweigen, dass nicht alle Entwicklungen bei den erneuerbaren Energien dem Prinzip der Dezentralität entsprechen. Die geplanten riesigen Windparks, sei es an Land oder auf dem Meer, müssen darauf überprüft werden, ob nicht auf anderem Wege mehr Verbrauchernähe und Dezentralität erreicht werden kann. Diese Optimierung ist auch in Bezug auf ein transeuropäisches Verbundsystem, das erneuerbaren Strom aus Wasserkraft, Off-Shore-Windkraft sowie solarthermischen und geothermischen Kraftwerken miteinander verbindet, notwendig.

So genannte „virtuelle Kraftwerke“, die softwareunterstützte Leitzentralen sind, können in Zukunft die dezentral vernetzten Stromsysteme so koordinieren, dass die Energieeffizienz maximiert wird. So haben virtuelle Kraftwerke eine umfangreiche und ins Detail gehende Datenrückmeldung von Verbrauchern und dezentralen Erzeugern, die sie mit ausgeklügelten Programmen optimieren. Windstärke und Windrichtung können im Voraus abgeschätzt werden, so dass die Windstromerzeugung prospektiv mit alternativen Erzeugungsanlagen abgestimmt werden kann; speicherbare Brennstoffe werden nur dann zur Stromerzeugung abgerufen, wenn sie wirklich erforderlich sind. Dieses systemoptimierte Konstruktionsprinzip für nachhaltige Energietechnik erfordert das Denken in und das Gestalten von Systemen – bisher nicht das hervorstechende Merkmal von Energietechnik Made in Germany. Aber auch die Stromwirtschaft beginnt in Systemen zu denken.

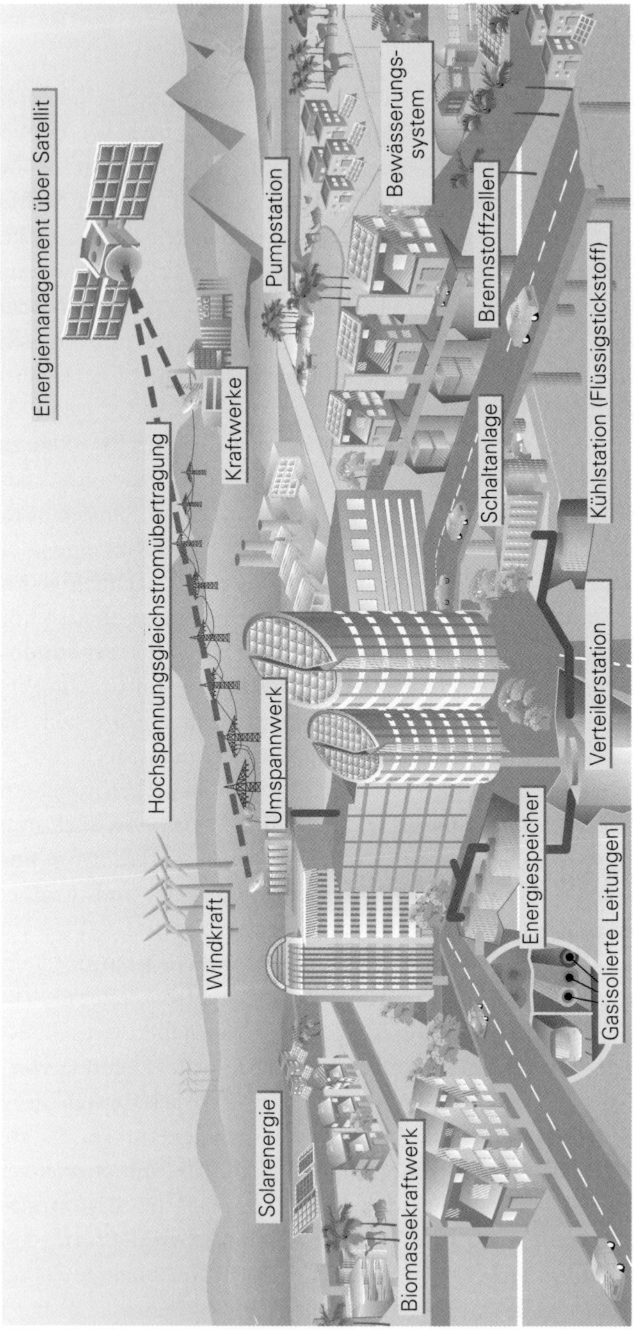

Abb. 17: Dezentrale Energiesysteme führen viele Energieerzeuger zu einem virtuellen Kraftwerk zusammen. Quelle: Siemens o.J.

Erneuerbare Energien

Die Techniken zur Nutzung erneuerbarer Energien können – gemessen an menschlichen Zeitmaßstäben – ein unerschöpfliches Energiepotenzial nutzen. Von den drei Hauptquellen – solare Strahlung, Geothermie und Gezeitenkraft – ist die Sonnenenergie bei weitem die wichtigste. Sie ist grundsätzlich in der Lage, alle heute und in Zukunft benötigten Nutzenergieformen bereitzustellen. Was steht uns heute schon kommerziell zur Verfügung?

Biomasse kann verbrannt, vergast oder in flüssige Brennstoffe umgewandelt werden. Fotovoltaik (Solarzellen) und solarthermische Kraftwerke liefern elektrischen Strom aus dem Sonnenlicht. Solarkollektoren stellen Wärme für Haushalte, Gewerbe und Industrie bereit. Wind- und Wasserkraftwerke erzeugen Strom. Solare Architektur ist eine natürliche Energienutzung, die den Bedarf für technisch-wirtschaftliche Energie vermindert, und Geothermie kann Wärme zur Beheizung aus dem Inneren der Erde befördern, aber auch Strom erzeugen.

Das Wissen über diese Energien ist der Öffentlichkeit inzwischen geläufig. Deshalb möchten wir hier nur auf einige Techniken hinweisen, die bisher weniger Beachtung finden als Windräder oder Solarzellen. Die Stromerzeugung aus Wind und Sonne kommt, gestützt durch das Erneuerbare-Energien-Gesetz, in Deutschland und in den Ländern, die vergleichbare Regelungen eingeführt haben, gut voran, auch wenn die noch nicht erschlossenen Ausbaupotenziale groß sind, etwa die vielfältigen und nicht optimal genutzten Möglichkeiten der Kraft-Wärme-Kopplung. Der Slogan „Vom Landwirt zum Energiewirt" ist eine interessante Perspektive, die sich für die Zukunft der Landwirtschaft vor dem Hintergrund wachsender Lebensmittelimporte vom globalen auf den europäischen Markt bietet.[201] Der Stromimport aus solarthermischen Kraftwerken aus Ländern im „Sonnengürtel" über einen europäisch-afrikanischen Stromverbund schafft auch Entwicklungsmöglichkeiten für die nordafrikanischen Länder.

Anders als bei der Stromerzeugung werden die Potenziale der erneuerbaren Energien zur Wärmebereitstellung jedoch in Deutschland[202] bisher weit unterschätzt und zu wenig genutzt. Die systemtechnische Vernetzung von Solarkollektoren, Kraft-Wärme-Kopplungs-Anlagen mit Gülle- oder Biomassenutzung in Zusammenhang mit Wärmerückgewinnung, Absorptionskälteerzeugung, Speichern und effizienter Leittechnik bietet hervorragende Entwicklungsperspektiven, insbesondere für dezentrale Nahwärmenetze und den ländlichen Raum. Die deutsche Siedlungsstruktur mit vorwiegend geschlossenen Ortschaften ist dafür gut geeignet. Prinzipiell ließe sich ein Potenzial von 95 Prozent des Bedarfs für Raumwärme und Warmwasser so erschließen.

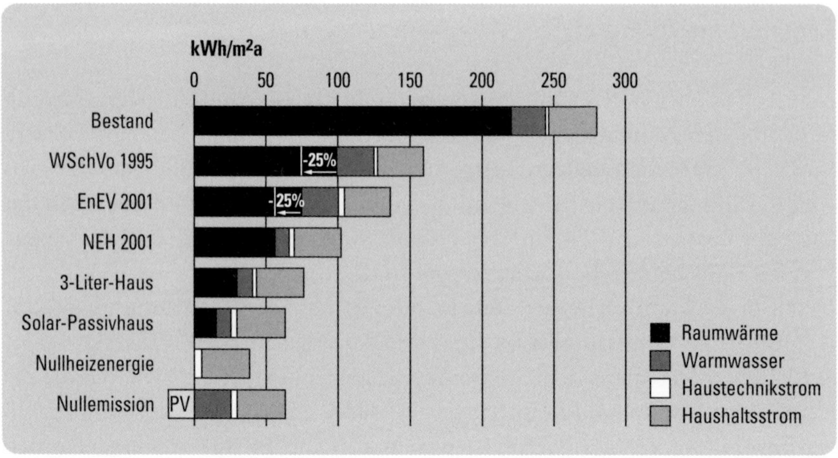

Abb. 18: Energiebedarf von Gebäuden für verschiedene Wärmedämmstandards und solare Hausstandards. Nach: Luther / Voss 2000. (WSchVO: Wärmeschutzverordnung; EnEV: Energieeinsparverordnung; NEH: Niedrigenergiehaus).

Bisweilen wird der Eindruck vermittelt, die erneuerbaren Energien seien per se umweltverträglich, da sie ja natürliche Energien seien. Oft wird auch eine nachhaltige Entwicklung im Energiebereich mit einem stärkeren Einsatz von erneuerbaren Energien wie Windkraft und Fotovoltaik gleichgesetzt. Aber so einfach ist das mit der nachhaltigen Energienutzung nicht. Es gibt durchaus ökologische Bedenken gegen große Wasserkraftwerke und mit dem Natur- und Landschaftsschutz nicht vereinbare große Off-Shore-Windparks.

Auch die Bioethanol-Gewinnung in Brasilien hatte erhebliche Auswirkungen auf die Umwelt. Raps gehört zu den landwirtschaftlichen Produkten, bei denen gentechnische Veränderungen in anderen Ländern schon üblich sind. Genveränderter Raps kreuzt über viele Kilometer hinweg aus, so dass eine Koexistenz mit gentechnisch nicht verändertem Raps auch bei Einhaltung einer guten landwirtschaftlichen Praxis nicht möglich ist. Einige erneuerbare Energien können die biologische Vielfalt beeinträchtigen. „Unseren verschwenderischen, häufig gedankenlosen Umgang mit Energie ‚erneuerbar' gestalten zu wollen, würde die Probleme verlagern, aber nicht lösen", so der Präsident des Umweltbundesamtes, Andreas Troge.[203] Daher muss der Einsatz erneuerbarer Energie mit maximaler Effizienz einhergehen – aus ökologischen, vor allem aber auch aus ökonomischen Gründen. Ein nachhaltiges Energiewirtschaften verbietet den grenzenlosen Einsatz auch der erneuerbaren Energien.

Wo wird nachhaltige Energietechnik schon angewandt?

Die Vielfalt nachhaltiger Energietechnik, die Energie effizient nutzt, recycelt und aufwertet, ist heute schon groß. Einige Techniken haben wir zur Erläuterung der Konstruktionsprinzipien bereits erwähnt. Im Folgenden wollen wir einige Bausteine mit besonders großem Potenzial für nachhaltige Energiesysteme ergänzen.

Passivhäuser: Sie benötigen nur 20 Prozent der Heizenergie eines traditionellen Neubaus.[204] Damit geht ihr Energiestandard mit mehr als einem Faktor zwei über den des Niedrigenergiehauses hinaus. Der Heizenergiebedarf liegt nur noch zwischen 7 und 15 Kilowattstunden pro Quadratmeter und Jahr. Einschließlich Warmwasserbereitung und elektrischer Energie werden nur 30 bis 40 Kilowattstunden pro Quadratmeter im Jahr verbraucht. Ein Haus nach diesem Standard benötigt also nur noch 7 bis 15 Prozent der Energie eines Durchschnittshauses von heute. Das Ziel wird im Wesentlichen erreicht, indem die Außenhülle des Hauses stark gedämmt wird (bis 30 Zentimeter Dämmung) und dreifach verglaste Wärmeschutzfenster eingesetzt werden; ferner wird eine Komfortbelüftung mit Wärmetauscher eingebaut, und die traditionelle Beheizung wird durch einen effizienten Wärmetauscher mit Nachheizregister ersetzt. Auch Büro- oder Produktionsgebäude können als Passivhäuser gebaut werden. Kürzlich wurde ein Wuppertaler Studentenwohnheim sogar zum Passivhaus umgebaut. Besonders wichtig ist, Elemente von Niedrig- und Passivbauweise bei der energetischen Sanierung des Wohngebäudebestandes soweit wie wirtschaftlich möglich zu übernehmen.

Die Energiekosten von energetisch nicht optimierten Gebäuden sind erheblich gestiegen. Passivenergiehäuser und die energetische Sanierung des Gebäudebestandes stellen einen Zukunftsmarkt dar, dessen Dimensionen weit unterschätzt werden, insbesondere in Bezug auf neue Arbeitsplätze, aber auch hinsichtlich der Wirkung auf den Aufbau nachhaltiger Energiesysteme. Immerhin stammen 30 Prozent der Kohlendioxid-Emissionen in Deutschland aus der Raumwärmeversorgung, zu denen die indirekten Emissionen aus dem Stromverbrauch der Gebäude sowie der Fernheizung hinzukommen.

Solare Architektur: Völlig unterschätzt werden im Gebäudesektor die Möglichkeiten der passiven Nutzung von Sonnenenergie. Hinter dem Begriff „solare Architektur“ verbirgt sich im Grunde nichts anderes als eine den regionalen Klimabedingungen und der Nutzung angepasste Bauweise.[205] Dazu gehören Speichermassen im Gebäudeinneren, Wintergärten und Pufferzonen, Nutzung interner Wärmequellen, Schattenspender, natürliche Konvektion und optimierte Lüftung, Ausrichtung der Gebäude, Wärmerückgewinnung und eine wirklich gute Wärmedämmung der Gebäudehülle. Die Prinzipien für nachhaltige Energiesysteme gelten auch und gerade für die solare Architektur – Systeme mit Energierecycling und Netzwerkregelung, Vermeidung von zusätzlichem Energiebedarf, effiziente und angepasste Bausteine.

Beleuchtung: Künstliches Licht trägt in erheblichem Maße zum Stromverbrauch bei, 36 Prozent beispielsweise beim Einzelhandel.[206] Der Anteil der Beleuchtung am gesamten Stromverbrauch beträgt 10 Prozent. Die bisher eingesetzten Beleuchtungssysteme basieren auf dem Prinzip der Wärmestrahlung (Glühlampen) oder der Gasentladung (Leuchtstofflampen, Hoch- und Niederdruck-Entladungslampen). Demgegenüber wiesen Leuchtdioden (LED, *Light Emitting Diodes*) bisher keine nennenswerte Lichtausbeute auf, so dass ihr Einsatz zur Beleuchtung beschränkt blieb. Dies ändert sich in jüngster Zeit. Durch Mischung verschiedenfarbiger LED und Verwendung von Leuchtstoffen ist die Herstellung von weißem Licht aus LED möglich geworden, so dass bei gleichzeitiger Verbesserung der Lichtausbeuten zahlreiche Anwendungsmöglichkeiten in Konkurrenz zu den bisherigen Beleuchtungssystemen offen stehen. Damit ist mittel- bis langfristig ein erhebliches Stromeinsparpotenzial verbunden.

Elektromotoren: Diese Motoren benötigen in Europa jährlich eine Strommenge von rund 400 Terawattstunden. Durch effizientere Antriebe – also der optimierten Kombination aus Motor, Steuerung und angetriebenem System – ließen sich bei Pumpen und Lüftern 60 bis 70 Prozent einsparen.[207] Mit zunehmender Technisierung und Automatisierung haben auch elektromagnetische Kleinantriebe heute eine große Anwendungsvielfalt erreicht. Elektrische Antriebe und speziell Kleinmotoren sind jedoch oft sehr ineffizient und bieten bei konsequentem Einsatz bestehender, ausgereifter Technologie ein Einsparpotenzial bis zu einem Faktor vier, das sich aufgrund der großen Stückzahlen zu einem erheblichen Reduktionspotenzial summiert.

Gerätetechnik: Durch Optimierung der elektrischen Antriebe lassen sich gut 8 Terawattstunden jährlich vermeiden. Die Anpassung und Regelung der Lüftungstechnik sparte zum Beispiel einem Telekommunikationsunternehmen in einer Vermittlungszentrale die Kosten für zwei Drittel des Stroms, den es für die Klimatisierung benötigt. Bei Heizungsumwälzpumpen sind satte 90 Prozent Einsparung drin: Die neue Pumpentechnologie der „Faktor-4-Pumpe“ und die Optimierung des Heiz- oder Kühlkreislaufs machen es möglich. Rund 38 Prozent des deutschen Branchenumsatzes entfallen auf Kleinmotoren bis etwa 1 Kilowatt Leistung. Nach einer Marktstudie von Frost und Sullivan errechnet sich für das Jahr 2004 ein Umsatz an Kleinstmotoren in Höhe von 1,85 Milliarden Dollar nur für Europa. Der Großteil der Umsätze wird übrigens in Deutschland erzielt – ein weiterer Riesenmarkt mit Zukunft für Effizienztechnik. Würde man in allen OECD-Ländern bis 2030 jeweils die effizientesten und wirtschaftlich günstigsten Haushaltsgeräte einsetzen, ließen

Die Wasserstoff-Revolution – eine voreilige Vision

Das ist der Stoff für Bestseller: Wasserstoff sei nicht nur sauber und unbegrenzt verfügbar, durch Wasserstoff würden auch die zentralistischen Strukturen der Energieversorgung in sich zusammenfallen, die geopolitische Bedrohung aus der zunehmenden Verknappung der fossilen Reserven überwunden und eine insgesamt für alle hinreichende Energieversorgung erreicht werden können. Wasserstoff mache eine gerechtere Weltwirtschaft, eine Reglobalisierung von unten und eine damit verbundene Entmachtung der großen Energiekonzerne möglich. Und natürlich könne die so propagierte Wasserstoffwirtschaft schon in wenigen Jahren Realität werden. Schließlich sei auch das Internet in kürzester Frist gewachsen. Dies ist die Botschaft des amerikanischen Intellektuellen und Querdenkers Jeremy Rifkin, die er in einem viel diskutierten Buch der Öffentlichkeit vorgestellt hat. [208]

Erwartet uns also eine Zukunft im Paradies? Leider ist es nicht so einfach. Der Aufbau einer Wasserstoffwirtschaft ist auf die physische Errichtung neuer Infrastrukturen angewiesen und bedarf einer heute noch nicht im ausreichenden Maße verfügbaren Antriebsquelle. Abgesehen von den Widerständen seitens der traditionellen Energiekonzerne und den extrem hohen Kapitalmengen, die für den Aufbau dieser Infrastrukturen notwendig sind, steht und fällt die an sich richtige Vision der zukünftig kohlenstoffneutralen Energieversorgung mit Wasserstoff mit der Verfügbarkeit einer sauberen Antriebsquelle. Aus heutiger Sicht können dies – will man nicht zu einem massiven Ausbau der Kernenergie kommen – nur die erneuerbaren Energien sein. Dies sieht auch Rifkin so. Nur bleibt er den Beweis schuldig, wie der Aufbau einer derart gewaltigen, auf erneuerbaren Energien basierenden Infrastruktur in wenigen Jahren funktionieren soll. Dieses Thema klammert er einfach aus. So stellt das Werk von Rifkin auf den ersten Blick zwar eine scheinbar revolutionäre Lösung der Energieprobleme dar, doch da es die zwingend notwendige Veränderung des Energiesystems ignoriert, kann es die geweckten Erwartungen nicht befriedigen.

Dennoch: Grundsätzlich verfolgt seine Vision auf lange Sicht den richtigen Weg. In einer klimaverträglichen Energieversorgung der Zukunft wird es zunehmend dezentrale Erzeugungsstrukturen geben: Mittel- bis langfristig wird hierzu aus erneuerbaren Energien bereitgestellter Wasserstoff einen wichtigen Beitrag leisten können. Aber eben erst mittel- bis langfristig. Eine Kilowattstunde elektrischer Energie aus erneuerbaren Energien bringt heute als Substitut für eine entsprechende Energiemenge aus einem fossil befeuerten Kraftwerk etwa den dreifachen Kohlendioxidminderungsbeitrag wie die gleiche Kilowattstunde, die über eine Elektrolyse in Wasserstoff umgewandelt würde, der dann als Kraftstoff Benzin oder Diesel ersetzen würde. Deshalb besteht bei einer übertriebenen Forcierung der Wasserstoffwirtschaft die Gefahr, dass mit nuklear und fossil erzeugtem Wasserstoff kontraproduktive Entwicklungspfade beschritten und die unstreitigen Vorteile einer regenerativen Wasserstoffwirtschaft zunichte gemacht werden. Wasserstoffwirtschaft ja, aber als kluger, langfristig orientierter Baustein erneuerbarer Energiesysteme – dies ist die realistische Vision.

sich etwa 40 Prozent CO_2 (d.h. etwa 1100 TWh) gegenüber dem gegenwärtigen Trend einsparen.[209]

Brennstoffzellen: Sie gelten als Hoffnungsträger und versprechen eine herausragende energetische Leistung (hohe Stromkennzahl, hohe Wirkungsgrade, gutes Teillastverhalten). Bei der Verwendung von Wasserstoff ist ein nahezu emissionsfreier Betrieb möglich. Brennstoffzellen können sowohl für den stationären Einsatz (Kraft-Wärme-Kopplung) als auch für mobile Einsatzzwecke bei Fahrzeugen Verwendung finden. Im stationären Bereich muss die Brennstoffzelle mit effizienten Anlagen der Kraft-Wärme-Kopplung auf Erdgasbasis konkurrieren. Die Vorteile dieser Technik lassen sich erst ausschöpfen, wenn regenerativ erzeugter Wasserstoff in ausreichender Menge zur Verfügung steht – auch wenn Bestseller-Autoren wie Jeremy Rifkin uns glauben machen wollen, dass diese Technik schon morgen alle Energieprobleme lösen könnte (vgl. den Kasten „Die Wasserstoff-Revolution – eine voreilige Vision").

Die Kraft-Wärme-Kopplung

Kraft-Wärme-Kopplung ist die Erzeugung von Kraft (Strom) und Nutzwärme in einer Anlage. Vom Einsatzbereich her unterscheidet man Siedlungs-Kraft-Wärme-Kopplung und industrielle Kraft-Wärme-Kopplung.[210]

Erzeugungsanlagen für die Kraft-Wärme-Kopplung in Siedlungen können Dampfturbinen-Heizkraftwerke (kleinere Gegendruckanlagen mit einem festen Verhältnis von Strom und Fernwärme sowie größere Wärmekraftwerke mit einer flexiblen Wärmeauskopplung), Gas- und Gas-Dampfturbinen-Heizkraftwerke (GuD-HKW), Blockheizkraftwerke (die mit Motoren oder Gasturbinen arbeiten) oder Brennstoffzellen sein, auch die Einspeisung industrieller Abwärme ist eine Möglichkeit. Alle Arten von Brennstoffen können in diesen Anlagen eingesetzt werden. Auch die gebäudescharfe Kraft-Wärme-Kopplung gehört dazu, von den Mini-Blockheizkraftwerken bis zu ausgeklügelten Gasturbinenanlagen mit angeschlossener Kälteerzeugung für Bürokomplexe.

Bei der industriellen Kraft-Wärme-Kopplung können grundsätzlich alle Arten von Brennstoffen und Techniken eingesetzt werden, allerdings dominieren erdgasbetriebene Blockheizkraftwerke und Gas- und Gas-Dampfturbinen-Heizkraftwerke, da sich diese am besten in die Nutzungssysteme einfügen. Die Technik der industriellen Kraft-Wärme-Kopplung ist vielfältig vorhanden und erprobt. In Kapitel 11 haben wir dargestellt, warum sie unter den Bedingungen einer unregulierten Liberalisierung dennoch keine größere Verbreitung findet.

Anlagen der Kraft-Wärme-Kopplung werden in der Regel wärmegeführt gefahren, der Strom wird sozusagen als Nebenprodukt, wenn auch mit größtmöglichem Wirkungsgrad erzeugt. Jahrzehntelang war es technisch einfacher, die großen Heizkraftwerke stromgeführt zu betreiben, auch brachte dies mehr Profit. Da Liberalisierung und Stromhandel jetzt grundlegend andere Anforderungen an den Betrieb von Stromerzeugungsanlagen stellen und da uns über Computernetzwerke, Halbleitertechnik und billige Wärmespeicher neue Regelungstechniken zur Verfügung stehen, wäre es kein Problem mehr, die

Anlagen am Wärmebedarf auszurichten. Strom kann weiträumig transportiert werden, Wärme nicht. Übrigens könnte Erdgas statt in Einzelfeuerung oder in der reinen Stromerzeugung viel rationeller in Kraft-Wärme-Kopplungs-Anlagen eingesetzt werden – gleichsam zum ressourcenseitigen und ökologischen Nulltarif. Dies wäre ein wesentlicher Übergangsschritt auf dem Weg zu nachhaltigen Energiesystemen.

Nachhaltige Mobilität und Verkehrstechnik

Mobilität ist eine Energiedienstleistung. „Mehr Mobilität durch weniger Verkehr" kennzeichnet das Vermeiden von unnötigem Energieverbrauch im Verkehrsbereich und macht gleichzeitig deutlich, dass es beim Vermeiden nicht um Komfortverzicht, sondern ganz im Gegenteil um mehr Lebensqualität geht.

Das Systemprinzip findet bei der Mobilität seine Analogie im Modal Split, in Park-and-Ride-Ansätzen und anderen, das Effizienzprinzip in Fahrgemeinschaften, in Telematik-Techniken und natürlich nicht zuletzt in sparsamen Kraftfahrzeugen.[211]

Die Gestaltung einer nachhaltigen Mobilität wäre nicht möglich, wenn man sie auf die Frage einer Alternative zu Öl und Benzin reduzierte. Alternativkraftstoffe stehen zur Verfügung – vom Synfuel bis zum Biodiesel, von Wasserstoff und Erdgas (CNG – komprimiertes Erdgas, LPG – verflüssigtes Erdgas, GTL – gas to liquid) über Kohle (CTL – *coal to liquid*) bis zu Bioethanol und RME (Rapsöl-Methylester). Die Bewertung dieser Kraftstoffalternativen aus Sicht einer nachhaltigen Entwicklung kann jeweils nur im Zusammenhang mit dem technischen System erfolgen, also in gesamtsystemaren Ökobilanzen oder mit Hilfe von Technikfolgenabschätzung.

Auch für den Antrieb von Fahrzeugen wird von vielen vehement auf Wasserstoff und die Brennstoffzelle gesetzt. Um ein Fünftel der Fahrzeuge in Deutschland mit regenerativ erzeugtem Wasserstoff versorgen zu können, müsste der in den bis 2030 geplanten Off-Shore-Windparks mit einer Leistung von 25 Gigawatt erzeugte Strom (70 bis 85 Terawattstunden pro Jahr) vollständig in großen Elektrolysatoren eingesetzt werden.[212] Als Ersatz für abgeschaltete Atomkraftwerke oder als Klimaschutz-Alternative für die Kohleverstromung könnten die riesigen Off-Shore-Windparks dann nicht mehr dienen.

Die Innovationskraft von Wissenschaft und Technik ist intakt. Viele Ingenieure, Forscher, auch Teile der Wirtschaft verfügen inzwischen über ein großes Innovationspotenzial für nachhaltige Energietechnik. Sie sind gerüstet für den Aufbruch in ein zukunftsfähiges Energiesystem.

Kapitel 15:

Szenarien – Ist der „sanfte“ Pfad machbar?

Ein Energieszenario ist ein Navigationssystem, das mit modernen wissenschaftlichen Methoden und einer Vielzahl von Daten und Zusammenhängen eine mögliche Energiezukunft analysiert und anschaulich macht. Die Wissenschaft kennt keine effektiveren Instrumente, um Entscheidungen für eine unsichere Zukunft fundiert vorzubereiten. Szenarien sind konsistente Zukunftsbilder unter Wenn-dann-Bedingungen. Sie sind abhängig von Annahmen, die von Experten formuliert und in Rechnermodelle eingegeben werden. Zielszenarien sind daraufhin ausgerichtet, dass sie gesellschaftliche Ziele als erkenntnis- und Politikleitend anerkennen und deren Umsetzungsbedingungen analysieren. Dieser Szenarientyp zeigt Handlungsspielräume und -notwendigkeiten auf.

Zur Kennzeichnung erhalten Szenarien üblicherweise einen Namen, der prägnant die Kerneigenschaft des jeweiligen Szenarios wiedergeben soll. Beispiel: Das „BAU-Szenario“ (Business-as-usual-Szenario) modelliert eine Energieentwicklung, die sich ohne wesentliche Änderung der politischen oder wirtschaftlichen Rahmenbedingungen ergeben würde. Wir beschreiben nachfolgend Zielszenarien, für die ein klimarelevantes Leitziel (für Industrieländer etwa 80 Prozent Kohlendioxid-Minderung bis 2050) vorgegeben wird, dessen technisch-wirtschaftliche Realisierbarkeit untersucht werden soll.

Die nachfolgend dargestellten Szenarien verstehen wir als Rüstzeug, um sich angesichts hochkomplexer Zusammenhänge ein transparenteres Bild von alternativen Energiezukünften zu machen. Wir konzentrieren uns auf zwei typische Szenarien: Eines beschreibt den „harten“ Pfad („Weiter so“) und eines den „sanften“ Pfad („Nachhaltigkeit“). Wir betrachten zuerst die globale Ebene, dann die nationale Ebene mit der Frage, inwieweit Deutschland eine Vorreiterfunktion bei der Umsetzung eines „sanften“ Pfades übernehmen könnte.

Die Zahl vorliegender Weltszenarien (etwa 400 bisher) schrumpft auf etwa zwei Dutzend, wenn die Erreichung notwendiger Ziele für den Klimaschutz (maximale Kohlendioxid-Konzentration in der Atmosphäre bei 450 ppm [parts per million], Senkung der Kohlendioxid-Emissionen um 50 Prozent bis 2050) vorausgesetzt wird. Wird zusätzlich aus Gründen der Risikominimierung ein

Ausstieg aus der Kernenergie in diesem Jahrhundert als Zielorientierung angestrebt, sind es sogar weniger als fünf Szenarien.

Das Shell-Szenario: die Zukunft ohne Energieeffizienz

Wir nehmen zur Demonstration eines wesentlichen Resultats einer Vielzahl von Zukunftsprojektionen ein Szenario von der Shell AG aus dem Jahr 1996 (Sustainable Growth), das die Zukunft des Energiesystems aus der Energieangebotsperspektive projektiert. Vergangenheitstrends beim Energieverbrauch werden weitgehend extrapoliert (fortgeschrieben), eine Detailuntersuchung (wie viel Energiezuwachs kann durch Energieeffizienz vermieden werden?) findet nicht statt.

Das Shell-Szenario entwarf erstmalig – gleichsam aus der Verkäuferperspektive eines führenden Energiekonzerns – ein weltweites Energiesystem, das im Jahr 2060 überwiegend (zu 60 Prozent) auf erneuerbaren Energien aufgebaut ist.

Shell ging davon aus, dass die erneuerbaren Energien bis zum Jahr 2020 wirtschaftlich, also konkurrenzfähig zu den fossilen und nuklearen Angebotsalternativen sein werden. Es kommt zur „additiven Diversifizierung" des Ener-

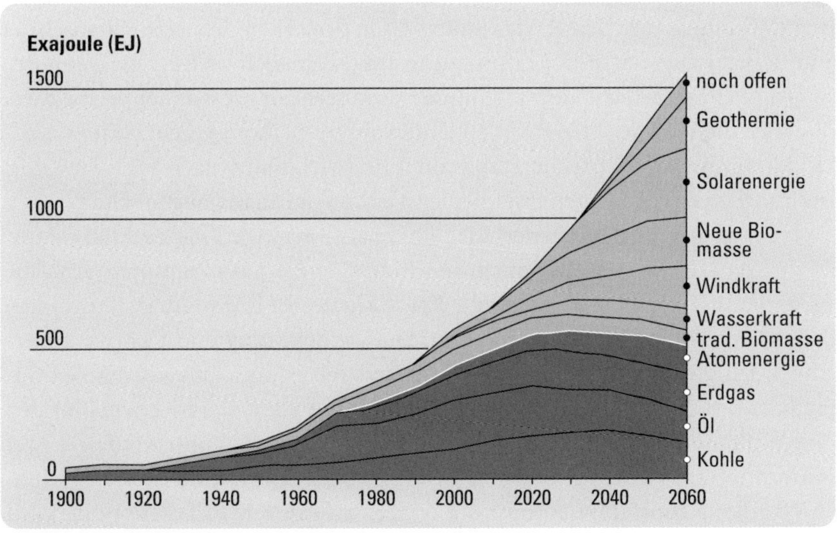

Abb. 19: Entwicklung des globalen Primärenergieverbrauchs nach dem Shell-Szenario „Sustainable Growth". Quelle: Shell 1996.

gieangebots – die erneuerbaren Energien werden zum bestehenden fossilen und nuklearen Sockel addiert, weil das Wachstum des Primärenergieverbrauchs nahezu ungebremst weitergeht. Allerdings würden in diesem Fall selbst ambitionierte Anstrengungen bei der Markteinführung der erneuerbaren Energien nicht ausreichen, das Klimaproblem und andere Risiken steigenden Energieverbrauchs hinreichend zu entschärfen. Die Folge: Die Kohlendioxid-Emissionen steigen nach diesem Szenario bis zur Mitte des Jahrhunderts nahezu auf das Doppelte an. Öl- und Gasabhängigkeit wie Atomenergierisiken würden der Menschheit noch über 60 Jahre hinaus erhalten bleiben.[213]

Aus diesem Beispiel lässt sich eine wichtige und für angebotsorientierte Strategien verallgemeinerungsfähige Lehre ziehen: Eine forcierte Steigerung der Energieproduktivität, also eine globale Effizienzrevolution, ist unabding bare Voraussetzung für jede die Risiken minimierende Energiestrategie. Ohne massive Steigerung der Energieeffizienz gibt es keinen realistischen Weg zur Nachhaltigkeit!

Das „Faktor-Vier"-Szenario: eine nachhaltige Zukunft durch Energieeffizienz

Mit dem „sanften" Pfad, der ergänzend zum Wachstum der erneuerbaren Energien stark auf die Erhöhung der Energieeffizienz und damit auf einen „Perspektivenwechsel" weg vom Angebot und hin zum Bedarf an Energiedienstleistungen setzt, lassen sich anders als in dem Shell-Szenario Klimaschutz und Beendigung der Atomkraftnutzung gleichermaßen realisieren. Denn der „sanfte" Pfad setzt nicht auf die Anbieter-, sondern auf die Kundenperspektive: Wie sieht die Welt der Energie in 50 Jahren aus, wenn konsequent vom Bedürfnis der Verbraucher (private Haushalte und Wirtschaft) nach preiswürdigen und möglichst risikoarmen Energiedienstleistungen ausgegangen wird?

Je höher der Anteil erneuerbarer Energien und je rationeller Energie mit effizienter Wandlertechnik, modernen Managementmethoden und weitsichtigem Verhalten über die gesamte Prozesskette in Energiedienstleistungen umgesetzt wird, desto geringer werden Umweltbelastung und Ressourcenverbrauch bei gleicher oder steigender Wirtschaftsleistung. Dies ist der Grundgedanke des „Faktor-Vier"-Berichts von von Weizsäcker und Lovins an den Club of Rome.[214] Schöpferische Intelligenz und Ingenieurkunst werden darauf konzentriert, aus jeder Kilowattstunde Strom und jeder Tonne Öl mit effizienter Wandlertechnik einen maximalen Nutzen zu erzielen. Auf diese Weise wird es möglich, dass sich, wie die Autoren es formuliert haben, die Wirtschaftsleistung verdoppelt und der Primärenergieeinsatz halbiert.

	1995	2020	2050
Weltbevölkerung in Milliarden	5,56	7,58	9,50
BSP in 1 000 Mrd. Dollar (in Preisen von 1990)	23,3	40,4	75,0
Primärenergie (PE) in Gtoe/a	9,5	9,9	10,3
Veränderung der Energieintensität (PE/BSP) in Prozent per Jahr		–2,00	–1,90

Tab. 5: Basisannahmen und zentrale Ergebnisse für das „Faktor-Vier"-Szenario.
Quelle: Wolters 2001, Lovins, Hennicke 1999.

Diese Arbeitshypothese war die Grundlage für eine weltweite Energiestrategie, das „Faktor-Vier"-Szenario, die am Wuppertal Institut in dreijähriger Arbeit in Kooperation mit Amory Lovins vom Rocky Mountain Institute erstellt wurde.[215] Dieses Weltenergieszenario baut auf der Datenbasis (gleiche Annahmen über Wirtschafts- und Bevölkerungswachstum) und Regionalgliederung des World Energy Council (WEC) auf, um eine Vergleichbarkeit mit Szenarien der Weltenergiekonferenz herzustellen, setzt jedoch anders als die Szenarien des Council auf einen Vorrang für die weltweite Einführung von Effizienztechniken, Kraft-Wärme-Kopplung und erneuerbaren Energien.

Primärenergieverbrauch in Gtoe*	**1995**	**2020**	**2050**
Kohle	2,5	2,3	0,3
Öl	3,0	3,0	2,5
Gas	1,7	1,8	1,2
Erneuerbare Energien	1,8	2,6	6,3
Kernenergie	0,5	0,2	0,0
Welt (gesamt)	9,5	9,9	10,3
CO_2-Emissionen in Gt**	**1995**	**2020**	**2050**
CO_2	21,6	20,5	11,0

*Gtoe: Gigatonnen Öläquivalent, **Gigatonnen

Tab. 6: Primärenergieverbrauch und CO_2-Emissionen im „Faktor-Vier"-Szenario.
Quelle: Wolters 2001, Lovins, Hennicke 1999.

Das „Faktor-Vier"-Szenario zeigt, dass unter bestimmten Voraussetzungen Klimaschutz und Risikominimierung und damit ein Übergang zu einem zukunftsfähigen Weltenergiesystem nicht nur technisch, sondern auch wirtschaftlich möglich sind. Es ist vor allem die höhere Steigerungsrate der Energieeffizienz, die den Sprung zu einer nachhaltigeren Energieentwicklung ermöglicht.

Der globale Primärenergieverbrauch kann trotz dreifach höherem Weltbruttosozialprodukt bis zum Jahr 2050 nahezu konstant gehalten werden, wenn der Energieeffizienz bei den Verbrauchern in Wirtschaft und Haushalten Priorität eingeräumt wird. Wird gleichzeitig die Markteinführung der Kraft-Wärme-Kopplung und ein breiter Mix aus erneuerbaren Energien gefördert, dann können die Kohlendioxid-Emissionen bis 2050 um etwa 50 Prozent sinken und auf Atomkraftwerke kann schrittweise verzichtet werden. Für dann 9,5 Milliarden Menschen würde ein angemessen steigender Lebensstandard sichergestellt.

Das „Faktor Vier"-Szenario berücksichtigt nur Effizienztechnologien, die zumindest als Prototyp bereits bekannt sind. Dies betrifft unter anderem effiziente Gebäude, Fahrzeuge, Produktionsprozesse, Antriebssysteme, Kraft-Wärme-Kopplung, Haushaltsgeräte und Beleuchtung. Der Kundenperspektive im „sanften" Pfad entspricht bei der Wuppertaler Szenarienmethodik, dass zunächst sehr detailliert die Energienachfrage bestimmt wurde, die sich aus dem Zusammenwirken all dieser Effizienztechniken in allen Verbrauchssektoren ergibt, um dann die notwendige Energiebedarfsdeckung und den Primärenergiemix zu ermitteln. Auch der weltweite Strukturwandel zu weniger energieintensiven Produktionsstrukturen wurde berücksichtigt. Die so ermittelte durchschnittliche Steigerung der Energieeffizienz von 2 Prozent im Jahr basiert auf dem Ende der neunziger Jahre verfügbaren weltweiten Datenbestand. Diese nur scheinbar moderate Steigerungsrate bedeutet eine Verdopplung gegenüber dem historischen Trend. Weitere Energieeinsparung, die sich aus einer integrierten Material- und Energieeffizienzsteigerung ergeben könnte oder durch Systemoptimierung möglich wird, konnte nicht berücksichtigt werden. Die wichtigste energiepolitische Botschaft des Szenarios ist, dass die weltweite Energiepolitik einen Schwerpunkt auf die beschleunigte Verbreitung und Markteinführung von Effizienztechniken (vor allem in Entwicklungsländern) legen muss.

Sind diese Ergebnisse robust? Der Vergleich mit anderen Szenarien bestätigt die Plausibilität der Wuppertaler Ergebnisse. Andere Nachhaltigkeitsszenarien haben vergleichbare Resultate erbracht, so die Arbeit des Wissenschaftlichen Beirats der Bundesregierung für Globale Umweltveränderungen (WBGU).

Hierbei handelt es sich ebenfalls um ein Klimaschutzszenario, in dem unterstellt wird, dass sich die Klimaänderungen nur innerhalb eines tolerier-

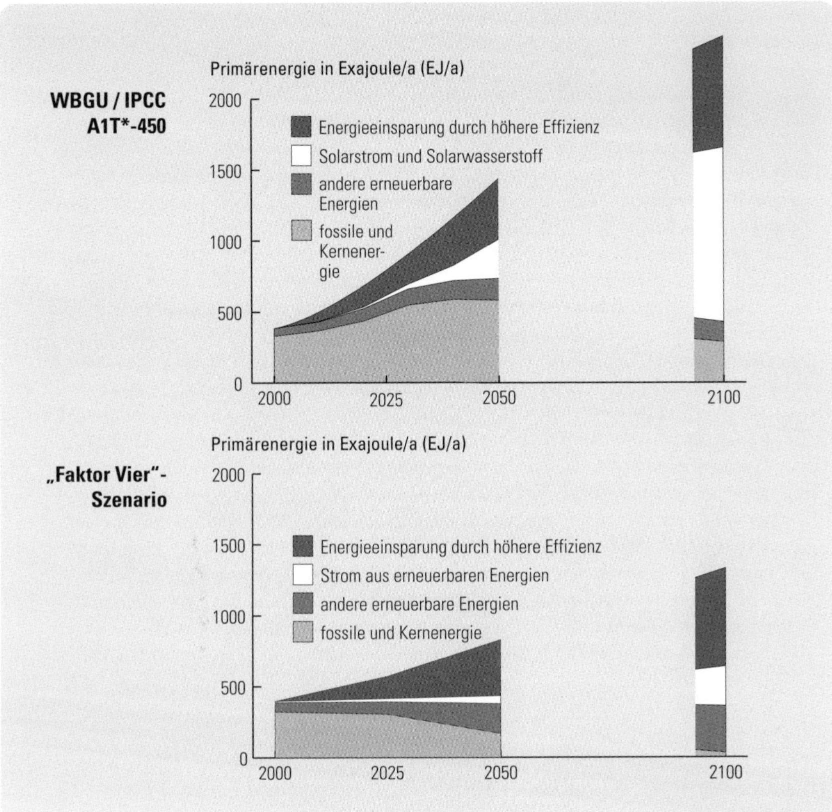

Abb. 20: Das Verhältnis von Effizienzsteigerung und erneuerbaren Energien in zwei Welt-Langfristszenarien für nachhaltige Energiesysteme. Quelle: WBGU 2003, Wolters 2001.

baren Fensters (Kohlendioxid-Konzentration unter 450 ppm; Temperaturanstieg nicht mehr als 0,2° C pro Jahrzehnt) bewegen dürfen. Darüber hinaus basiert dieses Szenario auf einer relativ moderaten Effizienzsteigerung von 1,6 Prozent pro Jahr, auf der massiven Einführung von Solarenergietechnik und der Nutzung von Kohlendioxid-Sequestierung (Abtrennung und Speicherung von Kohlendioxid). Unterstellt wird weiterhin, dass die Kernenergie weltweit ausläuft.[216]

Beide Szenarien zeigen im oberen Bereich, dass bis zum Ende des Jahrhunderts durch Effizienzsteigerung etwa 35 bis 50 Prozent des im Trend (Business-as-usual-Szenario) jeweils unterstellten Wachstums des Weltenergieverbrauchs „weggespart“ werden kann. Das „Faktor-Vier“-Szenario liegt dabei mit 2 Prozent Effizienzsteigerung pro Jahr im optimistischen Bereich, aber doch deut-

Kohlendioxid-Abtrennung und -Deponierung

Kohlendioxid ist das Endprodukt der Verbrennung von kohlenstoffhaltigen Energieträgern. Es kann nicht katalytisch oder auf andere Art zerlegt werden, denn das würde den Verbrennungsprozess rückgängig machen. Es kann jedoch mit verschiedenen Verfahren, z.B. chemisch aus dem Rauchgas, abgeschieden und deponiert werden. Allerdings geht es hier nicht um Spurengase im Promillebereich, sondern um den größten Teil des Abgases. Der Energieaufwand für die Abscheidung ist enorm. So würde der Wirkungsgrad von Kohlekraftwerken um bis zu einem Viertel sinken, wenn 80 Prozent des Kohlendioxids abgeschieden würden. Transport und Deponierung sind weitere kosten- und energieaufwändige Schritte. Theoretisch könnte Trockeneis hergestellt und im Ozean versenkt werden, aber die ökologischen Risiken dieser Prozedur sind vollständig unerforscht. Das Einleiten in Aquifere oder Salzkavernen und das Auffüllen ausgebeuteter Öl- oder Gaslagerstätten[217] wird als näher liegende technische Option eingeschätzt. In einigen Ländern wird CO_2 in Ölquellen eingepumpt, um die Ausbeute zu erhöhen.[218] Unklar ist, wie viel des in die Lagerstätten gepressten Kohlendioxids an anderer Stelle wieder entweicht. In zahlreichen Ländern wie den USA, England und Japan werden die Abscheidung und Deponierung (Sequestration) als vielversprechend angesehen.[219] Die Abscheidung würde maximal etwa 40 Prozent der gesamten Emissionen betreffen, eben nur die großen Punktquellen, nicht hingegen dezentrale Hausheizungen und Kraftfahrzeuge. Diese Option wird bestenfalls einen quantitativ und zeitlich sowie regional deutlich begrenzten Wirkungsbeitrag zum Klimaschutz erbringen können. Nach Berechnungen von RWE würden sich die Stromgestehungskosten durch die Abscheidung fast verdoppeln.[220] Gemessen an den Kriterien für eine nachhaltige Entwicklung sowie den Konstruktionsprinzipien für nachhaltige Energiesysteme, muss die Abscheidung als nicht nachhaltige Technik bezeichnet werden.

lich unter der Rate, wie sie für Länder wie Deutschland (etwa 3 Prozent) oder China (etwa 4 Prozent) langfristig für möglich gehalten werden. Das WBGU-Szenario demonstriert andererseits das enorme Potenzial der solaren Energie, das langfristig als technologische Nachhaltigkeitsoption eingesetzt werden kann, falls die Effizienzsteigerung geringer als im „Faktor-Vier"-Szenario ausfallen sollte.

Beide Szenarien zeigen, dass die Menschheit bei der Verfolgung dieser Ziele je nach wirtschaftlicher und demografischer Entwicklung Wahlmöglichkeiten hat, bei der gemeinsamen Markteinführung der erneuerbaren Energien und der Effizienztechniken deren jeweilige Nutzung mehr oder weniger zu forcieren.

Überzeugte Vertreter des „harten" Pfades werden dennoch einwenden, dass das unterstellte Klimaschutzziel, 50 Prozent Kohlendioxid-Reduktion bis zur Mitte des Jahrhunderts, wirkungsvoller mit Großtechnologien wie Kernkraft und mit Kohlendioxid-Abtrennung[221] erreicht werden kann.

Überprüfen wir die Implikationen dieses Arguments an einem repräsentativen Szenario, dem Sustainable Vision Scenario der Internationalen Energie Agentur (IEA).[222] Die weltweite Energienachfrage im IEA-Szenario entspricht den historischen Entwicklungstrends, liegt aber unter dem des Shell-Szenarios.

Auch das Sustainable Vision Scenario konzentriert sich auf den Klimaschutz: Im Jahr 2050 sollen 60 Prozent der Energieversorgung kohlenstofffrei erfolgen. Zu den kohlenstofffreien Energiequellen zählt das Szenario – neben den erneuerbaren Energien und der Atomkraft – auch die Kohleverstromung, Kohlendioxid-Abscheidung und -Deponierung (siehe Kasten). 26 Prozent des durch die Verbrennung fossiler Energieträger im Jahr 2050 emittierten Kohlendioxids müssen unter dieser Annahme durch geeignete Technologien von der Atmosphäre ferngehalten und sicher (möglichst ohne Leckagen) deponiert werden.

Da eine Abscheidung nur bei großen Kraftwerken infrage kommt, nimmt das Szenario implizit an, dass Mitte diesen Jahrhunderts alle Kohlekraftwerke mit Kohlendioxid-Abgasreinigung ausgerüstet sein müssen und geeignete Endlagerkapazitäten betriebsbereit sind. Dies macht den gigantischen Aufbau einer globalen Kohlendioxid-Entsorgungsstruktur erforderlich, die mehr als 8 Milliarden Tonnen Kohlendioxid jährlich abscheiden, geeignet umwandeln, weiträumig transportieren sowie deponieren muss. Zum besseren Verständnis: In Deutschland wurden vor einigen Jahrzehnten jährlich noch etwa 70 Millionen Tonnen Steinkohle gefördert. Die in weniger als fünf Jahrzehnten aufzubauende globale Kohlendioxid-Entsorgungsstruktur müsste eine mehr als hundertmal größere Menge bewältigen als der deutsche Steinkohlebergbau.

Das Sustainable Vision Scenario sieht für 2050 einen Anteil der nicht Kohlendioxid emittierenden Energiequellen am weltweiten Primärenergieverbrauch von 46 Prozent. Der Anteil der Atomkraft am steigenden Primärenergieverbrauch würde dabei von 2 Prozent 1990 auf 11,3 Prozent 2050 ansteigen. Diese Prozentangaben erscheinen auf den ersten Blick nicht beeindruckend. In absoluten Zahlen zeigt sich jedoch eine dramatische Dynamik zur Risikoverstärkung.

Es ergibt sich ein vierzehnfacher Anstieg der atomaren Stromerzeugung weltweit von 1990 bis 2050. Dies setzt eine Zunahme der nuklearen Kraftwerkskapazität von 3,5 Prozent pro Jahr über die gesamten 60 Jahre voraus. Für die Region mit den meisten Entwicklungsländern – Afrika, Mittlerer Osten und Lateinamerika – ermittelt das Szenario einen um 350 Prozent wachsenden Energiebedarf und eine Steigerung des Anteils der Atomkraft von heute 0,2 auf 7,3 Prozent 2050. Die Zahl der Atomkraftwerke in diesen Ländern müsste auf das Vierzigfache steigen.

Die Internationale Energieagentur weist selbst auf „mögliche Akzeptanz- und Proliferationsprobleme“ ihrer angeblichen Nachhaltigkeitsstrategie hin, und sie sieht auch in dem enormen Kapitalbedarf große Schwierigkeiten. Für uns ist jedoch etwas anderes entscheidend: Das globale Klimaschutzziel ist mit der nahezu absurden Gigantomanie der Kohlendioxid-Entsorgung und des Atomkraftwerkausbaus ungleich aufwändiger und riskanter zu realisieren

	AKWs 1995	AKWs 2050
IEA Sustainable Vision Szenario	242	3 400
„Faktor-Vier“-Szenario	242	0

Tab. 7: Szenarien für die Entwicklung der atomaren Kraftwerkskapazitäten weltweit. Quelle: Wolters 2001, IEA 2003, Lovins, Hennicke 1999.

als in den nachhaltigen Energiestrategien. Im WBGU- und im „Faktor-Vier“-Szenario ist die Atomenergie ein Auslaufmodell und dennoch wird ein ausreichender Klimaschutz erreicht. Die besseren Argumente sprechen für den „sanften“ Pfad.

Deutschland – Pionier des „sanften“ Pfads?

Wie weit kann Deutschland eine Vorreiterrolle für den „sanften“ Pfad übernehmen?

Im Abschlussbericht der Energie-Enquete-Kommission wurde erstmalig für ein Industrieland im Detail untersucht, mit welchen Technologieoptionen, mit welchem Instrumentenmix und mit welchen makroökonomischen Implikationen ein Energiesystem erreicht werden kann, das bis 2050 80 Prozent Kohlendioxid-Ausstoß vermeiden soll. Aufbauend auf den Enquete-Szenarien, liegen inzwischen noch differenziertere Nachhaltigkeitsszenarien vor.[223]

Von der Enquete-Kommission ist zunächst eine Trendentwicklung (Business as Usual) des Energiesystems bis zum Jahr 2050 analysiert worden. Dabei wurde nur die Umsetzung der bis zum Jahr 2002 beschlossenen energie- und klimapolitischen Maßnahmen unterstellt. Mehr als 90 Prozent des Primärenergiebedarfs würden danach in der Mitte dieses Jahrhunderts noch über fossile Energieträger gedeckt. Allerdings setzt sich die absolute Entkopplung von Energieverbrauch und Wirtschaftswachstum bereits im Trend fort. Der Primärenergieeinsatz liegt im Jahr 2050 um rund 20 Prozent unterhalb des jetzigen Niveaus. Wichtigster Grund: die nach dem Jahr 2030 deutlich rückläufige Bevölkerung (2050 nur noch 67,8 Millionen Einwohner statt rund 82 Millionen im Jahr 2000); eine Nebenrolle spielen die schwachen Anreize zur Effizienzsteigerung.

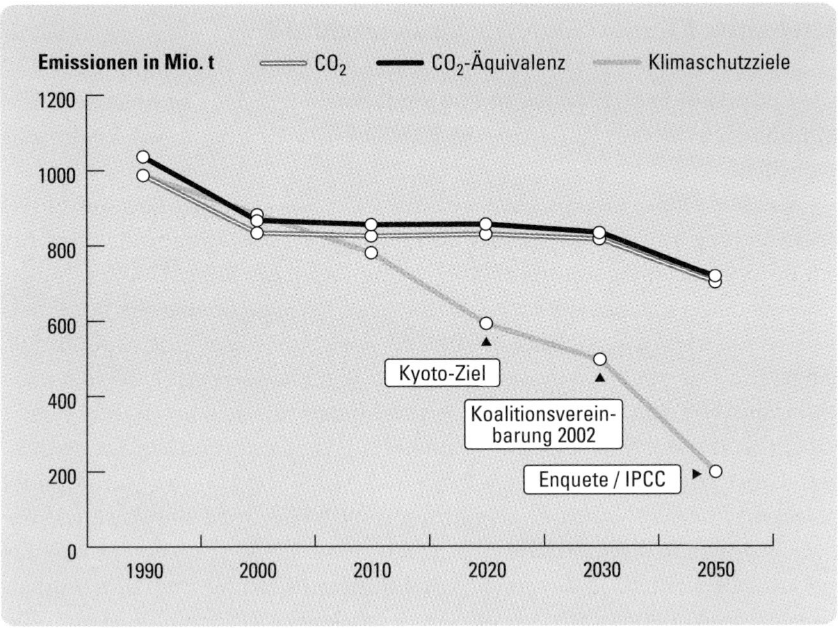

Abb. 21: Entwicklung der energiebedingten Treibhausgasemissionen im Trendszenario im Vergleich zu erforderlichen Minderungsraten. Quelle: WI 2005.

Die aus der Trendentwicklung resultierenden Treibhausgasemissionen weichen erheblich von den notwendigen Minderungsraten ab. Während die nationale Zielsetzung aus dem Kyoto-Abkommen (Reduktion um 21 Prozent im Mittel für den Zeitraum 2008 bis 2012 im Vergleich zum Jahr 1990) fast erreicht wird, werden weiter reichende Ziele (Reduktion um 40 Prozent bis zum Jahr 2020) deutlich verfehlt. Dies gilt natürlich auch für das Ziel 80 Prozent Kohlendioxid-Reduktion bis 2050, das verschiedene Enquete-Kommissionen sowie das Intergovernmental Panel on Climate Change (IPCC) für hoch industrialisierte OECD-Länder wie Deutschland gefordert haben. Insofern gilt auch für Deutschland: Mit business as usual ist eine zukunftsfähige Entwicklung nicht möglich.

Die deutsche Energiepolitik steht also, trotz international beispielhafter Vorreiterrolle bei der Stromerzeugung aus erneuerbaren Energien, vor der Herausforderung, wie ambitionierte Klimaschutzziele bis 2050 erreicht werden können.[224] Unser Land befindet sich in einer Verzweigungssituation und muss zwischen „hartem“ und „sanftem“ Pfad wählen.

Alternative Klimaschutzpfade für Deutschland

Die Enquete-Kommission hat in drei Szenarien aufgezeigt, mit welchen Basistechnologien bis zum Jahr 2050 eine Kohlendioxid-Reduktion von 80 Prozent erreichbar ist:

Szenario Umwandlungseffizienz (UWE): Der Schwerpunkt liegt auf Effizienzsteigerung beim Einsatz fossiler Energieträger für die Stromproduktion. Bei der Energieerzeugung werden neueste Technologien mit hoher Umwandlungseffizienz eingesetzt. Energieeinsparungen beim Verbraucher werden nur durch eine vermehrte Ausschöpfung besonderes kostengünstiger Einsparpotenziale umgesetzt. Der weiterhin massive Einsatz fossiler Energieträger kann in klimapolitischer Hinsicht nur ermöglicht werden, indem alle denkbaren technischen Möglichkeiten der Kohlendioxid-Deponierung (Sequestration) im Kraftwerksbereich ausgeschöpft werden.

Szenario Fossil-Nuklearer Energiemix (FNE): Hier wird simuliert, wie die vorgegebenen Reduktionsziele durch den massiven Ausbau der Atomenergie erreicht werden. Maßnahmen zur Energieeinsparung und zum Ausbau erneuerbarer Energien werden nur im bescheidenen Umfang umgesetzt. Ein Zubau neuer Atomkraftwerke ab 2010 wird unterstellt. Die heute bestehenden Anlagen dürfen über das in der Konsensvereinbarung zwischen Bundesregierung und Kraftwerksbetreibern im Jahr 2001 vereinbarte Maß hinaus betrieben werden. Der bisherige „Atomkonsens" wird also aufgekündigt.

Szenario REG-/REN-Offensive (RRO)[225]*:* Dieses Szenario arbeitet mit dem forcierten und kombinierten Einsatz von effizienten Erzeugungs- und Nutzungstechnologien und einem verstärkten Ausbau erneuerbarer Energien. Das Energiedienstleistungsprinzip setzt sich als Konzept durch. Nicht nur die effizientere Bereitstellung von Endenergie, sondern vor allem auch deren effiziente und kostengünstige Umwandlung in den eigentlichen Verbrauchernutzen stehen im Mittelpunkt. Im Jahr 2050 ist ein Anteil erneuerbarer Energien am Primärenergieverbrauch (Strom, Wärme, Kraftstoffe) von etwa 50 Prozent erreicht. Die Perspektive ist, den erneuerbaren Primärenergieanteil im weiteren Verlauf des Jahrhunderts schrittweise auf 100 Prozent auszudehnen. Wie auch im Szenario UWE wird unterstellt, dass der beschlossene Atomenergieausstieg vollzogen und etwa bis zum Jahr 2023–24 abgeschlossen ist.

Die Szenarien zeigen prägnant die Verzweigungssituation in Deutschland und die dadurch entstehenden energiepolitischen Herausforderungen. Hinsichtlich des Klimaschutzes sind die Szenarien vergleichbar, weil sie alle zum geforderten Klimaschutzziel führen. Aber nur das Szenario RRO entspricht den Anforderungen des „sanften" Pfades und dem Kriterium der Risikominimierung.

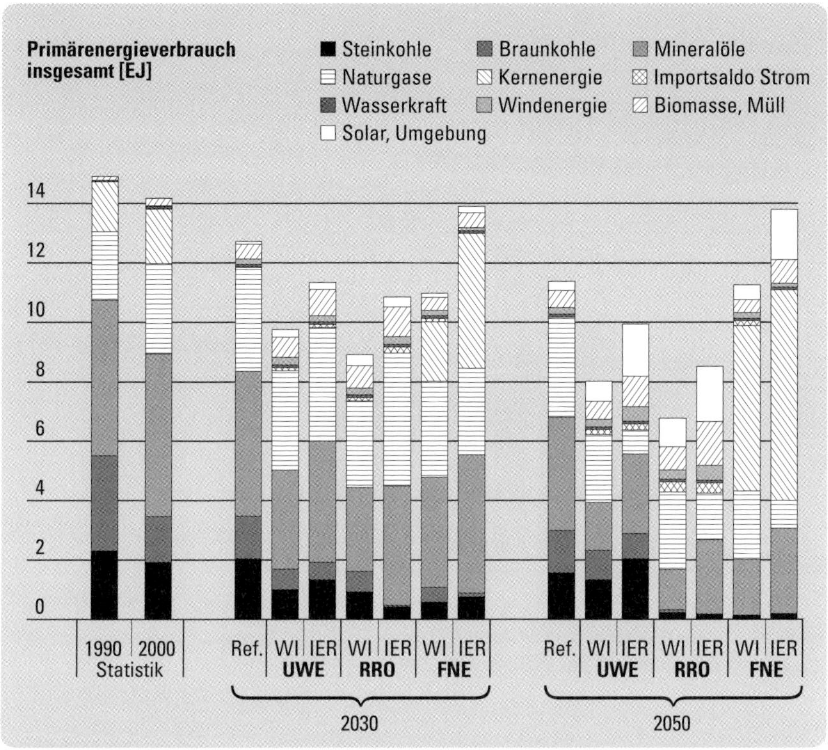

Abb. 22: Entwicklung des Primärenergieeinsatzes in drei Enquete-Szenarien: Umwandlungseffizienz (UWE), Regenerativ-Energieeffizienz-Offensive („Reg-Ren-Offensive“ RRO) sowie Fossil-Nuklearer Energiemix (FNE), jeweils vom Institut für Energiewirtschaft und Rationelle Energieanwendung (IER) und Wuppertal Institut (WI) gerechnet. Ref. = Referenzszenario. Quelle: Deutscher Bundestag 2002.

Allerdings zeigen die Enquete-Szenarien auch, dass mit dem vertraglich vereinbarten Atomausstieg und der bisherigen Energiepolitik keine „unumkehrbare“ Energiewende eingeleitet worden ist. Vielmehr ist auch die diametral entgegengesetzte Strategie, nämlich die Forcierung eines hoch zentralisierten Atom-Kohle-Pfads (als Kombination aus den Strategien UWE und FNE), denkbar, da sie zum gleichen Klimaschutzziel führen kann.

Eine verschärfte harte Strategie würde zu einer weiteren Konzentrationswelle mit möglicherweise europaweiter Oligopolisierung führen. Allerdings ist sehr zweifelhaft, ob die beschriebene Kombination aus Atomkraft und Kohle die erforderliche gesellschaftliche Akzeptanz erhalten würde. Immerhin bestände (nach dem FNE-Szenario) der Kraftwerkspark im Jahr 2050 zum größten Teil aus Atomkraftwerken. Mehr als 50 Atommeiler müssten neu gebaut werden. Ein solches Szenario würde wegen der knappen Ressourcen an

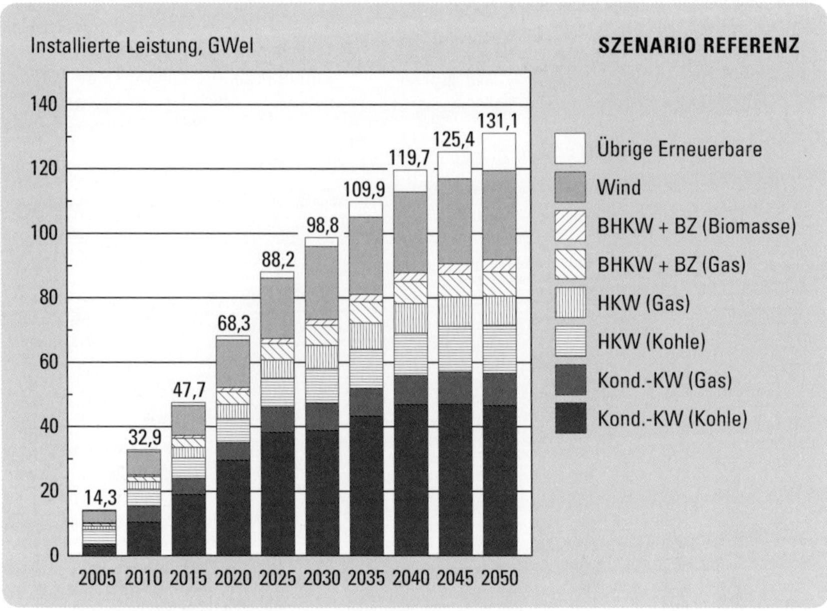

Abb. 23: Kraftwerksneubauten und -ertüchtigungen ab 2001 im Szenario Referenz, gegliedert nach Kraftwerksarten. Quelle: DLR, ifeu, WI 2004.

natürlichem Uran den Einstieg in die Brütertechnologie unerlässlich machen. Auch müssten qualitativ und quantitativ ausreichende atomare Endlager bereitstehen. Es ist schwer vorstellbar, wie gesellschaftliche Akzeptanz für eine solche Strategie in einer funktionsfähigen Demokratie erreicht werden kann. Ein massiver Schritt Richtung Atomstaat wäre die Folge.

Wenn wir das UWE-Szenario betrachten, wird deutlich, dass der entscheidende Punkt in dieser Strategie die Kohlendioxid-Deponierung ist. Aufgrund der jährlich zu deponierenden Menge von 200 bis 250 Millionen Tonnen Kohlendioxid stößt diese Strategie schnell an die Grenzen der nationalen Deponierungspotenziale, die heute mit rund 4000 Millionen Tonnen abgeschätzt werden können. Technisch vorstellbar wäre, dass Kohlekraftwerke aufgrund der besseren Transportierbarkeit von Strom von den Verbrauchs- oder Kohleförderschwerpunkten weg zu den Deponien hin verlagert werden. Die in einigen Bundesländern erhoffte Stabilisierung der regionalen Kohleförderung und Kraftwerksstandorte würde so gerade nicht eintreten.

Der im Szenario RRO abgebildete sanfte Pfad einer dezentralisierten, dekonzentrierten und gemischtwirtschaftlichen Ordnungsstruktur bleibt der vernünftigste Weg, für den eine stabile Mehrheit der Bürger gewonnen wer-

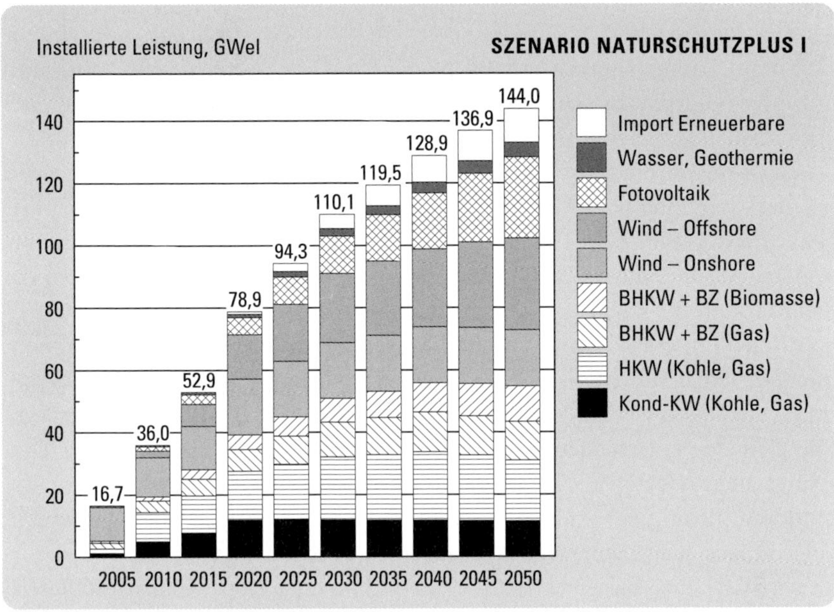

Abb. 24: Kraftwerksneubauten und -ertüchtigungen ab 2001 im Szenario NaturschutzPlus I, gegliedert nach Kraftwerksarten. Quelle: DLR, ifeu, WI 2004.

den kann. Alle Konstruktionsprinzipien und Systemoptimierungen, wie sie im Kapitel 14 vorgestellt wurden, kommen bei der Realisierung dieses Szenarios zum Einsatz – mit zwei Schwerpunkten: forcierte Effizienzsteigerung bei der Energieerzeugung und -nutzung sowie stärkere Dezentralisierung und wachsende Vielfalt von Stromerzeugungstechniken. Diese Dezentralisierung bei den Techniken erlaubt es einer Vielzahl von mittelständischen Strom- und Wärmeanbietern, ein neues System von intelligenten und verbrauchernahen Energiedienstleistungen zu entwickeln. Wichtige Funktionen der Energieerzeugung (ständige Verfügbarkeit, Reservehaltung, preiswürdiges Angebot) würden zu den Verbrauchern und an den Ort der Erzeugung „zurückgeholt“. Durch die Integration und den stochastischen Ausgleich vieler dezentraler Erzeuger kann die Versorgungssicherheit auf weitgehend erneuerbarer Basis gesichert werden.

Die Vorteile hinsichtlich der Risikominimierung und der Demokratieverträglichkeit ergeben sich aus der Dekonzentration von wirtschaftlicher Macht und aus der marktgerechten Vielfalt der Anbieter auf den Märkten für Energiedienstleistungen und erneuerbare Energien. Der Ausstieg aus der Atomenergie und der langfristige Rückzug aus der großtechnischen Kohleverstromung würden die Anzahl der Akteure sowie die Wettbewerbsvielfalt und -intensität beim Energieangebot erheblich steigern. Dies ist ein gesellschafts- und ordnungspolitisch durchaus erwünschter Effekt. Allerdings gibt es auch zwei Voraussetzungen, damit sich das Szenario RRO entfalten kann:

Die Integration zwischen Effizienzstrategien und Markteinführung von erneuerbaren Energien ist auch in ökonomischer Hinsicht essenziell und muss gewährleistet sein. Zwei Drittel bis drei Viertel der für den Klimaschutz notwendigen Kohlendioxid-Minderung müssen in den nächsten Jahrzehnten auf den Märkten für Energieeffizienztechnologien erbracht werden. Der energiepolitische Imperativ lautet daher: Die Markteinführung der erneuerbaren Energien muss systematischer als bisher mit einer forcierten Effizienzsteigerung verbunden werden. Nur so kann längerfristig der Ausbau erneuerbarer Energien eine entscheidende Bedeutung auch im Klimaschutz erlangen. Dies gelingt umso effektiver, je besser die volkswirtschaftlichen Zusatzkosten für die Markteinführung der erneuerbaren Energien durch die Kosteneinsparung in Folge umgesetzter Energieeffizienzsteigerung kompensiert werden.

Zweitens muss die Zielstruktur eines nachhaltigen Kraftwerkparks differenzierter daraufhin untersucht werden, welche Akteure beteiligt sein können und wie ihnen ein ökonomischer Anreiz sowie faire Wettbewerbschancen für eine verstärkte Investitionstätigkeit eingeräumt werden können; nur dann kann auch beurteilt werden, ob sich eine neue konstruktive Arbeitsteilung auf dem Strommarkt vorstellen lässt, an der auch die großen Stromverbundunternehmen prinzipiell ein Interesse haben könnten.

Bei der Weiterentwicklung der Enquete-Szenarien wurde auch eine sehr differenzierte Analyse eines „nachhaltigen Kraftwerkparks“ durchgeführt, bei der nicht nur der Strukturwandel gegenüber einem Referenzpfad (Business-as-usual-Szenario), sondern auch die Kostenentwicklung miteinander verglichen wurden.

In diesem Szenario namens „NaturschutzPlus“ (auf Basis des Enquete-Szenarios RRO),[226] wird der Anteil der erneuerbaren Energien bis zum Jahr 2050 auf 68 Prozent gesteigert (gegenüber 19 Prozent beim Referenzszenario). Die Versorgungssicherheit wird durch eine starke Diversifizierung dezentralerer Stromerzeugungsoptionen, durch einen kräftigen Ausbau der Kraft-Wärme-Kopplung sowie durch importierte, regenerativ erzeugte Elektrizität garantiert.

Doch welches Interesse könnten die Branchengrößen daran haben, dass ein solcher Kraftwerkpark durch ihre Investitionstätigkeit mitgeschaffen wird? Wie kann die Energiepolitik durch neue Rahmenbedingungen dazu beitragen, dass der Umstrukturierungsprozess auch für die Branchengrößen wirtschaftlich attraktiv gestaltet wird?

Diese Fragen müssen ins Zentrum der energiepolitischen Dialoge zwischen Energiepolitik und Energiewirtschaft gerückt werden. Ganz allgemein kann aber festgehalten werden, dass die unterschiedlichen Strukturen des Kraftwerkparks als Wandel von Geschäftsfeldern verstanden werden können. Der Rückzug aus Atomenergie und Kohle kann von den Branchengrößen durch Neuinvestitionen (zum Beispiel bei Off-Shore-Windkraft, Stromimporten, Geothermie oder Kraft-Wärme-Kopplung) kompensiert werden. Dies setzt freilich ihre konkrete Bereitschaft voraus, den Primat der Energiepolitik vorbehaltlos anzuerkennen.

Eine Voraussetzung für eine kooperative Haltung ist sicherlich, dass die aus einem nachhaltigen Kraftwerkpark sich ergebende Stromkostenentwicklung auch auf dem europäischen Binnenmarkt für Strom wettbewerbsfähig bleiben muss. In mehreren Gutachten wurde die Stromkostenentwicklung in einem Nachhaltigkeitsszenario mit einem hinsichtlich des Klimaschutzes äquivalenten Kraftwerkpark auf Basis fossiler Energien verglichen. Bei diesem Vergleich offenbart sich eine Scherenentwicklung, die sich aus den tendenziell sinkenden Kosten bei den erneuerbaren Energien (durch Kostendegression, Massenproduktion, Lerneffekte) und den steigenden Kosten in einem fossil basierten Kraftwerkpark durch die allgemeine Preissteigerung für fossile Brennstoffe und durch die Kosten der CO_2-Deponierung ergibt.

Je nach Preisentwicklung bei den fossilen Energien lässt sich folgern, dass der dezentral erzeugte Strommix aus erneuerbaren Energien und Kraft-Wärme-Kopplung gegenüber einem fossil dominierten zentralisierten Kraftwerkpark ökonomisch überlegen ist. In Zahlen: Im Jahr 2030 wird die Kostenspanne von Gas- und Kohlekraftwerken mit Kohlendioxid-Deponierung auf 7 bis 7,7 Cent pro Kilowattstunde geschätzt, während ein hinsichtlich der Versorgungssicherheit vergleichbarer Mix aus erneuerbaren Stromquellen etwa 7,4 Cent kostet. Durch beschleunigte Markteinführung ergibt sich ein Marktvolumen, das einen erheblichen Lern- und Kostensenkungseffekt bei den dezentralen und erneuerbaren Stromerzeugungsoptionen erlaubt, während die Kosten der Stromerzeugung aus fossilen Energieträgern ansteigen. Die vorübergehenden Mehrkosten für den „grünen Strom“ sind also die für den Klimaschutz und den Atomausstieg notwendige Startfinanzierung. Ab etwa 2020–30 kann er jedoch den Strom aus fossil befeuerten Kraftwerken deutlich unterbieten.

Die volkswirtschaftlichen Kosten und Vorteile des „sanften" Pfades

In den kommenden Jahrzehnten (etwa 2005 bis 2035) müssten Energieanbieter und -nachfrager bereit sein, eine moderate volkswirtschaftliche Energiekostenerhöhung zwischen 1,8 und 3,4 Milliarden Euro pro Jahr in Kauf zu nehmen. Der so geschaffene gesellschaftliche Nutzen liegt in der Risikominimierung und der langfristigen Kostensenkung gegenüber dem fossil-nuklear dominierten Pfad.

Auch nach den Ergebnissen der Energie-Enquete-Kommission liegt im Szenario RRO der Anteil der Energiesystemkosten am Bruttoinlandsprodukt im Jahr 2050 nur zwischen 9,4 und 10,4 Prozent (maximal 160 Euro pro Kopf und Jahr) über dem Referenzszenario – Zusatzkosten, die als „gesellschaftlich akzeptabel" eingestuft werden. Eine der wichtigsten gesellschaftspolitischen Aufgaben unserer Zeit ist die Schaffung zukunftsfähiger Arbeitsplätze. Eine Studie der Prognos AG hat für den mittelfristigen Zeitraum bis 2020 deutliche positive Arbeitsplatzeffekte bei der Realisierung des Szenarios RRO ermittelt.[227] So würden Maßnahmen zur Verminderung der Kohlendioxid-Emissionen um 40 Prozent bis 2020 etwa 190 000 neue Arbeitsplätze schaffen. Auch aus volkswirtschaftlicher Sicht sprechen also gewichtige Argumente für die Umsetzung des „sanften" Pfades.

Mehr Klimaschutz wird in keiner der Strategien allein durch marktwirtschaftliche Selbststeuerung erreicht, sondern erfordert in jedem Fall einen durch staatliche Intervention gesteuerten Strukturwandel. Ob dies gelingt, kann mit Szenarien nicht beurteilt werden. Insofern kann auch kein fundiertes Urteil darüber abgegeben werden, welches Szenario „realistischer" ist. Das Szenario RRO setzt ein neues Verständnis des Primats der Energiepolitik und eine innovative Energiesparpolitik voraus.[228] Die Politik müsste also bei Gestaltungs- und Vorsorgeaufgaben, aber auch durch innovative Anreiz- und Finanzierungssysteme einen deutlichen Paradigmenwechsel vollziehen. Daher spitzt sich die Frage der „Realisierbarkeit" des nachhaltigen Energiepfades darauf zu, wie und zu welchen Kosten das zu erschließende Energiesparpotenzial tatsächlich „am Markt" realisiert werden kann. Dies gilt im nationalen Rahmen, aber auch international. Die Elemente einer nachhaltigen Weltenergiepolitik werden im folgenden Kapitel vorgestellt.

Kapitel 16:

Elemente einer nachhaltigen Weltenergiepolitik

Eine integrierte und kohärente Weltenergiepolitik wird auf absehbare Zeit nicht durchzusetzen sein, weil die internationalen Institutionen mit entsprechendem Mandat und die im Rahmen der UN verbindlichen Rahmenbedingungen weitgehend fehlen. Aber die Verständigung auf gemeinsame Leitlinien und Grundsätze wie auch die Koordinierung und Kooperation bei internationalen energiepolitischen Aktivitäten kann beschleunigt werden.

Wir sprechen deshalb nachfolgend von Elementen einer Weltenergiepolitik. Unsere Ausführungen erheben keinerlei Anspruch auf Vollständigkeit, sie stellen vielmehr einen Abriss von Möglichkeiten dar. Würden diese Elemente Stück für Stück realisiert, wäre der „sanfte" Pfad auch weltweit durchaus gangbar. Wie gewaltig die Herausforderung ist, verdeutlicht das Beispiel des Schwellenlandes China, dessen Energiehunger unaufhaltsam wächst und das nun Lösungen für seine Energieprobleme sucht.

China – ein erwachender Riese und seine Energieprobleme

Der Energiebedarf Chinas steigt rasant. Mit 8 bis 10 Prozent jährlichem Wirtschaftswachstum prognostiziert China pro Jahr eine Zunahme des Strombedarfs, wie er drei Großkraftwerken entspricht.[229] Das Land hat sich mit 5,5 Millionen Barrel pro Tag auf den zweiten Platz der Ölkonsumenten in der Welt vorgeschoben. Dabei ist es zunehmend von Energieimporten abhängig.[230] Andererseits ist das Land der Mitte inzwischen weltweit führend in der Produktion von Solarkollektoren und besitzt ein enormes Potenzial für erneuerbare Energien. China will bis 2010 den Anteil regenerativ erzeugten Stroms auf 10 Prozent oder 60 000 Megawatt steigern. Dennoch tobt ein heftiger Kampf zwischen Befürwortern der Atomkraft und Anhängern neuer Energietechnologien.

China stellt mit 1,3 Milliarden Menschen ein Fünftel der Menschheit. Nur 30 Prozent der Bevölkerung leben in Städten. Der große Rest hat in den ländlichen Regionen oft nur beschränkt Zugang zu einer ausreichenden Energieversorgung. Trotz des hohen Kohleanteils an der Energiebereitstellung emittiert China nur 2,6 Kilogramm Kohlendioxid pro Kopf und Jahr (USA: 19,7 Kilogramm).

Im Norden des Landes verbrennen jährlich etwa 200 Millionen Tonnen Kohle in den Lagerstätten, und die chinesische Kohlegewerkschaft schätzt die jährlichen Todesfälle durch Gasexplosionen im Kohlebergbau auf 20 000. Neun der zehn Städte mit der weltweit schlechtesten Luftqualität liegen in China. Eine Ursache sind die vielen Kohleöfen. China hat zahlreiche Maßnahmen zum Umweltschutz und zur Effizienzsteigerung beschlossen, allerdings nicht immer auch erfolgreich umgesetzt.[231]

Das Drei-Schluchten-Wasserkraftwerk am Yangtze ist ein Projekt der Superlative – auch bei den Auswirkungen auf Umwelt und Gesellschaft: Durch den Überstau von 632 Quadratkilometer Fläche werden 19 Städte, 1352 Dörfer und 24 000 Hektar Ackerland überflutet, 1,3 bis 1,7 Millionen Menschen werden mit Kosten von rund 6 Milliarden Dollar umgesiedelt.

In China arbeiten acht zivile Atomkraftwerke, darunter ein kleiner Forschungsreaktor von 10 Megawatt. Die Gesamtkapazität liegt unter 5 Gigawatt elektrisch. Damit liegt der nukleare Primärenergieanteil unterhalb von 1 Prozent. Allerdings ist ein gigantischer Ausbau der Atomkraft in China geplant. Die staatliche China National Nuclear Corporation (CNNC) will die Zahl der Atomkraftwerke bis 2020 vervierfachen. 2050 soll China gar vierzigmal so viel Atomstrom produzieren wie heute. Allerdings würde die Atomkraft selbst dann nur mit 20 Prozent zur insgesamt benötigten Stromkapazität von 1200 Gigawatt elektrisch beitragen – so das chinesische Institut für Atomenergie.[232] Dabei ist man sich durchaus bewusst, dass die weltweiten Uranvorräte in wenigen Jahrzehnten erschöpft sein werden. Der Ausbau der Atomkraft lohnt also nur dann, wenn man gleichzeitig in die Brütertechnologie, also die Plutoniumwirtschaft, einsteigt. Bei Peking wird ein Forschungsreaktor mit einem schnellen Brüter von 65 Megawatt gebaut, der 2007 in Betrieb gehen soll. Ein großtechnischer Brüter ist in Planung.[233]

China zählt ferner zu den fünf etablierten Kernwaffenstaaten. Schnelle Brüter produzieren besonders waffenreines Plutonium, das teure Aufbereitungsschritte für Plutonium aus den abgebrannten Brennelementen konventioneller Atomkraftwerke erübrigt.

So werden am Beispiel Chinas die Risiken von Atomkraft und ineffizient genutzter Kohle deutlich, aber auch die Möglichkeiten und Motive, die eine Energiewende weltweit beschleunigen können. Für das riesige Land ist die Steigerung der Ressourceneffizienz der Schlüssel seiner Entwicklung. China hat die Chance, mit neuen Technologien alte Fehler zu vermeiden oder nur begrenzt zu wiederholen, um später mit einem vergleichsweise modernen System glänzen zu können.[234]

Die Herausforderung: Energiehunger und Energieüberfluss

Bei der Analyse des globalen Energieverbrauchs und des Zugangs zu Energie sticht das extreme Ungleichgewicht zwischen dem reichen Norden und dem armen Süden ins Auge. Eine Weltenergiepolitik, die nicht den Abbau, sondern womöglich die Vergrößerung dieses Ungleichgewichts zur Folge hat, wäre zum Scheitern verurteilt. Die Situation wird verschärft durch die Tatsache, dass der legitime Versuch der Armen, bei Konsum und Energieverbrauch zu den Reichen aufzuschließen, einen riesigen Nachholbedarf auslösen wird.[235] Die „Weltenergiegleichung", wonach eine wachsende Weltbevölkerung mit steigendem Pro-Kopf-Energieverbrauch einen exponentiell wachsenden Weltenergiebedarf ergibt, ist für viele gleichsam ein Naturgesetz – was gefährliche Folgen haben könnte.

Doch ist es nicht zwangsläufig so, dass der Weltenergieverbrauch bei wachsender Bevölkerung und steigendem Pro-Kopf-Energieverbrauch im Süden exorbitant wächst, wenn die Energieproduktivität im Norden zunimmt und damit auch der Pro-Kopf-Energieverbrauch sinken kann. Sozusagen als Ausgleich für den unvermeidlich steigenden Pro-Kopf-Energieverbrauch im Süden ist es notwendig, dass der verschwenderische Energieverbrauch pro Kopf im Norden drastisch sinkt. Im Süden kann der Anstieg erheblich gedämpft werden, wenn beim Entwicklungsprozess auf maximale Effizienztechnik geachtet wird. Ferner muss natürlich auch der Anteil erneuerbarer Energien an der Bereitstellung von Energie steigen. Mit anderen Worten: Die traditionellen Zukunftsprojektionen über den Zusammenhang von Energie, Klima und Bevölkerung sind deshalb so düster, weil sie die Möglichkeiten eines naturverträglicheren technischen Fortschritts auf der Bedarfsseite und entsprechende energiepolitische Lernprozesse nicht ausreichend berücksichtigen.

Die Leitideen und ihre Konkretisierung

Die Form der Bereitstellung und der Nutzung von Energie für die wachsende Weltbevölkerungsmehrheit im Süden spielt also eine Schlüsselrolle für eine nachhaltige Entwicklung. Das Entwicklungsprogramm der Vereinten Nationen (UNDP)[236] hat Leitideen aufgestellt, die durch nachhaltige Energiestrategien für Entwicklungsländer und Industrieländer für die Konvergenz der internationalen Energiepolitik richtungweisend sind:

- Konzeptionelle Betonung von Energiedienstleistungen (statt von Kilowattstunden)
- Förderung von funktionsfähigen Märkten für Energiedienstleistungen
- Staatliche Intervention zugunsten des Marktzugangs zu Energiedienstleistungen in ländlichen Regionen
- Einbeziehung von externen Kosten in Entscheidungskalküle auf den Energiemärkten
- Beschleunigung der Entwicklung und Marktdurchdringung von zukunftsfähigen Technologien
- Aufbau einheimischer Kapazitäten in Entwicklungsländern
- Ermutigung zur Teilhabe breiter gesellschaftlicher Gruppen an Entscheidungsprozessen im Energiesystem

Diese Leitideen gilt es in konkretes Handeln einer Weltenergiepolitik umzusetzen. Für diesen Prozess gelten die folgenden Grundsätze sowohl für Entwicklungsländer wie für Industrie- oder Schwellenländer.

Vorrang für gesellschaftliche Leitziele: Die Schlüsselfrage heißt, wie einzelwirtschaftlich wirksame Anreizstrukturen für die Energiewirtschaft mit gesellschaftlichen Zielsetzungen einer nachhaltigen Entwicklung in Einklang gebracht werden können. Märkte und Wettbewerb können bei intelligenten Rahmenbedingungen mächtige Triebkräfte der Effizienzsteigerung und Innovationsmotoren sein, aber sie sind perspektivisch und gesellschaftspolitisch blind. Nicht der Markt darf die Ziele setzen, sondern die Gesellschaft, also die jeweilige Landespolitik, muss bei Beachtung globaler Erfordernisse über ihre gewünschten Entwicklungsperspektiven und ihre energiepolitischen Leitziele demokratisch entscheiden.

Risikoarme Zukunftsmärkte: Industrie- wie Entwicklungsländer haben gemeinsame, wenn auch differenzierte Chancen und Anwendungsfelder für Techniken der rationellen Energienutzung, der Kraft-Wärme-Kälte-Kopplung sowie der regenerativen Energien. Dieser Technologiekorridor ist trotz aller Zukunftsunsicherheit robust und in den meisten nationalen Energiestrategien nutzbar; er verbindet Schadens- und Risikobegrenzung sowie die Berücksichtigung von Naturschranken mit einem neuen Typ des qualitativen Wachstums und der Entwicklung von Zukunftsmärkten.

Energiedienstleistungen: Es ist eine riskante Strategie, „Versorgungssicherheit“ mit dem besseren Zugriff auf Öl- und Gasressourcen anderer Länder gleichzusetzen. Steigende Importabhängigkeit von Öl und Gas in Kauf zu nehmen bedeutet auch, Konfliktpotenziale zu verschärfen, statt sie abzubauen. Die staatliche Verantwortung für die Versorgungssicherheit muss stärker die Nachfrageseite einbeziehen. Nicht die Energiewirtschaft ist sicher mit Primärenergieträgern zu versorgen, sondern Menschen und Wirtschaft sind sicher mit den gewünschten Energiedienstleistungen zu bedienen.[237]

Märkte für Energiedienstleistungen: Der Energiemarkt muss durch einen Markt für Energiedienstleistungen ergänzt werden. Nicht der Verkauf von immer mehr Energie mit immer höheren Profiten darf das Leitziel des Energiemarktes bleiben. Industrie- wie Entwicklungsländer sind aufgefordert, neue Märkte für sich lohnende Energiedienstleistungen schaffen. Dieser Grundsatz ist besonders wichtig für Länder, die keine oder nur geringe eigene fossile Energieressourcen besitzen. Dieser Markt braucht Rahmenbedingungen, damit sich auf ihm neben Energieversorgungsunternehmen auch Energiedienstleistungsunternehmen im fairen Wettbewerb bewegen können. Die vorherrschende „Arbeitsteilung“, in der Energiesparen und effiziente Nutzung allein dem Verbraucher überlassen werden, während Staat und Energiewirtschaft sich für die Energieversorgung zuständig fühlen, ist für nachhaltige Energiesysteme kontraproduktiv. Für einen Vorrang von Energieeinsparung und effizienter Nutzung vor dem Energieverkauf ist der Primat der Energiepolitik, die einen geeigneten regulativen Rahmen für einen funktionsfähigen Substitutionswettbewerb zwischen Energie und Kapital schaffen muss, unabdingbar.

Politikinstrumente: Deregulierung, Entmonopolisierung und wettbewerbsförmige Steuerung der Energiemärkte spielen nicht nur in Industrie-, sondern auch in Entwicklungsländern eine wesentliche Rolle für die Erschließung von Effizienzpotenzialen. Aber für eine nachhaltige Entwicklung gerade auch in Entwicklungsländern ist eine offensive Flankierung durch ein Instrumentenbündel (Policy Mix) essentiell. Dabei handelt es sich um eine länderspezifisch zu konkretisierende Kombination energiepolitischer Instrumente. Mehr Wettbewerb und Markt wie auch ökologische Leitplanken, Regulierung und eine Stärkung der Verbraucherposition sind notwendig. Dafür ist bedeutsam, dass die Integration von Effizienz und erneuerbaren Energien nicht nur auf der strategischen Ebene der nationalen Energiepolitik, sondern soweit möglich in jedem konkreten Projekt gefördert wird.[238]

Hindernisse – und wie sie zu überwinden sind

Es versteht sich von selbst, dass nachhaltige Energiepolitik in Botswana anders aussieht als in den USA, in Brasilien und in China anders als in Deutschland. Gleichwohl gibt es mehr Gemeinsamkeiten in den Elementen für eine nachhaltige Energiepolitik, als man auf den ersten Blick vermutet.

Die Diskrepanz zwischen technischen Möglichkeiten und real ausgeschöpften Effizienzpotenzialen ist enorm. Die Ursachen liegen in einer Vielzahl von Hemmnissen, die mit dem Aufbau nationaler Energiewirtschaften gewachsen und mit Blick auf den Umbau zu nachhaltigen Energiesystemen nicht mehr zeitgemäß sind. Die theoretischen Erklärungen hierfür reichen von Marktunvollkommenheiten, Unteilbarkeiten, mangelnder Markttransparenz, monopolistischer Preisbildung bis zur fehlenden Internalisierung der externen Kosten. Die Liste realer Hemmnisse ist noch wesentlich länger.

Das Kernproblem für eine gezielte Energieeffizienzpolitik liegt schlicht in der Tatsache, dass es Tausende von Techniken und Millionen von Entscheidungsträgern gibt. Das Problem der großen Zahl stellt eine Herausforderung an die Energiepolitik in allen Ländern dar. Es geht darum, sich von der Konzentration auf Großprojekte umzuorientieren und für die jeweiligen nationalen Bedingungen geeignete Rahmenbedingungen zu setzen, deren konkrete Ausgestaltung in den Händen der Zivilgesellschaft liegt.

Hemmnis	Mögliche Lösungsansätze
Technologien: mangelnde Produktqualität	Förderung von Forschung und Entwicklung, Aufbau von Kompetenzen, Gütesiegel und andere Qualitätsstandards
Information: unzureichender Informationsstand der Verbraucher und Anwender (z. B. im Handwerk)	Aufbau von Kompetenzen, Informationsoffensiven auf allen gesellschaftlichen Ebenen (Politik, Industrie, Gewerbe und Haushalte)
Anreizstrukturen: Misallozierte Förderung	Einbindung der Förderstrategien in ein Gesamtkonzept
Finanzierung: kontraproduktive Preisgestaltung und überhöhte Steuersätze, hohe Kosten von Anlagen zur Nutzung erneuerbarer Energien	Staatliche Finanzierungshilfen (Darlehen, Kredite usw.), Steuerabbau, Subventionsabbau im Bereich fossiler Energieträger
Infrastruktur: mangelnde Kompatibilität vorhandener Infrastrukturen zu innovativen Technologien	Förderung von Forschung und Entwicklung, Verpflichtung dominierender Akteure (z.B. Netzbetreiber)
Politik: unzureichende Schaffung eines Ordnungsrahmens sowie anderer übergeordneter Strukturen	Verpflichtung auf Erfüllung der Weltentwicklungsziele, formuliert von der internationalen Staatengemeinschaft, z.B. in Kyoto und Johannesburg
Märkte und Akteure: mangelnde Marktstrukturen und fehlende Markttransparenz	Förderung von Forschung und Entwicklung, Marktreformen, (Selbst-)Verpflichtungen von Akteuren, Internalisierung externer Kosten

Tab. 8: Hemmnisse und mögliche Überwindungsstrategien für eine nachhaltige Energiepolitik.

Die Lösung des Informationsproblems: Ein zentrales Problem für effiziente Energietechnik sind mangelnde Bildung und fehlende Kenntnisse. Zur Überwindung dieses Hemmnisses gehört auch die rasche Verbreitung von guten Erfahrungen und Beispielen. Eine wirksame Triebkraft ist die Popularisierung von Erfolgsbeispielen für gute Technik und gute Politik über das Internet. So unterstützt die in Brüssel, Berlin und Wuppertal gestartete Initiative „E-Parliament" über eine Internetplattform und über persönliche Netzwerkbildung zwischen möglichst vielen Parlamentariern (weltweit gibt es 20 000!) die Verbreitung „guter Gesetzgebung" zur Förderung von Energieeffizienz und erneuerbaren Energien.[239]

Besonders in Entwicklungsländern gibt es ein eklatantes Informationsproblem in Bezug auf Angebot und Instandhaltung der Anlagen. So haben kleine Fotovoltaikanlagen zur Versorgung einzelner Haushalte in einigen Ländern Afrikas gut funktioniert – bis zum ersten Defekt. Die mangelhafte Ausbildung der Besitzer und Handwerker war der Grund, weshalb sich diese Anlagen letztlich nicht bewährten. Diesem Mangel muss durch den regionalen Aufbau von Kompetenzen begegnet werden.

Kaufen mit Köpfchen: Eng mit mangelndem Wissen hängt das Kostenverständnis der Energieverbraucher zusammen. Für den wirklichen Homo oeconomicus sollten die „Lebenszykluskosten" (Anschaffungspreis, laufende Kosten, Kosten für Reparatur und Entsorgung) das entscheidende Kriterium für den Einkauf sein – nicht der Anschaffungspreis. Gefragt sind geeignete Hilfsmittel für einen Gesamtkostenvergleich, sonst verhält sich jeder Käufer notgedrungen wie ein Homo spontanus. Dazu gehören aktuelle Energiekennzeichen ebenso wie die Information über Leerlaufverluste und ihren Beitrag zu den Gesamtkosten.

Eine bessere Verbrauchererziehung in den Schulen kann vor allem das Denken junger Menschen frühzeitig formen. Der Energiepass für Wohnungen und Gebäude kann in einem von der Nachfrage bestimmten Wohnungsmarkt ein gutes Hilfsmittel zur Abschätzung der Gesamtkosten sein. So kommt unter Einbeziehung der entsprechenden Amortisierungszeiten ein Passivhaus langfristig billiger als ein normales Haus – selbst bei den Öl- und Gaspreisen des Jahres 2003. Für die Anschaffungskosten könnte ein zinsgünstiger Passivhaus-Kredit helfen, eine Eigenheimzulage nur für Passivhäuser oder auch eine Förderung für die energetische Sanierung von Gebäuden.

Geleaste Energiedienstleistungen könnten auch im Gerätebereich ein neues Geschäftsfeld werden. Man kauft keinen Kühlschrank mehr, sondern least oder mietet die Energiedienstleistung „Kühlschrank" einschließlich Stromkosten vom Energiedienstleister über eine vereinbarte Mietdauer. Energiedienstleistungsunternehmen optimieren die Gesamtkosten besser als private Verbraucher.

Keine Subventionen für riskante Energieträger: Kaum ein Land der Erde subventioniert nicht wenigstens einen Teil seiner fossilen oder nuklearen Energieträger.[240] Auch viele Entwicklungsländer verschlimmern ihre Energieprobleme durch falsche Anreize. Gefördert wird der Verbrauch und nicht die Vermeidung von Energie. Nach Angaben von UNEP und IEA werden fossile Energieträger allein in Nicht-OECD-Staaten mit 60 bis 70 Milliarden Dollar jährlich subventioniert.[241] So findet sich z.B. im Iran ein überbordendes Subventionswesen im Energiebereich. Gut zehn Prozent des Bruttosozialproduktes werden in die Subventionierung des Öl- und Gasverbrauchs gesteckt. Der Benzinpreis entspricht nur etwa 40 Prozent der Herstellungskosten. Beinahe zwangsläufig erstickt Teheran im Smog der Autoabgase, weil solche Benzinpreise einen Anreiz bieten, auch extreme Benzinschlucker zu fahren. Dies könnte noch zum Albtraum selbst für eines der ölreichsten Länder werden: Iran könnte sich in einen Ölimporteur verwandeln. Andererseits ist eine Kehrtwende in der Preis- und Subventionspolitik nicht von heute auf morgen möglich. Die Absicht der nigerianischen Regierung, ähnliche Subventionen abzubauen, hat zu großen Unruhen geführt. Langfristig ist es aber unerlässlicher Bestandteil nachhaltiger Energiepolitik, Subventionen für riskanten Energieverbrauch abzubauen.

Mehr globaler Wettbewerb um Energiedienstleistungen: Wettbewerb kann sich ohne Regulierung auf einem hochkonzentrierten globalen Energieanbietermarkt nicht entfalten. Ein funktionsfähiger Wettbewerb braucht Regeln, die Chancengleichheit zwischen Energieangebot und Energienachfrage herstellen, die Verbraucher als gleichberechtigte Partner unterstützen, die Langfristaspekte gegenüber einer Kurzfristökonomie stärken und ökologische Leitplanken setzen. Der Primat der Politik muss die Rahmenbedingungen für den Wettbewerb bestimmen.

Fortschrittliche Energieverbrauchsstandards sind kein nichttarifäres Handelshemmnis, auch wenn sie so von Welthandelsorganisation (WTO) und EU-Kommission eingestuft werden, sondern eine Zielmarke, die erst einen globalen Wettbewerb ermöglicht. Das Prinzip „Wettbewerb um preiswürdige und umweltverträgliche Energiedienstleistungen" hat weit reichende Konsequenzen für eine Weltenergiepolitik. Weit verbreitete Subventionen für bestimmte Energieträger verzerren den Wettbewerb auf dem internationalen Energiemarkt. Die Atomkraft ist ohne Stützung durch den Staat oder durch Staatengemeinschaften im Wettbewerb nicht überlebensfähig. Die Bindung des Gaspreises an den Ölpreis unterläuft den Wettbewerb, der erst die Orientierung an den realen Kosten sicherstellt. Die Forderung nach echtem Wettbewerb, der Energiedienstleistungen einschließt, ist ein Grundelement einer nachhaltigen Weltenergiepolitik.

Entwicklungen nicht aufholen, sondern überspringen: Viele traditionelle Energietechniken führen in die Sackgasse, sie wurden in mehr als zwei Jahrhunderten großindustrieller Präferenzen entwickelt und haben in Entwicklungsländern bei westlich-industriell geprägten Eliten den Nimbus, eine wesentliche Voraussetzung für den Aufholprozess zu sein. Die ehemals nationalstaatlichen Rahmenbedingungen haben sich jedoch inzwischen ebenso geändert wie die Ressourcen- und die Umweltsituation.

Auf dem traditionellen Weg der „nachholenden Entwicklung" würden die Entwicklungsländer immer den Industrieländern hinterherhinken. Vielversprechender ist daher die Strategie des Überspringens eines Entwicklungsstadiums *(leap frogging)*. Eines von vielen Beispielen: Solare Einfamilienhäuser, die den Strom für Kühlschränke, Licht und Kommunikation mit Fotovoltaik erzeugen, auch kleine Wind-, Wasser- und Biomasse-Kraftwerke kommen hierfür in Frage. In ländlichen Regionen ersparen sie den kostspieligen Aufbau eines überregionalen Hochspannungsnetzes und der energiewirtschaftlichen Infrastruktur.

Wahrscheinlich findet die Produktion, Demonstration und Erprobung von angepassten Solar- und Effizienztechniken – auch im Rahmen von Joint Ventures – künftig vorwiegend im Süden statt, weil die großen Märkte für Effizienz- und Solarenergien dort liegen. Auch Kooperationen zwischen Entwicklungs- und Schwellenländern werden an Bedeutung gewinnen.

Als kontraproduktive Tendenz entwickelt sich der Handel mit gebrauchten Industrieanlagen zu einem weltweit bedeutenden Wirtschaftszweig.[242] Bei energieintensiven Anlagen der Grundstoffindustrie ebenso wie bei Großanlagen zur Energieumwandlung ist dieses Geschäft von zweifelhaftem Nutzen für Entwicklungs- und Schwellenländer, denn die Altanlagen haben in der Regel hohe spezifische Energieverbräuche und lange Restlaufzeiten.

Der Aufbau von Kompetenzen *(capacity building)* ist ein international gebräuchlicher Sammelbegriff, der im Rahmen der Entwicklungszusammenarbeit mit dem Leitsatz „Hilfe zur Selbsthilfe" beschrieben wird. Kapital-, Technologie- und Know-how-Transfer aus den Industrieländern und eine partnerschaftliche Kooperation mit Entwicklungs-, Schwellen- und Transformationsländern zum Aufbau nachhaltiger Energiesysteme sind wesentliche Voraussetzungen für eine weltweit nachhaltige Entwicklung. Daraus ergeben sich wirtschaftliche Chancen für die Industrieländer sowie die Lösung von globalen Problemen wie Armutsbekämpfung und Klimaschutz. Mit dem Kompetenzaufbau steigen die Chancen für wirtschaftliche und soziale Entwicklung in Entwicklungsländern. Dazu gehört auch, die Energiewirtschaft in einer Form auszugestalten, dass sie dem kulturellen Kontext und dem Wissens- und Ausbildungsstand vor Ort besser entspricht. Dies ist ein fundamentaler Beitrag einer werdenden Weltinnenpolitik.

Globale Finanztransfers: Die volumenmäßig wichtigsten Akteure im Bereich des Finanz- und Technologietransfers sind die nationalen und multilateralen Entwicklungsbanken. Zum Aufbau nachhaltiger Energiesysteme muss sichergestellt werden, dass öffentliche Kredite an entsprechenden Kriterien ausgerichtet werden. Ergänzend zu den öffentlichen Krediten der Weltbank und der International Finance Corporation (IFC) sowie anderer Institute wurden mit den Kyoto-Instrumenten weitere Finanzierungsquellen geschaffen. Wie groß ihr Effekt sein wird, hängt davon ab, ob und in welchem Umfang tatsächlich ein zusätzlicher Kapital- und Know-how-Transfer in Gang gesetzt wird.

Kredite für Großprojekte werden in diesem Finanzsystem traditionell bevorzugt, denn sie sind einfacher abzuwickeln als solche für dezentrale Energietechniken oder effiziente Energieanwendung. Um den Erfordernissen nachhaltiger Energiesysteme gerecht zu werden, müssten diese Institutionen ihre Finanzierungssysteme anpassen.

Zur Förderung der ländlichen Elektrifizierung müssen die Kreditformen den speziellen Bedingungen auf dem Land angepasst und mit Maßnahmen zur Armutsbekämpfung verbunden werden. Zur Förderung der produktiven Nutzung erneuerbarer Energien existieren einige erfolgreiche Geschäftsmodelle wie das der Grameen Shakti Bank in Bangladesh, die mit einem innovativen System von Mikrokrediten viele Haushalte in ländlichen Gebieten erreicht und in die Lage versetzt, marktfähige Handwerksprodukte zu erzeugen und Einkommen zu generieren.

Eine der wichtigsten internationalen Quellen zur Finanzierung nachhaltiger Entwicklung ist die Globale Umweltfazilität (GEF), ein multilateraler Finanzierungsmechanismus für globale Umweltschutzmaßnahmen. Obwohl deren Mittel in den vergangenen zehn Jahren bescheiden geblieben sind – sie machen weniger als 1 Prozent der gesamten internationalen Hilfszahlungen an den Süden aus –, ist die Globale Umweltfazilität trotzdem die wichtigste institutionelle Innovation des Rio-Prozesses und inzwischen der größte Finanzkanal für Klimaschutzprojekte in Entwicklungsländern.

Zur Finanzierung einer weltweiten Umwelt- und Energiepolitik hat der Wissenschaftliche Beirat Globale Umweltveränderungen der Bundesregierung (WBGU) vorgeschlagen, zweckgebundene Abgaben auf die Nutzung „weltöffentlicher" Güter wie die Atmosphäre zu erheben. Eine Abgabe auf den Primärenergieverbrauch von 1 Dollar pro Tonne Öläquivalent würde einen jährlichen Finanzierungsbeitrag der OECD-Länder von etwa 4,5 Milliarden Dollar und der USA von 2,3 Milliarden Dollar zum Aufbau nachhaltiger Energiesysteme ergeben.[243] Zum Vergleich: 500 Milliarden Dollar werden allein für den Kauf von Rohöl ausgegeben. Angesichts der Ablehnung des Kyoto-Protokolls durch die amerikanische Regierung erscheinen solche Vorstellungen zur Zeit allerdings realitätsfremd.

Globale Institutionen: Von den zahlreichen Vorschlägen zur Stärkung, Schaffung oder Abschaffung von Institutionen, die eine Energiewende international fördern können, seien nur einige wenige erwähnt. Die Weltenergiekonferenz (WEC) bildet seit Jahrzehnten ein exklusives Forum für die weltgrößten Energieanbieter und die Popularisierung ihrer angebotsorientierten Strategien. Ein vergleichbares Weltforum, die World Energy Efficiency Conference (WEEC), könnte sich zu einer wichtigen Plattform für den „sanften" Pfad entwickeln. Der Keim dieses Weltforums könnte in der Koalition gleichgesinnter

Länder zur Förderung erneuerbarer Energien, der so genannten Johannesburg Renewable Energy Coalition (JREC), und in der erfolgreichen Weltkonferenz für erneuerbare Energien im Juni 2004 liegen.[244]

Eine zu gründende Internationale Agentur für Energieeffizienz und Solarenergie (International Energy Efficiency and Renewables Energy Agency, IEREA) könnte die Markteinführung von Effizienztechnologien, Kraft-Wärme-Kopplung sowie erneuerbaren Energien durch Information, Weiterbildung, Workshops, Pilot- und Demonstrationsprojekte sowie durch Unternehmens- und Politikberatung fördern. Ergänzt werden könnte eine solche Agentur durch ein Netzwerk regionaler Agenturen.

Auf der anderen Seite kann man nicht neue Institutionen schaffen, ohne überholte abzuschaffen oder ihnen eine andere Aufgabe zuzuweisen. Eine solche Institution ist die Internationale Atomenergie Agentur (IAEA). Der weltweite Ausbau der Atomkraft ist das offizielle Mandat der IAEA, die von 158 Mitgliedsländern getragen wird und etwa 2000 Mitarbeiter zählt. Allein der deutsche Beitrag liegt bei 26 Millionen Euro jährlich. Die Überwachung der atomaren Brennstoffkreisläufe zur Verhinderung der Proliferation durch die Agentur ist wichtig und sollte eher ausgebaut werden. Aber die Förderung eines weiteren Ausbaus der Atomkraft ist für eine nachhaltige Weltenergiestrategie kontraproduktiv.

Der hier skizzierte energiepolitische Perspektivenwechsel ist zweifellos eine ambitionierte Aufgabe. Sie umzusetzen, wird Jahrzehnte dauern. Aber die Aufgabe ist lösbar. Der nachhaltige Weg muss der Weltmacht Energie klare Schranken auferlegen und eine Kursänderung durchsetzen. Allein die Größenordnung der notwendigen weltweiten Umstrukturierung des Pro-Kopf-Ressourcenverbrauchs in Industrie- und Entwicklungsländern ist eine gigantische Herausforderung für die internationale Energie- und Ressourcenpolitik. Ein Beispiel: Könnte jeder Erdenbürger vor einem Weltgerichtshof ein gleiches Recht auf Nutzung der Erdatmosphäre einklagen, dann müsste ein US-Bürger seine Kohlendioxid-Emissionen pro Jahr bis zum Ende des Jahrhunderts etwa um den Faktor 10 senken, ein Europäer um den Faktor 6. Die Möglichkeit, dass der arme Süden sich im Verbrauch an den reichen Norden anpasst, funktioniert hingegen nicht. Denn wenn die Entwicklungsländer mit den Luxusemissionen der Industrieländer gleichziehen wollten, würde dies die Welt schnell in die Klimakatastrophe treiben. Umbau und Aufbau müssen in einem Zusammenhang gesehen und gegen alle Widerstände durchgesetzt werden. Dies ist die Aufgabe, vor der die Welt steht. Konflikte mit der Weltmacht Energie werden dabei nicht zu vermeiden sein.

Kapitel 17:
Der „sanfte“ Pfad in Deutschland

Deutschland ist ein reiches Land. Es verfügt über eine hohe wirtschaftliche und technologische Leistungskraft und ist Exportweltmeister. Deshalb ist die Bundesrepublik mit den Trends und Wechselwirkungen von Globalisierungsprozessen sowohl in geostrategischer als auch in wirtschaftlicher, sozialer und ökologischer Hinsicht eng verkoppelt. Dies gilt insbesondere für den Energiesektor und die damit verbundenen globalen Chancen und Risiken. Ein Umsteuern auf den „sanften“ Pfad muss die Wechselwirkungen mit der Globalisierung berücksichtigen und als integraler Teil einer alternativen Wirtschaftspolitik konzipiert werden.

Auf zwei Aspekte soll dabei hingewiesen werden. Erstens ist Deutschland kein Exporteur von Energie[245] und wird es auch nicht werden. Exportschwerpunkte sind Hochtechnologien im Maschinen- und Apparatebau, Regelungstechnik, Verkehrstechnik sowie Erzeugungs- und Anwendungstechniken. Eine die Exportsäule stützende Politik darf nicht primär die Energiewirtschaft im Auge haben, sondern muss die energierelevante Hochtechnologie in all ihren Bereichen fördern. Dies findet in der realen Wirtschafts- und Energiepolitik der Bundesrepublik über die Jahrzehnte hinweg viel zu wenig Niederschlag. Zweitens unterliegt Deutschland als Importland von Energie in besonderer Weise den langfristigen Preisveränderungen sowie spekulativen Preisschwankungen auf dem Öl- und Gasmarkt. Die so wachsende Abhängigkeit und Unsicherheit wirkt sich destabilisierend auf die Wirtschaftskraft aus. Ein weiteres Risiko ist mit allen Stufen des Atomkraftsystems verbunden. Ein zunehmend bedeutsames wirtschaftliches Risiko stellen auch die Auswirkungen und Folgen der Klimaänderungen dar. Eine auf Stabilität gerichtete Nachhaltigkeitspolitik muss diese Risikofaktoren so schnell wie möglich begrenzen.

Die positiven wirtschaftlichen Auswirkungen sind ein wesentliches Argument für die Energiewende und eine robuste gesellschaftliche Grundlage, um für eine neue Energiepolitik politische Mehrheiten und die Unterstützung durch die Zivilgesellschaft zu finden. Die Alternative eines nachhaltigen Weges ist mehrheitsfähig. Sie ist für kein Land der Welt so umfassend analysiert worden wie für Deutschland. Wird diese Alternative offensiv propagiert und in ihren positiven Auswirkungen für die Bürger und Unternehmen glaubwürdig dargestellt, wird dies vom Wähler honoriert werden. Umfragen zeigen, dass die Zustimmung zur Solarenergie, die Skepsis gegenüber der Atomenergie, die Forderungen nach aktiver Klimaschutzpolitik und die Unterstützung für Energiesparen in der Bevölkerung eine breite Mehrheit finden.[246] Erste energiepolitische Weichenstellungen in diese Richtung sind erfolgt, weitere stehen aus. Sie bieten große Chancen für unser Land, die geeignet scheinen, ein gutes Beispiel für eine global nachhaltige Entwicklung zu setzen.

Die Tagespolitik wird leider viel zu häufig von scheinbaren Handlungszwängen und kurzatmigen Reaktionen dominiert. Visionen und langfristige Perspektiven, die der Politik Sinn und Richtung geben, werden den Bürgern zu wenig vermittelt. Besonders in der Energiepolitik hinken Politik und Wirtschaft dem gesellschaftlichen Bewusstsein erheblich hinterher. Dabei ist doch offensichtlich, dass Konflikte um die Atomenergie, Ängste durch Preiskrisen sowie Belastungen aus steigenden Energiekosten aus der Sicht der Bürger und Wähler Themen von hoher gesellschaftlicher Relevanz sind. Es fehlt der Kompass eines Energieprogramms, das quantifizierte Leitziele und Schritte zu ihrer Realisierung verlässlich aufzeigt. Solche Leitziele sind:[247]

- Der Atomausstieg muss Schritt für Schritt umgesetzt und so weit wie möglich europaweit und international flankiert werden.
- Der Schlüssel zur Nachhaltigkeit ist eine Effizienzrevolution. Die Nachhaltigkeitsstrategie der Bundesregierung nennt hierfür das Ziel, die wirtschaftliche Leistung pro Energieeinsatz von 1990 bis 2020 zu verdoppeln. Das ist ein Schritt zur Effizienzwirtschaft, dem weitere folgen müssen. Als Langfristziel ist eine Gesellschaft anzustreben, die nicht mehr als 2000 Watt pro Kopf und Jahr verbraucht.[248]
- Als notwendiger deutscher Beitrag zum weltweiten Klimaschutz sind die Treibhausgasemissionen bis 2020 um 40 Prozent gegenüber 1990 und um 80 Prozent bis zur Mitte des Jahrhunderts zu reduzieren.
- Die Stromproduktion aus erneuerbaren Energien ist bis zum Jahr 2020 um den Faktor vier, der Anteil der erneuerbaren Energien am Primärenergieaufkommen mindestens um den Faktor 3,5 und der der Stromerzeugung aus Kraft-Wärme-Kopplung um den Faktor 3 zu erhöhen.
- Der Wärmeverbrauch von Altbauwohnungen ist bis 2020 auf 50 Kilowattstunden je Quadratmeter und Jahr zu vermindern.
- Der Flottenverbrauch neuer PKW muss bis 2020 auf 3,5 bis 4 Liter je 100 Kilometer gesenkt werden. Das Ziel einer nachhaltigen Mobilitätspolitik muss mehr Mobilität durch weniger Verkehr sein.
- Die Energiepolitik muss sich von der Angebotspolitik auf die Energieanwendung und rationelle Energienutzung umorientieren. Dabei muss sie

in eine integrierte Strategie der Steigerung der Ressourceneffizienz eingebunden werden.[249] Dezentral vernetzte Energiesysteme und Kraft-Wärme-Kopplung werden zum zukünftigen Herzstück innovativer Strom- und Wärmeerzeugung. Vernetzte Elemente des zentralen Großkraftwerks- und Verbundsystems können dies unterstützen, verlieren aber ihre heute noch dominante Rolle.

- Forschung und Entwicklung sollten den Paradigmenwechsel von der Energieversorgung zu nachhaltigen Energiesystemen forcieren. Dies ändert die Prioritäten der staatlichen Politik zugunsten der Förderung von Effizienz und erneuerbaren Energien.
- Außen-, Entwicklungs- und Europapolitik müssen nach dem Kohärenzprinzip daraufhin überprüft werden, ob sie in Einklang mit der Energiewende stehen.

Einige Handlungsziele sind zeitlich quantifiziert, andere qualitativ beschrieben. Allen gemeinsam ist die Perspektive „Nachhaltigkeit". Viele Schritte auf dem Weg zu nachhaltigen Energiesystemen sind notwendig, die eins gemeinsam haben: Sie müssen transparent und demokratisch entschieden werden. Der Atomausstieg lässt Deutschland 20 Jahre Zeit, um durch Markteinführung von forcierter Effizienzsteigerung und erneuerbaren Energien tatsächlich unumkehrbar zu werden. Doch 20 Jahre sind bei den langen Investitionszyklen in der Energiewirtschaft schnell vorüber!

Die Weichen zur Energiewende

In der Klimapolitik hat Deutschland seit Ende der achtziger Jahre beachtliche Erfolge vorzuweisen. Die Stromerzeugung aus erneuerbaren Energiequellen wird international beispielhaft gefördert. Das im Rahmen der EU für Deutschland festgelegte Kyoto-Ziel dürfte wohl erreicht werden. Doch insgesamt ist die Bilanz der Energie- und Klimapolitik nicht befriedigend: Von einer dauerhaft gesicherten Weichenstellung kann nicht gesprochen werden.

Der eingeschlagene Weg der energetischen Modernisierung im Osten Deutschlands wurde wie auch im Westen nicht konsequent verfolgt. Richtungsentscheidungen und Umsetzungsprogramme für langfristig notwendige Kohlendioxid-Minderungsziele stehen aus. Mit dem eingeleiteten Atomausstieg ist keine unumkehrbare gesellschaftspolitische Weichenstellung für eine Energiewende gefallen. Die klimaverträgliche Umstrukturierung des Kraftwerksparks und des Verkehrssystems steckt in den Anfängen.

Die Entwicklung seit der Deregulierung des Energiesystems zeigt, dass die Energiewende neue staatliche Leitplanken und eine Re-Regulierung erfordert, damit die marktwirtschaftlichen Selbststeuerungsmechanismen auf die demokratisch vereinbarten Leitziele zusteuern. Der nachhaltige Weg erfordert eine eingriffsintensivere Energiepolitik, und die politische Umsetzung muss „in die Breite gehen“. Sie muss eine Vielzahl von Akteuren einbeziehen und aktivieren. Alle von verschiedenen Bundesregierungen eingesetzten Enquete-Kommissionen waren sich darin einig, dass zum Abbau von Hemmnissen und Marktversagen nur ein intelligentes Bündel aus globalen und differenzierten Instrumenten Erfolg versprechen kann. Es gibt keinen Königsweg mit nur einem einzigen politischen Instrument – nicht allein mit Hilfe der Ökosteuer und auch nicht mit dem Handel von Zertifikaten. Der „sanfte“ Pfad erfordert mehr Demokratie, programmatischen Mut und aktiven Gestaltungswillen. Notwendig ist ein energiepolitischer Paradigmenwechsel, dessen Hauptproblem darin besteht, dass er politische Handlungsfähigkeit und Handlungswillen voraussetzt, die bisher für alle Bundesregierungen im Energiebereich nicht unbedingt typisch waren. Der ausstehende Paradigmenwechsel ist aber politisch zu schaffen, wenn von alten Denkmustern Abschied genommen wird.

Von der Energieversorgung zur rationelleren Energieanwendung

Die Fixierung der herrschenden Wirtschaftsdoktrin auf das Leitbild „Wachstum“ prägt auch den Energieverbrauch. Die technischen Möglichkeiten, den Menschen von harter körperlicher Arbeit zu entlasten und ihm ein komfortableres Leben zu verschaffen, gaben dem Streben nach immer mehr Energie ein positives Image – übrigens sowohl in kapitalistischen wie sozialistischen Gesellschaftsordnungen. In dieser Beziehung waren die feindlichen Brüder Zwillinge. In weiten Teilen der Bevölkerung, der Industrie und der Politik ist diese Anschauung noch heute anzutreffen, obwohl die volkswirtschaftlichen Realitäten seit 1990 längst eine Entkopplung von Wirtschaftswachstum und Energieverbrauch zeigen. Diese Entkopplung kann jedoch noch wesentlich forcierter fortgesetzt werden, ohne dass die Wohlfahrt sinkt. Nicht mehr Energie, sondern maximale Energieproduktivität ist der Leistungsmaßstab der Zukunft. „Weniger ist mehr“ hat dabei eine sehr konkrete Bedeutung – mehr langfristige Kosten- und Umweltentlastung, weg vom Wachstum des Energieverbrauchs, hin zu umweltverträglichen Wachstumsprozessen durch effiziente Energieanwendung und durch erneuerbare Energien.

Dieser übergeordneten Leitlinie muss sich die Arbeit der verschiedensten Ministerien unterordnen – vom Verkehrsministerium bis zum Auswärtigen

Amt. Die Gründung der Deutschen Energieagentur (dena) war ein wichtiger Schritt. Ihre Arbeit ist überwiegend anwendungsorientiert.[250] Doch die ihr zur Verfügung stehenden Ressourcen und Kompetenzen reichen nicht aus.[251] Weder ein Ministerium noch eine Agentur können allein die Energieanwendung in all ihrer Breite abdecken. Notwendig ist ein Netzwerk von Behörden und Institutionen, die sich bei der Umsetzung des strategischen Ziels „Energiewende“ und „Effizienzrevolution bei der Energieanwendung“ engagieren. Dazu gehören das Umweltbundesamt, das sich schon schwerpunktmäßig auf Energiefragen orientiert, die Deutsche Bundesstiftung Umwelt und die Deutsche Gesellschaft für technische Zusammenarbeit, aber auch die zuständigen Behörden und Energieagenturen der Bundesländer und Kommunen. Der Einfluss der Zivilgesellschaft muss ebenfalls durch die Ausweitung der Partizipation auf allen Ebenen sowie durch transparente Informations- und Öffentlichkeitspolitik der Energieanbieter gestärkt werden.

Eine bedeutende Rolle sollten auch die Verbraucherzentralen spielen, ebenso die Umweltverbände, die mehr in Aufsichtsräte, Energiebeiräte und andere Beratungsgremien eingebunden werden sollten. Die Qualität von Entscheidungen könnte auf diese Weise verbessert und Konflikte könnten durch sachgerechte Planungen entschärft werden.

Schließlich sind die Gewerkschaften zu nennen, deren Bedeutung für die Gestaltung einer sozial-ökologischen Energiewende mit zukunftsfähigen Arbeitsplätzen nicht unterschätzt werden darf. ver.di und die IGBCE stehen vor der schwierigen Aufgabe, in ihren jeweiligen Organisationsbereichen für den unvermeidlichen Abbau von Arbeitsplätzen bei Atomenergie und Kohle Ersatzarbeitsplätze und eine konkrete Beschäftigungsverantwortung von Wirtschaft und Staat einzufordern. Denn die neuen Arbeitsplätze durch die Energiewende entstehen häufig nicht am Standort des Arbeitsplatzabbaus und oft in anderen Branchen und bei neuen Dienstleistern.[252]

Nachhaltige Strukturen für Energiesysteme

Ein große Vielfalt von erneuerbaren Energien (wichtigste Ausnahmen: große Offshore-Windparks und Stromimporte aus regenerativen Quellen) sowie die Kraft-Wärme-Kälte-Kopplung sind überwiegend nur dezentral zu realisieren, also vor allem in Kommunen, in Stadtteilen, in größeren Einzelobjekten, Industriebetrieben, aber auch in Regionen. Konzernstrukturen sind hierfür nur dann geeignet, wenn durch Tochtergesellschaften, Consulting-Firmen, Outsourcing und Kooperationen eine partnerschaftliche Innovations- und Investitionskultur mit Akteuren vor Ort entsteht. Den Gemeinden steht nach

Artikel 28 Grundgesetz das Recht zu, „alle Angelegenheiten der örtlichen Gemeinschaft im Rahmen der Gesetze in eigener Verantwortung zu regeln“. Dazu gehört im Rahmen der gemeindlichen Daseinsvorsorge auch die Energieversorgung. Besonders in den achtziger Jahren gab es eine kontroverse Diskussion in Westdeutschland über Fragen der Rekommunalisierung und der kommunalen Energiekonzepte mit den Stoßrichtungen „mehr Umweltschutz“ und „Weg vom Öl“[253]. Die technisch-wirtschaftliche Entwicklung zu großen Kraftwerken, die fortschreitende wirtschaftliche Machtkonzentration auf die großen Energieversorgungsunternehmen, die Präferenz vieler Kommunen, sich ihre Pflicht zur gemeindlichen Daseinsvorsorge durch die Konzerne „abkaufen“ zu lassen, ein behinderter Ausbau von Nah- und Fernwärme, die nie mit der Dynamik anderer Energieträger hat mithalten können, und schließlich die aufkommende Weltmacht Energie haben einen wirklichen Erfolg dieser Bestrebungen verhindert. Daran änderte auch ein kurzzeitiger Boom durch die Gründung neuer Stadtwerke in den neuen Bundesländern nichts.

Um die Perspektiven dezentraler Infrastrukturen im Spannungsfeld von Liberalisierung, Wettbewerb und Lebensqualität auszuloten, bedarf es einer modernen Standortbestimmung und einer differenzierten Analyse, wie die neuen Herausforderungen von Klimaschutz und Nachhaltigkeitspolitik in allen Sparten des kommunalen Querverbundes (Energie, Verkehr, Wasser, Abfall) zukünftig bewältigt werden können. Werden die Synergieeffekte der dezentralen Infrastrukturen im Sinne einer regionalen Nachhaltigkeitspolitik genutzt, dann könnte im kommunalen Querverbund eine enorme Zukunftschance und ein Wettbewerbsvorteil liegen. Technische Dezentralisierungstrends, neue Anforderungen an die Bereitstellung nachhaltiger Mobilitätsdienstleistungen durch Koordinierung lokaler und regionaler Konzepte für ein integriertes Stoffstrommanagement bei Abwasser und Abfall sprechen dafür, der kommunalen Handlungsebene eine gewichtigere Rolle bei der Umsetzung von Nachhaltigkeitspolitik einzuräumen. Dies gilt umso mehr, wenn sozialökonomische Fragen einer regionalen Kosten-Nutzen-Analyse, die Bürgernähe, Qualitätswettbewerb, die Kunden- und Dienstleistungsorientierung sowie stärkere Bürgerbeteiligung und Bürgerverantwortlichkeit berücksichtigt werden. Es ist kein Zufall, dass wesentliche Impulse für die Energiewende sowie für die Nachhaltigkeitspolitik seit Jahrzehnten von den Kommunen und Regionen kommen.

Für die Energiewende muss die Kompetenz der Gemeinden bei der Regelung und Organisation dezentraler Infrastrukturen gestärkt werden. Die im Energiewirtschaftsgesetz gestärkte Position der Netzregulierer bringt Vorteile für dezentrale Energiesysteme, wenn die Kunden- und Dienstleistungsorientierung zum Qualitätsmerkmal für die Stadtwerke der Zukunft wird. Auch eine grundlegende Novelle des Konzessionsabgabenrechts ist erforderlich. Denn die Einnahmen aus der Konzessionsabgabe sind seit mehr als 60 Jahren direkt proportional zur verbrauchten Energiemenge. Dies ist ein Anachronismus, der für das Interesse der Kommunen an eigenständigen Energiesparbemühungen kontraproduktiv ist, denn die finanziell „klammen" Kommunen sind auf diese Einnahmen angewiesen.

Dies gilt in vergleichbarer Weise für die kommunalen Verkehrsbetriebe, die mangels eines modernen Finanzierungsgesetzes oft von den Stadtwerken quersubventioniert werden. Hier muss nach einer verlässlichen Finanzgrundlage auch zur Attraktivitätssteigerung des öffentlichen Personennahverkehrs (ÖPNV) gesucht werden, wenn er den notwendigen Beitrag für eine nachhaltige Mobilität erbringen soll. Neue Organisationsformen für die kommunale Energie- und Verkehrswirtschaft sind nicht tabu. Dazu gehört auch die Aufhebung des Verbots wirtschaftlicher Betätigung von kommunalen Betrieben, das in vielen Bundesländern als indirekter Fördermechanismus für die Privatisierung immer noch existiert.[254]

Aufbruch zur Effizienzrevolution

Als Schlüsselgrößen einer Energiewende haben wir die rationelle Energieverwendung und die Energieeinsparung herausgearbeitet. Alle Szenarien für mehr Klimaschutz und Risikominimierung führen übereinstimmend zu der Schlussfolgerung, dass eine grundlegende Verbesserung der Energieeffizienz die entscheidende Voraussetzung für nachhaltige Energiesysteme ist. Dennoch fehlt eine strategische Initiative, wie wer mit welchen Instrumenten und in welchem Zeitrahmen einen verlässlichen Beitrag zur Steigerung der Energieeffizienz zu erbringen hat.

Der parlamentarische Beirat für nachhaltige Entwicklung des Deutschen Bundestages stellte zur Steigerung der Energieproduktivität 2004 fest: „In diesem Bereich sieht der Beirat den größten Bedarf zur Weiterentwicklung der Nachhaltigkeitsstrategie." Tatsächlich sind die Fortschritte bei der Steigerung der Energieproduktivität absolut unbefriedigend.

Als erster und wichtigster Baustein einer Effizienzrevolution ist die Schwerpunktverlagerung auf eine effiziente Energieerzeugung und -anwendung zu nennen. Das Bündel der Maßnahmen reicht vom Ordnungsrecht bis zur Fortentwicklung der ökologischen Finanzierungsformen, von der Kennzeichnung des Energieverbrauchs von Geräten bis zu einer wirkungsvollen Umgestaltung der Kfz- und Mineralölsteuer, von einer Effizienzorientierung von Forschung und Entwicklung bis hin zu Schulungen für einen sparsamen Umgang mit

Beschleunigte Marktdiffusion von Effizienztechnologien durch Einrichtung eines Energiefonds

- Orientierung am dänischen Stromsparfonds sowie dem britischen Energy Saving Trust.
- Unterstützung von Aufbau und Weiterentwicklung eines eigenständigen Marktes für Effizienzprodukte und -akteure durch prämienunterstützte Ausschreibungsverfahren für Einsparleistungen.
- Durchführung von Beschaffungsauktionen von kleinen Einzelinvestitionen hoch effizienter Standardprodukte und Komponenten für Dienstleister, Großhändler und Hersteller.
- Entwicklung einer neuen Generation von Energieeffizienzprogrammen zur Beschleunigung der Markttransformation.
- Unterstützung von Energieunternehmen bei der Durchführung und Evaluierung von Demand-Side-Management-Programmen.
- Vorbereitung und Durchführung von wettbewerblichen Effizienzkampagnen.
- Erarbeitung von Effizienzstandards und Labelling-Klassen für unterschiedliche Gerätegruppen.
- Aufbau einer Energieeffizienzmarke als Wiedererkennungs-Merkmal.
- Initiierung von Forschungs- und Entwicklungsaktivitäten zur weiteren Verbesserung der Stromeffizienz.

Energie. Nicht zu vergessen ist die Ausbildung von Architekten, Ingenieuren, Meistern und Auszubildenden.

Auf eine Maßnahme gehen wir ausführlicher ein – die Einrichtung eines Energieeffizienzfonds, der verschiedentlich vorgeschlagen wurde.[255] Ein solcher Effizienzfonds würde ein Kernstück einer strategischen Energieeffizienzinitiative bilden. Dieser Effizienzfonds bildet für die Umsetzung des „sanften" Pfades ein Kernstück einer strategischen Energieeffizienzinitiative, die wir für den Stromsektor genauer erläutern wollen.[256]

Zweifellos hat die deutsche Energiepolitik mit einer Vielzahl von Maßnahmen und Instrumenten (Ökosteuer, Energiesparverordnung, Kreditprogramme) und durch die Aktivitäten der Energieagentur und der Landesenergieagenturen wichtige Impulse für die Energieeffizienz gesetzt. Aber im Gegensatz zur Förderung bei den erneuerbaren Energien fehlen bei der Effizienz ein hinreichend anspruchsvolles Leitziel sowie die strategische Bündelung von Aktivitäten. Die bisher praktizierten Initiativen reichen nicht aus, die volkswirtschaftlich vorteilhaften Potenziale bei Strom, Wärme und im Verkehr auch tatsächlich zu erschließen.

Alle Akteure (Energieversorgungsunternehmen, Effizienzhersteller, Contracting-Firmen) auf der Nachfrage- und Angebotsseite müssen ein faires Spielfeld zur Mitwirkung am Markt für Energiedienstleistungen erhalten. Solange Energiesparen billiger als das Energieangebot ist, sollte es durch entsprechende Rahmenbedingungen vorrangig erschlossen werden können. Die Rolle der Energiekonzerne als Akteure der Energiesparpolitik ist seit der Liberalisierung und Wettbewerbsorientierung umstritten, sie bedarf der Klärung, weil bei der anstehenden Erneuerung des Kraftwerkparks auch ein besonderer Handlungsbedarf für das Stromsparen gelten muss. Mit den EU-Richtlinien zum europäischen Binnenmarkt für Strom und Gas wurde der Substitutions- und Qualitätswettbewerb zwischen Energiebereitstellung und Energieeinsparung vernachlässigt. Energiesparprogramme von Energieversorgungsunternehmen zugunsten ihrer Kunden wurden behindert, statt sie zu fördern. Unregulierter Preiswettbewerb um billige Kilowattstunden reicht nicht aus.

Meist ist Energieeffizienz auch billiger und sozialverträglicher als Energieverbrauch. Bis 2010 könnten rund 10 Prozent des Strom- und Gasbedarfs durch Energieeffizienzprogramme und -dienstleistungen[257] von Energieunternehmen und anderen Akteuren bei gleichem Nutzen für die Kunden wirtschaftlich eingespart werden. Daher muss der Markt von einem Energiemarkt zu einem Markt für die kostengünstig und umweltschonend erbrachte Befriedigung energierelevanter Bedürfnisse weiterentwickelt werden.

Wegen der Vielzahl von Hemmnissen sind innovative Rahmenbedingungen und Anreizstrukturen notwendig, die es auch den Energieanbietern ermöglichen, bei der Erschließung von Effizienzpotenzialen aktiver zu werden, ohne dadurch ihre wirtschaftliche Substanz in Frage zu stellen. Daher müssen für die Energieanbieter Anreize für den erforderlichen kulturellen Wandel zum Energiedienstleister und für die Veredelung ihrer Produkte gegeben werden, ohne dass andere Effizienzanbieter (Contracting-Unternehmen, Ingenieurbüros) auf dem Markt der Energiedienstleistungen diskriminiert werden. Für eine explizite Einbindung der Energieunternehmen in eine Energiesparstrategie spricht auch, dass so die Vielfalt der Akteure, Kompetenzen und Ideen erhöht wird.

Nach den am Wuppertal Institut ausgewerteten Erfahrungen aus verschiedenen Ländern mit der rationellen Nutzung von Strom könnten in Deutschland mit jedem Jahr Laufzeit einer wirkungsvollen Energieeffizienzinitiative 3 bis 5 Terawattstunden Strom pro Jahr und 5 bis 7 Terawattstunden Erdgas pro Jahr eingespart werden. In zehn Jahren könnten auf diese Weise bis zu 50 Terawattstunden Strom und bis zu 70 Terawattstunden Erdgas pro Jahr gegenüber dem Trend eingespart werden. Dazu wären Investitionen für Energieeffizienz-Programme von jeweils rund 0,5 Milliarden Euro pro Jahr bei Strom und Gas ausreichend.

Hinzu kämen noch einmal Investitionen der Energieverbraucher in etwa gleicher Größenordnung, damit sie im Rahmen der normalen Investitions- und Erneuerungszyklen jeweils eine energieeffizientere technische Lösung verwirklichen. Aus diesen Investitionen von zusammen rund 2 Milliarden Euro entstünde über die Nutzungsdauer der effizienteren Technologien von durchschnittlich 12 Jahren beim Strom und 20 Jahren beim Gas mit 4 Prozent realer Verzinsung für die Volkswirtschaft ein Gewinn (positiver Barwert der eingesparten Energiekosten) von insgesamt 3,7 Milliarden Euro, davon 2,3 Milliarden beim Strom und 1,4 Milliarden beim Gas. Im Verlauf von 10 Jahren könnte also mit Investitionen von höchstens 20 Milliarden Euro ein Erlös von 37 Milliarden Euro erzielt werden.[258] Dabei sind weder die externen Kosten einbezogen noch die Wettbewerbsvorteile für deutsche Unternehmen am Weltmarkt berücksichtigt. Ein Effizienzfonds wäre also eine lohnende Investition in die Zukunft.

Die erforderliche Vorfinanzierung eines Effizienzfonds könnte über einen wettbewerbsneutralen Aufschlag auf die Energiepreise oder auf die Netzgebühren bei Strom (0,15 Cent pro Kilowattstunde für Haushalte und kleine Geschäftskunden und einen vergleichbaren Prozentsatz für Industrie u.a. Großkunden) und Gas (0,05 bis 0,15 Cent pro Kilowattstunde, je nach Umfang der Programme) erfolgen. Denkbar wäre auch ein entsprechender Anteil der Stromsteuer oder eine zusätzliche Stufe von 0,05 bis 0,15 Cent pro Kilowattstunde bei der Mineralölsteuer auf Heizöl und Erdgas. Ein quantifiziertes Leitziel für die Effizienzsteigerung und seine Umsetzung durch einen Effizienzfonds ersetzt also nicht etwa den Markt für Energiedienstleistungen, sondern macht ihn erst möglich und gibt ihm eine strategische Richtung. Die Vorfinanzierung von wirtschaftlichen Effizienztechniken aus dem Fonds folgt dem Grundprinzip des Erneuerbaren-Energien-Gesetzes (EEG), aber mit einem wichtigen Unterschied: Energieverbrauch und Energiekosten werden gesenkt, und eine Kompensation der (noch) höheren Preise der erneuerbaren Energien wird ermöglicht.

Kontinuierlicher Ausbau der erneuerbaren Energien

Der Ausbau erneuerbarer Energien stellt für die nachhaltige Entwicklung des Energiesystems die zweite Säule dar, die ebenfalls Schritt für Schritt aufgebaut werden muss. Zumindest die mittelfristigen Ziele sind nicht umstritten. Bei ihrer politischen Umsetzung geht man von einer „ausgewogenen“ Mobilisierung aller möglichen Technologien aus, so dass diese nach 2010 eigenständig wachsende Märkte herausbilden können. Bis 2050 kann der Anteil der erneuer-

Zeitliches Raster für die Einführung erneuerbarer Energien

- Bis 2010: energiepolitisch unterstützter Einstieg durch Zielvorgaben (Verdopplung des Anteils erneuerbarer Energien) und wirksame Instrumentenbündel, insbesondere weiterer dynamischer Ausbau der Windenergie und der Biomasse.
- 2010–2020: Stabilisierung des Wachstums bei allmählichem Rückzug der energiepolitischen Instrumente.
- 2020– 2030: vollwertige Etablierung aller Techniken auf der Basis erneuerbarer Energien mit noch unterschiedlicher Ausprägung in den einzelnen Verbrauchssektoren und Aufbau von Importstrukturen für Strom aus erneuerbaren Energien; Einsatz von regenerativem Wasserstoff in Nischensegmenten.
- 2030–2050: beginnende Dominanz der erneuerbaren Energien in allen Bereichen der Energieversorgung und erste energiewirtschaftlich relevante Anwendungen für regenerativen Wasserstoff.
- Nach 2050: fortschreitende „Ablösung" der fossilen Energieträger durch eine vollständig auf erneuerbaren Energien beruhende Energiewirtschaft bei sukzessivem Einstieg in die Wasserstoffwirtschaft bis etwa Ende dieses Jahrhunderts.

baren Energien – bei angemessener Reduktion des Energieverbrauchs durch Effizienzsteigerung – auf mehr als 50 Prozent gesteigert werden. Unter dieser Voraussetzung ist im Laufe dieses Jahrhunderts ein vollständig auf erneuerbare Energien umgestelltes Energiesystem in Deutschland möglich.

Neben der Stromerzeugung muss in Zukunft der Wärmebereitstellung aus erneuerbaren Energien mehr Beachtung geschenkt werden. Dafür sind flexible Instrumente denkbar, wobei allerdings der Natur- und Landschaftsschutz nicht zu kurz kommen dürfen.

Forschung für nachhaltige Energiesysteme

Forschung und Entwicklung sind auf die Zukunft gerichtet. Sie müssen die Weichenstellung zu einer nachhaltigen Entwicklung vorbereiten und forcieren. Die Energieforschung entscheidet mit über die Strukturen der Volkswirtschaft, steht bisher jedoch nur bedingt damit in Einklang. In Deutschland gibt es kein Institut, das sich speziell mit Kraft-Wärme-Kopplung und Energieeffizienztechnik befasst. Es gibt vereinzelte Institutsaktivitäten, aber keine einflussreiche wissenschaftliche Community, die die Techniken und Umsetzungsinstrumente einer Effizienzrevolution systematisch erforscht. Angesichts der weltweiten Herausforderungen ist dieses Forschungsdefizit nicht akzeptabel. Forschungs- und Wissenschaftspolitik in Bund, Ländern und EU sowie

Wissenschaftsorganisationen müssen sich dieser Aufgabe sehr viel stärker annehmen.[259]

Weitere Anstrengungen in der Grundlagen-, Technik- und Anwendungsforschung für erneuerbare Energien verstehen sich von selbst. Darüber hinaus müssen Sozial-, Verhaltens- und Verbraucherforschung – wie aktivieren wir Verbraucher zur nachhaltigen Energienutzung? – integraler Bestandteil einer Forschungspolitik für den „sanften" Pfad sein, ebenso wie eine Politik-, Umwelt- und Wirtschaftsforschung, die Instrumente, Vernetzungen und Strukturen für nachhaltige Energiesysteme untersucht.[260]

Die begonnene Umorientierung von Kern- zu Energieforschungszentren in Jülich, Karlsruhe und Rossendorf muss mit einem klaren Schwerpunkt auf Effizienz und erneuerbare Energien fortgesetzt werden. Die Mittel für Effizienzforschung müssen deutlich erhöht werden. Dies kann durch ein Zurückfahren der Mittel für die Fusions- und die Atomforschung auf europäischer Ebene kompensiert und finanziert werden.

Nicht zuletzt spielen Lehre, Ausbildung und Breitenaufklärung eine wichtige Rolle für eine nachhaltige Energieentwicklung. Neue Studiengänge und neue Studieninhalte, Lehrberufe für eine effiziente Energieanwendung, Fortbildung für innovative Techniken und Aufklärung sowie Beratung für sparsames Energieverbraucherverhalten sind nicht nur inhaltlich wichtig; sie demonstrieren auch die arbeitsplatzschaffende Wirkung des „sanften" Pfads.

Kraft-Wärme-Kopplung als Schlüsseltechnologie

Die Kraft-Wärme-Kopplung ist beim Umbau des Kraftwerkssektors kurz- und mittelfristig die Schlüsseltechnologie für den Einstieg in nachhaltige Energiesysteme. Das 2002 in Kraft getretene Kraft-Wärme-Kopplungs-Gesetz reicht nicht aus, die erforderlichen Ziele zu erreichen. Die Förderung der Kraft-Wärme-Kopplung als Baustein nachhaltiger Energiesysteme darf nicht als Förderpolitik für Stadtwerke missverstanden werden. Sie muss vielmehr ganz gezielt auf Umweltentlastung und Klimaschutz abstellen und deshalb die vermiedenen Kohlendioxid-Emissionen zum Maßstab haben. Bei diesem Förderindikator ergeben sich erhebliche Chancen für Stadtwerke und andere regional bedeutsame Akteure bis hin zur kooperativen Kraft-Wärme-Wirtschaft.

Gestaltungsspielraum zur Optimierung der vermiedenen Kohlendioxid-Emissionen ergibt sich dezentral auf der Wärmeseite. Je effizienter die durch Kraft-Wärme-Kopplung erzeugte Wärme andere fossile Energien substituiert, umso mehr Kohlendioxid kann vermieden werden. Daraus resultiert ein gesteigertes Interesse der Akteure, sich auf der Wärmeseite, also bei der Energieanwendung, zu engagieren. Dies gibt dem Übergang auf eine Energiedienstleistungs- und Effizienzorientierung neue Impulse, denn dies ist ein bevorzugtes Aktionsfeld für kommunale Akteure wie Stadtwerke. Und da schließt sich der Kreis: Eine gezielt das Klima schützende Kraft-Wärme-Kopplung stärkt die Stadtwerke, sofern diese sich beim Klimaschutz engagieren.

Daher ist für die ökologische Modernisierung, für Dekonzentration und Demokratisierung energiewirtschaftlicher Strukturen ebenso wie für die Schaffung zukunftsweisender Arbeitsplätze, für den Klimaschutz und als Impuls für eine globale Effizienzoffensive der Ausbau der Kraft-Wärme-Kopplung von grundlegender Bedeutung.

Wärme – die vergessene Energie

Wärme macht etwa die Hälfte des Bedarfs an Energiedienstleistungen aus. Wärmenetze und integrierte Wärmespeicher sind ein wichtiges Konstruktionselement für den Einsatz virtueller Kraftwerke und ein Kriterium für die Standortwahl neuer Kraft-Wärme-Kopplungs-Anlagen. Erdgas und Strom können beliebig durch Europa transportiert werden. Wärme dagegen ist ein lokaler und regionaler Standortvorteil.

Wo kann man instrumentell ansetzen? Wichtigster Punkt ist die vorgeschlagene Kohlendioxid-Orientierung bei der Förderung der Kraft-Wärme-Kopplung. Da eine verstärkte Kohlendioxid-Vermeidung nur bei der Wärme ansetzen kann, würde eine solche Förderung implizit die Wärme aufwerten – sowohl ökonomisch als auuch im Bewusstsein der Handelnden. Von den zahlreichen Hemmnissen für die Nah- und Fernwärme seien nur die Konzessionsabgabe, die die Fernwärme im Vergleich zum Gas weniger interessant für Kommunen macht, und das individuelle Perfektionsbedürfnis der Wärmetechniker genannt, das einer kostenmindernden Standardisierung im Nah- und Fernwärmebereich entgegensteht. Sinnvoll erscheint eine quotenbasierte Förderung nachhaltiger Wärmesysteme. Das größte Einsparpotenzial beim Energieverbrauch eröffnet die Verminderung des Wärmebedarfs im Gebäudebestand. Trotz Energieeinsparverordnung und mehrerer Förderprogramme zur Kohlendioxid-Reduktion sind weitere Schritte notwendig, aber auch möglich. Dazu zählen die Einführung eines Energiepasses für mehr Transparenz, Quotenregelungen für die Einbeziehung erneuerbarer Energien, eine Modernisierung des komplexen Geflechts beim Bau- und Mietrecht, der verstärkte Einsatz moderner Gebäudeleittechnik, die Effizienzberatung im Gebäudebereich durch das Schornsteinfegerhandwerk und finanzielle Anreize, um die Einsparpotenziale zu aktivieren. Neue Formen von Förderprogrammen sind notwendig, wozu insbesondere eine Ausweitung des Contracting zählt. Dabei ist zu betonen, dass die wärmetechnische Sanierung von Altbauten in großem Umfang Arbeitsplätze schaffen und die Bauwirtschaft ankurbeln kann.

Nachhaltige Mobilität mit weniger Verkehr

Mobilität ist eine Grundbedingung für Lebensqualität und arbeitsteiliges Wirtschaften, Mobilität ist aber auch eine Energiedienstleistung. Sie nachhaltig zu modernisieren ist unerlässlicher Bestandteil des Weges in eine nachhaltige Energiezukunft. Die Richtung für die Gestaltung ist klar: Der Verbrauch von Energie sowie von anderen natürlichen Ressourcen (Fläche) muss deutlich reduziert werden. Zehn Thesen[261] sollen die Kernpunkte für die Gestaltung einer nachhaltigen Mobilitätsentwicklung umreißen:

1. Mobilität ist nicht gleich Verkehr. Nachhaltige Mobilität ist ein Kennzeichen für eine zukunftsfähige Gesellschaft.
2. Nachhaltige Mobilität bringt mehr Umwelt- und Lebensqualität.
3. Für mehr Mobilität und für einen globalen Markt sind Innovationen die Grundvoraussetzung.
4. Nur mit nachhaltiger Mobilität lässt sich mehr soziale Gerechtigkeit verwirklichen.
5. Die Vision null Verkehrstote muss eine zentrale Zielvorstellung für einen sicheren Straßenverkehr sein, in dem sich auch die jüngsten und die ältesten Verkehrsteilnehmer ohne Gefahr bewegen können.
6. Die Mobilität von morgen müssen wir heute vorbereiten.
7. Durch eine sozial- und umweltverträgliche Organisation des Verkehrs muss mehr Mobilität geschaffen werden.
8. Mobilität muss global gedacht und lokal umgesetzt werden.
9. Bahn und Personennahverkehr müssen gestärkt und modernisiert werden.
10. Nachhaltige Verkehrssysteme integrieren und vernetzen die Verkehrsträger.

Der Markt und nachhaltige Energienutzung

Ohne klare öffentliche Zielsetzung und Regulierung sucht sich die Energiewirtschaft in einem zunehmend von europäischer Integration und Internationalisierung bestimmten ordnungs- und wettbewerbspolitischen Rahmen eigene Wege. Die Strom- und Gasmärkte sind durch anhaltende Unternehmenskonzentrationen geprägt. Über 80 Prozent der deutschen Stromerzeugung liegen inzwischen bei nur noch vier Konzernen. Die Energiewirtschaft tendiert zum Oligopol, in dem nicht Innovation, sondern Finanzstärke das entscheidende Kriterium ist. *„Seit 2001 ist ein deutliches Nachlassen der Wettbewerbsintensität auf den Strommärkten festzustellen. (...) Die Phase des kurzfristigen Preiswettbewerbs (ist) beendet und einem abgestimmten Verhalten zwischen den Oligopolmitgliedern gewichen"* – so die Monopolkommission.[262]

Diese in allen Industrieländern ähnlich zu beobachtende Entwicklung ist mit wesentlichen Nachteilen, ja sogar mit Gefahren für Demokratie, Frieden, Umwelt, Wirtschaft und soziale Gerechtigkeit verbunden.

Die Weltmacht Energie muss in nachhaltige Schranken verwiesen werden. Der beste Partner auf diesem konfliktreichen Weg kann der Markt sein. Aber er braucht Rahmenbedingungen, ganz besonders der Energiemarkt, denn sonst würde er sich durch Oligopolbildung selbst zerstören. Demokratische Politik muss das energiepolitische Heft in die Hand nehmen. Sie kann das, wenn sie den Marktmechanismus intelligent nutzt.

Markt heißt Vielfalt, Wettbewerb und Chancengleichheit. Eine pluralistischere Struktur der Energieversorgung mit kommunalen Unternehmen, mit Contractoren, Dienstleistern und dem Wettbewerb von Ideen und Anbietern garantiert einen weitaus besser funktionierenden Energiemarkt als wenige Oligopolisten. Die vornehmste Aufgabe einer Energiepolitik für den „sanften" Pfad muss deshalb konsequenterweise darin bestehen, den Energiemarkt vielfältiger zu gestalten, für neue innovative Akteure einen fairen Marktzugang zu öffnen und gleichzeitig die Rahmenbedingungen für einen funktionsfähigen Qualitätswettbewerb zu schaffen.

In diesem Sinne muss der energierechtliche Ordnungsrahmen fortentwickelt, eine wirksame Regulierungsbehörde eingerichtet und die Transparenz auf den Energiemärkten erhöht werden. Vor allem ist mehr echter Wettbewerb notwendig, damit die Wahlmöglichkeiten für die Verbraucher – für die privaten wie für die industriellen Energieverbraucher – ausgeweitet werden.

Noch immer wird die Atomkraft in Deutschland subventioniert, bei der Kohle ist die Diskussion um die Steinkohlesubventionen geläufig, aber auch die Braunkohle ist nicht subventionsfrei, wenn ein erweiterter Subventionsbegriff zugrunde gelegt wird.[263] Sowohl in Ost- wie in Westdeutschland gibt es vor allem indirekte Begünstigungen der Braunkohle gegenüber anderen Energieträgern und Wirtschaftszweigen. Allein die Bewältigung der Altlasten hat im Osten Milliarden an öffentlichen Mitteln verschlungen. Alle energierelevanten Kosten, die auf die Zukunft verschoben werden, sind im Sinne von Generationengerechtigkeit unverantwortlich – seien es Kosten zur Altlastenbeseitigung, klimabedingte Anpassungskosten für den Hochwasserschutz oder langfristige Kosten für die nukleare Endlagerung. Sie alle belasten kommende Generationen.

Von dem Abbau von Subventionen, die Chancengleichheit und Wettbewerb im Energiemarkt verhindern, sind Anschubfinanzierungen, die Chancengleichheit und Wettbewerb überhaupt erst herstellen, zu unterscheiden. Eine Wirtschaft, die zunehmend in Kurzfristkategorien denkt, investiert immer weniger in die Zukunft. Diese Aufgabe wird allein dem Staat übertragen. Ordnungsrechtliche Rahmenbedingungen für mehr Markt sind zwar in der Regel nicht haushaltsrelevant und daher vorzuziehen, jedoch sind direkte Fördermaßnahmen zumeist zielschärfer und effektiver. Ein gutes Beispiel ist das gelungene Erneuerbare-Energien-Gesetz, ein anderes die Ökosteuer, die zur Internalisierung externer Kosten auf den Energiepreis als zentrales Steuerungsinstrument setzt. Das Fehlen der Energiebesteuerung im Flugverkehr ist dagegen eine Verletzung der Chancengleichheit in der Verkehrswirtschaft und damit eine Subvention, die schnell abzubauen ist. Ähnliche verkappte Subventionen sind die Ausnahmen bei der Ökosteuer für Elektrospeicherheizungen und energieintensive Betriebe.

Insgesamt hat sich die Ökosteuer als Lenkungsinstrument bewährt,[264] sie muss allerdings nach den Erfahrungen seit 1999 fortentwickelt werden, wobei auch Modelle anderer Länder beizuziehen sind. Die Preissignale durch die Spekulation auf den Ölmärkten waren deutlich stärker als die der Ökosteuer. Auf den in kurzer Frist vervielfachten Ölpreis mit einer Entlastung der Verbraucher zu reagieren, wie es etwa französische Politiker forderten, ist ein Kurieren am Symptom, das das Problem nicht löst. Zur Zukunftsvorsorge gehört, mit Hilfe einer Ökosteuer unabhängiger von den spekulativen Ölpreiskapriolen zu werden. Die reduzierten Steuersätze und der Spitzenausgleich zu Gunsten der Industrie haben bei der Ökosteuer eine verteilungspolitische Schieflage ergeben: Die energieintensive Wirtschaft wurde entlastet, und die Beitragssätze zur Rentenversicherung sind paritätisch gesenkt worden. Das Umverteilungsvolumen beläuft sich laut Subventionsbericht der Bundesregierung auf immerhin 5,5 Milliarden Euro (30 Prozent des tatsächlich realisierten Steueraufkommens).[265] Künftige Mehreinnahmen aus einer Fortentwicklung der Ökosteuer sollten nicht allein für die Rentenversicherung, sondern direkt für Investitionshilfen bei Energieeinsparung und Effizienzsteigerung eingesetzt werden.

Atomausstieg konsequent fortsetzen

Die Weichenstellung zu nachhaltigen Energiesystemen setzt voraus, dass der Atomausstieg gelingt. Der wiederum kann nur erfolgreich sein, wenn die Umsetzung der Effizienzrevolution sowie der weitere Ausbau der erneuerbaren Energien erfolgreich ist. Letztlich kann die Weltmacht Energie nur dann auf einen nachhaltigeren Kurs gebracht werden, wenn auch global aus der Nutzung der Atomkraft ausgestiegen wird. Dafür sind erfolgreiche nationale Vorbilder eine Voraussetzung. Es gibt kein besseres Argument für eine weltweite Ausstiegsstrategie, als in einem führenden Industrieland zu demonstrieren, dass Ausstieg und ambitionierter Klimaschutz durch eine Effizienzrevolution mit wirtschaftlichem Erfolg umsetzbar sind.

Energie und Nachhaltigkeit in der EU

In der positiven Bewertung der Effizienz scheint die EU zum Teil weiter vorangeschritten zu sein als die Politik in Deutschland. Unbefriedigend verläuft dagegen die Entwicklung der Europäischen Atomgemeinschaft (EURATOM). Sie stellt praktisch einen undemokratischen und außerparlamentarischen Bereich dar, der auch einen Schatten auf die ansonsten positive Verfassungsdebatte in der EU wirft. Der EURATOM-Vertrag existiert unverändert als Anhang fort und gilt nach Ratifizierung der Verfassung in allen 25 Mitgliedstaaten und nicht nur in den bisherigen 15. Selbst die atomfreundliche Generaldirektion Energie in Brüssel hatte eine verfassungsadäquate Integration und Veränderung des EURATOM-Vertrages vorgeschlagen. Trotzdem entschied sich der Konvent unter dem Einfluss von Atomlobby und Ländern, die einen Atomausstieg ablehnen, anders. Besonders zu kritisieren sind die bilateralen Kooperationsverträge zwischen EURATOM und Ländern wie China.[266] Sie greifen einseitig in die internationale Entwicklung ein und zementieren den Ausbau der Atomkraft. Es stellt sich die schwierige Aufgabe, den EURATOM-Vertrag zu kündigen, obwohl die Beitrittsländer, die auf Atomkraft setzen, sich große Hoffnungen auf zusätzliche Mittel und Unterstützung machen. Dennoch: Diese Aufgabe muss angegangen werden, denn der EURATOM-Vertrag stellt eine fragwürdige Hypothek für die positive Vision eines Europas der Zukunft dar.

Signalwirkung und globale Chancen

Die Energiestrukturen in Industrieländern haben Vorbildcharakter und Signalwirkung für sich entwickelnde Länder. Eine wirtschaftlich und ökologisch erfolgreiche Energiewende in Deutschland als einem der führenden Industrieländer hätte Rückwirkungen auf die weltweite Entwicklung – ökonomisch, technologisch und ökologisch. Ein praktiziertes Erfolgsbeispiel spricht für sich, nutzt dem deutschen Ansehen in der Welt und bedarf keiner Lehrmeisterattitüde. Auch aus diesem Grund sind verstärkte Anstrengungen notwendig, dem nachhaltigen Weg zum Durchbruch zu verhelfen. In den expandierenden Zukunftsmärkten der Welt liegt eine große Chance für die deutsche Industrie, mit der gleichzeitig eine nachhaltige und friedliche Entwicklung gefördert werden kann. Insofern ist es von zentraler umwelt-, arbeitsmarkt- und industriepolitischer Bedeutung, in Deutschland endgültig die Weichen für eine Energiewende zu stellen und mit der eingeleiteten Vorreiterrolle eine nachhaltige Energiepolitik durchzusetzen.

Nachwort: Die Landkarte liegt bereit

Die Vielfalt möglicher Energietechniken für den „sanften“ Pfad ist fast unüberschaubar. Das ist heute ganz anders als vor 50 Jahren. Damals, in den fünfziger und sechziger Jahren, hieß es, das Heil für die Lösung aller Energieprobleme liege in der Atomenergie. Der Rausch des Erdöls und des Erdgases und mit ihm die trügerischen Zahlen über große Reichweiten verstärkten den sorglosen Umgang mit Energie und behinderten die Suche nach Alternativen. Dies hat die Krisen, die sich jetzt abzeichnen, hervorgebracht. Was heute fehlt, ist nicht das Konzept und sind nicht die Techniken für eine attraktivere und sichere Energiezukunft. Woran es mangelt sind Mut, Durchsetzungskraft und die klare Einsicht: Der energieintensive Weg der Vergangenheit ist in Zukunft nicht mehr gangbar. Es wäre absurd and tragisch zugleich, wenn wir, die kleine Minderheit im reichen Norden, dem bevölkerungsreichen Süden weiter ein energiepolitisches Modell vorleben würden, dessen Übernahme für die große Mehrheit der Menschen auf der Erde weder möglich noch notwendig ist. Der Schlüssel für eine gemeinsame, nachhaltige Energiezukunft ist die Effizienzrevolution. Nicht immer mehr, sondern weniger Verbrauch an nicht erneuerbaren Energien – das ist der realistische Weg zur Zukunftsfähigkeit.

Wir stehen heute an einem Scheideweg. Und wieder werden Stimmen laut, die uns den Weg zurück zur Atomenergie, zur Kernspaltung oder Kernfusion andienen wollen. Andere versprechen uns einen Wandel des Energiesystems fast über Nacht, denn alles Heil komme mit der Sonne oder dem Wasserstoff. Keine Frage: Der Übergang in die solare Zukunft muss so schnell wie möglich gelingen; dafür müssen wir noch mehr als bisher tun. Aber es macht keinen Sinn, wenn teurer grüner Strom in Energieschleudern verschwendet oder Biodiesel von hochgerüsteten PS-Karossen geschluckt wird.

Im vorliegenden Buch wurde ein alternativer Weg aufgezeigt, der nicht einfach, aber gangbar ist: Auf dem „sanften“ Pfad wird eine maximale Energieeffizienz schnellstmöglich mit der Unerschöpfbarkeit von Sonne, Wind, Wasserkraft, Biomasse und Geothermie verbunden. Der Umgang mit Energie bekommt wieder ein menschliches Maß. Dies ist das Ziel, für dessen Erreichung der Norden wie der Süden eine gemeinsame Verantwortung tragen, auch wenn es unterschiedliche Wege geben wird. Das Haushalten mit Energie verhilft uns zur Macht über sie, statt von der Weltmacht Energie beherrscht zu werden. Dies ist eine Jahrhundertaufgabe. Und es ist pure Vernunft.

Damit im globalen Rahmen alle besser leben können als heute, ohne Krisen um Energie, ohne Restrisiko der Atomkraft, ohne die negativen Auswirkungen des Klimawandels, ohne weiteren Raubbau an der Natur, müssen wir unser Leben und unsere Wirtschaft ändern. Wir müssen das Utopische wünschen, das Realisierbare anstreben, das Machbare schneller umsetzen. Das ist das, was wir uns unter einer demokratisch legitimierten Energiepolitik vorstellen, eine Politik, die Verantwortung übernimmt, für heute und für morgen. Dazu braucht es beharrliche Ungeduld. Zu viel Geduld verschiebt die Probleme auf morgen, dies käme einer Verdrängung gleich. Ziellose Aktivitäten schlagen dagegen leicht in Aktionismus um. Weder Abwarten noch Hektik ist die Lösung, sondern ein zielstrebiges und mutiges Voranschreiten. Unser Blick in die Energiezukunft hat gezeigt: Die Landkarte liegt bereit. Wir können den Weg zu einem neuen Fortschritt einschlagen – und wir sollten sofort damit beginnen.

Anhang

Umrechnungstabellen und Größenordnungen

k = Kilo (Tausend)
M = Mega (Million)
G = Giga (Milliarde)
T = Tera (Billion)
P = Peta (Billiarde)
E = Exa (Trillion)

Die vorherrschende Einheit im Bereich flüssiger Energieträger ist – dem wurde auch im Buch gefolgt – das Barrel. Deutsche Statistiken benutzen im Gegensatz dazu die metrische Einheit Tonnen.

Einheit **nach**	**kWh**	**kJ**	**kcal**	**kg SKE**	**kg RÖE**
von			multipliziere mit		
1 kWh	1	3 600	860	0,123	0,086
1 kJ	0,000278	1	0,2388	0,000034	0,000024
1 kcal	0,001163	4,1868	1	0,000143	0,0001
1 kg SKE	8,141	29 308	7 000	1	0,7
1 kg RÖE	11,63	41 868	10 000	1,43	1

in	**Barrel**	**Barrel/ Tag**	**metr. Tonne**	**Tonne/ Jahr**	**Kubik-meter**
von			multipliziere mit		
Barrel (bbl)	1	–	0,136	–	0,159
Barrel/Tag (bbl/d)	–	1	–	50	–
metr. Tonne (t)	7,33	–	1	–	1,16
Tonne/Jahr (t/a)	–	0,020	–	1	–
Kubikmeter (m^3)	6,29	–	0,863	–	1

Primärenergieverbrauch der Welt

Der CO_2-Ausstoß aus der Verbrennung fossiler Energieträger korreliert ungefähr mit dem Verbrauch an Primärenergie (abhängig vom Anteil erneuerbarer Energien). Relevant ist in diesem Zusammenhang auch der Pro-Kopf-Verbrauch. Im absoluten Verbrauch liegt China zwar an zweiter Stelle hinter den USA, der Pro-Kopf-Verbrauch jedoch entspricht dem eines Entwicklungslandes. Katar hingegen hat den höchsten Pro-Kopf-Verbrauch der Welt, aber mit seinen 600 000 Einwohnern fällt es absolut betrachtet kaum ins Gewicht.

	Primärenergieverbrauch gesamt, Millionen Tonnen Öläquivalente	**Primärenergieverbrauch in Tonnen Öläquivalenten pro Kopf**
Welt	**10029,1**	**1,64**
OECD gesamt	5332,8	4,68
Ex-UdSSR	935,3	3,24
Nicht-OECD-Europa	99,2	1,71
Mittlerer Osten	389,7	2,31
Lateinamerika	449,9	1,07
Afrika	514,3	0,63
China	1155,7	
Asien (ohne Volksrep. China, aber mit Taiwan u. Hongkong)	1152,3	0,60
USA	2281,4	7,98
Deutschland	351,1	4,26
Japan	520,7	4,09
Katar	15,89	26,57
Russland	621,35	4,29
China	1155,7	0,90
Indien	531,5	0,51
Bangladesch	20,4	0,15
Myanmar	12,2	0,25
Republik Kongo	15,0	0,29
Haiti	2,09	0,26

Tab. 9: Primärenergieverbrauch der Weltgemeinschaft im Jahr 2001 in Millionen Tonnen Öläquivalenten bzw. Tonnen Öläquivalenten pro Kopf. Quelle: IEA 2003.

Energieimportabhängigkeit der EU

In der Europäischen Union sehen wir uns mit zwei gegenläufigen Tendenzen konfrontiert. Vorausgesetzt ist auch hier die Trendentwicklung (also „was passiert, wenn nichts passiert?"). Einerseits geht die europäische Energieproduktion zurück. Andererseits steigt der Energieverbrauch deutlich an. Von 2000 bis 2030 gerechnet, ergibt sich eine Verbrauchssteigerung von knapp 20 Prozent.

	2000	2030	Wachstum pro Jahr in %
Feste Brennstoffe	303	296	– 0,1
Flüssige Brennstoffe	634	685	0,3
Gas	376	630	1,7
Atomkraft	238	185	– 0,8
Erneuerbare Energien	97	170	1,9
Gesamt	**1650**	**1968**	**0,6**

Tab. 10: Primärenergieverbrauch der EU-25 in den Jahren 2000 und 2030 in Millionen Tonnen. Quelle EU 2003.

Mussten die EU-25-Staaten im Jahr 2000 knapp die Hälfte ihrer Energie einführen, werden es 2030 über zwei Drittel sein. Von Ölimporten wird die EU im Trend in fünfundzwanzig Jahren zu knapp 90 Prozent abhängen, bei Gas

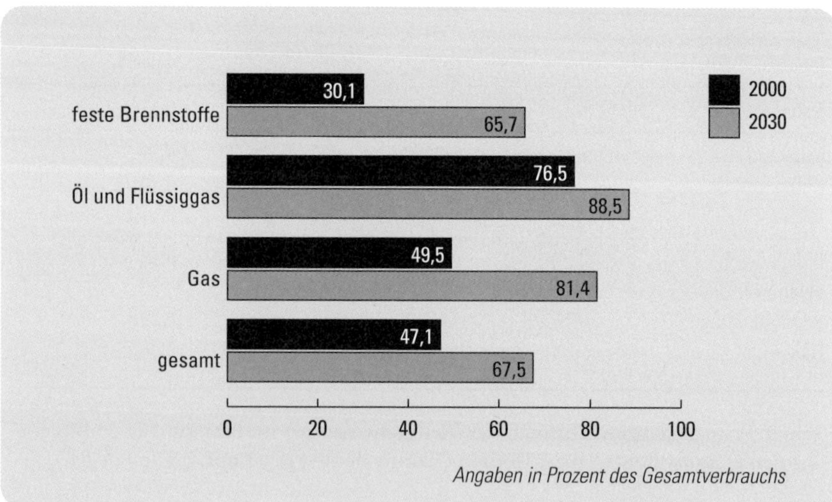

Abb. 25: Importabhängigkeit der EU-25-Staaten in den Jahren 2000 und 2030. Quelle: EU 2003.

zeigt sich ebenfalls ein Wert von über achtzig Prozent. Und inmitten all dieser Zahlen bekennt die Europäische Kommission, dass die EU nur sehr begrenzte Möglichkeiten hat, die Angebotsbedingungen zu beeinflussen (EU 2003).[267]

Energiedaten Deutschland

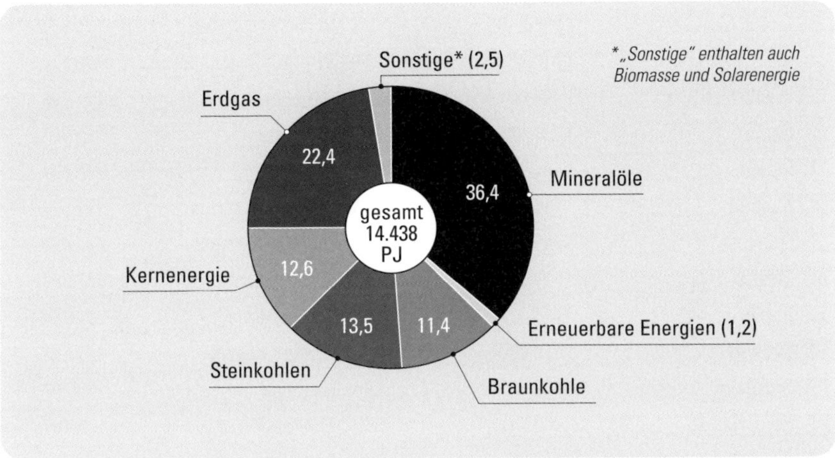

Abb. 26: Primärenergieverbrauch in Deutschland nach Energieträgern für das Jahr 2004.
Quelle: AGEB 2005.

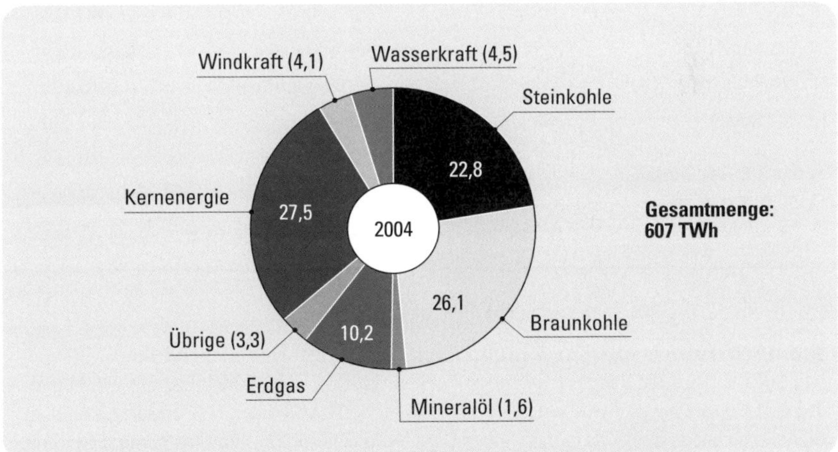

Abb. 27: Bruttostromerzeugung in Deutschland nach Energieträgern in Prozent.
Quelle: AGEB 2005.

Vergleich von Konzernen und Ländern

	Länder/ Unternehmen	2002 BIP/bzw. Umsätze in Millionen US$		Länder/ Unternehmen	2002 BIP/bzw. Umsätze in Millionen US$
1	USA	10416820	*26*	*Exxon Mobil*	*184466*
2	Japan	3978782	27	Türkei	182848
3	Deutschland	1976240	*28*	*Royal Dutch/Shell*	*179431*
4	Großbritannien	1552437	*29*	*BP*	*178721*
5	Frankreich	1409604	30	Dänemark	174798
6	China	1237145	31	Indonesien	172911
7	Italien	1180921	*32*	*Ford Motor*	*163871*
8	Kanada	715692	33	Hongkong, China	161532
9	Spanien	649792	*34*	*DaimlerChhrysler*	*141421*
10	Mexico	637205	35	Griechenland	132834
11	Indien	515012	*36*	*Toyota Motor*	*131754*
12	Südkorea	476690	*37*	*General Electric*	*131698*
13	Brasilien	452387	38	Finnland	130797
14	Niederlande	413741	39	Thailand	126407
15	Australien	410590	40	Portugal	121291
16	Russland	346520	41	Irland	119916
17	Schweiz	268041	*42*	*Mitsubishi*	*109386*
18	Belgien	247634	*43*	*Mitsui*	*108631*
19	*Wal-Mart*	*246525*	44	Iran	107522
20	Schweden	229772	45	Südafrika	104235
21	Österreich	202954	46	Argentinien	102191
22	Norwegen	189436	*47*	*Allianz*	*101930*
23	Polen	187680	*48*	*Citigroup*	*100789*
24	*General Motors*	*186763*	*49*	*Total*	*96945*
25	Saudi-Arabien*	186489	50	Malaysia	95157

* Zahlen von 2001

Tab. 11: Vergleich von Konzernumsätzen und Bruttoinlandsprodukten. Bis zum Jahr 2004 hat sich die Rangliste an einigen Stellen verändert: ExxonMobil ist mit 298 Milliarden US$ Umsatz der größte Konzern vor Wal-Mart (ca. 270 Milliarden US$ Umsatz). Sämtliche Ölkonzerne haben durch die extrem hohen Ölpreise in diesem Jahr ihre Umsätze und Gewinne überproportional gesteigert. Quelle: Weltbank 2005 und Fortune Magazine 2003.

Anmerkungen

1 Glatzel, Wolf-Dieter: Energy Impacts on the Biosphere. URL http://www.glatzel-online.de/wolf-dieter/EnergyImpactsontheBiosphere.pdf

2 Worldwatch Institute (Hrsg.): Zur Lage der Welt 2004 – Die Welt des Konsums. Münster: Verlag Westfälisches Dampfboot, 2004.

3 International Panel on Climate Change IPCC (Hrsg.): Third Assessment Report – Climate Change 2001. Genf, 2001.

4 Umweltbundesamt (Hrsg.): Globaler Klimawandel – Klimaschutz 2004. Berlin, 2004.

5 Krivova, Natalie; Solanki, Sami: Solar Variability and Global Warming – A Statistical Comparison since 1850. In: Advances in Space Research, Jg. 34 (2004), Nr. 2, S. 361–364.

6 Intergovernmental Panel on Climate Change IPCC: a.a.O. – Wissenschaftlicher Beirat der Bundesregierung Globale Umweltveränderungen WGBU (Hrsg.): Über Kyoto hinaus denken – Klimaschutzstrategien für das 21. Jahrhundert. Sondergutachten 2003. Berlin, 2003.

7 Ziesing, Hans-Joachim: Nach wie vor keine sichtbaren Erfolge der weltweiten Klimaschutzpolitik. In: DIW Wochenbericht, Nr. 37, 2004, S. 526-533.

8 European Environmental Agency EEA (Hrsg.): Impacts of Europe's changing climate. EEA Report Nr. 2, 2004.

9 Ebenda.

10 Ebenda.

11 Ebenda.

12 VDI nachrichten vom 6.8.2004.

13 Potsdam-Institut für Klimafolgenforschung. URL http://www.pik-potsdam.de

14 Cornford, Stan: Some socio-economic effects of high-impact weather events in 2003. URL http://www.wmo.ch/web/Press/2003events_E.pdf

15 Brauch, Hans: Klimawandel, Umweltstress und Konflikte. In: Bundesministerium für Umwelt, Naturschutz und Reaktorsicherheit (Hrsg.): Klimawandel und Konflikte – Verursacht der Klimawandel Konfliktpotenziale? Wie kann der internationale Klimaschutzprozess hierauf reagieren. Berlin, 2002, S. 15–110.

16 Dies teilte Ernst Rauch, Leiter der Abteilung Sturm, Unwetter- und Klimafragen der Münchner Rück, am 21.1.2005 der „Berliner Zeitung" mit.

17 Vgl. Kemfert, Claudia: Die ökonomischen Kosten des Klimawandels. In: DIW Wochenbericht, Nr. 42, 2004, S. 615-622.

18 Ebenda.

19 Sir David King auf einer Klimakonferenz am 20.10.2004 in der Britischen Botschaft in Berlin.

20 UNEP 2000.

21 United Nations Environment Programme UNEP (Hrsg.): Global Environment Outlook 3 – Past, Present and Future Perspectives. London: Earthscan Publications Ltd., 2002, S. 395.

22 European Climate Forum: What is dangerous climate change? URL http://www.european-climate-forum.net/pdf/ECF_beijing_results.pdf

23 International Panel on Climate Change IPCC: a.a.O.

24 European Climate Forum: a.a.O.

25 Council of the European Union: Climate Change – Medium and Longer Term Emission Reduction Strategies, Including Targets. Brüssel: Drucksache 14172/04, 2004.

26 Rauner, Max; Schmitt, Stefan: „Generation Kernkraft". In: Die Zeit, 17.12.2003

27 International Atomic Energy Agency IAEA: Nuclear Power's Changing Future – Press Release 26th June 2004. URL http://www.iaea.org/NewsCenter/PressReleases/2004/pm200405.html

28 Voß, Alfred (Hrsg.): Die Zukunft der Stromversorgung. Frankfurt/Main: VWEW-Verlag, 1992.

29 Botzian, Rudolf: Kernkraftwerke der vierten Generation – Amerikanische Initiative im Kontext internationaler Politik. In: Elektrizitätswirtschaft, Jg. 103, Nr.11, 2004, S. 44–50. (verfügbar unter URL http://www.energie-fakten.de/PDF/botzian.pdf)

30 U.S. Department of Energy Nuclear Energy Research Advisory Committee; Generation IV International Forum (Hrsg.): A Technology Roadmap for Generation IV Nuclear Energy Systems. Washington, 2002. URL http://gif.inel.gov/roadmap/

31 Pistner, Christoph; Liebert, Wolfgang: Umgang mit Plutoniumbeständen. Darmstadt, TU Darmstadt, Arbeitsbericht IANUS 7/2000 der Interdisziplinären AG Naturwissenschaft, Technik und Sicherheit der TU Darmstadt, 2000. – International Physicians for the Prevention of Nuclear War IPPNW (Hrsg.): Plutonium – Tödliches Gold des Atomzeitalters. Studienreihe Bd. 5, Berlin, 1994.

32 URL http://www.schneller-brueter.de/sites/download.htm

33 VDI Nachrichten vom 11.6.2004: „Die Kraft der Sonne nachahmen". – Forschungszentrum Kralsruhe (Hrsg.): Technologien für die Kernfusion. Forschungszentrum Karlsruhe Nachrichten, Jg. 36 (2004), Nr. 1.

34 Deutscher Bundestag (Hrsg.): Technikfolgenabschätzung Kernfusion. Berlin, Bundestagsdrucksache 14/8959, 2002.

35 Internationale Konferenz für Erneuerbare Energien, Bonn Juni 2004. URL http://www.renewables2004.de/ – Bundesministerium für Umwelt, Naturschutz und Reaktorsicherheit: Das Zeitalter der erneuerbaren Energien hat begonnen. URL http://www.bmu.de/reden/doc/6035.php

36 International Atomic Energy Agency IAEA: a.a.O.

37 Christopher, Thomas A.; Güldner, Ralf: Kernkraft in den USA und Europa – Ein Marktüberblick aus Herstellersicht. In: atw Internationale Zeitschrift für Kernenergie, Jg. 47 (2002), Nr. 12, S. 746–752.

38 Deutscher Bundestag (Hrsg.): Enquete-Kommission Zukünftige Kernenergie-Politik. Bundestagsdrucksache 8/4341, 1980.

39 Jonas, Hans: Das Prinzip Verantwortung. Frankfurt/Main: Insel Verlag, 1979.

40 Scholz, Roland: Bedrohung des Lebens durch radioaktive Strahlung. IPPNW Studienreihe Bd. 4, 3. Aufl., Berlin, 1997.

41 Bundessozialgericht: Aktenzeichen B8KN1/03UR.

42 Lengfelder, Edmund: Strahlenwirkungen, Strahlenrisiko. Landsberg: Ecomed-Verlag, 1990.

43 SPD-Bundestagsfraktion (Hrsg.): Atomkraft: „Das Ende ist eingeleitet" – 15 Jahre nach dem Super-GAU von Tschernobyl. Dokumente Nr. 03/01, Berlin, 2001. – Evangelische Akademie Loccum (Hrsg.): 15 Jahre nach Tschernobyl – Gesundheitliche Konsequenzen und humanitäres Engagement. Loccumer Protokolle 60/01, Rehburg-Loccum, 2003. http://www.spiegel.de/netzwelt/netzkultur/0,1518,293656,00.html http://www.angelfire.com/extreme4/kiddofspeed/ http://www.bmu.de/de/1024/js/sachthemen/atomkraft/links_tschernobyl/

44 Bundesministerium für Umwelt, Naturschutz und Reaktorsicherheit: Pressemitteilung vom 24.2.2003 zum 17. Jahrestag der Reaktorkatastrophe von Tschernobyl.

45 Lengfelder, Edmund; Frenzel, Christoph: 15 Jahre nach Tschernobyl – Folgen und Lehren der Reaktorkatastrophe. München: Otto-Hug-Strahleninstitut, 2001.

46 Milyutin, A. et al.: Belastung der Umwelt durch Radioaktivität und chemische Schadstoffe in Belarus. In: Loccumer Protokolle 60/01, a.a.O.

47 Jaroschinskaja, Alla: Die sowjetische Informationspolitik nach dem Reaktorunfall. In: Loccumer Protokolle 60/01, a.a.O.

48 Der Tagesspiegel vom 19.1.2003, S. 3.

49 URL http://www.m-ww.de/enzyklopaedie/strahlenmedizin/schneeberger.html

50 König, Wolfram: Verantwortung übernehmen – Wege zur Entsorgung in Deutschland. Berlin: Bundesamt für Strahlenschutz, 2002.

51 AKEnd: Zum Auswahlverfahren für Endlagerstandorte. URL http://www.akend.de

52 Frankfurter Allgemeine Zeitung vom 6.10.2003.

53 Berliner Zeitung vom 16.11.2004.

54 Süddeutsche Zeitung vom 21.2.2004.

55 Die eta-Initiative der Stromwirtschaft für mehr Stromeffizienz und die Stromberatungsstellen der Stadtwerke u.v.a.m.

56 Siehe den wöchentlich vom VWEW-Verlag herausgegebenen Newsletter „Wasserstoff + Brennstoffzelle".

57 Esso Deutschland (Hrsg.): Oeldorado 2004. Hamburg, 2004. – Bundesministerium für Wirtschaft (Hrsg.): Energie Daten 2002. Berlin, 2002.

58 Esso Deutschland (Hrsg.): a.a.O.

59 Internationale Energieagentur IEA (Hrsg.): Key World Energy Statistics 2003. Paris, 2003.

60 Ungelöste Probleme gibt es z.B. bei der Deponierung von großen Mengen Kohlendioxid; darüber hinaus lassen u.a. die hohen Kosten der Kohlendioxid-Abscheidung einen Einsatz in absehbarer Zeit unwahrscheinlich erscheinen. Vgl. S. 186.

61 Uranium Information Centre, Melbourne. URL http://www.uic.com.au

62 Es bleibt weiterhin zu beachten, dass bei der Klassifizierung in Industrie-, Schwellen- und Entwicklungsländer dem Human Development Index der Vereinten Nationen gefolgt wurde.

63 Esso Deutschland (Hrsg.): a.a.O. – British Petroleum (Hrsg.): Statistical Review of World Energy 2004. London, 2004. – Association for the Studiy of Peak Oil ASPO. URL http://peakoil.net

64 Internationale Energieagentur IEA (Hrsg.): World Energy Outlook 2002. Paris, 2002. Es muss bei all diesen Trendangaben erneut darauf hingewiesen werden, dass diese Projektionen die Entwicklung der Vergangenheit bei nur mäßiger Effizienzsteigerung und ohne forcierte Markteinführung der erneuerbaren Energien fortschreiben. Aus redaktionellen Gründen konnten die Daten des World Energy Outlook 2004 nicht mehr aufgenommen werden. Diese zeigen dieselbe Tendenz wie die hier vorgestellte.

65 Ebenda. Vgl. zur USA: U.S. Department of Energy; Energy Information Administration (Hrsg.): Annual Energy Outlook. Washington, 2002. Europa widmet dem Thema der Versorgungssicherheit große Aufmerksamkeit. Am Beispiel Erdgas seien Trans-European-Network TEN und die so genannte Northern Dimension genannt. Nur werden durch diese Anstrengungen die Importabhängigkeiten nicht reduziert. Im Gegenteil: Statt die Palette seiner Lieferanten sinnvoll zu diversifizieren, wird die EU durch den eingleisigen Ausbau von Transportkapazitäten noch stärker auf die heutigen großen Gaslieferanten Algerien, Russland und Norwegen angewiesen sein. Detaillierte Daten zur Importabhängigkeit der Europäischen Union finden sich im Anhang. Vgl. zur Lage der EU: Europäische Kommission (Hrsg.): – Economic Foundations for Energy Policy. Brüssel, 1999 sowie Europäische Kommission (Hrsg.): Green Paper – Towards a European Strategy for the Security of Energy Supply. Brüssel, 2001.

66 Cox, James: „Canada drips with oil, but it's tough to get at". USA Today, 7.9.2004. URL http://www.usatoday.com/money/industries/energy/2004-09-07-oil-sands_x.htm?csp=1

67 Zum Beispiel kann die Ausbeutungsrate bei Öl- und Gasfeldern durch die Injektion von Gas gesteigert werden.

68 Skrebowski, Chris: Depletion now running at over 1mn b/d. In: Petroleum Review, Nr. 8, 2004, S. 42–43, 48.

69 Institut für Globale Sicherheit, Washington 2004.

70 Die Ölintensität bezieht den nationalen Ölverbrauch auf das Inlandsprodukt, sie ist ein Indikator für die relative nationale Ölpreisabhängigkeit der Wirtschaft.

71 Internationale Energieagentur IEA (Hrsg.): Analysis of the Impact of High Oil Prices on the Global Economy. Paris, 2004.

72 Massarrat, Mohssen: Endlichkeit der Natur und Überfluss in der Marktökonomie. Marburg: Metropolis Verlag, 1993.

73 Karlsch, Rainer; Stokes, Raymond: Faktor Öl – Die Mineralölwirtschaft in Deutschland 1859–1974. München: C. H. Beck, 2003.

74 Schlesinger, James: SEI-2 – Energy and Geopolitics in the 21st century. In: World Energy Council (Hrsg.): Digest, September 17–22 1989, 14th World Energy Congress „Energy for Tomorrow", Montreal/Canada, 1990.

75 Manfred Wörner an das National Defence Institute in Lissabon. URL http://www.nato.int/docu/speech/1990/s901105a_e.htm

76 URL http://www.nato.int/docu/speech/ 1999/s991019a.htm

77 Grau, Lester: Hydrocarbons and a new strategic region: the Caspian Sea and central Asia. URL http://www-cgsc.army.mil

78 North Atlantic Treaty Organization NATO (Hrsg.): The Alliance's Strategic Concept. Brüssel, 1999.

79 Federal Emergency Management Agency FEMA (Hrsg.): Dispersed, Decentralized and Renewable Energy Sources – Alternatives to National Vulnerability and War. Washington DC, 1980.

80 Ebenda.

81 Klare, Michael: Resource Wars - The New Landscape of Global Conflict. London: Metropolitan Books, 2001.

82 Hotelling, Harold: The Economics of Exhaustible Resources, in: The Journal of Political Economy, Jg. 39 (1931), Nr. 2, S. 137–175. Vgl. des Weiteren Massarrat, Mohssen: Endlichkeit der Natur und Überfluss in der Marktökonomie. Marburg: Metropolis, 1993. Sowie Massarrat, Mohssen: Das Dilemma der ökologischen Steuerreform. Marburg: Metropolis, 2000, S. 46 ff.

83 Internationale Energieagentur IEA (Hrsg.): Analysis of the Impact of High Oil Prices on the Global Economy. Paris, 2004.

84 Ausführlicher dazu vgl. Massarrat, Mohssen: Das Dilemma der ökologischen Steuerreform. Marburg: Metropolis, 2000, S. 167ff.

85 Zitiert nach Hardt, Michael; Negri, Antoni: Empire - Die neue Weltordnung. Frankfurt/New York: Campus Verlag, 2002.

86 Die Auseinandersetzungen um die Inspektionen und um eine Mandatierung durch den UN-Sicherheitsrat dienten vor allem dazu, die öffentliche Meinung in den USA zu gewinnen; aber der Sturz Saddams als Ziel stand fest, auch wenn es zwischen Außenminister Powell und Verteidigungsminister Rumsfeld unterschiedliche Bewertungen in der Wahl der Mittel gab. Vgl. Szukala, Andrea; Jäger, Thomas: Die innenpolitische Steuerung der amerikanischen Irak-Politik. In: Blätter für deutsche und internationale Politik, Jg. 47 (2003), Nr. 1, S. 37–48. Die Verachtung gegenüber der UN und die Erwartung der neokonservativen Berater an Präsident Bush wird in folgendem Zitat deutlich: „Perhaps what the president really believes is that, at the end of the day, he will act when he deems it necessary to act, no matter what Blix and the Security Council say. That is our hope. We trust the president will ensure that his administration's vision remains unclouded by the smoke emanating from the UN …" Kristol, William; Kagan, Robert: The U.N.Trap? In: The Weekly Standard, Jg. 8, Nr. 10 (11/18/2002).

87 Kagan, Robert: Macht und Ohnmacht – Amerika gegen Europa in der neuen Weltordnung. München: Siedler Verlag, 2003. Siehe auch ders.: The Benevolent Empire. In: Foreign Policy, Jg. 111 (1998), Nr. 2, S. 24–35.

88 Zitiert nach der Übersetzung von Kagan, Robert: Macht und Ohnmacht. In: Blätter für deutsche und internationale Politik, Jg. 48 (2002), Nr. 10, S. 1205.

89 Ehrke, Michael: Erdöl und Strategie. In: Solarzeitalter, Jg. 15 (2003), Nr. 1, S. 9 ff.

90 „Iraq remains a destabilising influence to ... the flow of oil to international markets from the Middle East."

91 Zitat: „[The US] must have free access to the region's resources." 13.4.1999 vor dem US-amerikanischen Kongress. URL http://globalpolicy.org/security/issues/iraq/attack/2002/09oilfactor.htm

92 Die Bezeichnung Senior Defense Official ist eine allgemeine Bezeichnung für einen höheren Beamten im US-amerikanischen Verwaltungsapparat.

93 Background Briefing, 30.3.2000, Department of Defense, URL http://www.defenselink.mil/news/ Mar2000/x03302000_x330bkgd.html

94 Davenport, Manuel: American Forces under Supranational Control – The Ethical Issues. URL http://www.usafa.af.mil

95 Telhami, Shibley: The Persian Gulf – Understanding the American Oil Strategy. In: Brookings Review, Jg. 20 (2002), Nr. 2, S. 32–35.

96 Ebenda.

97 U.S. Energy Information Administration EIA: Country Analysis Brief Kazakhstan. URL http://www.eia.doe.gov/emeu/cabs/kazak.html

98 Brauer, Birgit: Machtrivalitäten in der zentralasiatischen Region – Chinas Einfluss bleibt begrenzt. In: Internationale Politik, Jg. 57 (2002), Nr. 2, S. 19–24.

99 Der Spiegel: Der Kampf ums Kaspische Öl. URL http://www.spiegel.de/archiv/dossiers/0,1518,245770,00.html – Grau, Lester W.: Hydrocarbons and a New Strategic Region – The Caspian Sea and Central Asia. URL http://www.cgsc.army.mil/milrev/English/MayJun01/grau.html – U.S. Energy Information Administration EIA: Caspian Sea Region. URL http://www.eia.doe.gov/emeu/cabs/caspfull.html – U.S. Energy Information Administration EIA: Afghanistan. URL http://www.eia.doe.gov/emeu/cabs/afghan.html – Central Intelligence Agency CIA: The World Factbook 2002. URL http://www. odci.gov/cia/publications/factbook/geos/af.html

100 Alierta, Mariano: Economic and strategic stakes in the Caspian Energy Markets. URL www.nato.int/docu/colloq/1999/pdf/240-256.pdf

101 Atom- oder Nuklearwaffen gehören neben biologischen und chemischen Waffen zu den Weapons of Mass Destruction (WMD), Massenvernichtungswaffen (MVW).

102 The Pentagon: Special Briefing on the Nuclear Posture Review. URL http://www.globalsecurity.org/wmd/library/news/usa/2002/us-020109-dod01.htm

103 Bracken, Paul: The Structure of the Second Nuclear Age. In: Orbis – A Journal of World Affairs, Jg. 47 (2003), Nr. 3, S. 399–413.

104 Kubbig, Bernd: Wolfowitz' Welt verstehen. In: Hessische Stiftung Friedens- und Konfliktforschung Report, Nr. 7/2004, S. II.

105 URL http://www.bellona.no/en/energy/nuclear/sellafield/wp_5-2001/21668.html

106 Woolsey, James: Geheimdienste und die Herausforderung der Verbreitung von Massenvernichtungswaffen. In: Konrad-Adenauer-Stiftung Auslandsinformationen, Jg. 11 (1995), Nr. 1, S. 3–12.

107 Liebert, Wolfgang; Sailer, Michael: Export der Hanauer Brennelementefabrik und ihre -militärischen Verwendungsmöglichkeiten in China. URL http://www.uni-kassel.de/fb5/frieden/themen/Atomwaffen/hanau-liebert.html

108 die tageszeitung vom 2.10.2004.

109 von Randow, Gero: „Gesucht: eine Atompolizei", in: Die Zeit, Nr. 24/2004.

110 Bunn, George; Steinhausler, Fritz: Guarding Nuclear Reactors and Material From Terrorists and Thieves. In: Arms Control Today, Jg. 31 (2001), Nr. 10, S. 8–12.

111 Deutscher Bundestag (Hrsg.): Rüstungsexportbericht der Bundesregierung 1999. Berlin: Bundestagsdrucksache 14/4179, 2000.

112 Müller, Harald: Warum die Bombe? Die nuklearen Möchtegerne Iran und Nordkorea. In: Internationale Politik, Jg. 59 (2004), Nr. 1, S. 12–18.

113 Das ist die in Deutschland übliche, meist kuppelförmige Schutzhülle aus Beton und Stahl um den Reaktor.

114 Gesellschaft für Reaktorsicherheit (GRS): Schutz der deutschen Kernkraftwerke vor dem Hintergrund der terroristischen Anschläge in den USA vom 11. September 2001. URL http://www.bund.net/lab/reddot2/pdf/grs_gutachten.pdf

115 Grawe, Joachim: Sind die deutschen Kernkraftwerke gegen Flugzeugabsturz gesichert? URL http://www.energie-fakten.de/html/absturz.html

116 Rauner, Max; Schuh, Hans: „Stunde der Nebelwerfer". In: Die Zeit Nr. 11/2004.

117 British Parliamentary Office of Science and Technology: Assessing the Risk of Terrorist Attacks on Nuclear Facilities. URL http://www.parliament.uk/post

118 von Randow, Gero: „So baut man eine Panik-Bombe". In: Frankfurter Allgemeine Sonntagszeitung vom 16.6.2002.

119 Deutscher Bundestag (Hrsg.): Nachhaltige Energieversorgung unter den Bedingungen der Globalisierung und der Liberalisierung – Endbericht der Enquete-Kommission. Berlin: Bundestagsdrucksache 14/9400, 2002. – Deutscher Bundestag (Hrsg.): Förderung der Handlungsfähigkeit zur zivilen Krisenprävention, zivilen Konfliktregelung und Friedenskonsolidierung. Berlin: Bundestagsdrucksache14/3862, 2000.

120 Moniac, Rüdiger: Wie die Bombe stoppen? In: loyal – Das deutsche Wehrmagazin, Nr. 6/1993, S. 4–5.

121 Bracken, Paul: a.a.O.

122 Vgl. auch Schmitt Glaeser, Walter: Demokratie, Demokratisierung. In: Albers, Willi et al. (Hrsg.): Handwörterbuch der Wirtschaftswissenschaft, Bd.2, Tübingen: Mohr, 1988, S. 142 ff. Wenn wir im Folgenden von „Demokratisierung" sprechen, so geht es darum „... Freiheit, Gleichheit, Mehrheitsprinzip, Transparenz der Willensbildung (Öffentlichkeit), Kontrolle und Offenheit der Herrschaftsstrukturen sowie der Mitwirkung der Betroffenen an Entscheidungsprozessen auch im gesellschaftlichen Bereich lebenswichtiger Energieinfrastrukturen Geltung zu verschaffen" (vgl. ebenda, S. 156.)

123 Anbietervielfalt ist eine zentrale Voraussetzung für einen funktionsfähigen Wettbewerb; es gibt in Deutschland keinen volkswirtschaftlichen Sektor mit vergleichbarer Bedeutung für die Lebensqualität, in dem – wie bei Elektrizität – nur zwei Unternehmen (E.ON und RWE) über 50 Prozent der Produktionskapazität und damit auch der Investitionen entscheiden.

124 Eine Ausnahme bildete die Diskussion über verbrauchernahe Stromerzeugung, die Marguerre nach dem 2. Weltkrieg mit einer Denkschrift zugunsten der Kraft-Wärme-Koppelung ins Gespräch gebracht hat: Vgl. Hennicke, Peter et al.: Die Energiewende ist möglich – Für eine neue Energiepolitik der Kommunen. Frankfurt/Main: Fischer, 1985, S. 137.

125 Peter Hennicke war zu dieser Zeit im Hessischen Umweltministerium als Grundsatzreferent für Energiepolitik tätig und hat diesen Prozess mit begleitet.

126 Vgl. Hennicke, Peter et al.: Die Energiewende ist möglich, a.a.O, S. 99.

127 Leif, Thomas; Speth, Rudolf (Hrsg.): Die Stille Macht – Lobbyismus in Deutschland. Wiesbaden: Westdeutscher Verlag, 2003.

128 Nähere Informationen sind auf der Homepage des Bundes der Energieverbraucher abrufbar. URL http://www.energienetz.de

129 Vgl. hierzu: Umweltbundesamt (Hrsg.): Quantifizierung der Effekte der Ökologischen Steuerreform auf Umwelt, Beschäftigung und Innovation. URL http://www.umweltdaten.de/uba-info-presse/hintergrund/oekosteuer.pdf

130 Feldt, Heidi: Publish what you pay. Rohstoffe und Offenlegung von Zahlungsströmen, in: Brühl, Tanja et al. (Hrsg.): Unternehmen in der Weltpolitik. Bonn: Dietz, 2004, S. 246.

131 Ebenda, S. 250.

132 Vgl. Weltbank: Summary of OED Draft Review of the World Bank Group's Activities in the Extractive Industries – Factoring in Governance. URL http://www.ifc.org/oeg/EIEvaluation/eievaluation.html

133 Dies ist auch Ziel der internationalen Kampagne „Publish what you pay", die z.B. von Shell und BP unter bestimmten Bedingungen unterstützt, von US-Konzernen aber abgelehnt wird. Auch von der Bundesregierung gäbe es nach Heidi Feldt bisher „lediglich Lippenbekenntnisse", eine konkrete Unterstützung stünde noch aus. Feldt, Heidi: a.a.O., S. 261.

134 Hummel, Hartwig: Transnationale Unternehmen und Global Governance zwischen freiwilligen Partnerschaften und rechtsverbindlichen Regeln. In: Brühl, Tanja: a.a.O., S. 22.

135 von der Gaag, Pieter: Internationale Rahmenbedingungen für die soziale und ökoloigische Veranwortung von Unternehmen. In: Brühl, Tanja: a.a.O., S. 166.

136 Vgl. z.B. die Richtlinien der OECD und der UN für multinationale Unternehmen. Vgl. hierzu die Beiträge in dem Sammelband Brühl, Tanja: a.a.O.

137 Geschäftsberichte von WalMart, ExxonMobil, Royal Dutch/Shell, British Petroleum u.v.m. (verschiedene Jahrgänge) unter URL http://www.fortune.com/fortune/global500.

138 OECD Press Release: „A World of Taxes", July 7, 2000. URL http://www.oecd.org

139 World Commission on the Social Dimension of Globalization (Hrsg.): A Fair Globalization – Creating Opportunities for All. International Labour Organization ILO, Genf 2004. URL http://www.ilo.org

140 Vgl. Hennicke, Peter; Seifried, Dieter: Das Einsparkraftwerk – Eingesparte Energie neu nutzen. Berlin/Basel/Boston: Birkhäuser, 1996.

141 Vgl. hierzu die Diskussion über Least Cost Planning und Integrierte Ressourcenplanung z.B. in Hennicke/Seifried: Das Einsparkraftwerk, a.a.O.

142 Natural Resources Defense Council Press Release: Heavily Censored Energy Department Papers show industry is the real author of administration's energy task force report. URL http://www.nrdc.org/media/pressreleases/020327.asp

143 In diesen Spenden ist nicht das so genannte Soft Money enthalten. Soft Money ist Geld, das nicht in Form von Spenden an eine Partei oder Einzelperson gezahlt, sondern von den Spendern selbst ausgegeben wird, um für deren favorisierte Partei bzw. Kandidaten Werbung zu machen, z.B. in Form von Werbespots.

144 A Money in Politics Backgrounder on the Energy Industry. URL www.opensecrets.org/pressreleases/energybriefing

145 Natural Resources Defense Council NRDC: The Bush Record – Making Energy Policy. URL http://www.nrdc.org/bushrecord/airenergy_policy.asp

146 Gallon Environment Letter, Jg. 6 (2002), Nr. 15. Vgl. auch Die Zeit Nr. 7/2002.

147 Vgl. Die Zeit Nr. 7, 2002.

148 Ein Kapazitätsengpass entsteht z.B. durch eine das Angebot übersteigende Nachfrage.

149 Horn, Manfred; Erber, Georg:. Stromkrise in Kalifornien – ein Warnzeichen für Europa? In: DIW-Wochenbericht Nr. 32/2001. URL www.diw.de.

150 Federal Energy Regulatory Commission. URL www.ferc.gov/electric/bulkpower/pa02-2/pa02-2.htm

151 Down To Earth: Enron and all that. URL www.downtoearth.org.in/popup_full.asp?foldername=20021031&filename=Misc&sid=6

152 Süddeutsche Zeitung vom 3.12.2001.

153 Financial Times Deutschland vom 3.12.2001: „Energiehändler Enron: Ausgestöpselt".

154 The Washington Post vom 24.5.2002: „White House-Enron Ties Detailed".

155 Umbach, Frank: Globale Energiesicherheit – Strategische Herausforderungen für die europäische und deutsche Außenpolitik. München: Oldenbourg Verlag, 2003.

156 Der Netzbesitzer verfügt insofern über ein „natürliches Monopol", weil ein konkurrierendes „Wettbewerbsnetz" zu den gleichen Abnehmern ökonomisch sinnlos ist.

157 Inzwischen wurde auch die EU-Binnenmarktrichtlinie Gas verabschiedet und in nationales Recht umgesetzt; ihre nur geringen Auswirkungen auf die Preise und die Ordnung der Gaswirtschaft sind jedoch mit der ordnungspolitischen Revolution in der Stromwirtschaft nicht vergleichbar.

158 Allerdings sind für die Umsetzung der EU-Binnenmarktrichtlinie in nationales Recht relativ lange Übergangsfristen und eine schrittweise Öffnung des Wettbewerbs vorgesehen worden. Darüber hinaus ermöglicht die EU-Binnenmarktrichtlinie einen gewissen Spielraum für eine umweltorientierte nationale Umsetzung. Die EU-Richtlinie Elektrizität enthält z.B. explizite Regelungen zugunsten des Ressourcen- und Klimaschutzes sowie für Energieeinsparung als Wahlmöglichkeit. Die EU-Richtlinie Strom ist allerdings weit davon entfernt, aktiv den Klima- und Umweltschutz zu fördern. Der zentrale wettbewerbspolitische Schwachpunkt ist, dass sie hinsichtlich der Integration von Umwelt- und Klimaschutz keine wettbewerbsneutrale Harmonisierung schafft und nationale Spielräume nur durch Kann-Bestimmungen eröffnet.

159 Das neue Energiewirtschaftsgesetz, das von der damaligen CDU/FDP-Regierung durchgesetzt wurde, enthält folgende wesentliche Eckpunkte:
- Einführung des direkten Wettbewerbs um den einzelnen Kunden ohne Übergangsfristen;
- verhandelter Netzzugang auf der Grundlage von freiwilligen Vereinbarungen zwischen Stromanbietern und Stromabnehmern;
- keine öffentliche Netzaufsicht, sondern nur kartellrechtliche Kontrolle des Missbrauchs einer marktbeherrschenden Stellung;
- kein eigentumsmäßiges Unbundling (Entflechtung) von Produktion, Transport, Verteilung und Betrieb;
- Abschaffung der Investitionsaufsicht für den Bau neuer Kraftwerke.

160 In geeigneten Objekten, wo neben Wärme (für Heizwasser oder Prozessdampf) auch Kälte benötigt wird, kann Wärme über Adsorption bzw. Absorptionsaggregate auch in Kälte umgewandelt werden. Dadurch kann die Abwärme über das ganze Jahr besser ausgenutzt werden.

161 Traube, Klaus: Zur Wirksamkeit des KWK-Gesetzes. URL http://www.bkwk.de/download/politik/Traube_Text.pdf

162 Europäische Kommission: Second Report to the Council and the European Parliament on Harmonisation Requirements – Directive 96/92/EC concerning Common Rules for the Internal Market in Electricity. Brüssel: 1999. URL http://europa.eu.int/comm/energy/electricity/publications/doc/cb_harmo2_en.pdf – Irrek, Wolfgang: Rückstellungen im Kernenergiebereich – Konflikt zwischen fiskalischen Interessen und Schutzmandat des Staates? In: Wuppertal Bulletin zu Instrumenten des Klima- und Umweltschutzes, Wuppertal Institut, Jg. 4 (2001), Nr. 1, S. 2–4. – Irrek, Wolfgang: Reducing Market Distortions by Setting Harmonized Standards for Decommissioning and Waste Management Funds in Europe. In: International Atomic Energy Agency IAEA (Hrsg.): International Conference of Safe Decommissioning for Nuclear Activities – Assuring the Safe Termination of Practices Involving Radioactive Materials. Contributed Papers, IAEA-CN-93(88). – Trittin, Jürgen: Verantwortung für den Atommüll – Sicherheit beim Ausstieg, Atomkraft gefährdet Versorgungssicherheit. Manuskript zur Rede beim 12. Deutschen Atomrechtssymposium am 7.10.2003 in Köln. – Wollenteit, U.: Kurzgutachten zur Zuverlässigkeit des AKEnd-Verfahrens zur Standortsuche nach bisherigem Beitragsmodell. Erstellt im Auftrag von Greenpeace e.V., Hamburg.

163 Mündliche Mitteilung von Dr. Attig, Chef der Stadtwerke Aachen.

164 Eine Ausnahme bilden die Mannheimer Versorgungs- und Verkehrsgesellschaft (MVV), die von Mitte der 1990er Jahre von Platz 70–80 der deutschen Versorger heute als erster börsennotierter Kommunalbetrieb auf Platz 7 liegt: mit zahlreichen Beteiligungen z.B. auch an anderen Stadtwerken (Ingolstadt, Offenbach und Solingen), mit 1 Mrd. Euro Schulden, mit dem Abbau von 1000 Arbeitsplätzen beim Großkraftwerk Mannheim, in 2001/2 mit 255 Mio Euro Investitionen in REG und einem Zuwachs des Jahresüberschusses von 70 Prozent: Vgl. Gröbenbaum, Stefan: Massiver Umbruch anstatt Einbruch. In DEMO Nr. 8/2002.

165 Vgl. Frankfurter Rundschau vom 12.9.2003.

166 Eine kommunale Wirtschaftstätigkeit ist nach der Gemeindeordnung nur erlaubt, wenn „der öffentliche Zweck" dies rechtfertigt und dies wirtschaftlicher als durch einen privaten Anbieter möglich ist; vgl. Gemeindeordnung für das Land Nordrhein-Westfalen (Fassung vom 14.7.1997; § 107 Zulässigkeit wirtschaftlicher Betätigung).

167 Bundesministerium für Wirtschaft und Arbeit: Vgl. Geschäftsberichte von E.ON, RWE, EnBW, Vattenfall Europe für das Geschäftsjahr 2003. www.bmwa.de

168 Claude Turmes MdEP im Mai 2002.

169 Die imposante Größe vieler Unternehmensberatungen ist dabei nicht immer deckungsgleich mit deren Fähigkeit, die Perspektiven kommunaler Energiewirtschaft und die Marktchancen eines Stadtwerks kompetent zu beurteilen. Bei einer Anhörung der SPD-Fraktion zum geplanten Anteilsverkauf der Stadtwerke Hannover z.B. bestärkte der Gutachter von First Boston Credit Suisse durch das inhaltsleere „Größen-Argument" die Anwesenden darin, ein vitales und lebensfähiges Stadtwerk wie das in Hannover gerade nicht zu verkaufen. Vgl. Wuppertal Institut/BBZ Rheine: Vorläufige Stellungnahme zum Abschlussbericht der Credit Suisse/First Boston (CSFB) – Empfehlung für die strategische Ausrichtung der Stadtwerke Hannover AG aus Sicht der Landeshauptstadt Hannover. Wuppertal, Rheine, 2000. Vgl. auch Gautier, Fritz: Kommunale Unternehmen als Partner im Wettbewerb – Vortrag auf der VKU-Landesgruppenversammlung Niedersachsen/Bremen am 16./17.11.2000 in Hameln (basierend auf einer Benchmarking-Studie der Ruhrgas Energie Beteiligungs-AG, Essen).

170 Bisher ist die Wechselbereitschaft von Haushaltskunden in Deutschland gering; hier haben bis Ende 2003 nur 6 Prozent der Haushaltskunden den Lieferanten gewechselt, in England sind es dagegen über 50 Prozent. Vgl. Europäische Kommission: Annual Report on the Implementation of the Gas and Electricity Internal Market. Brüssel 2005.

171 Hans-Dieter Harig, Vorstandsvorsitzender der E.ON Energie AG, in einem Vortrag zum Thema „Oligopolisierung der Energiemärkte – Macht für Anbieter?" am 19.3.2002 in Köln. Zitiert nach: Umweltbundesamt (Hrsg.): Anforderngen an die zukünftige Energieversorgung. Berlin, 2003, S. 33.

172 Vgl. auch Frankfurter Rundschau vom 9./10.6.2004: Die Investitionen für Netze und Kraftwerke sanken von 6 Mrd. Euro (1995) auf den Tiefstand von 2,74 Mrd. (2000), um seitdem wieder langsam anzusteigen. Der Hauptschub neuer Investitionen zur Erneuerung der Kraftwerkparks und der damit verbundenen Stromkostensteigerung wird jedoch erst ab etwa 2010 erwartet. Vgl. hierzu Teil 4.

173 Vgl. hierzu die sich abschwächenden Trends bei der Energieeffizienzsteigerung in allen OECD-Ländern. Vgl. Internationale Energieagentur IEA: World Energy Outlook 2004, a.a.O. Vgl. auch: Thomas, Stefan et al: Die vergessene Säule der Energiepolitik. Energieeffizienz im liberalisierten Strom- und Gasmarkt in Deutschland. Wuppertal, Wuppertal Institut, Wuppertal Spezial Nr. 24, 2002. URL http://www.wupperinst.org/Publikationen/Wuppertal_Spezial/ws24.pdf

174 Vgl. hierzu Hennicke, Peter: Wa(h)re Energiedienstleistung. Berlin/Basel/Boston: Birkhäuser, 1999.

175 Noch 1980 hielt eine Mehrheit in der Enquete-Kommission „Zukünftige Kernenergiepolitik" einen Ausbaupfad („Pfad 1") für die Kernenergie auf 165 Gigawatt bis zum Jahr 2030 für möglich und wünschenswert. Vgl. Deutscher Bundestag (Hrsg.): Zukünftige Kernenergiepolitik – Bericht der Enquete-Kommission. Bonn: Bundestagsdrucksache 8/4341, 1980. (Der vom Öko-Institut/Freiburg entwickelte Pfad 4 mit Atomausstieg galt als „extrem" und war „äußerst umstritten".)

176 Ein Problem des Ausstiegs ist die Erhaltung der atomfachlichen Kompetenz. Zwar war dies lange vor dem Ausstieg ein Problem, da sich kaum noch junge Menschen bereit fanden, dieses „in Verruf" geratene Studium aufzunehmen. Aber ein Atomausstieg hat zur Folge, dass es längerfristig geringere Berufsaussichten für Kerntechniker in der Atomwirtschaft geben wird. Für die Abwicklung des Ausstiegs braucht man jedoch qualifizierte Ingenieure und für den dauerhaften Betrieb der Endlager ebenso. Für einen Ausstieg, dessen Verantwortung bei den demokratischen Institutionen liegt, ist die atomfachliche Kompetenz eine Altlast.

177 Hennicke, Peter (Hrsg.): Nachhaltigkeit – ein neues Geschäftsfeld? Stuttgart: Hirzel Verlag, 2002.

178 „Netto" bedeutet, dass etwa 30 bis 40 Prozent CO_2-Minderung in Ländern wie Deutschland mit Gewinn möglich sind, d.h. die Kosten von Klimaschutzinvestitionen, vor allem von Effizienztechniken, sind geringer als die eingesparten Energiekosten. Vgl. Deutscher Bundestag (Hrsg.): Nachhaltige Energieversorgung unter den Bedingungen der Globaliserung und Liberalisierung, a.a.O., sowie Deutsches Zentrum für Luft- und Raumfahrt DLR; Institut für Energie- und Umweltforschung ifeu; Wuppertal Institut WI: Ökologisch optimierter Ausbau der erneuerbaren Energien. Stuttgart/Heidelberg/Wuppertal, 2004.

179 Martens, Jens: Sicherstellung Globaler Öffentlicher Güter – Wer bezahlt die Luft zum Atmen? URL http://www.einewelt.spd.de/servlet/PB/show/1532144/Statement%20Jens%20Martens.pdf

180 Mit dem Begriff (globales) „öffentliches Gut" (global „Public Goods" oder als Gegenstück global „Public Bads") subsumiert die ökonomische Theorie sowohl konkret fassbare Produkte oder Sachen als auch Umstände und Sachverhalte (wie z.B. Frieden) unter ihr Verständnis von Herstellung und Verbrauch. Klassisches Beispiel ist die Landesverteidigung oder ein Leuchtturm. Bei (globalen) „Gemeinschaftsgütern" („global commons") wie z.B. die Weltmeere, die Ozonschicht oder die Atmosphäre, geht es offensichtlich nicht um die Herstellung und deren Finanzierung, sondern um Konflikte hinsichtlich der Nutzungsrechte. Die „Commons" werden aber oft in die öffentlichen Güter eingeschlossen, weil für beide die „Nichtausschließbarkeit" beim Verbrauch zutrifft. Vgl. Martens, Jens; Hein, Roland: Globale öffentliche Güter – Zukunftskonzept für die internationale Zusammenarbeit? URL http://www2.weed-online.org/uploads/gpg2002.pdf

181 Kaul, Inge; Kocks, Alexander: Globale öffentliche Güter – Zur Relevanz des Begriffs. In: Brunnengräber, Achim (Hrsg.): Globale öffentliche Güter unter Privatisierungsdruck – Festschrift für Elmar Altvater. Münster: Westfälisches Dampfboot, 2003; S. 39–56.

182 Vgl. Kaul, Inge et al. (Hrsg.): Global Public Goods – International Cooperation in the 21st Century. New York: Oxford University Press, 1999. Vgl. auch Kaul, Inge et al. (Hrsg.): Providing Global Public Goods – Managing Globalization. New York: Oxford University Press, 2003.

183 Mitchell, Lawrence: Der parasitäre Konzern. München: Riemann Verlag, 2002.

184 Vgl. auch den Streit in der Energie Enquete Kommission. Deutscher Bundestag (Hrsg.): Nachhaltige Energieversorgung unter den Bedingungen der Globalisierung und der Liberalisierung, a.a.O.

185 Enquete-Kommission „Schutz des Menschen und der Umwelt" des Deutschen Bundestages (Hrsg.): Verantwortung für die Zukunft – Wege zum nachhaltigen Umgang mit Stoff- und Materialströmen. Bonn: Economica Verlag, 1993. – Umweltbundesamt (Hrsg.): Nachhaltiges Deutschland. Berlin: Erich Schmidt Verlag, 1998.

186 Lovins, Amory; Hennicke, Peter: Voller Energie – Vision: Die globale Faktor-Vier-Strategie für Klimaschutz und Atomausstieg. Frankfurt/Main: Campus Verlag, 1999.

187 Müller, Michael; Hennicke, Peter: Wohlstand durch Vermeiden – Mit der Ökologie aus der Krise. Darmstadt: Wissenschaftliche Buchgesellschaft, 1994.

188 Scheer, Hermann: Solare Weltwirtschaft – Strategie für die ökologische Moderne. München: Verlag Antje Kunstmann, 1999.

189 Dies hätte z.B. für die Konstruktionsprinzipien, die Planung und den Bau von Gebäuden revolutionäre Konsequenzen. Nur durch systemorientierte Konzeption und integrierte Einsatzplanung aller Gewerke ließe sich sicherstellen, dass nicht nur die anfänglichen Investitionskosten, sondern die gesamten Lebenszykluskosten (also der Energieverbrauch und die Betriebskosten über die ganze Lebensdauer) des Gebäudes einbezogen werden.

190 Prognos AG (Hrsg.): Die Energiemärkte Deutschlands im zusammenwachsenden Europa – Perspektiven bis zum Jahr 2020. Stuttgart: Schäffer Poeschel Verlag, 1996.

191 Deutscher Bundestag (Hrsg.): Nachhaltige Energieversorgung unter den Bedingungen der Globalisierung und der Liberalisierung – Endbericht der Enquete-Kommission, a.a.O.

192 Das Wuppertal Institut hat in einer Szenarioanalyse abgeschätzt, dass sich je nach genutzter Effizienz der Hardware (Rechner, Server etc.), der Stromverbrauch für die Internetnutzung in Deutschland bis zum Jahr 2020 um den Faktor 2.75 unterscheiden kann. Vgl. Langrock, Thomas; Ott, Hermann; Takeuchi, Tsuneo (Hrsg.): International Climate Policy & the IT-Sector – A Report on the Policy Dialogue between Japan and Germany for Facilitating Coordinated Measures to Adress Global Warming. Wuppertal: Wuppertal Institut, Wuppertal Spezial Nr. 19, 2001.

193 Lechner, M.: Ladetechnik für batteriebetriebene Kleingeräte. In: VDI Berichte Nr. 190. Düsseldorf: VDI-Verlag, 1995, S. 177–190.

194 Nitsch, Joachim; Krewitt, Wolfram; Fischedick, Manfred et al.: Ökologisch optimierter Ausbau der Nutzung erneuerbarer Energien in Deutschland – Forschungsvorhaben im Auftrag des BMU. Stuttgart/ Wuppertal/Heidelberg, 2004.

195 Bundesministerium für Umwelt, Naturschutz und Reaktorsicherheit (Hrsg.): Erneuerbare Energien – Innovationen für die Zukunft. Berlin, 2004.

196 URL http://www.eta-energieberatung.de/aktuell/info/bbhkw_info.pdf URL http://www.umweltbundesamt.de/uba-info-presse/presse-informationen/pd2801.htm

197 Vgl. DLR; ifeu; WI: Ökologisch optimierter Ausbau der Nutzung erneuerbarer Energien in Deutschland, a.a.O. Vgl. auch von Weizsäcker, Ernst U.; Lovins, Amory: Faktor Vier – Doppelter Wohlstand, Halbierter Naturverbrauch. München: Droemer Knaur, 1995.

198 Die Bundesregierung (Hrsg.): Perspektiven für Deutschland – Unsere Strategie für eine nachhaltige Entwicklung. Berlin, 2002.

199 Schumacher, Ernst: Small is Beautiful – Economics As If People Mattered – 25 Years later with Commentaries. Vancouver: Hartley & Marks Publ., 1999. – Schumacher, Ernst F.: Small is Beautiful – Die Rückkehr zum menschlichen Maß. Karlsruhe: C.F. Müller, 1993.

200 Albert, Reka; Albert, Istvan; Nakarado, Gary: Structural Vulnerability of the North American Power Grid. In: Physical Review E, 025103 (2004), S. 0251031–0251034.

201 Wie wird der Landwirt zum Energiewirt? 5. EUROSOLAR-Konferenz, 30./31.1.2003 Bonn-Bad Godesberg. URL www.eurosolar.org/new/de/downloads/Landwirte-2003.pdf

202 Anders dagegen in Österreich, das im europäischen Vergleich an der Spitze liegt.

203 Troge, Andreas: Umweltpolitik in Deutschland – Herausforderung für die Zukunft. Frankfurt: VDEW-Verlag, 1999.

204 Die „Aktivenergie-Häuser" des Freiburger Architekten Disch produzieren durch ihre gebäudeintegrierte Stromerzeugung mittels Fotovoltaik sogar mehr als sie verbrauchen.

205 Enquete-Kommission „Nachhaltige Energieversorgung ...", a.a.O., S. 169 f.

206 Fraunhofer-Institut für Systemtechnik und Innovationsforschung ISI; Forschungsstelle für Energiewirtschaft FfE; Lehrstuhl für Energiewirtschaft und Kraftwerkstechnik der Technischen Universität München: Energieverbrauch und Energieeinsparung in Handel, Gewerbe und Dienstleistungen. Heidelberg: Physica-Verlag, 1999.

207 Zentralverband Elektrotechnik- und Elektroindustrie ZVEI (Hrsg.): Energiesparen mit elektrischen Antrieben – Einsparpotenziale in Milliardenhöhe. Frankfurt/Main, 1999.

208 Rifkin, Jeremy: Die H2-Revolution – Mit neuer Energie für eine gerechte Weltwirtschaft. Frankfurt/New York: Campus Verlag, 2002.

209 Lebot, Benoit und Waide, Paul: The actual and potential impact of residential electrical equipement energy eficiency policies in the OECD. In: Time to Turn Down Energy Demand – eceee 2003 Summer Study Proceedings, Stockholm, 2003, S. 407–412.

210 Wuppertal Institut, Bremer Energie Institut, Dr. Tolle Consulting und BET Aachen: Instrumente zum Klimaschutz in einem liberalisierten Energiemarkt unter besonderer Berücksichtigung der Kraft-Wärme-Kopplung; Studie im Auftrag des Umweltbundesamtes. Berlin: Umweltbundesamt, 2002.

211 TAB-Bericht: „Entwicklung und Analyse von Optionen zur Entlastung des Verkehrsnetzes und zur Verlagerung von Straßenverkehr auf umweltfreundlichere Verkehrsträger". Berlin: Bundestagsdrucksache 13/11447, 1998.

212 Wuppertal Institut (Hrsg.): Bedeutung von Erdgas als neuer Treibstoff im Kontext einer nachhaltigen Energieversorgung. Wuppertal, Wuppertal Institut, 2003. URL http://www.wupperinst.org/download/4189_report_dt.pdf

213 Vgl. Shell International Limited (Hrsg.): The Evolution of the World's Energy System. London, 1996. Shell hat 2002 neue Szenarien veröffentlicht, bei denen die Energieeffizienz eine größere Rolle spielt und die Energienachfrage daher in 2050 erheblich geringer ist. Dennoch wird auch in diesen Szenarien bis 2050 noch keine absolute Reduktion der CO_2-Emissionen erreicht. Vgl. Shell International Limited (Hrsg.): Energy Needs, Choices and Possibilities – Scenarios to 2050. London, 2002. URL http://www.shell.com/static/royal-en/downloads/scenarios.pdf

214 Weizsäcker; Lovins: a.a.O.

215 Lovins; Hennicke: a.a.O.

216 Beim WBGU-Szenario handelt es sich um eine Modifikation eines Szenarios des IPCC (mit der Bezeichnung A1T); A steht dabei für hohes Wirtschaftswachstum, 1 für ökonomische und soziale Konvergenz sowie für globale Kooperation und T für dynamische technologische Entwicklung von CO_2-freien Technologien. Wissenschaftlicher Beirat der Bundesregierung Globale Umweltveränderungen WBGU (Hrsg.): Welt im Wandel – Energiewende zur Nachhaltigkeit. Berlin: Springer, 2003.

217 Enquete-Kommission „Nachhaltige Energieversorgung...“; a.a.O., S. 251 ff.

218 U.S. Department of Energy (Hrsg.): Carbon Sequestration Research and Development. Washington, 1998. – British Department of Trade and Industry (Hrsg.): Carbon Dioxide Capture and Storage. London, 2000.

219 Ebenda.

220 VDI nachrichten vom 17.9.2004.

221 Die z.B. mit der Kohlendioxidabtrennung verbundenen Folgen wie erhöhte Ressourcenströme aufgrund erhöhten Brennstoffeinsatzes werden dabei entweder ausdrücklich in Kauf genommen oder gar nicht diskutiert.

222 Internationale Energieagentur IEA (Hrsg.): Energy to 2050 – Scenarios for a Sustainable Future. Paris, 2003. URL http://www.iea.org/textbase/nppdf/free/2000/2050_2003.pdf

223 Vgl. DLR, ifeu, WI: a.a.O.

224 Die britische Regierung unter Tony Blair hat eine CO_2-Reduktion von 60 Prozent bis zum Jahr 2050 zum Ziel der Klimaschutzpolitik in England erklärt.

225 REN = rationelle Energienutzung; REG = regenerative Energien; KWK/K=Kraft/Wärme/Kälte-Kopplung

226 Vgl. DLR, ifeu, WI: a.a.O.

227 Prognos AG (Hrsg.): Arbeitsplätze und Klimaschutz – Sind Klimaschützende Maßnahmen ein sinnvoller Beitrag zur Arbeitsmarktpolitik? Studie im Auftrag des Umweltbundesamtes. Berlin, 2000.

228 Das gilt für Strom, Wärme und Verkehr; nachfolgend erfolgt nur aus Platzgründen eine Fokussierung auf dem Stromsektor.

229 Round Table des Auswärtigen Amtes „Securing Energy - China's Policy and its Wider Strategic Implications“. Berlin, 19.–20.5.2003. URL http://www.auswaertiges-amt.de/www/de/aussenpolitik/planungsstab/veranstaltungen/china_energy_html

230 Umbach, Frank: Zukünftige Auswirkungen der energiepolitischen Abhängigkeiten Chinas und Asiens vom Mittleren Osten und von Zentralasien. In: Reiter, Erich (Hrsg.): Jahrbuch für internationale Sicherheitspolitik 2002 – Band 2. Hamburg/Berlin/Bonn: Verlag E. S. Mittler, 2002; S. 191–220.

231 Zittel, Werner: Die Energie- und Umweltsituation in China; Manuskript vom 11.12.2002.

232 Maas, Harald: „Atomarer Appetit“, in: Frankfurter Rundschau, 17.3.2004.

233 Ebenda.

234 Entscheidend ist hierbei, ob China in der Lage sein wird, erfolgreich so genanntes Leap frogging durchzusetzen. Gelänge China dieses Überspringen von Entwicklungsstufen, würde nicht nur China wirtschaftlich gewinnen. Es wäre auch ein Sieg im Kampf gegen immer weiter steigende Kohlendioxidemissionen.

235 Vgl. hierzu auch Sachs, Wolfgang; Santarius, Tilman: Fair Future – Ein Report des Wuppertal Instituts – Begrenzte Ressourcen und globale Gerechtigkeit. München: C. H. Beck, 2005.

236 United Nations Development Programme UNDP (Hrsg.): Energy after Rio – Prospects and Challenges. New York, 1996.

237 World Energy Council (WEC): Living in One World; London 2001.

238 Vgl. hierzu das vom Wuppertal Institut anlässlich der Renewables2004 und im Auftrag der GTZ erstellte Diskussionspapier. Wuppertal Institut: Towards Sustainable Energy Systems – Integrating Renewable Energy and Energy Efficiency is the Key. URL http://www.wupperinst.org/download/renewables/sustainable-energy-systems.pdf

239 Vgl. www.e-parl.net

240 von Moltke, Anja; McKee, Colin; Morgan, Trevor: Energy Subsidies – Lessons Learned in Assessing their Impact and Designing Policy Reforms. Sheffield: Greenleaf Publishing, 2004.

241 United Nations Environment Programme UNEP; Internationale Energieagentur IEA: Energy Subsidy Reform and Sustainable Development – Challenges for Policymakers – Submission to the 9th Session of the UN Commission on Sustainable Development, April 2001. URL http://www.un.org/esa/sustdev/csd/csd9_bp14.pdf

242 Janischewski, Jörg et al.: Gebrauchtgüterexporte und Technologietransfer – Ein Hindernis für nachhaltige Entwicklung in Entwicklungs- und Schwellenländern? Im Auftrag des Rates für Nachhaltige Entwicklung. Berlin, 2003. URL http://www.adelphi-research.de/projektberichte/Gebrauchtgueterexporte.pdf

243 WBGU: a.a.O.

244 URL http://www.renewables2004.de/de/default.asp

245 Ganz im Gegenteil: Deutschland ist von seinen Energieimporten inzwischen stark abhängig. Vgl. Bundesministerium für Wirtschaft: a.a.O.

246 Vgl. Bundesministerium für Umwelt, Naturschutz und Reaktorsicherheit (Hrsg.): Umweltbewusstsein in Deutschland 2000. Berlin, 2002.

247 Vgl. hierzu auch die Forderungen der Energie-Enquete-Kommission, a.a.O.

248 Jochem, Eberhard (Hrsg.): Steps toward a sustainable development – A White Book for R&D of energy-efficient technologies. URL http://www.novatlantis.ch/frames_d.html

249 Vgl. zum Impulsprogramm Materialeffizienz der Bundesregierung: ArthurDLittle ADL; Fraunhofer-Institut für System- und Innovationsforschung ISI; Wuppertal Institut WI (Hrsg.): Studie zur Konzeption eines Programms für die Steigerung der Materialeffizienz in mittelständischen Unternehmen – Im Auftrag des Bundesministeriums für Wirtschaft und Arbeit. Im Erscheinen. Vgl. auch den programmatischen Artikel von Bundesminister Trittin „Wir müssen weg vom Öl“, in: Frankfurter Rundschau, 13.1.2005.

250 Deutsche Energie Agentur : URL http://www.deutsche-energie-agentur.de

251 Kleinere europäische Länder wie z.B. die Niederlande, Dänemark, Schweden, aber auch Frankreich und England haben neben den Ministerien erheblich umfangreichere Institutionen zur Implementierung von Energiepolitik aufgebaut.

252 Vgl. hierzu Deutsches Institut für Wirtschaftsforschung DIW; Bremer Energie Institut BEI; Wuppertal Institut WI: Arbeitsplatzentwicklung und flankierende Maßnahmen an Kernkraftwerksstandorten – Studie im Auftrag von Ver.di und BMU. Berlin/Bremen/Wuppertal, 2003.

253 Vgl. auch Hennicke, Peter et al.: Die Energiewende ist möglich, a.a.O. Vgl. Hennicke, Peter: Wa(h)re Energiedienstleistung, a.a.O. Vgl. Glatzel, Wolf-Dieter: Räumliche Energieversorgungskonzepte als Instrument einer vorsorgenden Umweltpolitik. In: Veröffentlichungen der Akademie für Raumforschung und Landesplanung – Band 162. Hannover: Curt R. Vincenz Verlag, 1986. Vgl. Glatzel, Wolf-Dieter et al.: Umweltschutz als Aufgabe der kommunalen Energieversorgung. In: VDI-Berichte Nr. 543. Düsseldorf: VDI-Verlag, 1984. Vgl. Rehberg, Siegfried (Hrsg.): Grüne Wende im Städtebau. Karlsruhe: Verlag C.F. Müller, 1985.

254 Vgl. Schmitt, Andreas: Stadtwerke auf neuen Märkten – Gemeinderechtliche Chancen umweltschonender Energiedienstleistungen. Kommunalwirtschaftliche Forschung und Praxis, Band 6. Frankfurt/Main: Lang, 2002.

255 Enquete-Kommission „Nachhaltige Energieversorgung ...“ a.a.O. – Schlomann, Barbara et al.: Entwicklung eines Energie-Effizienz-Konzeptes für Deutschland unter Auswertung vorliegender europäischer Erfahrungen und unter Berücksichtigung der föderalen Struktur Deutschlands - Untersuchung im Auftrag des Ministeriums für Umwelt und Verkehr Baden-Württemberg. Karlsruhe: Fraunhofer-ISI, 2000. – Hennicke, Peter: Impulsprogramm Materialeffizienz – Präsentation beim Workshop des Bundesministeriums für Wirtschaft und Arbeit. Berlin, 2004. URL http://www.materialeffizienz.de/download/Hennicke_wuppertal_inst.pdf

256 Es gibt gute Gründe (Umbau des Kraftwerkparks; hohe Kosteneffizienz), mit einer strategischen Energieeffizienzoffensive im Strombereich bei der Umsetzung des sanften Pfades zu beginnen. Dies darf aber nicht zu dem Fehlschluss verleiten, darin erschöpfe sich eine strategische Effizienzoffensive, die ebenso den Verkehrs- und Gebäudesektor einbeziehen muss.

257 Energieeffizienz-Programme werden nicht direkt von den Kunden oder Marktakteuren, die davon profitieren, bezahlt, sondern als rentable Investition der Volkswirtschaft über die Energiepreise oder aus Steuermitteln finanziert. Demgegenüber sprechen wir von Energieeffizienz-Dienstleistungen, wenn die Leistungen von den Kunden oder Marktakteuren, die direkt davon profitieren, bezahlt werden.

258 Thomas, Stefan et al.: a.a.O.

259 Vgl. Antrag der Bundestags-Fraktionen von SPD und BÜNDNIS 90/DIE GRÜNEN vom 15.12.2004: „Nationales Energieforschungsprogramm vorlegen“. Bundestagsdrucksache 15/4514. URL http://dip.bundestag.de/btd/15/045/1504514.pdf

260 Arbeitskreis Zukunftsenergien: 21. Sitzung „Europäische und nationale Energieforschungspolitik“ vom 22.9.2004.

261 Bodewig, Kurt; Müller, Michael: 10 Thesen für eine nachhaltige Mobilitätsentwicklung – Forum Nachhaltigkeit und Mobilität des SPD-Parteivorstandes. Berlin, 2004. URL http://www.forum-nachhaltigkeit.spd.de/servlet/PB/show/1535969/10_Thesen_Mobilitaet.pdf

262 Monopolkommission (Hrsg.): Wettbewerbspolitik im Schatten „Nationaler Champions“ – Fünfzehntes Hauptgutachten der Monopolkommission gemäß § 44 Abs. 1 Satz 1 GWB. URL http://www.monopolkommission.de/haupt_15/sum_h15.pdf

263 Umweltbundesamt (Hrsg.): Hintergrundpapier zum Gutachten „Braunkohle – ein subventionsfreier Energieträger?“. Berlin, 2004. URL http://www.umweltbundesamt.org/fpdf-l/2798.pdf

264 Forschungsprojekt im Auftrag des Umweltbundesamtes: Quantifizierung der Effekte der Ökologischen Steuerreform auf Umwelt, Beschäftigung und Innovation. URL http://www.umweltbundesamt.de/uba-info-presse/hintergrund/index.htm

265 Deutscher Bundestag (Hrsg.): Bericht der Bundesregierung über die Entwicklung der Finanzhilfen des Bundes und der Steuervergünstigungen für die Jahre 2001 bis 2004 – 19. Subventionsbericht. Berlin: Bundestagsdrucksache 15/1635.

266 Council of the European Union: Negotiation of an Agreement between Euratom and China for a co-operation in the peaceful use of nuclear energy – Outcome of Proceedings 14963/04, Brüssel 18.11.2004.

267 „European Union has very limited scope to influence energy suply conditions.“

Literatur

Albert, Reka; Albert, Istvan; Nakarado, Gary: Structural Vulnerability of the North American Power Grid. In: Physical Review E, 025103 (2004), S. 0251031-0251034.

Alierta, Mariano: Economic and strategic stakes in the Caspian Energy Markets. URL www.nato.int/docu/colloq/1999/pdf/240-256.pdf

Antrag der Bundestags-Fraktionen von SPD und BÜNDNIS 90/DIE GRÜNEN vom 15.12.2004: „Nationales Energieforschungsprogramm vorlegen". Bundestagsdrucksache 15/4514. URL http://dip.bundestag.de/btd/15/045/1504514.pdf

Arbeitsgemeinschaft Energiebilanzen AGEB: Primärenergieverbrauch in der Bundesrepublik Deutschland. Berlin, 2005.

ArthurDLittle ADL; Fraunhofer-Institut für System- und Innovationsforschung ISI; Wuppertal Institut WI (Hrsg.): Studie zur Konzeption eines Programms für die Steigerung der Materialeffizienz in mittelständischen Unternehmen – Im Auftrag des Bundesministeriums für Wirtschaft und Arbeit. Erscheint im Sommer 2005.

Association for the Study of Peak Oil & Gas ASPO: diverse Newsletter des Jahres 2004. URL: www.peakoil.net

Bodewig, Kurt; Müller, Michael: 10 Thesen für eine nachhaltige Mobilitätsentwicklung – Forum Nachhaltigkeit und Mobilität des SPD-Parteivorstandes. Berlin, 2004. URL http://www.forum-nachhaltigkeit.spd.de/servlet/PB/show/1535969/10_Thesen_Mobilitaet.pdf

Botzian, Rudolf: Kernkraftwerke der vierten Generation – Amerikanische Initiative im Kontext internationaler Politik. In: Elektrizitätswirtschaft, Jg. 103, Nr.11, 2004, S. 44–50. (verfügbar unter URL http://www.energie-akten.de/PDF/botzian.pdf)

Bracken, Paul: The Structure of the Second Nuclear Age. In: Orbis – A Journal of World Affairs, Jg. 47 (2003), Nr. 3, S. 399–413.

Brauch, Hans: Klimawandel, Umweltstress und Konflikte. In: Bundesministerium für Umwelt, Naturschutz und Reaktorsicherheit (Hrsg.): Klimawandel und Konflikte – Verursacht der Klimawandel Konfliktpotenziale? Wie kann der internationale Klimaschutzprozess hierauf reagieren. Berlin, 2002, S. 15–110.

Brauer, Birgit: Machtrivalitäten in der zentralasiatischen Region – Chinas Einfluss bleibt begrenzt. In: Internationale Politik, Jg. 57 (2002), Nr. 2, S. 19–24.

British Department of Trade and Industry (Hrsg.): Carbon Dioxide Capture and Storage. London, 2000.

British Petroleum (Hrsg.): Statistical Review of World Energy 2004. London, 2004.

Brühl, Tanja et al. (Hrsg.): Unternehmen in der Weltpolitik. Bonn: Dietz, 2004.

Bundesministerium für Umwelt, Naturschutz und Reaktorsicherheit (Hrsg.): Erneuerbare Energien – Innovationen für die Zukunft. Berlin, 2004.

Bundesministerium für Umwelt, Naturschutz und Reaktorsicherheit (Hrsg.): Umweltbewusstsein in Deutschland 2000. Berlin, 2002.

Bundesministerium für Umwelt, Naturschutz und Reaktorsicherheit: Das Zeitalter der erneuerbaren Energien hat begonnen. URL http://www.bmu.de/reden/doc/6035.php

Bundesministerium für Wirtschaft (Hrsg.): Energie Daten 2002. Berlin, 2002.

Bunn, George; Steinhausler, Fritz: Guarding Nuclear Reactors and Material From Terrorists and Thieves. In: Arms Control Today, Jg. 31 (2001), Nr. 10, S. 8–12.

Central Intelligence Agency CIA: The World Factbook 2002. URL http://www.odci.gov/cia/publications/factbook/geos/af.html

Christopher, Thomas A.; Güldner, Ralf: Kernkraft in den USA und Europa – Ein Marktüberblick aus Herstellersicht. In: atw Internationale Zeitschrift für Kernenergie, Jg. 47 (2002), Nr. 12, S. 746-752.

Cornford, Stan: Some socio-economic effects of high-impact weather events in 2003. URL http://www.wmo.ch/web/Press/2003events_E.pdf

Council of the European Union: Climate Change – Medium and longer Term Emission Reduction Strategies, including Targets. Brüssel: Drucksache 14172/04, 2004.

Council of the European Union: Negotiation of an Agreement between Euratom and China for a co-operation in the peaceful use of nuclear energy – Outcome of Proceedings 14963/04, Brüssel 18.11.2004.

Davenport, Manuel: American Forces under Supranational Control – The Ethical Issues. URL http://www.usafa.af.mil

Deutscher Bundestag (Hrsg.): Bericht der Bundesregierung über die Entwicklung der Finanzhilfen des Bundes und der Steuervergünstigungen für die Jahre 2001 bis 2004 – 19. Subventionsbericht. Berlin: Bundestagsdrucksache 15/1635.

Deutscher Bundestag (Hrsg.): Enquete-Kommission Zukünftige Kernenergie-Politik. Bundestagsdrucksache 8/4341, 1980.

Deutscher Bundestag (Hrsg.): Förderung der Handlungsfähigkeit zur zivilen Krisenprävention, zivilen Konfliktregelung und Friedenskonsolidierung. Berlin: Bundestagsdrucksache14/3862, 2000.

Deutscher Bundestag (Hrsg.): Nachhaltige Energieversorgung unter den Bedingungen der Globalisierung und der Liberalisierung – Endbericht der Enquete-Kommission. Berlin: Bundestagsdrucksache 14/9400, 2002.

Deutscher Bundestag (Hrsg.): Rüstungsexportbericht der Bundesregierung 1999. Berlin: Bundestagsdrucksache 14/4179, 2000.

Deutscher Bundestag (Hrsg.): Technikfolgenabschätzung Kernfusion. Berlin, Bundestagsdrucksache 14/8959, 2002.

Deutscher Bundestag (Hrsg.): Zukünftige Kernenergiepolitik – Bericht der Enquete-Kommission. Bonn: Bundestagsdrucksache 8/4341, 1980.

Deutsches Institut für Wirtschaftsforschung DIW: Die Energiewirtschaft am Kaspischen Meer: Enttäuschte Erwartungen – unsichere Perspektiven. Diskussionspapier Nr. 171 von Engerer, Hella und von Hirschhausen, Christian. Berlin 1998.

Deutsches Institut für Wirtschaftsforschung DIW; Bremer Energie Institut BEI; Wuppertal Institut WI: Arbeitsplatzentwicklung und flankierende Maßnahmen an Kernkraftwerksstandorten – Studie im Auftrag von Ver.di und BMU. Berlin/Bremen/Wuppertal, 2003.

Deutsches Zentrum für Luft- und Raumfahrt DLR; Institut für Energie- und Umweltforschung ifeu; Wuppertal Institut WI: Ökologisch optimierter Ausbau der erneuerbaren Energien. Stuttgart/Heidelberg/Wuppertal, 2004.

Die Bundesregierung (Hrsg.): Perspektiven für Deutschland – Unsere Strategie für eine nachhaltige Entwicklung. Berlin, 2002.

Ehrke, Michael: Erdöl und Strategie. In: Solarzeitalter, Jg. 15 (2003), Nr. 1, S. 9 ff.

Enquete-Kommission „Schutz des Menschen und der Umwelt“ des Deutschen Bundestages (Hrsg.): Verantwortung für die Zukunft – Wege zum nachhaltigen Umgang mit Stoff- und Materialströmen. Bonn: Economica Verlag, 1993.

Esso Deutschland (Hrsg.): Oeldorado 2004. Hamburg, 2004.

Europäische Kommission: Annual Report on the Implementation of the Gas and Electricity Internal Market. Brüssel, 2005.

Europäische Kommission: European Energy and Transport Trends to 2030. Brüssel, 2003.

Europäische Kommission (Hrsg.): Green Paper – Towards a European Strategy for the Security of Energy Supply. Brüssel, 2001.

Europäische Kommission (Hrsg.): Economic Foundations for Energy Policy. Brüssel, 1999.

Europäische Kommission: Second Report to the Council and the European Parliament on Harmonisation Requirements – Directive 96/92/EC concerning Common Rules for the Internal Market in Electricity. Brüssel, 1999.

European Climate Forum: What is dangerous climate change? URL http://www.european-climate-forum.net/pdf/ECF_beijing_results.pdf

European Environment Agency EEA (Hrsg.): Impacts of Europe's changing climate. EEA Report Nr. 2, 2004.

Evangelische Akademie Loccum (Hrsg.): 15 Jahre nach Tschernobyl – Gesundheitliche Konsequenzen und humanitäres Engagement. Loccumer Protokolle 60/01, Rehburg-Loccum, 2003.

Federal Emergency Management Agency FEMA (Hrsg.): Dispersed, Decentralized and Renewable Energy Sources - Alternatives to National Vulnerability and War. Washington DC, 1980.

Feldt, Heidi: Publish what you pay. Rohstoffe und Offenlegung von Zahlungsströmen, in: Brühl, Tanja et al. (Hrsg.): Unternehmen in der Weltpolitik. Bonn: Dietz, 2004, S. 246.

Forschungszentrum Kralsruhe (Hrsg.): Technologien für die Kernfusion. Forschungszentrum Karlsruhe Nachrichten, Jg. 36 (2004), Nr. 1.

Fraunhofer-Institut für Systemtechnik und Innovationsforschung ISI; Forschungsstelle für Energiewirtschaft FfE; Lehrstuhl für Energiewirtschaft und Kraftwerkstechnik der Tech-nischen Universität München: Energieverbrauch und Energieeinsparung in Handel, Gewerbe und Dienstleistungen. Heidelberg: Physica-Verlag, 1999.

Gallon Environment Letter, Jg. 6 (2002), Nr. 15.

Gautier, Fritz: Kommunale Unternehmen als Partner im Wettbewerb – Vortrag auf der VKU-Landesgruppenversammlung Niedersachsen/Bremen am 16./17.11.2000 in Hameln (basierend auf einer Benchmarking-Studie der Ruhrgas Energie Beteiligungs-AG, Essen).

Gesellschaft für Reaktorsicherheit (GRS): Schutz der deutschen Kernkraftwerke vor dem Hintergrund der terroristischen Anschläge in den USA vom 11. September 2001. URL http://www.bund.net/lab/reddot2/pdf/grs_gutachten.pdf

Glatzel, Wolf-Dieter et al.: Umweltschutz als Aufgabe der kommunalen Energieversorgung. In: VDI-Berichte Nr. 543. Düsseldorf: VDI-Verlag, 1984.

Glatzel, Wolf-Dieter: Räumliche Energieversorgungskonzepte als Instrument einer vorsorgenden Umweltpolitik. In: Veröffentlichungen der Akademie für Raumforschung und Landesplanung – Band 162. Hannover: Curt R. Vincenz Verlag, 1986.

Glatzel. Wolf-Dieter: Energy Impacts on the Biosphere. URL http://www.glatzel-online.de/wolf-dieter/EnergyImpactsontheBiosphere.pdf

Grau, Lester W.: Hydrocarbons and a New Strategic Region – The Caspian Sea and Central Asia. URL http://www.cgsc.army.mil/

Grawe, Joachim: Sind die deutschen Kernkraftwerke gegen Flugzeugabsturz gesichert? URL http://www.energie-fakten.de/html/absturz.html

Gröbenbaum, Stefan: Massiver Umbruch anstatt Einbruch. In DEMO Nr. 8/2002.

Hardt, Michael; Negri, Antoni: Empire – Die neue Weltordnung. Frankfurt/New York: Campus Verlag, 2002.

Hennicke, Peter (Hrsg.): Nachhaltigkeit – ein neues Geschäftsfeld? Stuttgart: Hirzel Verlag, 2002.

Hennicke, Peter et al.: Die Energiewende ist möglich – Für eine neue Energiepolitik der Kommunen. Frankfurt/Main: Fischer, 1985, S. 137.

Hennicke, Peter: Impulsprogramm Materialeffizienz – Präsentation beim Workshop des Bundesministeriums für Wirtschaft und Arbeit. Berlin, 2004. URL http://www.materialeffizienz.de/download/Hennicke_wuppertal_inst.pdf

Hennicke, Peter: Wa(h)re Energiedienstleistung. Berlin/Basel/Boston: Birkhäuser, 1999.

Hennicke, Peter; Seifried, Dieter: Das Einsparkraftwerk – Eingesparte Energie neu nutzen. Berlin/Basel/Boston: Birkhäuser, 1996.

Horn, Manfred; Erber, Georg:. Stromkrise in Kalifornien – ein Warnzeichen für Europa? In: DIW-Wochenbericht Nr. 32/2001.

Hotelling, Harold: The Economics of Exhaustible Resources, in: The Journal of Political Economy, Jg. 39 (1931), Nr. 2, S. 137–175.

International Physicians for the Prevention of Nuclear War IPPNW (Hrsg.): Plutonium – Tödliches Gold des Atomzeitalters. Studienreihe Bd. 5, Berlin, 1994.

Internationale Energieagentur IEA (Hrsg.): Analysis of the Impact of High Oil Prices on the Global Economy. Paris, 2004.

Internationale Energieagentur IEA (Hrsg.): Energy to 2050 – Scenarios for a Sustainable Future. Paris, 2003.

Internationale Energieagentur IEA (Hrsg.): Key World Energy Statistics 2003. Paris, 2003.

Internationale Energieagentur IEA (Hrsg.): World Energy Outlook 2002. Paris, 2002.

International Panel on Climate Change IPCC (Hrsg.): Third Assessment Report – Climate Change 2001. Genf, 2001.

Irrek, Wolfgang: Reducing Market Distortions by Setting Harmonized Standards for Decommissioning and Waste Management Funds in Europe. In: International Atomic Energy Agency IAEA (Hrsg.): International Conference of Safe Decommissioning for Nuclear Activities – Assuring the Safe Termination of Practices Involving Radioactive Materials. Contributed Papers, IAEA-CN-93(88).

Irrek, Wolfgang: Rückstellungen im Kernenergiebereich – Konflikt zwischen fiskalischen Interessen und Schutzmandat des Staates? In: Wuppertal Bulletin zu Instrumenten des Klima- und Umweltschutzes, Wuppertal Institut, Jg. 4 (2001), Nr. 1, S. 2–4.

Janischewski, Jörg et al.: Gebrauchtgüterexporte und Technologietransfer – Ein Hindernis für nachhaltige Entwicklung in Entwicklungs- und Schwellenländern? Im Auftrag des Rates für Nachhaltige Entwicklung. Berlin, 2003. URL http://www.adelphi-research.de/projektberichte/Gebrauchtgueterexporte.pdf

Jochem, Eberhard (Hrsg.): Steps toward a sustainable development – A White Book for R&D of energy-efficient technologies. URL http://www.novatlantis.ch/frames_d.html

Jonas, Hans: Das Prinzip Verantwortung. Frankfurt/Main: Insel Verlag, 1979.

Kagan, Robert: Macht und Ohnmacht – Amerika gegen Europa in der neuen Weltordnung. München: Siedler Verlag, 2003.

Kagan, Robert: The Benevolent Empire. In: Foreign Policy, Jg. 111 (1998), Nr. 2, S. 24–35.

Karlsch, Rainer; Stokes, Raymond: Faktor Öl – Die Mineralölwirtschaft in Deutschland 1859–1974. München: C. H. Beck, 2003.

Kaul, Inge et al. (Hrsg.): Global Public Goods – International Cooperation in the 21st Century. New York: Oxford University Press, 1999.

Kaul, Inge et al. (Hrsg.): Providing Global Public Goods – Managing Globalization. New York: Oxford University Press, 2003.

Kaul, Inge; Kocks, Alexander: Globale öffentliche Güter – Zur Relevanz des Begriffs. In: Brunnengräber, Achim (Hrsg.): Globale öffentliche Güter unter Privatisierungsdruck – Festschrift für Elmar Altvater. Münster: Westfälisches Dampfboot, 2003; S. 39–56.

Kemfert, Claudia: Die ökonomischen Kosten des Klimawandels. In: DIW Wochenbericht, Nr. 42, 2004, S. 615–622.

Klare, Michael: Resource Wars - The New Landscape of Global Conflict. London: Metropolitan Books, 2001.

König, Wolfram: Verantwortung übernehmen – Wege zur Entsorgung in Deutschland. Berlin: Bundesamt für Strahlenschutz, 2002.

Kristol, William; Kagan, Robert: The U.N.Trap? In: The Weekly Standard, Jg. 8, Nr. 10 (11/18/2002).

Krivova, Natalie; Solanki, Sami: Solar Variability and Global Warming – A Statistical Comparison since 1850. In: Advances in Space Research, Jg. 34 (2004), Nr. 2, S. 361–364.

Kubbig, Bernd: Wolfowitz' Welt verstehen. In: Hessische Stiftung Friedens- und Konfliktforschung Report, Nr. 7/2004, S. II.

Langrock, Thomas; Ott, Hermann; Takeuchi, Tsuneo (Hrsg.): International Climate Policy & the IT-Sector – A Report on the Policy Dialogue between Japan and Germany for Facilitating Co-ordinated Measures to Adress Global Warming. Wuppertal: Wuppertal Institut, Wuppertal Spezial Nr. 19, 2001.

Lebot, Benoit und Waide, Paul: The actual and potential impact of residential electrical equipement energy eficiency policies in the OECD. In: Time to Turn Down Energy Demand – eceee 2003 Summer Study Proceedings, Stockholm, 2003, S. 407–412.

Lechner, M.: Ladetechnik für batteriebetriebene Kleingeräte. In: VDI Berichte Nr. 190. Düsseldorf: VDI-Verlag, 1995, S. 177–190.

Leif, Thomas; Speth, Rudolf (Hrsg.): Die Stille Macht – Lobbyismus in Deutschland. Wiesbaden: Westdeutscher Verlag, 2003.

Lengfelder, Edmund: Strahlenwirkungen, Strahlenrisiko. Landsberg: Ecomed-Verlag, 1990.

Lengfelder, Edmund; Frenzel, Christoph: 15 Jahre nach Tschernobyl – Folgen und Lehren der Reaktorkatastrophe. München: Otto-Hug-Strahleninstitut, 2001.

Liebert, Wolfgang; Sailer, Michael: Export der Hanauer Brennelementefabrik und ihre militärischen Verwendungsmöglichkeiten in China. URL http://www.uni-kassel.de/fb5/frieden/themen/Atomwaffen/hanau-liebert.html

Lovins, Amory; Hennicke, Peter: Voller Energie – Vision: Die globale Faktor-Vier-Strategie für Klimaschutz und Atomausstieg. Frankfurt/Main: Campus Verlag, 1999.

Luther, Joachim; Voss, Karsten: Solares Bauen – Neue Märkte und Konzepte. In: FVS Themen 2000, S. 62–71.

Martens, Jens: Sicherstellung Globaler Öffentlicher Güter – Wer bezahlt die Luft zum Atmen? URL http://www.einewelt.spd.de/servlet/PB/show/1532144/Statement%20Jens%20Martens.pdf

Martens, Jens; Hein, Roland: Globale öffentliche Güter – Zukunftskonzept für die internationale Zusammenarbeit? URL http://www2.weed-online.org/uploads/gpg2002.pdf

Massarrat, Mohssen: Das Dilemma der ökologischen Steuerreform. Marburg: Metropolis, 2000.

Massarrat, Mohssen: Endlichkeit der Natur und Überfluss in der Marktökonomie. Marburg: Metropolis Verlag, 1993.

Mitchell, Lawrence: Der parasitäre Konzern. München: Riemann Verlag, 2002.

Moniac, Rüdiger: Wie die Bombe stoppen? In: loyal – Das deutsche Wehrmagazin, Nr. 6/1993, S. 4–5.

Monopolkommission (Hrsg.): Wettbewerbspolitik im Schatten „Nationaler Champions" – Fünfzehntes Hauptgutachten der Monopolkommission gemäß § 44 Abs. 1 Satz 1 GWB. URL http://www.monopolkommission.de/haupt_15/sum_h15.pdf

Müller, Harald: Warum die Bombe? Die nuklearen Möchtegerne Iran und Nordkorea. In: Internationale Politik, Jg. 59 (2004), Nr. 1, S. 12–18.

Müller, Michael; Hennicke, Peter: Wohlstand durch Vermeiden – Mit der Ökologie aus der Krise. Darmstadt: Wissenschaftliche Buchgesellschaft, 1994.

Natural Resources Defense Council NRDC: The Bush Record – Making Energy Policy. URL http://www.nrdc.org/bushrecord/airenergy_policy.asp

Neumann, Wolfgang. Gruppe Ökologie – Institut für ökologische Forschung und Bildung e. V. (www.gruppe-oekologie.de) Persönliche Mitteilung, 12.1.2005

Nitsch, Joachim; Krewitt, Wolfram; Fischedick, Manfred et al.: Ökologisch optimierter Ausbau der Nutzung erneuerbarer Energien in Deutschland – Forschungsvorhaben im Auftrag des BMU. Stuttgart/ Wuppertal/ Heidelberg, 2004.

North Atlantic Treaty Organization NATO (Hrsg.): The Alliance's Strategic Concept. Brüssel, 1999.

Pistner, Christoph; Liebert, Wolfgang: Umgang mit Plutoniumbeständen. Darmstadt, TU Darmstadt, Arbeitsbericht IANUS 7/2000 der Interdisziplinären AG Naturwissenschaft, Technik und Sicherheit der TU Darmstadt, 2000.

Prognos AG (Hrsg.): Arbeitsplätze und Klimaschutz – Sind Klimaschützende Maßnahmen ein sinnvoller Beitrag zur Arbeitsmarktpolitik? Studie im Auftrag des Umweltbundesamtes. Berlin, 2000.

Prognos AG (Hrsg.): Die Energiemärkte Deutschlands im zusammenwachsenden Europa – Perspektiven bis zum Jahr 2020. Stuttgart: Schäffer Poeschel Verlag, 1996.

Rehberg, Siegfried (Hrsg.): Grüne Wende im Städtebau. Karlsruhe: Verlag C.F. Müller, 1985.

Rifkin, Jeremy: Die H2-Revolution – Mit neuer Energie für eine gerechte Weltwirtschaft. Frankfurt/New York: Campus Verlag, 2002.

Sachs, Wolfgang; Santarius, Tilman: Fair Future – Ein Report des Wuppertal Instituts – Begrenzte Ressourcen und globale Gerechtigkeit. München: C. H. Beck, 2005.

Scheer, Hermann: Solare Weltwirtschaft – Strategie für die ökologische Moderne. München: Verlag Antje Kunstmann, 1999.

Schlesinger, James: SEI-2 – Energy and Geopolitics in the 21st century. In: World Energy Council (Hrsg.): Digest, September 17–22 1989, 14th World Energy Congress „Energy for Tomorrow", Montreal/Canada, 1990.

Schlomann, Barbara et al.: Entwicklung eines Energie-Effizienz-Konzeptes für Deutschland unter Auswertung vorliegender europäischer Erfahrungen und unter Berücksichtigung der föderalen Struktur Deutschlands – Untersuchung im Auftrag des Ministeriums für Umwelt und Verkehr Baden-Württemberg. Karlsruhe: Fraunhofer-ISI, 2000.

Schmitt Glaeser, Walter: Demokratie, Demokratisierung. In: Albers, Willi et al. (Hrsg.): Handwörterbuch der Wirtschaftswissenschaft, Bd. 2, Tübingen: Mohr, 1988, S. 142 ff.

Schmitt, Andreas: Stadtwerke auf neuen Märkten – Gemeinderechtliche Chancen umweltschonender Energiedienstleistungen. Kommunalwirtschaftliche Forschung und Praxis, Band 6. Frankfurt/Main: Lang, 2002.

Scholz, Roland: Bedrohung des Lebens durch radioaktive Strahlung. IPPNW Studienreihe Bd. 4, 3. Aufl., Berlin, 1997.

Schumacher, Ernst: Small is Beautiful – Die Rückkehr zum menschlichen Maß. Karlsruhe: C.F. Müller, 1993.

Schumacher, Ernst: Small is Beautiful – Economics As If People Mattered – 25 Years later with Commentaries. Vancouver: Hartley & Marks Publ., 1999.

Shell International Limited (Hrsg.): Energy Needs, Choices and Possibilities – Scenarios to 2050. London, 2002.

Shell International Limited (Hrsg.): The Evolution of the World‘s Energy System. London, 1996.

Skrebowski, Chris: Depletion now running at over 1mn b/d. In: Petroleum Review, Nr. 8, 2004, S. 42–43, 48.

SPD-Bundestagsfraktion (Hrsg.): Atomkraft: „Das Ende ist eingeleitet" – 15 Jahre nach dem Super-GAU von Tschernobyl. Dokumente Nr. 03/01, Berlin, 2001.

Szukala, Andrea; Jäger, Thomas: Die innenpolitische Steuerung der amerikanischen Irak-Politik. In: Blätter für deutsche und internationale Politik, Jg. 47 (2003), Nr. 1, S. 37–48.

TAB-Bericht: „Entwicklung und Analyse von Optionen zur Entlastung des Verkehrsnetzes und zur Verlagerung von Straßenverkehr auf umweltfreundlichere Verkehrsträger". Berlin: Bundestagsdrucksache 13/11447, 1998.

Telhami, Shibley: The Persian Gulf – Understanding the American Oil Strategy. In: Brookings Review, Jg. 20 (2002), Nr. 2, S. 32–35.

Thomas, Stefan et al: Die vergessene Säule der Energiepolitik. Energieeffizienz im liberalisierten Strom- und Gasmarkt in Deutschland. Wuppertal, Wuppertal Institut, Wuppertal Spezial Nr. 24, 2002.

Traube, Klaus: Zur Wirksamkeit des KWK-Gesetzes. URL http://www.bkwk.de/download/politik/Traube_Text.pdf

Troge, Andreas: Umweltpolitik in Deutschland – Herausforderung für die Zukunft. Frankfurt: VDEW-Verlag, 1999.

U.S. Department of Energy (Hrsg.): Carbon Sequestration Research and Development. Washington, 1998.

U.S. Department of Energy Nuclear Energy Research Advisory Committee; Generation IV International Forum (Hrsg.): A Technology Roadmap for Generation IV Nuclear Energy Systems. Washington, 2002. URL http://gif.inel.gov/roadmap/

U.S. Department of Energy; Energy Information Administration (Hrsg.): Annual Energy Outlook. Washington, 2002.

U.S. Energy Information Administration EIA: Afghanistan. URL http://www.eia.doe.gov/emeu/cabs/afghan.html

U.S. Energy Information Administration EIA: Caspian Sea Region. URL http://www.eia.doe.gov/emeu/cabs/caspfull.html

U.S. Energy Information Administration EIA: Country Analysis Brief Kazakhstan. URL http://www.eia.doe.gov/emeu/cabs/kazak.html

Umbach, Frank: Globale Energiesicherheit – Strategische Herausforderungen für die europäische und deutsche Außenpolitik. München: Oldenbourg Verlag, 2003.

Umbach, Frank: Zukünftige Auswirkungen der energiepolitischen Abhängigkeiten Chinas und Asiens vom Mittleren Osten und von Zentralasien. In: Reiter, Erich (Hrsg.): Jahrbuch für internationale Sicherheitspolitik 2002 – Band 2. Hamburg/Berlin/Bonn: Verlag E. S. Mittler, 2002; S. 191–220.

Umweltbundesamt (Hrsg.): Anforderngen an die zukünftige Energieversorgung. Berlin, 2003,

Umweltbundesamt (Hrsg.): Globaler Klimawandel – Klimaschutz 2004. Berlin, 2004.

Umweltbundesamt (Hrsg.): Hintergrundpapier zum Gutachten „Braunkohle – ein subventionsfreier Energieträger?". Berlin, 2004. URL http://www.umweltbundesamt.org/fpdf-l/2798.pdf

Umweltbundesamt (Hrsg.): Nachhaltiges Deutschland. Berlin: Erich Schmidt Verlag, 1998.

Umweltbundesamt (Hrsg.): Quantifizierung der Effekte der Ökologischen Steuerreform auf Umwelt, Beschäftigung und Innovation. URL http://www.umweltdaten.de/uba-info-presse/hintergrund/oekosteuer.pdf

United Nations Development Programme UNDP (Hrsg.): Energy after Rio – Prospects and Challenges. New York, 1996.

United Nations Environment Programme UNEP (Hrsg.): Global Environment Outlook 3 – Past, Present and Future Perspectives. London: Earthscan Publications Ltd., 2002.

United Nations Environment Programme UNEP; Internationale Energieagentur IEA: Energy Subsidy Reform and Sustainable Development – Challenges for Policymakers – Submission to the 9th Session of the UN Commission on Sustainable Development, April 2001. URL http://www.un.org/esa/sustdev/csd/csd9_bp14.pdf

von Moltke, Anja; McKee, Colin; Morgan, Trevor: Energy Subsidies – Lessons Learned in Assessing their Impact and Designing Policy Reforms. Sheffield: Greenleaf Publishing, 2004.

von Weizsäcker, Ernst U.; Lovins, Amory: Faktor Vier – Doppelter Wohlstand, Halbierter Naturverbrauch. München: Droemer Knaur, 1995.

Voß, Alfred (Hrsg.): Die Zukunft der Stromversorgung. Frankfurt/Main: VWEW-Verlag, 1992.

Weltbank: Summary of OED Draft Review of the World Bank Group's Activities in the Extractive Industries – Factoring in Governance. URL http://www.ifc.org/oeg/EIEvaluation/eievaluation.html

Weltbank: World Development Indicators Online. URL http://www.worldbank.org/data/onlinedatabases/onlinedatabases.html

Wissenschaftlicher Beirat der Bundesregierung Globale Umweltveränderungen WGBU (Hrsg.): Über Kyoto hinaus denken – Klimaschutzstrategien für das 21. Jahrhundert. Sondergutachten 2003. Berlin, 2003.

Wissenschaftlicher Beirat der Bundesregierung Globale Umweltveränderungen WBGU (Hrsg.): Welt im Wandel – Energiewende zur Nachhaltigkeit. Berlin: Springer, 2003.

Wolters, Dirk: Struktur- und akteursorientierte Szenarioanalyse eines nachhaltigen deutschen Energiesystems im internationalen Kontext. Dissertation, Universität Osnabrück, 2001.

Woolsey, James: Geheimdienste und die Herausforderung der Verbreitung von Massenvernichtungswaffen. In: Konrad-Adenauer-Stiftung Auslandsinformationen, Jg. 11 (1995), Nr. 1, S. 3–12.

World Commission on the Social Dimension of Globalization (Hrsg.): A Fair Globalization – Creating Opportunities for All. International Labour Organization ILO, Genf 2004.

World Energy Council (WEC): Living in One World; London 2001.

Worldwatch Institute (Hrsg.): Zur Lage der Welt 2004 – Die Welt des Konsums. Münster: Verlag Westfälisches Dampfboot, 2004.

Wuppertal Institut (Hrsg.): Bedeutung von Erdgas als neuer Treibstoff im Kontext einer nachhaltigen Energieversorgung. Wuppertal, Wuppertal Institut, 2003. URL http://www.wupperinst.org/download/4189_report_dt.pdf

Wuppertal Institut, Bremer Energie Institut, Dr. Tolle Consulting und BET Aachen: Instrumente zum Klimaschutz in einem liberalisierten Energiemarkt unter besonderer Berücksichtigung der Kraft-Wärme-Kopplung; Studie im Auftrag des Umweltbundesamtes. Berlin: Umweltbundesamt, 2002.

Wuppertal Institut/BBZ Rheine: Vorläufige Stellungnahme zum Abschlussbericht der Credit Suisse/First Boston (CSFB) – Empfehlung für die strategische Ausrichtung der Stadtwerke Hannover AG aus Sicht der Landeshauptstadt Hannover. Wuppertal, Rheine, 2000.

Wuppertal Institut: Towards Sustainable Energy Systems – Integrating Renewable Energy and Energy Efficiency is the Key. URL http://www.wupperinst.org/download/renewables/sustainable-energy-systems.pdf

Zentralverband Elektrotechnik- und Elektroindustrie ZVEI (Hrsg.): Energiesparen mit elektrischen Antrieben – Einsparpotenziale in Milliardenhöhe. Frankfurt/Main, 1999.

Ziesing, Hans-Joachim: Nach wie vor keine sichtbaren Erfolge der weltweiten Klimaschutzpolitik. In: DIW Wochenbericht, Nr. 37, 2004, S. 526–533.

Glossar und Abkürzungen

Anlagen-Contracting Form des Contracting, bei der die erzielte Energieeinsparung von einem System rationeller Energiebereitstellung abhängig ist. Im Rahmen der Vertragslaufzeit amortisieren sich die getätigten Investitionen, d.h. der Energienutzer bezahlt alle Aufwändungen des Contractors einschließlich eines angemessenen Gewinns. Siehe auch *Contracting.*

Barrel Ein Barrel entspricht rund 159 Litern und ist die international gebräuchliche Einheit für Rohöl und Rohölderivate.

Biogas Biogas gehört zu den erneuerbaren Energieträgern. Es entsteht beim bakteriellen Abbau von organischem Material (z.B. Pflanzen[resten]) sowie tierischen Exkrementen und Abfällen insbesondere aus der Landwirtschaft) unter Licht- und Luftabschluss in einem Faulbehälter und enthält im wesentlichen Methan (CH_4). Neben dem brennbaren Gas, das zur Energieerzeugung eingesetzt werden kann, entsteht hochwertiger Dünger.

Biomasse Biomasse ist die gesamte durch Pflanzen oder Tiere anfallende oder erzeugte organische Substanz. Beim Einsatz von Biomasse zu energetischen Zwecken – also zur Strom-, Wärme- und Treibstofferzeugung – ist zu unterscheiden zwischen nachwachsenden Rohstoffen/Energiepflanzen und organischem Abfall. Nachwachsende Rohstoffe sind schnell wachsende Baumarten und spezielle einjährige Energiepflanzen mit hohem Trockenmasse-Ertrag zum Einsatz als Brennstoff; außerdem zucker- und stärkehaltige Ackerfrüchte für die Umwandlung in Ethanol sowie Ölfrüchte für die Gewinnung von Bioölen bzw. Biodiesel (Raps-Methyl-Ester RME) und deren Einsatz als Schmierstoff bzw. als Treibstoff. Organische Reststoffe hingegen fallen bei der Land- und Forstwirtschaft, der Industrie und in Haushalten an. Sie bilden das Grundmaterial für die Erzeugung von Biogas. Siehe auch *Biogas.*

Blockheizkraftwerk (BHKW) Blockheizkraftwerke sind Anlagen zur Erzeugung von Strom und Wärme, die nach dem Prinzip der Kraft-Wärme-Kopplung arbeiten: Diesel- oder Gasmotoren treiben Generatoren an und erzeugen Strom, gleichzeitig wird Abwärme vom Motor und aus den Abgasen über Wärmetauscher nutzbar gemacht. Auch Brennstoffzellen, Dampf- oder Stirlingmotoren können als BHKW eingesetzt werden. Da in einem Prozess Strom und Wärme gleichzeitig genutzt werden, ist der Gesamt-Wirkungsgrad der Anlagen sehr hoch. Dort, wo das ganze Jahr über Grundlast-Wärmebedarf besteht (z.B. in Schwimmbädern und Krankenhäusern sowie Gewerbe und Industrie), ist das BHKW eine lohnende Investition. Die Einsparung an Primärenergie sowie an CO_2-Emissionen gegenüber ungekoppelter Strom- und Wärmeerzeugung liegt bei ca. 30 Prozent. Siehe auch *Kraft-Wärme-Kopplung, Wirkungsgrad.*

Brennstoffzelle Die Brennstoffzelle ist ein Aggregat, in dem – mit hohem elektrischem Wirkungsgrad und daher geringerem CO_2-Ausstoß sowie fast ohne Schadstoffe – aus chemischer Energie (in Form von Wasserstoff [H_2], Erdgas, Methanol, Benzin usw.) Strom und Wärme erzeugt wird. Die direkte Umwandlung in elektrische Energie erfolgt dabei in einer kontrollierten katalytischen Reaktion („kalte Verbrennung“) von Wasserstoff und Sauerstoff; als Endprodukt entsteht im Wesentlichen reiner Wasserdampf. Allerdings wird bei der notwendigen Umwandlung von kohlenstoffhaltigen Brennstoffen in Wasserstoff (Reformierung) CO_2 freigesetzt. Mit regenerativ erzeugtem Wasserstoff kann diese Art der Energiewandlung in Zukunft aber kohlendioxidfrei gestaltet werden.

Brennwertheizung Die Brennwertheizung ist im Gebäudeneubau inzwischen Standard in der Heizungstechnik. Während bei größeren Häusern üblicherweise Brennwertkessel installiert werden, genügt bei Ein- bzw. Zweifamilienhäusern der Einbau einer kleineren, an der Wand hängenden Anlage – der so genannten Brennwerttherme. Beide Versionen können im Vergleich zu einer konventionellen Anlage zusätzlich nutzbare Wärme abgeben, indem sie den im Abgas befindlichen Wasserdampf kondensieren. Brennwertgeräte übernehmen wie herkömmliche Heizkessel die zentrale Beheizung von Wohnungen sowie die Warmwasserbereitung. Um die im Abgas vorhandene Kondensationswärme nutzen zu können, ist eine niedrige Rücklauftemperatur aus dem Heizungssystem erforderlich. Je niedriger die Rücklauftemperatur ist, desto mehr Wasserdampf kann aus den Verbrennungsgasen kondensiert werden. Deshalb erreichen Brennwertkessel ihren höchsten Wirkungsgrad in Verbindung mit Niedertemperatur-Heizflächen – wie beispielsweise der Fußbodenheizung – sowie in der Übergangszeit. Die Brennwerttechnik nutzt die im Brennstoff enthaltene Energie um bis zu 11 Prozent (bei Erdgas) besser aus. Siehe auch *Niedertemperatur-Heizflächen.*

CO_2-Äquivalent Die Treibhauswirksamkeit der klimarelevanten Gase und Gasgruppen CH_4, N_2O, HFKW, FKW und SF_6 wird bezogen auf die Wirksamkeit von Kohlendioxid dargestellt. CO_2 hat in diesem Vergleich die Klimawirksamkeit 1. Schwefelhexafluorid SF_6 ist das klimawirksamste Gas mit einer

22 000-fach stärkeren Wirksamkeit als CO_2. Die Einheit CO_2-Äquivalent wird genutzt, um die aggregierte Wirksamkeit aller Klimagase darzustellen.

Contracting Contracting ist ein Dienstleistungskonzept, das darauf abzielt, die Effizienz bei der Energieerzeugung, -umwandlung und -nutzung in allen Verbrauchsbereichen zu verbessern. Ein außenstehender Investor – Contractor genannt – übernimmt je nach Vertragsumfang Planung, Finanzierung, Bauausführung sowie den laufenden Betrieb des Investitionsprojektes (z.B. Errichtung eines Blockheizkraftwerkes). Contractinglösungen werden beispielsweise von Heizanlagen-Herstellern, Dienstleistern der Energietechnik, großen Handwerks- und örtlichen Energieversorgungsunternehmen oder auch Energieagenturen angeboten. Contracting ist dabei nicht nur für Unternehmen, private Hausbesitzer und die öffentliche Hand interessant, sondern nützt aufgrund der erzielten Energieeinsparungen auch der Umwelt. In der Praxis haben sich zwei systematische Formen etabliert: *Anlagen-Contracting* und *Einspar- bzw. Performance-Contracting*, siehe dort.

Depletion Mid Point, DMP Der Erschöpfungsmittelpunkt einer Öl- oder Gasquelle, wenn also die Hälfte der förderbaren Menge gefördert ist. In der Nähe des DMP befindet sich der Punkt der maximalen Förderrate.

DSM Demand-Side-Management. Im Mittelpunkt von DSM stehen Energieeinsparung und Nachfragesteuerung auf der Seite der Verbraucher. Ziel von DSM ist es somit, die kundenseitige Endenergienachfrage zu senken und/oder zeitlich zu steuern.

EDU Energiedienstleistungsunternehmen.

EEG Eigentlich Gesetz für den Vorrang Erneuerbarer Energien. Seit April 2000 in Kraft. Die Netzbetreiber sind nach dem EEG verpflichtet, aus erneuerbaren Energien erzeugten Strom abzunehmen und nach staatlich festgelegten Sätzen zu vergüten. Diese Vergütung ist so angesetzt, dass sich die Erzeugung des Stroms auch wirtschaftlich lohnt. Sie wird für 20 Jahre garantiert (degressiv ausgestaltet nach Errichtungszeitpunkt der Anlagen). Das novellierte EEG trat im August 2004 in Kraft. Ziel sowohl des ersten als auch des novellierten EEGs ist es, den Anteil an erneuerbaren Energien bis 2010 auf mindestens 12,5 Prozent, bis 2020 auf mindestens 20 Prozent zu erhöhen. Es will zudem einen Beitrag zur Vermeidung von Konflikten um fossile Ressourcen leisten und die technologische Weiterentwicklung fördern.

Einspar-Contracting (Performance-Contracting) Form des Contractings, bei der die durch rationellere Energienutzung eingesparten Energiekosten die Grundlage für die Finanzierung der Investitionen des Contractors sind. Besonders geeignet ist das Einspar-Contracting für energieintensive Unternehmen und Betriebe, aber auch für den Gebäudebereich, wenn hoher Nachholbedarf bei der energetischen Sanierung besteht. Siehe auch *Contracting.*

Einspeisungsvergütung Siehe *Stromeinspeisungsvergütung.*

Elektrizitätseinheiten Die Kraftwerksleistung oder -kapazität wird in Kilo-, Mega- oder Gigawatt angegeben, genauer ausgedrückt in Mega- oder Gigawatt elektrisch (GWel), bei KWK-Anlagen zusätzlich in Kilo- oder Megawatt thermisch (kWth oder MWth. 1 Gigawatt (GW) entspricht 1000 Megawatt (MW). Ein Kraftwerk mit einer Leistung von 1 000 Megawatt kann in einer Stunde 1 000 MWh (Megawattstunden) Elektrizität erzeugen. Zum Vergleich: Ein Vier-Personen-Haushalt verbraucht im Jahr etwa 3 500 kWh (also 3,5 MWh) Strom. Heutige Kohle- und Gaskraftwerke liegen im Leistungsbereich von mehreren hundert bis 1 200 Megawatt, die größten Windkraftanlagen haben eine Leistung von 5 Megawatt. Offshore-Windparks werden in Zukunft mit einer Gesamtleistung von einigen hundert Megawatt projektiert und damit in den Bereich konventioneller Kraftwerke vorstoßen.

Endenergie Primärenergieträger, also Wind, Wasser, Gezeiten, Wellen, Geothermie, Solarstrahlung, Biomasse, Erdöl, Kohle, Erdgas, Uran, müssen in eine verbrauchsgerechte Form – die Endenergie – umgewandelt werden. Die Endenergie bezeichnet demnach die Energie am Ort des Verbrauchs, z.B. Strom aus der Steckdose oder Benzin im Tank.

Endenergieverbrauch Verbrauch von Primär- und Sekundärenergieträgern beim Endverbraucher (Industrie, Verkehr, Haushalte und Kleinverbraucher, Militärische Dienststellen). Der Endenergieverbrauch lässt sich zahlenmäßig aus dem Primärenergieverbrauch nach Abzug von Eigenverbrauch und Verlusten im Energiesektor, statistischen Differenzen und des nichtenergetischen Verbrauchs ermitteln. In der Bundesrepublik Deutschland macht der Endenergieverbrauch in der Regel etwa zwei Drittel des Primärenergieverbrauchs aus.

Energie Energie ist die Fähigkeit eines Systems, Arbeit zu verrichten. Gemessen wird Energie in der Einheit Joule (J). Ein Joule entspricht einer Wattsekunde (Ws). Siehe auch *Joule.* Physikalisch unterscheidet man unterschiedliche Arten und Formen (Energieformen): mechanische Energie (Bewegungs- oder kinetische Energie, potenzielle oder Lageenergie), Wärmeenergie (thermische Energie), chemische Energie, elektrische Energie, Strahlungsenergie, Kernenergie und Fusionsenergie. Nach der Reihenfolge ihres Einsatzes lässt sich Energie in vier Stufen – Energieformen – einteilen:

- *Primärenergieträger* kommen in der Natur direkt vor. In den meisten Fällen muss diese Primärenergie in Kraftwerken, Raffinerien usw. in
- *Sekundärenergie* umgewandelt werden (Biodiesel, Nah- und Fernwärme, Strom, Koks, Briketts, Heizöl, Benzin). Die Energie am Ort des Verbrauchs ist die
- *Endenergie*, die unter weiteren Wirkungsgradverlusten in
- *Nutzenergie* umgewandelt wird – in Heiz- und Prozesswärme, Licht sowie mechanische Energie. Siehe auch *Primärenergie, Erneuerbare Energieträger, Sekundärenergie, Endenergie, Nutzenergie.*

Energiedienstleistung Energiebezogene Dienstleistung; die durch Nutzenergie dem Endverbraucher zur Verfügung stehenden Dienstleistungen, wie z.B. warme oder kühle Räume, helle Straßen und Wohnräume, Kraftunterstützung in Produktion, Transport und Verkehr oder Kommunikation und Information.

Energieeinsparverordnung
Die Energieeinsparverordnung (EnEV) trat am 1. Februar 2002 in Kraft und

- fasst die bisherige Wärmeschutzverordnung 1995 (Anforderungen an Gebäudehülle) mit der Heizungsanlagen-Verordnung (Anforderungen an Gebäude, Heizung, Warmwasserbereitung, Lüftung) zusammen;
- erhöht das Anforderungsniveau bei Neubauten gegenüber bisherigem Standard um ca. 30 Prozent;
- legt die neuesten deutschen und europäischen technischen Normen zugrunde.

Diese Neuregelungen bedeuten, dass ein Haus als energetisches System betrachtet wird (Baukörper samt Heizungsanlage bilden eine Einheit), das insgesamt bestimmte Grenzwerte einzuhalten hat. Neu ist die primärenergetische Betrachtungsweise und die positive Bilanzierung von regenerativen Energieanlagen und Wärmerückgewinnungsanlagen.

Energieintensität Kennziffer, die den Einsatz von Energie in Relation zur wirtschaftlichen Leistung oder einer anderen Bezugsgröße in Beziehung setzt, normalerweise ausgedrückt als das Verhältnis von Primärenergieverbrauch (PEV) zum Bruttoinlandsprodukt (BIP). Diese Kennziffer ist ebenso wie ihr Kehrwert (die Energieproduktivität = BIP/PEV) der Indikator für die Energieeffizienz.

Energiesparen Unter Energiesparen versteht man Maßnahmen, die den Energieverbrauch vermindern. Für jeden Verbraucher gibt es eine Vielzahl von Möglichkeiten der Energieeinsparung, ohne auf Komfort verzichten zu müssen: durch Absenken der Raumtemperatur über Nacht oder indem man unnötigen Verbrauch (Stand-by) schlicht vermeidet. Energie spart auch eine Verbesserung der Nutzungsgrade von Geräten und Anlagen, die Energierückgewinnung und die Reduktion des Nutzenergiebedarfs (z.B. durch Gebäudedämmung) und die gekoppelte Erzeugung von Strom und Wärme (siehe *KWK*).

Energiesparlampe Energiesparlampen oder Kompakt-Leuchtstofflampen verbrauchen 80 Prozent weniger Strom als herkömmliche Glühlampen – bei gleicher Lichtausbeute. Eine Energiesparlampe mit 15 Watt entspricht in der Leuchtkraft einer herkömmlichen Glühlampe von 75 Watt. Energiesparlampen haben außerdem eine zirka achtmal längere Lebensdauer. Energiesparlampen gibt es auch mit warm-weißem Farbspektrum, was dem warmen Farbton von Glühlampen entspricht.

Erdwärme siehe *Geothermie.*

Erneuerbare Energieträger Erneuerbare Energieträger – auch regenerative Energieträger bzw. regenerative Energien genannt – sind Energieträger/-quellen, die sich ständig erneuern bzw. nachwachsen und somit nach menschlichem Ermessen unerschöpflich sind. Hierzu zählen: Sonnenenergie (mit den indirekten Formen Biomasse, Wasserkraft, Windenergie, Umgebungswärme usw.) sowie Erdwärme (Geothermie) und Gezeitenenergie. Sie können zur Wärme- sowie Stromerzeugung genutzt werden. Zur Erzeugung elektrischer Energie kommen folgende Energieträger bzw. Technologien zum Einsatz: Fotovoltaik, Windenergie, Wasserkraft (inklusive Gezeiten-, Strömungs- und Wellenkraftwerke), solarthermische Kraftwerke, Geothermie, Biomasse und Biogas, Klärgas. Für die Wärmebereitstellung: Geothermie, solare Nahwärme, dezentrale Solarkollektoren, Solararchitektur, Biomasse. Alternative Brennstoffe sind: Biogas, feste Biomasse, Bioöle, Bioethanol, Müll, Klärschlamm. Siehe auch *Biomasse, Wasserkraft, Windenergie, Geothermie.*

EVU Energieversorgungsunternehmen.

Fernwärme Als Fernwärmeversorgung wird die zentrale Wärmeversorgung von Gebäuden über ein größeres Leitungssystem bezeichnet. Auf diese Weise können Stadtteile, ganze Städte, aber auch Industrieanlagen mit Heizenergie versorgt werden. Fernwärmesysteme nutzen in der Regel die Abwärme von Kraftwerken (siehe *Kraft-Wärme-Kopplung*), von Industrieprozessen oder auch die Wärme aus Müllverbrennungsanlagen.

Fossile Energieträger Zu den fossilen Energieträgern zählen Erdöl, Erdgas, Braun- und Steinkohle; sie entstanden vor Jahrmillionen bei der Zersetzung abgestorbener Pflanzen und Tiere unter Sauerstoffabschluss, hohen Temperaturen sowie unter dem Druck darüber liegender Gesteinsschichten. Bei der Verbrennung bzw. Umwandlung der fossilen Brennstoffe wird Kohlendioxid (CO_2) freigesetzt, das wesentlich zur Klimabelastung beiträgt.

Fotovoltaik, PV Fotovoltaik ist die unmittelbare Umwandlung von Sonnenstrahlung in elektrische Energie mit Hilfe von Solarzellen. Durch absorbiertes Licht werden in diesen Solarzellen, die zumeist aus dem Halbleitermaterial Silizium bestehen, freie Ladungen erzeugt; diese bewirken an der Zelle eine elektrische Spannung, so dass Gleichstrom durch ein angeschlossenes Gerät fließt. Dachanlagen speisen ihren Strom normalerweise ins Netz ein, wofür z.B. in Deutschland über das EEG (siehe dort) eine Vergütung gezahlt wird. So genannte Inselsysteme hingegen versorgen angeschlossene Geräte direkt, meist in Verbindung mit Batterien, die überschüssig produzierten Solarstrom speichern. Inselsysteme kommen bei der Versorgung netzferner Gebiete (Entwicklungsländer, aber beispielsweise auch auf Berghütten) oder mobilen Einheiten (Segelboote u. a.) zum Einsatz.

Freie Produktionskapazität von Ölfeldern, Spare Capacity Die Produktionsmenge, die innerhalb von 30 Tagen aktiviert und anschließend für mindestens 90 Tage gehalten werden kann. Somit ist sie die Differenz zwischen aktueller und kurzfristig maximal möglicher Produktion.

Gas- und Dampfturbinenprozess (GuD) Kombinierter Prozess zur Elektrizitätserzeugung mit dem derzeit höchsten technisch darstellbaren elektrischen Wirkungsgrad von ca. 58 Prozent, bestehend aus einer Gasturbinen-Generatoreinheit und einer Dampfturbinen-Generatoreinheit. Die Gasturbine wird mit Heißgas bei einer Temperatur von bis zu 1 200 Grad Celsius gespeist. Die Abwärme dieses Prozessschrittes wird zur Erzeugung von Dampf für den Betrieb der Dampfturbine genutzt.

Geothermie, Erdwärme Bei der Geothermie wird die im Erdinnern durch Zerfallsprozesse entstehende und gespeicherte Wärmeenergie als Energiequelle genutzt; im Mittel steigt die Temperatur um 3 °C pro 100 m Tiefe. Während die oberflächennahe Wärme durch Wärmepumpen genutzt werden kann, lohnen sich Anlagen zur direkten Nutzung der tieferen Erdwärme vor allem in Gegenden mit besonders günstigen geologischen Voraussetzungen wie z.B. heißen Tiefenwässern. Bei den geothermischen Vorkommen in Deutschland handelt es sich um Thermalwasser mit Temperaturen zwischen 40 und 100 °C, das aus tiefliegenden Erdschichten (1 000 bis 2 500 m) entnommen wird. Grundsätzlich kann das heiße Wasser zu Heizzwecken – je nach Wasserqualität auch direkt für Bäder und Gewächshäuser – eingesetzt werden. In größeren Tiefen (4 000 bis 5 000 Meter) kann Heißwasser bei ausreichend hohen Temperaturen zur Stromerzeugung erzeugt werden (sog. Hot-Dry-Rock-Technik).

Grundlast Kraftwerksleistung, die Tag und Nacht, Sommer wie Winter, konstant nachgefragt wird, mindestens 6 000 Stunden pro Jahr.

Joule (J) Seit dem 1. Januar 1978 ist Joule die internationale Maßeinheit für Energie – benannt nach dem englischen Physiker James Prescott Joule (1818–1889). Die Maßeinheit Joule hat die früher geläufige Einheit Kilokalorie (kcal) ersetzt. Das Joule wird als Produkt von Zeit und Leistung gemessen. Da die Leistung der Energie in Watt (W) gemessen wird, ist ein Joule gleich einer Wattsekunde oder einem Newtonmeter (1 J = 1 Wattsekunde Ws = 1 Newtonmeter Nm). Insbesondere in der Elektrizitätswirtschaft ist die Kilowattstunde (1 kWh = 3 600 kJ) ein gebräuchliches Maß.

Kernwaffensperrvertrag Der Kernwaffensperrvertrag – Nuclear Non-Proliferation Treaty NPT – wurde 1968 von den USA, China und der UdSSR unterzeichnet. Er untersagt die Weiterverbreitung von Kernwaffen und verbietet atomwaffenlosen Unterzeichnerstaaten die Entwicklung solcher Waffen. Inzwischen sind knapp 190 Staaten beigetreten. 2003 verließ Nordkorea den Vertrag; Israel, Pakistan und Indien sind keine Mitglieder. Im Jahr 2000 sicherten die offiziellen Atommächte die Beseitigung ihrer Arsenale zu (ohne Terminangabe).

Klimarregime oder **Internationale Klimapolitik** Die Basis internationaler Klimaschutzpolitik ist die Klimarahmenkonvention, die im Sommer 1992 in Rio de Janeiro von mehr als 150 Staaten unterzeichnet wurde und im März 1994 in Kraft trat. Mittlerweile sind 188 Staaten der Konvention beigetreten. Ziel der Konvention ist die Stabilisierung der atmosphärischen Treibhausgaskonzentration auf einem Niveau, auf dem eine gefährliche Störung des Klimasystems verhindert wird. Auf der 3. Vertragsstaatenkonferenz zur Klimakonvention wurde Ende 1997 das Kyoto-Protokoll verabschiedet, in welchem erstmals rechtsverbindliche Begrenzungs- und Reduktionsverpflichtungen für die Industrieländer festgelegt wurden. Demnach sind die Industrieländer insgesamt dazu verpflichtet, die Emissionen der im Protokoll festgelegten vier Gase und zwei Gasgruppen um mindestens fünf Prozent bis zum Zeitraum 2008–2012 gegenüber dem Niveau von 1990 zu reduzieren. Die Europäische Gemeinschaft hat sich in Kyoto eine Minderung von 8 Prozent zum Ziel gesetzt; im Rahmen der EU-internen Lastenteilung ist Deutschland zur Senkung der sechs Kyoto-Gase um 21 Prozent verpflichtet. Im Vorfeld des Weltgipfels für nachhaltige Entwicklung in Johannesburg im August/September 2002 haben die EU-Staaten das Kyoto-Protokoll ratifiziert. Nach der Ratifizierung Russlands ist das Protokoll am 16. Februar 2005 für seine bisher 147 Mitgliedsstaaten in Kraft getreten.

Konzessionsabgabe Energieversorger, die Stromleitungen zu den Endverbrauchern verlegen und betreiben wollen, müssen hierfür an die jeweiligen Städte und Gemeinden Gebühren zahlen – so genannte Konzessionsabgaben. Besaß bislang nur der örtliche Stromversorger – wie z.B. die Stadtwerke – das alleinige Leitungsnutzungsrecht, so haben nun im liberalisierten Strommarkt alle Stromanbieter das Recht auf Durchleitung. Den hierfür an die Gemeinde zu entrichtenden Betrag schlägt der Versorger auf das Durchleitungsentgelt auf.

Kraft-Wärme-Kopplung, KWK Bei der Kraft-Wärme-Kopplung (KWK) werden elektrische Energie und Wärme in einem gemeinsamen Prozess erzeugt. KWK-Aggregate produzieren Strom und nutzen gleichzeitig die Wärme des Kühlwassers und der Abgase für Nah- oder Fernwärmenetze sowie für die Einzelobjektversorgung. Große KWK-Anlagen werden als Heizkraftwerke (HKW, ab ca. 5 MWel), kleinere, dezentrale Anlagen als Blockheizkraftwerke (BHKW, ca. 5 bis 5 000 kWel) bezeichnet. Siehe auch *Blockheizkraftwerk, Wirkungsgrad.*

Kreislaufwirtschaftsgesetz Kurzform für das Gesetz zur Förderung der Kreislaufwirtschaft und Sicherung der umweltverträglichen Beseitigung von Abfällen. Es trat am 7. Oktober 1996 endgültig in Kraft und löste das bisherige Abfallgesetz von 1986 ab. Die Abfallvermeidung bleibt das oberste Ziel der Abfallwirtschaft; daneben werden die Anforderungen an die Produktverantwortung für die Wirtschaft erweitert und präzisiert. Gestärkt wird durch dieses Gesetz die Eigenverantwortung der Wirtschaft für die Vermeidung, Verwertung und Entsorgung von Abfällen aus Produktion und Konsum.

Kumulierter Energieaufwand, KEA Der KEA ist ein Maß für die während der Lebensdauer und Nutzung eines Produktes durch dieses Produkt verbrauchte Energie. Er basiert also auf einer ganzheitlichen Betrachtung des Lebenszyklus (Ökobilanz) und beinhaltet neben der Nutzungsphase auch die für Herstellung und Entsorgung der einzelnen Komponenten des Produktes aufgewandte Energie.

Mittellast Leistung, die tages- und jahreszeitlichen Schwankungen unterliegt und zwischen 2 000 bis 6 000 Stunden pro Jahr nachgefragt wird.

Niedertemperatur-Heizflächen Niedertemperatur-Heizflächen arbeiten mit Vorlauftemperaturen unter 55 °C. Dadurch sind sie besonders effektiv in Verbindung mit Brennwerttechnik, Wärmepumpen oder Solarenergieheizung. Durch das niedrigere Temperaturniveau treten bei der Verteilung der Wärme geringere Wärmeverluste auf. Um trotz der niedrigeren Vorlauftemperaturen die Wohnungen ausreichend wärmen zu können, müssen großflächige Heizkörper, Fußboden- oder Wandheizungen und/oder eine gute Gebäudedämmung vorgesehen werden. Große Heizflächen sorgen zudem für ein angenehmeres Raumklima. Siehe *Brennwertkessel, Solarthermie.*

Niedrigenergiehaus Niedrigenergie-Einfamilienhäuser haben einen Jahresheizwärmebedarf, der mindestens 25 Prozent unter den Anforderungen der geltenden Wärmeschutzverordnung liegt. Wichtigstes Merkmal eines Niedrigenergiehauses ist die gute Wärmedämmung von Außenwänden, Fenstern, Dächern und Kellerdecken bzw. Kellerwänden. Beim Bau achtet man zudem auf die Optimierung des Verhältnisses Außenfläche/Nutzvolumen, gute Luftdichtigkeit, wärmebrückenfrei Konstruktion, optimierte Heizungsanlagen, energiesparende Warmwasserbereitung und die Vermeidung unnötigen Stromverbrauchs.

Nutzenergie Energie, die vom Verbraucher tatsächlich genutzt wird, d.h. nach Abzug der Umwandlungsverluste beim Einsatz der Endenergie. Nutzenergie ist z.B. Wärme, Licht, Kraft und Nutzelektrizität. Die Nutzenergie liegt in Deutschland zurzeit bei 45 Prozent der Endenergie und bei rund 33 Prozent der eingesetzten Primärenergie.

Nuklearer Nichtverbreitungsvertrag, NNV Siehe *Kernwaffensperrvertrag.*

OAPEC Organization of Arab Petroleum Exporting Countries. Die OAPEC wurde im Januar 1968 gegründet und hat ihren Geschäftssitz in Kuwait. Wesentliches Ziel der Gemeinschaft ist die Koordination der arabischen Ölpolitik. Auf diese Staatengruppe entfallen rund 60 Prozent der Welt-Ölreserven. Mitglieder: Vereinigte Arabische Emirate, Libyen, Ägypten, Katar, Algerien, Saudi-Arabien, Bahrein, Syrien, Irak, Tunesien (Mitgliedschaft ruht seit 1987).

Ölsande Natürlich vorkommende Gemische aus Bitumen, Wasser, Sand und Tonen. Die größten Vorkommen liegen in Kanada. Aus Ölsanden gewonnene Öle werden natürliches Bitumen sowie synthetisches Öl genannt. Der Energieaufwand zu deren Gewinnung ist sehr hoch.

Passivhaus In einem so genannten Passivhaus ist der Wärmebedarf so weit verringert, dass die Energiebeiträge aus der eingestrahlten Sonnenenergie, der Eigenwärme der Personen im Haus sowie der Wärmeabgabe von Geräten – in Verbindung mit einer hoch effizienten Wärmerückgewinnung durch ein Lüftungssystem – ausreichen, um das Gebäude warm zu halten. Voraussetzung hierfür sind neben einer geeigneten Architektur („Solararchitektur“) eine qualitativ hochwertige Gebäudehülle sowie optimierte Gebäudetechnik. Der verbleibende geringfügige Heizwärmebedarf kann beispielsweise durch gespeicherte Sonnenwärme gedeckt werden. Energetische Kennwerte für Passivhäuser sind: pro Jahr maximal 15 kWh/m^2 Heizwärmebedarf und maximal 120 kWh/m^2 Primärenergieverbrauch für Heizung, Warmwasser und Haushaltsgeräte. Landläufig spricht man auch vom „1,5-Liter-Haus“.

Primärenergie Primärenergie ist der rechnerisch nutzbare Energiegehalt all jener Energieträger, die in der Natur vorkommen und noch keiner Umwandlung unterworfen sind. Rohstoffe zur Energiegewinnung, also die Primärenergieträger, sind alle Energieträger, die natürlich vorkommen: die erneuerbaren Energiequellen Sonne, Wind, Geothermie, Wasser-, Wellen- und Gezeitenkraft, Biomasse; die fossilen Brennstoffe Steinkohle, Braunkohle, Erdöl, Erdgas und weitere; die Kernbrennstoffe Uran, Thorium.

Primärenergieträger Siehe *Primärenergie.*

Primärenergieverbrauch Der Primärenergieverbrauch eines Landes wird im Rahmen der so genannten Primärenergiebilanz, einem statistischen Nachweis des Energieaufkommens, ermittelt. Dazu gehören sämtliche Primärenergieträger, die in diesem Rahmen physikalisch, chemisch oder auf andere Weise in Sekundärenergieträger umgewandelt werden oder während dieser Umwandlungsprozesse als Verluste anfallen.

Radioaktive Strahlung Radioaktive Strahlung ist der Überbegriff für alle Arten von Strahlung, die durch nukleare Prozesse (beim Zerfall radioaktiver Atomkerne oder Radionuklide) freigesetzt werden. Genauer spricht man von ionisierender Strahlung. Hierzu zählen: Alpha-, Beta-, Gamma-, Röntgen- und Neutronenstrahlung. Alphastrahlung besteht aus Heliumkernen (2 Protonen und 2 Neutronen). Sie besitzt eine extrem schädliche biologische Wirkung. Betastrahlung besteht aus Elektronen. Gammastrahlung entsteht häufig zusätzlich beim Alpha- und Betazerfall. Sie ist eine elektromagnetische Strahlung mit sehr hoher Frequenz, die auch noch dicke Bleiplatten durchdringen kann.

Regenerative Energien Siehe *Erneuerbare Energieträger.*

Reserven und Ressourcen Es gibt zahlreiche Definitionen dieser Begriffe. In Kapitel 3 wurde die klassische Einteilung vorgestellt. Die so genannte probabilistische Definition hingegen nimmt eine Unterscheidung in Reserven und Ressourcen anhand von Wahrscheinlichkeiten vor: mit welcher Wahrscheinlichkeit wird welche Menge Öl oder Gas in einem Feld gefunden? Hier werden sodann Abstufungen gemacht, die Vorkommen z. B. in 90-prozentig und 50-prozentig wahrscheinlich einteilen. Ein weiteres System ist das Regelwerk der US Securities and Exchange Commission SEC, das z.B. für in der USA an der Börse notierte Ölfirmen verbindlich ist. Eine Diskussion über verschiedene Definitionen stellt www.oilcrisis.com/laherrere/supply.htm bereit.

Reststrommenge Im Atomgesetz zur Beendigung der Kernenergienutzung in Deutschland wurden so genannte Reststrommengen festgelegt, also eine bestimmte Menge an Strom, die in den in Betrieb befindlichen Kraftwerken noch produziert werden darf. Diese Reststrommengen können von den Kraftwerksbetreibern nach ökonomischen Maßstäben auf die unterschiedlichen Atomkraftwerke verteilt werden.

Sekundärenergie Sekundärenergie ist die Energie, die als Ergebnis eines Umwandlungsprozesses und unter Energieverlust aus der Primärenergie gewonnen wird. Siehe *Sekundärenergieträger.*

Sekundärenergieträger Energieträger, die im Gegensatz zu Primärenergieträgern vor ihrer Nutzung einer Umwandlung unterworfen werden. Sekundärenergieträger gibt es entweder leitungsgebunden, wie Strom, Fern- und

Nahwärme, Bio- und Stadtgas oder in Form von Veredelungsprodukten wie Biodiesel, Benzin, Heizöl, Koks, Briketts oder auch Wasserstoff.

Solarthermie Bei der Solarthermie wird die Sonnenenergie mit Hilfe von Solarkollektoren zur Brauchwassererwärmung und/oder Heizungsunterstützung (im kleinen Maßstab) beziehungsweise zur Prozesswärme- oder Kälteerzeugung genutzt (im industriellen Maßstab). Siehe auch *solarthermische Kraftwerke.*

Solarthermische Kraftwerke In solarthermischen Kraftwerken kann Sonnenwärme kostengünstig und mit hohem Wirkungsgrad in elektrische Energie und/oder Prozesswärme/kälte umgewandelt werden. Funktionsprinzip: Durch Konzentration der Sonnenstrahlung z.B. mit Brennspiegeln wird Wärme und damit Dampf erzeugt, der wiederum eine Turbine mit Generator zur Stromerzeugung antreibt.

Spare Capacity Siehe *Freie Produktionskapazität von Ölfeldern.*

Spitzenlast Leistung, die nur an wenigen Stunden oder einigen Tagen im Jahr auftritt, bis zu max. 2000 Stunden im Jahr. Hierzu gehört z.B. die Zeit zwischen sechs und zehn Uhr morgens und zwischen 19 und 20 Uhr abends, wenn der Stromverbrauch ein Maximum erreicht.

Stromeinspeisungsvergütung Die Stromeinspeisungsvergütung garantiert privaten Betreibern von Anlagen zur Nutzung erneuerbarer Energien eine gesetzlich geregelte Vergütung für die Einspeisung des von ihnen erzeugten Stroms in öffentliche Stromnetze. In Deutschland wird dies seit 2000 durch das Erneuerbare-Energien-Gesetz, kurz EEG, geregelt.

Verbrauchsspitzen Siehe *Spitzenlast.*

Wärmepumpen Wärmepumpen sind Maschinen, die der Luft, dem Wasser oder dem Erdreich Wärme entziehen, diese (mit Ausnahme von Absorptionswärmepumpen) über elektrisch oder verbrennungsmotorisch angetriebene Kompressoren von einem niedrigen Temperaturniveau auf ein höheres bringen und damit für Heizzwecke und Warmwasserbereitung nutzbar machen.

Wasserkraft In einem Wasserkraftwerk strömt Wasser durch eine oder mehrere Turbinen, die einen Generator antreiben; dieser erzeugt Strom. Weltweit liegt der Anteil an der Stromerzeugung aus Wasserkraft bei über 20 Prozent mit hohem Ausbaupotenzial; in Deutschland hingegen beträgt dieser Wert vier bis fünf Prozent, wobei das Potenzial bereits zu 80 Prozent ausgeschöpft ist. Neben den klassischen Laufwasserkraftwerken (an Flüssen) und Speicherwasserkraftwerken (an Talsperren) existieren mit Gezeiten-, Wellen- und Meeresströmungskraftwerken weitere Nutzungsformen der Wasserkraft.

Wasserstoff, H_2 Wasserstoff ist ein brennbares Gas mit hohem Energiegehalt, das heute für die chemische Industrie aus fossilen Primärenergien (Erdgas) unter CO_2-Freisetzung hergestellt wird. Im Energiebereich kommt er als Sekundärenergieträger in Betracht, insbesondere bei CO_2-freier Herstellung mittels Strom aus erneuerbaren Energien oder aus Biomasse. Die Nutzung kann beispielsweise in Brennstoffzellen zur Strom- und Wärmeerzeugung sowie in Fahrzeugen zum Antrieb erfolgen. Offen sind insbesondere die wirtschaftliche, verlustarme und ökologisch verträgliche Herstellung in relevanten Mengen, die großflächige Versorgung sowie die Speicherung der notwendigen Mengen in Fahrzeugen. Siehe *Brennstoffzelle, Sekundärenergie.*

Windkraftanlage Anlage zur Transformation von Windenergie in Strom (oder Bewegungsenergie). Bis Ende 2004 waren in Deutschland über 16 600 Megawatt an Windkraftanlagenleistung installiert. Mit einer heute verfügbaren 5-Megawatt-Anlage können an einem Küstenstandort rund 17 Millionen Kilowattstunden Strom im Jahr erzeugt werden; dies entspricht dem Bedarf von etwa 5 000 Drei-Personen-Haushalten.

Wiederaufbereitung(sanlage) In einer Wiederaufbereitungsanlage werden abgebrannte Brennelemente aus Kernkraftwerken mechanisch zerkleinert und in Salpetersäure aufgelöst, um anschließend durch verschiedene chemische Prozesse das im Kernkraftwerk entstandene Plutonium und das noch verwertbare Uran vom übrigen Atommüll abzutrennen. Dieser Vorgang ist Teil des Brennstoffkreislaufs. Hierzu zählen alle Anlagen und Verfahren zur Versorgung und Entsorgung von Kernkraftwerken mit Brennstoff (Uran, Plutonium, Thorium).

Wirkungsgrad Der Wirkungsgrad ist das Verhältnis von abgegebener (Nutzleistung) zu aufgenommener Leistung bei der Energieumwandlung. Er ist ein Maß für die Energieeffizienz und für den notwendigen Ressourceneinsatz. Dabei muss unterschieden werden zwischen dem elektrischen

Wirkungsgrad, der nur die Stromerzeugung berücksichtigt, dem thermischen Wirkungsgrad bei der Wärmeumwandlung und dem Gesamt-Wirkungsgrad (Summe aus beiden). Typische heute technisch erreichte Wirkungsgrade sind: Fotovoltaik 15 bis 30 Prozent, Kohlekraftwerke 45 Prozent, Brennstoffzelle 30 bis 55 Prozent, Gaskraftwerke 60 Prozent, Blockheizkraftwerke 70 bis 85 Prozent (Gesamtwirkungsgrad), Wasserkraft 85 Prozent, Dieselmotor 30 Prozent, Benzinmotor 25 Prozent. Hohe Wirkungsgrade vermindern den Einsatz von Energierohstoffen und führen damit auch zu einer Emissionsreduktion klima- und ozonrelevanter Stoffe. Zu unterscheiden vom Wirkungsgrad im optimalen Arbeitsbereich ist der (Jahres-) Nutzungsgrad, der unterhalb des Wirkungsgrades liegt, da er Anlaufverluste und schlechtere Wirkungsgrade im Teillastbereich mit berücksichtigt.

Index

E

F

G

H

N

O

P

R

S

T

U

V

W